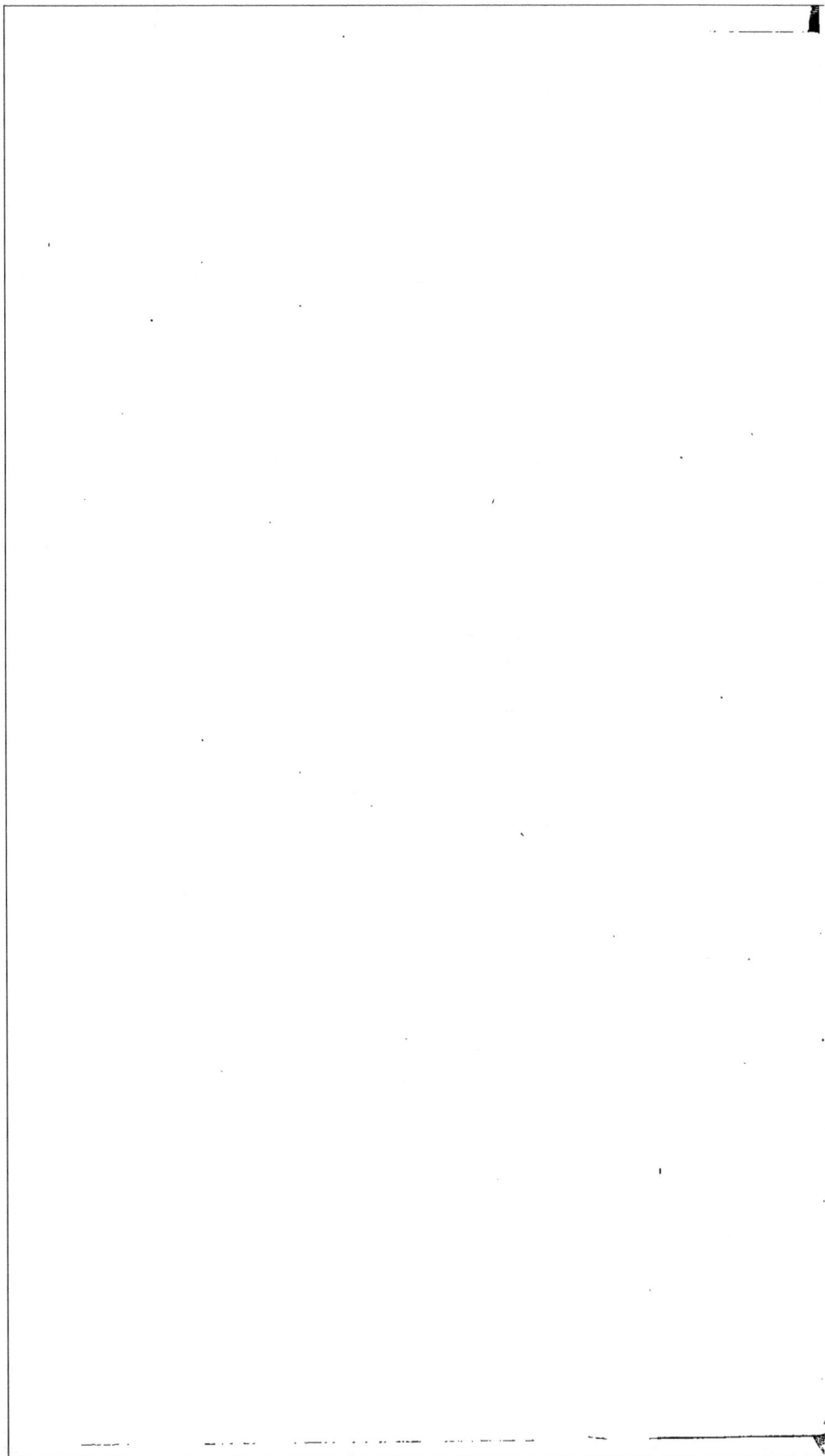

LE DROIT PÉNAL

ÉTUDIÉ DANS SES PRINCIPES

Dijon, imp. J.-E. Rabutôt, place Saint-Jean, 1 et 3.

LE

DROIT PÉNAL

ETUDIÉ DANS

SES PRINCIPES

DANS LES USAGES ET LES LOIS

DES DIFFÉRENTS PEUPLES DU MONDE

PAR

J. TISSOT

Professeur de Philosophie à la Faculté des Lettres de Dijon.

TOME PREMIER

PARIS

COTILLON, LIBRAIRE-ÉDITEUR

au coin de la rue Soufflot.

1860

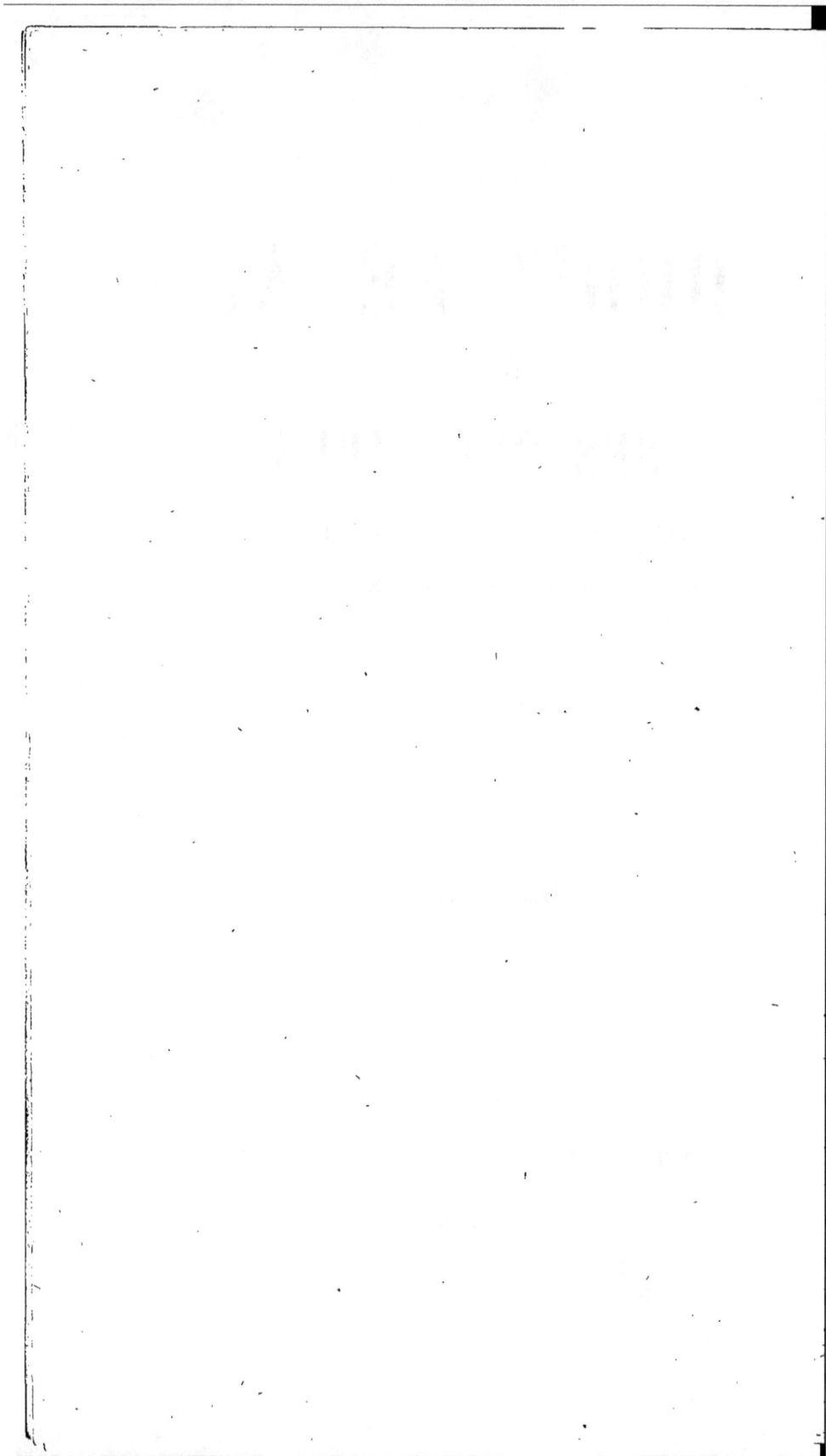

PRÉFACE.

Il ne s'agit pas ici de l'étude d'un code criminel déterminé, mais d'une législation pénale universelle, et des progrès qu'elle a déjà faits dans le monde ; je veux dire de cette partie de la législation criminelle qui pourrait être adoptée avec avantage par tous les peuples, sauf à y ajouter les dispositions que réclament les circonstances particulières où se trouve chacun d'eux. Mais ces circonstances ne peuvent jamais être telles qu'elles dussent essentiellement contredire les lois universelles dont nous parlons. Ces lois ne sont universelles, en effet, que parce qu'elles ont leur raison dans la nature fondamentale de l'homme.

Vaines généralités ! spéculations creuses ! philosophie ! s'écrieront certains esprits *positifs*.

Un moment, s'il vous plaît : mon livre ne peut être tout entier dans les premières lignes de ma préface ; et je demande seulement la permission d'en faire ici connaître l'esprit.

Les adversaires des spéculations philosophiques sont-ils d'ailleurs tellement d'accord entre eux qu'ils n'aient pas un compte à régler en commun avant de s'allier contre un genre d'esprit qui leur déplaît ? Sont-ils bien sûrs, autrement, de s'entendre après la victoire et d'en recueillir paisiblement les fruits ?

Je crois, en effet, qu'il y a deux sortes d'esprits soi-disant positifs en matière de droit : ceux qui s'en tiennent à la lettre d'une législation quelconque, et ceux qui veulent éclairer cette lettre par l'histoire du pays où elle a pris naissance et par l'étude comparée des autres législations.

Il y aurait bien une troisième espèce dans le genre, celle des adversaires de toute généralité et de tout principe ; mais elle se réduit à un vœu impuissant, fruit d'une illusion.

Ces esprits *positifs* par excellence, les ennemis de toute généralité, seraient en effet les plus chimériques qu'on pût imaginer, si d'ailleurs ils étaient possibles. Je ne voudrais, pour leur montrer qu'ils sont par leurs aspirations en dehors de la nature humaine et de la vérité, que leur propre témoignage. Ils conviendront, sans doute, qu'ils parlent une langue commune ; que cette langue se compose de signes d'idées générales. Qu'ils veuillent bien réfléchir alors que tout dictionnaire d'un idiome quelconque n'est qu'un recueil de signes de cette nature, et que les parties du discours elles-mêmes ne sont que des classes de signes d'idées générales, à commencer par l'article et à finir par l'interjection.

Les voilà donc convaincus de ne pouvoir parler, ni penser même, sans passer par ces idées générales pour lesquelles ils professent une si profonde aversion. S'il ne s'agissait pas entre eux et nous de toutes les idées générales, mais d'une certaine classe ou seulement d'un certain degré de généralité dans chaque classe, notre réponse ne se ferait pas attendre ; mais il n'est pas nécessaire qu'elle précède une objection à laquelle on n'a pas encore pensé, bien que la logique entraîne irrésistiblement à cette extrémité.

Quant aux positifs plus sérieux, qui forment les deux espèces dont nous avons parlé d'abord, ils sont opposés en ce point, que les uns ne veulent pas d'histoire, et que les autres y attachent le plus grand prix. Suivant les premiers, il suffit d'entendre une langue pour entendre le législateur qui la parle. Ils accordent bien qu'un peu de bon sens encore n'est pas inutile. Mais qui donc ne s'en croit pas doué largement ? Et puis, que pourrait l'étude pour redresser un jugement que la nature aurait fait de travers ? N'a-t-on pas, d'ailleurs, les lisières de la jurisprudence ? Quoi de plus facile, dès lors, que de comparer les espèces, de les superposer pour ainsi dire, et de décider en conséquence? A défaut de jurisprudence, n'a-t-on pas un autre guide non moins sûr et non moins facile à suivre? La loi n'est-elle pas un cadre tout fait, n'attendant que les cas particuliers qui s'y adaptent visiblement pour qu'elle leur soit non moins visiblement applicable? Le langage de la loi ne s'adresse-t-il pas à l'avenir? n'est-il pas fait pour tous les cas prévus par elle? Et qu'est-il besoin d'en troubler la clarté naturelle par des considérations historiques ou de législation comparée qui sont ou peu certaines, ou parfaitement inutiles, aussi inutiles pour le moins que des considérations philosophiques tirées de la connaissance de la nature humaine, de la raison morale et juridique en particulier?

Tel est le langage d'hommes qui se croient d'autant plus à l'abri de l'erreur dans la pratique, qu'ils s'abstiennent plus soigneusement de toute recherche et de toute spéculation concernant la lettre même de la loi.

Reconnaissons, avant tout, qu'ils ont peu d'efforts à faire pour se maintenir à ce niveau pour le moins aussi commode qu'il est sûr.

Rendons-leur ensuite cette justice, qu'ils font de la logique sans qu'ils s'en doutent, mais qu'elle n'en est peut-être que meilleure suivant eux, puisqu'elle participe de l'instinct. Que ce soit du moins leur excuse : ennemis avoués des études philosophiques, s'il leur arrive d'en faire, ils n'en sont du moins pas coupables, puisque c'est sans le vouloir.

Mais peut-être n'accorderaient-ils pas même qu'ils fassent de la logique sans le savoir : il faut donc le leur montrer. Ils conviendront sans peine que la loi est plus générale que les espèces qu'elle est destinée à comprendre et à résoudre. Ils accorderont encore que ces espèces sont susceptibles d'une certaine généralité, d'une formule, qui fait précisément que des cas singuliers indéfiniment nombreux, et qui diffèrent tous des uns aux autres par quelques caractères accidentels, peuvent y trouver place. Ils ne disconviendront pas davantage que ces caractères accidentels ne changent point la nature de l'espèce, et que tous les cas particuliers qui rentrent dans la même espèce doivent être résolus semblablement : la loi doit s'appliquer de la même manière à tous, *quoad speciem*.

Or, qu'est-ce que cela, si ce n'est un syllogisme? La majeure, c'est la loi ; la mineure, c'est l'espèce ; la conclusion, c'est le résultat de l'application de la loi à l'espèce.

Pas donc de jurisprudence qui puisse être suivie comme règle sans l'intervention du raisonnement.

Et comme la jurisprudence elle-même n'est pas encore universellement ni définitivement établie, c'est un guide qui peut manquer, ou qui a pu faillir ; un guide qui, souvent même, a pris tantôt dans un sens tantôt dans l'autre, et sur les pas duquel on peut s'égarer. Enfin, la jurisprudence la plus constante n'est elle-même qu'un auxiliaire assurément fort respectable, mais une autorité proprement dite.

Il faudra donc toujours, et alors encore qu'on n'y serait pas tenu par devoir, remonter à la loi.

Mais qu'est-ce que la loi, sinon une de ces généralités qu'on semble croire cette fois tombée du ciel, qu'on vénère de la manière la plus édifiante sans doute, mais qui n'est, après tout, que l'œuvre de l'esprit humain, de cet esprit généralisateur et philosophique dont il conviendrait de moins médire à certains égards, quand, à d'autres, on se prosterne si bas devant des conceptions qui n'ont pas une origine différente?

Les juristes les plus asservis à la jurisprudence, au fond les plus dédaigneux de la loi, bien qu'en apparence ils ne puissent se dispenser de la rappeler et d'asseoir sur elle leur décisions calquées, sont donc obligés plus que jamais, quand cette base vient à leur manquer, de faire eux-mêmes de la jurisprudence. Il faudra donc cette fois qu'ils interprètent personnellement la loi. Et comme les oracles n'en sont pas toujours d'une parfaite clarté, comme ils peuvent être entendus diversement par les plaideurs et par les juges, il faudra bien sortir de ce conflit par la raison et le raisonnement, ou par la maxime *sit pro ratione voluntas*.

Ce dernier moyen n'est pas, on en conviendra, le plus intelligent ni le plus honnête. Aussi ne figure-t-il ici que pour la symétrie et le complet de l'alternative. On interprétera donc la loi. Et comme le but d'une pareille interprétation est de connaître la pensée véritable du législateur, et non d'attacher à la loi un sens quelconque qu'il plairait d'y voir à la simple lecture, il sera donc indispensable de recourir aux motifs réels qui ont inspiré cette pensée ; motifs qui peuvent être de deux sortes, suivant qu'ils sont pris des circonstances politiques, sociales, économiques, juridiques, etc., où se trouvaient le législateur et la société dont il faisait partie, ou des inspirations de la raison pratique universelle fondées sur la connaissance de la nature humaine.

De là deux sortes de connaissances nécessaires aux juristes mêmes qui se renferment avec tant de complaisance dans le cercle de la pratique la plus étroite, qui se piquent le plus de *positivisme*, qui se font un mérite de cette étroitesse de vue, et qui décoreraient volontiers cette infirmité ou cette paresse du titre de génie pratique par excellence. Comment des hommes éclairés et laborieux peuvent-ils être complices de ce sophisme d'un amour-propre humilié?

Mais laissons à ces intelligences si exclusivement et si fastueusement pratiques la satisfaction apparente de dire que la théorie, l'histoire et la philosophie ne sont bonnes à rien : ces honnêtes praticiens sont, hélas ! assez punis de ne pouvoir briser le cercle étroit où la nature semble les avoir renfermés ; leur mépris, soyons-en sûrs, n'est déjà qu'une vengeance.

Mais s'ils ne s'abusent pas toujours eux-mêmes, ils peuvent en abuser d'autres. Établissons donc, moins contre eux qu'en faveur de ceux qui pourraient un instant les croire sur parole, que le droit, comme toutes les autres sciences, a ses principes naturels, et que la connaissance même la plus étendue des faits ne peut y suppléer. De cette manière nous aurons prouvé, contre les partisans exclusifs de l'école inductive, que l'histoire n'est pas l'unique source de la législation et de la jurisprudence.

Une première difficulté insurmontable dans ce système, c'est de juger une question de droit en l'absence d'une loi positive, surtout dans l'esprit d'une législation qui compte l'équité pour quelque chose, qui en fait autant que possible la base de ses prescriptions, qui s'en inspire, en un mot, qui croit à une loi juridique naturelle, universelle, absolue.

Une seconde impossibilité inséparable du système qui proscrit les conceptions fondamentales du droit, les idées mères *à priori* de cette science, c'est de ne pouvoir attacher la moindre notion au mot *droit* lui-même, ainsi qu'à tous ses congénères et à tous ses dérivés. L'histoire, qu'on le sache bien, ne porte que sur des faits, des phenomènes qu'elle atteste, mais qu'elle est incapable de généraliser, dont elle ne peut tirer aucune notion, aucune règle, aucune loi. L'histoire est aux évènements du dehors ce que la mémoire est aux évènements du dedans. De même donc qu'on ne pourrait, sans tout confondre, attribuer à la mémoire la généralisation, l'induction, l'analogie, la déduction, et moins que tout cela, les notions absolues de la raison ; de même on ne peut tirer des faits humains du dehors que l'histoire nous transmet la moindre notion propre à diriger nos actions.

Le troisième vice de l'école empirique qui ne veut entendre parler que d'histoire en matière de droit, c'est d'énerver ses prétendues règles : en supposant l'impossible, c'est-à-dire qu'elle pût tirer le droit du fait, l'intelligible du sensible, le rationnel de l'expérimental, l'absolu du relatif, le nécessaire du contingent, elle ne pourrait jamais trouver dans des faits la notion de leur nécessité morale, la notion d'obligation. Aucune des prétendues lois morales données par l'histoire ne porterait donc le caractère sacré d'obligation ; aucune ne serait proclamée par la conscience, aucune n'y trouverait son motif et sa sanction.

Un quatrième inconvénient qui ressort du système de l'empirisme ou de l'histoire en matière de droit, si ceux qui le professent étaient exclusifs et conséquents (ce que je

suppose, et ce qui, grâce à Dieu, est souvent loin d'être
vrai), c'est qu'il n'y aurait pas eu de loi possible pour les
premières sociétés humaines, qui n'avaient pas encore d'histoire; c'est qu'il n'y en aurait jamais aucune pour les
peuples ou les individus qui n'ont point d'histoire ou qui
l'ignorent.

Une cinquième difficulté, c'est de déterminer l'époque
à laquelle l'humanité aura suffisamment vécu pour que son
histoire, celle de ses lois, puisse donner naissance à une
législation. Cette question évidemment ne peut être résolue
qu'*à priori*; et, d'un autre côté, l'école historique ne peut,
sans contradiction, admettre un semblable raisonnement.

Une sixième difficulté, nous devrions dire impossibilité,
c'est de rien changer à ce qui a été, de faire entrer la législation dans le progrès; le progrès suppose un degré d'i-
déal qui passe un jour à l'état de réalité. Or, l'histoire ne
donne et ne peut donner que des faits, jamais des idées qui
les dépassent. Si à la suite des faits surgissent des idées dans
notre esprit, ce n'est pas l'histoire qui produit ces idées,
mais une faculté toute spéciale qui n'a rien de commun
avec elle.

Et comme, d'ailleurs, l'école historique est dans l'impuissance absolue d'assigner l'époque à laquelle l'histoire a dû
commencer à faire autorité, son principe doit être pris dans
toute son étendue : ce qui veut dire que si elle peut raisonner aujourd'hui comme elle le fait, toujours on eût pu, on
eût dû raisonner de même. Voilà donc l'humanité condamnée dès ses premiers pas à rester stationnaire ; elle peut se
mouvoir dans le cercle qu'elle a déjà parcouru, mais elle
n'en peut agrandir le rayon : cela seul qui a été doit être.

Ainsi, l'école historique est en principe opposée aux réformes, aux améliorations, et par conséquent très favorable, en fait, aux révolutions, qu'on ne prévient que par
l'opportunité des réformes.

Mais comme en fait aussi l'esprit humain décrit sa spi-
rale, et va de la sorte à son but, malgré l'empirisme des
conservateurs inintelligents ou méticuleux, la chaîne de

l'histoire reçoit de chaque siècle un certain nombre d'anneaux qui ne ressemblent pas entièrement aux autres.

De là un septième vice inhéren à l'école historique pure,
celui de tomber dans une imitation dangereuse, imprati-
cable, ou de mal raisonner par analogie : une révolution
immense s'accomplit en 1789 en-deçà du détroit qui sépare
la France de la Grande-Bretagne ; les bases de la société
française ne ressemblent plus à celles d'aucune autre : n'importe, les hommes d'Etat de la Restauration, qui n'ont sous
les yeux que l'histoire de l'ancien régime, veulent en remettre
en vigueur les institutions abusives, et ne réussissent qu'à
soulever l'indignation populaire, qui les brise en peu de jours.
D'autres hommes d'Etat, non moins versés dans l'histoire
que les premiers, mais qui ne tiennent compte cette fois que des
avantages du gouvernement britannique, et presque aussi
dédaigneux des droits absolus des peuples que leurs infortu-
nés prédécesseurs, font également sombrer le navirequ'ils
avaient promis au gouvernement et à la France de Juillet
de conduire à bon port. Ce fut en 1830 l'affaire de quelques
jours ; c'est en 1848 l'affaire de quelques heures. Vraiment
l'histoire, quand elle est seule, se montre trop habile pour
qu'on n'hésite pas à lui confier de nouveau les destinées des
peuples. Et, chose plus admirable que tout le reste, c'est
que la prétendue lumière dont elle éclaire ses partisans fanatiques produit à leurs yeux un mirage si trompeur, que
les catastrophes, loin d'avoir dissipé l'illusion, n'ont servi
qu'à l'accroître : on se persuade, ou du moins on voudrait
persuader aux autres qu'on eût sauvé le pays si les fautes
qui l'ont perdu avaient été commises plus tôt et plus largement.

Ce n'est pas tout : si les lois n'ont pas leur raison d'être,
partielle au moins, dans la nature essentielle de l'humanité, dans les rapports naturels et universels qui en découlent d'homme à homme, et que la raison proclame; si elles
ne doivent être prises, au contraire, que des circonstances
accidentelles qui varient suivant le temps et les lieux, et
qui sont du domaine exclusif de l'histoire, il en résultera

ce huitième vice, que les lois n'auront rien d'uniforme ni de constant. C'en est donc fait, dans le système que nous combattons, de la parenté des peuples et des institutions, de la tendance à l'universalité et à la permanence des lois; c'en est fait de l'idéal de perfectionnement auquel aspire la raison et la civilisation.

Telles sont les principales et désastreuses conséquences de l'empirisme historique appliqué à l'interprétation et à la confection des lois. Je ne prétends point que ces conséquences se rencontrent toutes jusqu'ici, et dans toute leur étendue; je crois même qu'elles ne pénétreront jamais à ce point dans les faits, tant parce que les auteurs de ce système exclusif sont inconséquents, que parce qu'ils rencontreraient dans l'application des résistances invincibles.

Mais quand on veut éprouver la vérité d'un principe ou d'un système, il ne faut tenir aucun compte des inconséquences de ceux qui le professent ni des obstacles qui peuvent surgir du dehors; il faut, au contraire, en tirer hardiment toutes les conséquences : si elles sont monstrueuses, révoltantes, inadmissibles enfin, c'est qu'un principe gros de pareilles erreurs est lui-même un monstre qu'il faut étouffer. La vérité, si pressée qu'elle puisse être par la dialectique, ne peut rendre l'erreur : si donc la dialectique fait sortir l'erreur d'un principe, c'est que ce principe lui-même n'est pas vrai.

Nous venons de voir que l'empirisme historique est faux par ce qu'il affirme; il s'agit maintenant de prouver qu'il est faux par ce qu'il nie.

Il repousse, comme on sait, les principes *à priori*, les vérités premières de la raison, et par conséquent les notions fondamentales mêmes qui les engendrent.

Nous pourrions nous borner ici à renvoyer à une saine théorie des idées, à rappeler qu'à toutes les grandes époques de l'histoire de la philosophie on a distingué des idées sensibles et des idées qui ne le sont pas; que les sensibles forment seules la matière de l'histoire; que l'école exclusivement historique est par conséquent sensualiste dans le sens psychologique du mot; qu'elle ne peut pas plus aboutir à des principes qui ne le soient pas, qu'il n'est possible de faire sortir d'une chose ce qu'elle ne contient point.

Or, comme les principes qui vont suivre sont une des bases du droit pénal, et que cette base est un ensemble d'idées rationnelles, il s'ensuivra tout naturellement qu'une école qui nie, ou qui, d'après sa maxime capitale, doit nier ces principes, est absolument impuissante à rendre raison du droit criminel.

Démontrer la vérité et la nature rationnelle de ces principes, c'est donc établir d'une autre façon la fausseté d'un système qui les nie.

Or, c'est un fait que la notion d'identité qualitative ou de nature essentielle s'applique à tous les membres de l'humanité. C'est même en vertu de cette notion d'identité que celle d'humanité ou d'espèce humaine est possible. Or encore, cette notion n'a rien d'empirique ou d'expérimental en soi, bien que sans la connaissance expérimentale que nous avons de nous-mêmes et de nos semblables nous n'eussions jamais eu cette notion.

Mais si l'humanité est identique à elle-même dans tous ses membres et par ses caractères spécifiques ou essentiels, c'est que les hommes sont de même nature, c'est qu'à cet égard ils sont égaux. Autre principe d'une incontestable vérité et qui est pareillement du ressort immédiat de la raison, qui n'a rien de phénoménal, et qui ne peut, par conséquent, pas plus appartenir à l'histoire que le principe d'identité lui-même.

Maintenant, si tous les hommes sont égaux, d'une égalité d'essence ou de qualité, sinon quant au degré ou à l'intensité de cette qualité ou de cette essence, il en résulte ce troisième principe : la justice de la réciprocité, ou la convenance pratique de faire à chacun ce que chacun se permet envers ses semblables. De là cette maxime aussi vieille que le genre humain, que la conscience humaine, et qu'on retrouve dans les philosophies de l'Orient, chez les philosophes grecs et romains, comme dans l'Évangile : « Ne fais pas aux autres ce que tu ne voudrais pas qu'il te fût fait à toi-même; » maxime qui a été sentie avant d'être nettement conçue; qui a été conçue avant d'être formulée, et qui, pas plus que les précédentes, n'est du domaine de la perception ou de l'histoire.

Un quatrième principe, conséquence nécessaire du précédent, c'est que la peine peut être égale au mal qu'on a voulu occasionner; autrement la réciprocité ne serait pas entière, ni la justice complètement satisfaite. Ici, pas plus que dans ce qui précède, l'histoire n'a rien à voir : elle dira bien si ce principe a été appliqué et comment, mais elle ne l'a pas donné et n'a pu le juger.

Un cinquième principe, de nature rationnelle pure, comme tous ceux qui précèdent, et, partant, étranger à l'histoire, c'est que si la justice permet l'application stricte du principe de la réciprocité en matière pénale, c'est là un simple droit qu'elle donne, mais ce n'est pas une obligation qu'elle impose, puisqu'on a le droit de renoncer à l'exercice de tout ou de partie de son droit; ce qui permet à celui qui a le droit de punir, État ou particulier, de ne pas répéter toute la peine méritée. C'est donc là une justice de droit et non une justice de devoir à exercer. Plusieurs criminalistes et philosophes, pour ne pas avoir fait cette distinction, et pour avoir donné à la peine un but qui ne peut être celui de l'homme, l'expiation, se sont trompés de la manière la plus fâcheuse, et ont porté les législateurs à une dureté excessive; je ne citerai que Platon dans l'antiquité et Kant dans les temps modernes. Toutes les législations pénales faites sous l'inspiration des idées théocratiques ou religieuses sont également dans ce cas.

L'humanité, le principe même d'une justice réciproque bien entendu, et l'utilité publique sagement conçue, font au contraire un devoir moral de ne point épuiser la justice pénale : c'est dans le même sens qu'il est dit, en faisant parler Dieu dans l'Écriture : La vengeance m'appartient, et je vengerai [1].

----

[1] Rom., XII, 19; Hébr., X, 10, 30.

Ce cinquième principe, dont l'histoire n'a rien à dire également, parce qu'elle n'en pense rien, principe qu'elle tendrait plutôt à faire condamner en présentant le contraire comme bien plus généralement admis, surtout dans l'antiquité, pénètre de plus en plus dans les législations modernes, et finira, c'est notre espoir, par les animer toutes : c'est le principe de droit facultatif substitué au principe de justice obligatoire des jurisconsultes mystiques, et au principe fanatique de l'expiation de toutes les théocraties.

Si l'histoire toute seule peut seulement transmettre tous ces excès sans les juger ; si elle est absolument incapable de rien démêler à tout cela ; si, tout en conservant le souvenir des principes et de leur application comme faits, elle n'en possède nullement l'intelligence, il faut convenir que l'appréciation critique des législations passées, l'utilité de ce genre d'études pour les législations futures, demande quelque chose de plus que l'histoire : ce quelque chose, c'est la connaissance de l'homme, de ses facultés, de ses idées, de sa nature, de sa destinée ; en un mot, c'est la philosophie.

Nous croyons donc avoir suffisamment motivé la part faite à la philosophie dans cette étude du droit criminel.

Il nous reste à dire comment nous avons conçu celle de l'histoire.

Puisque l'histoire n'entend rien à la légitimité ou à l'illégitimité des faits qu'elle rapporte ; puisque, d'un autre côté, ces faits sont tellement nombreux et divers qu'on dirait, en vérité, que les conducteurs des peuples ont procédé arbitrairement en leur donnant des lois, et que les fantaisies les plus bizarres ont été la raison suprême de ces décrets ; il est évident que les principes doivent dominer les données historiques, qu'ils doivent servir à les classer et à les juger d'après ce qui aurait dû être en conséquence des lois suprêmes et absolues qui constituent l'essence de l'humanité ou qui en découlent. Ainsi, l'élément philosophique doit dominer et dominera l'élément historique.

Le rôle de l'histoire sera donc ici, comme il doit être

partout ailleurs, de renseigner la raison, la philosophie
sur des faits d'une nature secondaire, mais pouvant néanmoins prêter à des conclusions pratiques qui n'eussent
peut-être pas été aussi sûrement déduites sans un secours
de cette nature.

Nous disons cependant que les faits de cet ordre sont secondaires, parce qu'il en est d'incomparablement plus importants et que la philosophie connaît sans passer par
l'histoire, à savoir, les faits de l'ordre psychologique, les
faits constitutifs de la nature essentielle et universelle de
l'homme; faits auprès desquels les autres ne sont réellement
qu'accessoires.

En prenant l'histoire du droit criminel suivant l'ordre
chronologique et par grandes masses, en Orient, en Grèce,
à Rome, chez les Barbares, dans les temps modernes jusqu'en 1789, et depuis cette époque, éternellement mémo-
rable, jusqu'à nos jours, il est incontestable qu'à part la période barbare il y a progrès en passant de l'une de ces
grandes divisions de l'histoire à la suivante.

Mais si l'on vient à considérer non plus l'Orient tout entier, mais une partie de l'Orient, un peuple particulier de
cette immense région, il pourra fort bien arriver que sa législation pénale soit trouvée préférable à la législation de
tel ou tel peuple grec. Bien plus, il est certaine disposition
législative de Manou, de Zoroastre, de Moïse ou d'Améno-
phis, par exemple, qui surpasse ou du moins égale en sagesse les conceptions analogues de nos législateurs modernes.
Les sauvages eux-mêmes ont parfois des coutumes pénales
qui pourraient servir de leçons aux peuples les plus civilisés.

Les comparaisons générales et par masses, outre qu'elles
sont essentiellement vagues, qu'elles ne portent que sur des
abstractions sans réalité véritable, souffrent donc dans leurs
résultats des exceptions plus ou moins nombreuses. Et
quand on songe que ces exceptions peuvent porter sur les
points les plus essentiels, on comprend alors tout le péril
qui peut s'attacher à ces comparaisons, plus faites pour
éblouir que pour éclairer.

Du reste, il faut, pour bien comprendre la législation d'un peuple, connaître profondément la nature de ce peuple; les circonstances sociales, politiques, religieuses, morales, intellectuelles, économiques et physiques au sein desquelles il a vécu. On comprend alors que ce qui dans cette législation n'avait pas une raison d'être tirée de la nature humaine en général, s'explique par les accidents qui la modifient. Mais expliquer n'est pas toujours justifier : toutes les fois que la nature humaine, dans son essence, dans sa destinée, est blessée ou contrariée par une législation, cette législation est vicieuse, quelles que puissent être les circonstances qui en rendent raison ; la nécessité seule, et une nécessité véritable, absolue, pourrait faire absoudre un législateur qui accorde plus d'importance à l'accessoire qu'au principal. Mais, hâtons-nous de le dire, une pareille nécessité se fait sentir bien rarement dans l'histoire, et rarement aussi dans la pratique. Il est, d'ailleurs, des nécessités qui n'existent que par suite d'une situation rendue fausse par le fait répréhensible de celui qui les endure : elles lui sont exclusivement imputables comme conséquence de ses méfaits.

En supposant que l'on connaisse tout ce qu'il est nécessaire de connaître pour comprendre la législation des différents peuples, reste encore à savoir comment il faudra procéder dans cette étude comparée.

Six méthodes s'offrent à la pensée : la méthode chronologique seule, la méthode exclusivement ethnographique, la méthode logique pure. On peut aussi unir la méthode ethnographique à la chronologique, puis enfin la méthode logique à la chronologique, à l'ethnographique seulement, ou à l'une et à l'autre réunies.

La méthode purement chronologique consisterait à passer en revue, année par année, je suppose, comme dans un tableau synchronique, toutes les lois pénales qui auraient alors pris naissance sur chaque point du globe, sans les rattacher à rien autre chose qu'à une simple date, sans les classer, sans en apprécier la valeur absolue ou relative. Un

pareil tableau offrirait les disparates les plus étranges : l'arbitraire et le fantastique apparaîtraient à côté du juste et
du raisonnable, et souvent dans la même loi. Plus d'une
fois encore on trouverait la raison et la justice, comme aussi
l'injustice et la déraison, où l'on s'y attendait le moins. Les
ressemblances, les analogies surtout ne manqueraient pas
davantage. Elles s'expliqueraient par l'identité de la nature
humaine, par la ressemblance ou par l'analogie des situations, comme les diversités par les différences de positions
et d'influences. Mais que pourrait-on conclure de là pour
une saine théorie? Rien, absolument rien.

La méthode ethnographique, en se bornant à un peuple,
à une nation, mais en prenant sa législation sans distinction
d'époques, c'est-à-dire sans avoir égard à l'ordre chronologique des faits, aboutirait à un autre genre de confusion :
on trouverait les mêmes actes impunis ou punis, et punis
tantôt d'une façon tantôt d'une autre, sans qu'on pût savoir
quelle a été la première, quelle la seconde, quelle la troisième.

Aucune lumière ne pourrait non plus jaillir d'un pareil
chaos.

La méthode logique, qui consisterait, suivant nous, à reproduire à propos de chaque délit les pénalités qui l'ont
atteint chez les différents peuples, mais sans distinction de
temps ni de lieux, présenterait un tableau fort bizarre encore, mais où déjà la raison juridique pourrait plus facilement s'orienter et choisir.

Ces trois méthodes simples sont tellement exclusives,
qu'elles méritent à peine le nom de méthode, et qu'il serait
difficile, peut-être même impossible, de les rencontrer dans
toute leur pureté systématique.

Les méthodes réellement pratiquées sont donc mixtes :
c'est, pour suivre l'ordre de notre division, la méthode qui,
s'attachant à la législation d'un peuple, la présente suivant
l'ordre des temps, et cherche dans les circonstances où ce
peuple s'est trouvé, ou dans les inspirations d'une raison
publique ou privée, plus ou moins éclairée par les lumières

de la civilisation, la raison des variations successives. Si cette étude s'accomplit, en outre, sous la direction d'une haute raison philosophique, elle aboutira sans peine à une critique qui mettra chaque chose à sa place. Prenant pour critérium ce qui doit être, sans oublier toutefois que le mieux n'est pas toujours possible, qu'il a ses conditions et son heure, la critique saura dire sur chaque point quand le législateur fut bien ou mal inspiré, quand les changements qu'il opéra furent progressifs, quand rétrogrades, quand insignifiants.

Si une pareille étude s'étend à toutes les législations des différents peuples, elle pourra donner naissance à des résultats d'un grand intérêt déjà, mais qui ne sont pas encore d'une application facile, disséminés qu'ils sont sous les noms divers des nationalités auxquelles appartiennent les législations ainsi examinées, et disséminés qu'ils sont encore sous chacun de ces titres généraux, suivant l'ordre des temps, et suivant l'ordre que les divers législateurs d'un même pays ont cru devoir suivre dans la confection ou le remaniement des lois.

Il y aurait donc utilité supérieure à joindre la méthode logique à la méthode ethnographique, c'est-à-dire à dresser pour l'histoire de la législation un ordre systématique qui serait le même pour tous les peuples. Mais chacune de ces législations diverses ne serait encore comparée qu'à l'idéal qui doit servir pour ainsi dire à les éprouver toutes au point de vue absolu. C'est la méthode ethnographique et logique réunies.

Il en est une dernière qui nous paraît réunir tous les avantages, comme elle réunit tous les points de vue et toutes les méthodes partielles : c'est la méthode logique, ethnographique et chronologique tout à la fois.

Elle consiste, suivant nous, à dresser une table unique des questions à examiner; à chercher la solution de chacune d'elles dans les inspirations de la raison; à rapprocher de cette solution, afin de la confirmer ou de la rectifier, la lumière de l'expérience, comme aussi afin de juger l'expérience à la lumière de la raison intuitive; à réunir sous chacune de ces questions, non plus seulement les solutions diverses qu'elle a reçues d'un même peuple dans les différentes phases de sa législation, mais celles qu'en ont successivement ou simultanément données tous les peuples; à comparer, au besoin, toutes ces solutions ainsi groupées, et à mettre chacune d'elles à sa place sur l'échelle du progrès de la civilisation; à conclure, enfin, ce qu'il y aurait de mieux à faire désormais, qu'il ait été pratiqué déjà ou qu'il ne l'ait pas été encore.

Telle est la marche que nous avons suivie. Elle nous a paru la seule propre à mettre en lumière les progrès de l'humanité par les progrès du droit criminel; à éclairer le législateur à venir par les travaux des législateurs passés; à fair voir les mérites et les défauts de toutes les législations existantes ou qui ont existé, à la faveur des principes absolus qui dominent la matière. Sans ces principes, qui doivent non seulement servir à juger le passé, mais encore à modifier utilement le présent dans l'intérêt de l'avenir, l'histoire la plus complète, les classifications même les plus exactes, ne peuvent établir que deux choses, le nombre et la diversité des dispositions législatives, leurs similitudes ou leurs analogies et leurs différences; mais il est absolument impossible, par ces seuls procédés historiques et logiques, de pouvoir juger du mérite tant absolu que relatif des législations, et de les classer à ce double point de vue. Il est impossible, par là même, de songer à faire profiter l'avenir de l'expérience du passé ou des conceptions heureuses du présent : nulle raison décisive de choisir entre une disposition et une autre, puisqu'on ne possède aucune mesure invariable qui puisse servir à les juger comparativement, aucun idéal auquel on puisse les rapporter, aucune idée pratique suggérée par cet idéal et qui puisse être mise à l'épreuve de l'expérience.

La méthode complexe par nous suivie a cet autre avantage considérable, de mettre en évidence la lenteur, l'incertitude, les défaillances mêmes du progrès de l'humanité dans la voie de la civilisation, mais aussi de prouver qu'aucune époque, aucune nation n'est complétement déshéritée à cet égard.

Déjà l'on trouve parmi les peuplades sauvages, à côté de la superstition la plus profonde et de la friponnerie de ceux qui l'exploitent, des inspirations de la saine raison et de la bonne foi ; en regard d'une dureté impitoyable , des sentiments d'humanité. Le germe de la civilisation se rencontre donc partout, jusque dans les derniers rangs de l'humanité. A plus forte raison se retrouve-t-il dans les rangs intermédiaires de la barbarie. Par contre, et comme si l'homme ne pouvait entièrement dépouiller sa grossièreté native, des traits de sauvagerie déshonorent encore les codes criminels des peuples les plus civilisés : ce qui prouverait, non pas que la civilisation soit condamnée à ces imperfections, mais qu'elle est à son début, et que des destinées bien meilleures lui sont réservées. Qu'est-ce, en effet, que cette civilisation dont nous nous vantons d'une manière si naïve et si puérile, qu'un mélange de grossièreté sauvage, de barbarie et de lumières? N'avons-nous pas dans nos rangs, dans notre société française, par exemple, des couches sociales de toute nature, depuis l'homme le plus brut, le plus ignorant et le plus scélérat, jusqu'à l'homme le plus délicat, le plus instruit et le plus humain? Nos cités les plus populeuses et les plus brillantes ne sont-elles pas celles-là mêmes où ces extrémités choquantes forment les contrastes les plus nombreux et les plus saillants? A quoi bon faire ici le tableau d'un état de choses qui afflige tous les regards, et que personne assurément ne peut nier? Mais, puisqu'il en est ainsi, faut-il s'étonner que nos codes, œuvre d'une certaine opinion publique moyenne qu'ils sont destinés à satisfaire, présentent encore tant d'imperfections? Combien, sans doute, ne seraient-ils pas plus imparfaits s'ils étaient sortis du suffrage passionné de la place publique !

Si les germes de la civilisation et les restes de la sauvagerie et de la barbarie se rencontrent partout à des degrés divers, il ne faut pas être surpris de trouver dans l'histoire des peuples et de leurs institutions tant d'incertitude et de défaillance dans leur marche : vous croiriez, en présence de certaines idées qui les illuminent, qu'ils sont à l'abri d'erreurs peu compatibles avec des pensées déjà si hautes; et cependant la chute ou l'inconséquence est démontrée par le fait.

D'autres fois on voit un peuple briller d'un grand éclat à une époque de son histoire; c'est comme un météore dont la lumière paraît inhérente à sa substance, et ne devoir s'éteindre qu'avec lui. Poursuivez son histoire, vous verrez ce météore pâlir, s'obscurcir, et, dans le même siècle peut-être, offrir des taches qui vont croissant et menacent d'en envahir toute la superficie : un principe secret de ténèbres, qui était caché dans les profondeurs de ce grand corps, s'est développé et a produit ce retour à l'obscurité.

Point donc de marche régulière, ferme et constante du mal au bien et du bien au mieux chez les peuples non plus que chez les individus : les nations comme les particuliers sont remplies d'imperfections; les hommes, pris en grand ou en petit, semblent toujours ivres. Quand ils tombent, ils se relèvent le plus souvent, sauf à retomber encore. Quand ils ne tombent pas, ils ne peuvent marcher longtemps sans s'arrêter, surtout ils ne peuvent marcher droit devant eux ; ils n'avancent qu'en faisant des écarts : heureux encore lorsqu'ils ne dévient pas au point de quitter le chemin qui doit les conduire au but !

Un autre phénomène moral s'offre à l'historien des institutions : c'est que la chaîne du progrès semble décomposée; les anneaux indéfiniment variés qui doivent la former apparaissent disséminés dans le temps et l'espace : il faut les recueillir ici et là, les numéroter, les réunir par ordre, et en faire un ensemble artificiel. La nature semble avoir répugné jusqu'ici à rassembler ces éléments d'un même tout, ou y avoir été impuissante. Elle a pourtant formé sur des points divers, et à certaines époques, des fragments plus ou moins considérables de cette chaîne ; ce qui indique suf-

fisamment son esprit et ses intentions. Mais là encore se
trouvent des solutions de continuité fréquentes et des la-
cunes considérables. Pour renouer ces fragments, pour
combler ces vides, il faut chercher ailleurs, au loin, dans le
présent ou dans le passé. Il en est du flambeau de la civilisation comme de celui de la foi : il s'éteint sur un point,
se rallume sur un autre, brille ici d'un grand éclat, paraît là
comme une lumière naissante : *movebo candelabrum.* Nulle
part encore il n'a donné toute la lumière qu'il est appelé
à répandre, puisque tant d'hommes, tant de nations sont
encore ensevelies dans des ténèbres plus ou moins profondes.

Le progrès de la civilisation par le progrès du droit criminel ne pouvait donc être tracé en commençant par un
peuple, en le suivant dans son histoire, en continuant par
un autre peuple qui aurait été suivi de même dans ses destinées historiques, et toujours ainsi. Non, la nature ne
procède pas de la sorte; sa marche est bien autrement
compliquée et pleine de détours et de retours Bien plus,
elle agit simultanément sur un très grand nombre de points,
et de la manière la plus diverse; elle se joue du temps et
de l'espace, en jouant dans l'un et dans l'autre; elle semble
même se moquer de la logique, soit en refusant de faire
sortir les conséquences des principes, soit en donnant
les conséquences sans passer par les principes, soit en donnant ici les principes et là les conséquences, soit en retirant
les concessions qu'elle avait faites, soit en accordant ce
qu'on ne songe pas même à lui demander, soit, enfin, en
illuminant les esprits d'une clarté soudaine ou en les plon-
geant dans des obscurités inattendues; sauf à les faire passer et repasser avec le temps de l'un à l'autre de ces états
contraires, mais en les variant toujours, comme elle fait tous
ses ouvrages.

Cette marche de la nature sera, nous l'espérons, rendue
sensible dans notre ouvrage. Que ce soit là une excuse auprès de ceux qui seraient tentés de nous reprocher une stérile abondance : alors même que les renseignéménts his-

toriques que nous avons recueillis et consignés dans cette succession de tableaux ne prouveraient pas autre chose, ils serviraient encore à faire connaître cette immense variété dans la manière de sentir, de penser et d'agir de notre nature ; ces marches et contremarches de l'esprit humain ; ces imaginations bizarres et cruelles à la place de la raison et de la sensibilité, et quelquefois la sensibilité et la raison à côté des défauts contraires ; et souvent, il faut le dire en l'honneur de l'humanité, de ses nobles efforts, et de la dispensation providentielle qui la conduit, souvent la justice et le sentiment à la place de la vengeance et de la cruauté.

Nous venons de dire ce que nous avons essayé de faire dans cet ouvrage. Il est un point, toutefois, qui nous a constamment préoccupé : la marche progressive de l'humanité entière dans le droit criminel. Nous croyons nécessaire d'arrêter un instant l'esprit du lecteur sur la manière dont nous avons conçu cette partie de notre tâche, et dont nous en avons essayé l'exécution.

Pour apprécier les progrès de la civilisation par ceux du du droit criminel, il faut se faire une juste idée de ce qui est mal, de ce qui est bien, de ce qui est mieux dans les coutumes et les lois criminelles, en un mot, du progrès de la législation pénale elle-même.

Il faut donc avoir des principes sûrs à l'aide desquels on puisse juger une législation pénale donnée, ses variations chez un même peuple, la supériorité ou l'infériorité d'un code pénal comparé à un autre code de même nature.

Un pareil ensemble de principes n'est autre chose qu'un idéal. C'est ce qui doit être absolument, la perfection.

Il y a une perfection absolue et une perfection relative.

La perfection absolue dans les institutions est celle qui est le mieux appropriée à la nature humaine considérée abstractivement ; la perfection relative est celle qui est le mieux appropriée à la nature humaine envisagée dans les circonstances spéciales où elle se trouve, et qui est le plus propre à la rendre susceptible d'institutions meilleures, d'institutions parfaites. C'est ainsi qu'aux yeux de leurs auteurs la

législation des Hébreux par Moïse et celle des Athéniens
par Solon n'étaient bonnes que d'une bonté relative : c'é-
tait la meilleure que ces peuples pussent avoir alors.

La perfection relative des institutions tient à deux raisons :
elles sont en rapport avec le degré de culture, de civilisation du peuple auquel elles s'adressent ; elles tendent
à le rendre capable de recevoir utilement des lois moins
imparfaites. En deux mots : une législation est relativement
bonne lorsqu'elle prend un peuple dans l'état moral où
il se trouve, pour l'acheminer doucement à un état moral
supérieur. Toute législation doit être un grand moyen d'é-
ducation pour un peuple. Le législateur est un maître, un
gouverneur et un précepteur tout à la fois.

Toute perfection relative dans les institutions devant tendre à la perfection absolue, il s'ensuit que le législateur
doit avoir l'idée du meilleur absolu. Il en est de même du
critique, qui se propose de juger le relatif par l'absolu, le
réel par l'idéal.

Le progrès n'est, en effet, que la marche progressive
du relativement bon à l'absolument bon. Pour juger qu'un
mouvement quelconque est progressif, il faut donc connaître le but auquel il doit tendre. Tout mouvement n'est
pas nécessairement progressif, tout changement n'est pas
nécessairement amélioration.

Si l'on se trompe sur l'idéal, si l'on prend l'erreur pour
la vérité, le moins bien pour le mieux, le relatif pour l'absolu, le fait pour le droit, on jugera mal, on décrétera mal.

Il est donc de la plus haute importance de se former une
très juste idée de ce qui doit être, de ce qui demande à être
réalisé, fût-il impossible maintenant.

Pour savoir ce qui doit être, ce que la raison, dans sa
pureté et sa sincérité, demande de nous, il n'y a qu'un
moyen, c'est de l'interroger méthodiquement.

La raison interrogée directement en dehors de l'histoire
donne des réponses qui ressemblent à des oracles ; ce sont
les théories des philosophes. Interrogée dans l'histoire, ses
réponses sont des faits. Dans le premier cas elle prétend

dire ce qui doit être; dans le second elle dit ce qui a été. La première méthode est *à priori*, la seconde *à posteriori*.

Les réponses de la première espèce ne sont pas toujours d'accord entre elles. Chaque philosophe conçoit l'idéal un peu à sa façon : celui de Platon n'est pas toujours celui d'Aristote.

D'un autre côté, les réponses de la seconde espèce, outre qu'elles diffèrent encore plus que les théories des philsophes, ont en outre le tort de n'être que des faits. Or, un fait comme fait en vaut un autre; à ce titre l'un n'est ni plus ni moins légitime que l'autre. Ou, plutôt, il n'y a rien là de légitime ni d'illégitime; rien de meilleur ni de pire. Pour classer les législations, pour les juger, pour mettre l'une au-dessus de l'autre, il faut les comparer à une troisième chose qui ne soit plus un fait, une législation positive, mais une idée, un droit naturel, une exigence de la raison.

Mais cette raison, malgré son ton impersonnel, n'est jamais que celle de tel et tel individu. Il est bien vrai que si les individus ne confondaient pas ce qui est réellement impersonnel ou absolu, dans les prescriptions de la raison, avec ce qui est personnel et relatif, l'absolu pour l'un serait inévitablement l'absolu pour l'autre; ce qui paraîtrait absolu le serait réellement. Par malheur, nous n'avons pas cette infaillibilité, et nous sommes exposés à des erreurs dans cette recherche comme dans beaucoup d'autres.

Qui oserait dire, cependant, que toute recherche de cette nature est plus nuisible qu'utile, qu'il y a plus de chances d'erreur que de vérité? Ne serait-ce pas mettre le scepticisme en principe?

Nous sommes dispensé d'agiter cette question, celle de la certitude, qui domine toutes les autres, et qui est résolue, tranchée par le sens commun au début de toutes les sciences. Tout en reconnaissant donc que l'erreur est possible, nous admettons que la vérité l'est aussi; qu'elle a même pour elle plus de probabilité que l'erreur, et qu'on peut raisonnablement se livrer à sa recherche.

Il est remarquable cependant que l'idéal en toutes

choses a été en général d'autant plus élevé, d'autant plus
épuré pour chaque intelligence qui a essayé de le contempler dans les différents âges du monde, que le réel était lui-
même plus avancé. On dirait que la raison spéculative ou
théorique ne peut devancer que de peu les faits ou l'application. La pratique a d'ailleurs sa sagesse propre, qui lui est
inspirée, commandée par les faits, même par les faits généraux qui tiennent à l'essence de la nature humaine. Il est
donc prudent, lorsqu'on veut s'élever au-dessus des faits, au
droit en soi, de prendre d'abord connaissance des faits, sauf
à les juger ensuite. Autrement l'idéal qu'on croirait avoir
atteint pourrait n'être qu'une chimère ou avoir été dépassé
déjà par la réalité. C'est ainsi que l'expérience peut être
utile à la raison et l'inspirer avec bonheur.

C'est aussi la raison pour laquelle il est utile de revenir
aux spéculations philosophiques, à la recherche des principes dans chaque branche des connaissances humaines
aux différentes époques de la civilisation, c'est-à-dire après
chaque mouvement marqué dans les sciences.

Or, il est incontestable que depuis plus d'un siècle la réforme des lois pénales préoccupe tous les peuples civilisés.
Il n'est pas moins certain que la manière dont on entend
de nos jours la peine infligée aux criminels n'est pas exactement la même que l'idée qu'on s'en faisait généralement
au XVIII° siècle. Le temps est donc venu de faire de nouvelles recherches sur la matière.

Un autre secours qui n'est pas plus à dédaigner dans la
recherche de l'idéal, ce sont les spéculations du même genre
qui ont été faites aux différentes époques de l'histoire de la
philosophie.

Mais ce qui doit particulièrement servir de base à notre
travail, c'est la nature humaine en général bien connue,
c'est-à-dire une connaissance approfondie de la destinée de
l'homme, de ses aptitudes diverses, des lois qui régissent
leur développement. Cette connaissance est le fruit de l'observation de soi-même et des autres hommes tels qu'il s'offrent à nous dans le monde et dans l'histoire.

Le reste est un travail personnel, une intention rationnelle plus ou moins juste, plus ou moins profonde, et pour laquelle il n'y a pas de règles à donner.

Cette étude sur des législations criminelles passées et présentes, cette revue des spéculations philosophiques en cette matière, sont comme des échafaudages qui serviront à construire plus sûrement notre idéal, c'est-à-dire à déterminer avec plus de vérité les principes à l'aide desquels nous devons juger ces législations comme signes, comme effets et comme causes des progrès de la civilisation. C'est un travail solitaire, personnel et préparatoire qui a dû précéder tout le reste, mais dont les résultats doivent se révéler dans la justesse, l'étendue et la profondeur de la théorie qu'ils auront servi à édifier.

Quant à l'exécution du travail ostensible, elle peut être conçue de trois manières, suivant que l'on considère la marche de la civilisation comme s'accomplissant :

Ou dans le sein même de ces nationalités diverses, abstraction faite du mouvement général qui peut s'opérer dans leur ensemble ;

Ou dans l'humanité en général, abstraction faite des circonstances de nationalité ;

Ou dans les législations elles-mêmes, sans qu'on s'inquiète autrement des nations, des temps et des lieux, si ce n'est pour assigner à chacun d'eux la place qui lui revient dans l'échelle du perfectionnement, d'abord graduée sous la dictée même d'une raison inspirée par la justice absolue et éclairée par les longues méditations sur l'histoire comparée des peuples divers.

Il s'agit de savoir quelle est de ces trois marches possibles celle qui doit mener le plus sûrement et le plus directement au but.

En suivant la première méthode, on s'engagerait dans des difficultés presque insurmontables. Je ne signalerai que les principales. Il faudrait faire l'histoire des institutions judiciaires de chaque peuple en particulier, les comparer à elles-mêmes aux différentes époques de la durée de ces peuples, se rendre compte des changements qu'elles ont subis, des causes de ces changements. Il faudrait comparer ces institutions dans toutes leurs phases et tous les éléments de ces phases à l'idéal qu'on aurait d'abord tracé pour servir de commune mesure à toutes les législations criminelles, afin de pouvoir en apprécier la valeur absolue et la valeur relative. Tâche immense. Cette difficulté, cependant, serait peut-être la moindre. Il en est une autre, en effet, qui rendrait le problème bien autrement complexe : un peuple, c'est-à-dire un ensemble d'hommes vivant sur un même coin de terre, le plus souvent encore sous les mêmes lois, peut, tout en gardant le même nom, changer de fond en comble par la conquête, par l'émigration, l'immigration ; par l'effet des révolutions politiques, sociales, religieuses ; par l'influence littéraire, commerciale ou autre qu'exercent sur lui les nations étrangères. Croit-on, par exemple, que les lois criminelles aient toujours été les mêmes en Egypte depuis Ménès jusqu'à Méhémet-Ali ? C'est toujours l'Egypte cependant, ce sont toujours des Egyptiens qui l'habitent ; mais ces Egyptiens sont successivement des autochtones, c'est-à-dire on ne sait qui, des Ethiopiens peut-être, des Arabes, des Persans, des Grecs, des Romains, des Turcomans, des Mongols, des Ottomans et même des Français, mais surtout des Turcs. Que d'influences diverses, que de modifications plus ou moins profondes apportées successivement aux institutions ! Impossible non seulement de faire à chaque influence sa part, mais même de noter empiriquement les principaux changements qui leur reviennent, et d'en assigner la place précise dans l'ordre des temps.

Disons-le donc, pour entreprendre une pareille tâche il faut nécessairement en ignorer les insurmontables difficultés, ou prendre le parti de passer à côté sans même tenter de les effleurer; ce qui est tout simplement prendre le parti de ne pas faire ce qu'on a l'air de vouloir faire.

La seconde méthode, en apparence plus facile à suivre que la première, est peut-être en réalité plus difficile encore ; du moins elle est mille fois plus sujette à l'erreur.

Si déjà les nationalités diverses ne sont que nominales; si sous leurs dénominations identiques et unes se glissent une mobilité et une diversité prodigieuses, presque insaisissables, combien l'humanité n'est-elle pas plus variée, plus mobile encore, et cependant plus une dans sa mobilité et sa diversité mêmes! Oui, sur un fond commun, permanent, se déroule une forme d'une diversité extrême, et dont l'analogie seule permet de rapprocher et de classer les manifestations indéfiniment variées. Expliquons-nous.

L'humanité n'est qu'une abstraction, et cette abstraction ne comprend que l'élément essentiel et caractéristique de l'espèce humaine. C'est sur ce fond immuable que se dessine la vie, que le mouvement de la pensée et de la civilisation se déroule; mais il ne constitue ni le mouvement ni la vie.

L'humanité, fond et forme, prise dans son ensemble, marche donc et ne marche pas; elle marche par sa forme, elle est immobile par son fond. Elle est immobile et mobile encore sous cet autre rapport que si quelques-uns de ses membres, individuels ou collectifs, personnes ou nations, se développent et s'élèvent dans l'échelle du perfectionnement, d'autres peuples, d'autres hommes restent immobiles, ou descendent même du point par eux occupé d'abord. C'est ainsi qu'à l'heure même où nous parlons la sauvagerie, la barbarie et la civilisation se rencontrent ici ou là dans l'humanité. L'humanité n'est donc à notre époque ni sauvage, ni barbare, ni civilisée exclusivement: elle est tout à la fois civilisée, barbare et sauvage; elle a marché en même temps qu'elle est restée immobile; elle a marché lentement, rapidement; elle est allée loin et haut, en même temps qu'elle s'est à peine déplacée, qu'à peine elle a quitté le sol où elle a été déposée faible et nue, moitié homme moitié brute, mais destinée à se faire entièrement homme!

Ne parlons donc pas des progrès de l'humanité; mais parlons, si l'on veut, des progrès d'une nation, de la civilisation d'un peuple, de la barbarie d'un autre, de l'état sauvage d'un troisième. Nous serons alors plus près de la vérité. Mais alors aussi nous retombons dans la première méthode avec tous ses inconvénients. Ajoutons à ceux que nous avons signalés déjà celui de présenter une nation sous le jour le plus faux, soit en bien, soit en mal, par la raison précisément qu'une nation, comme l'humanité elle-même, est un tissu de diversités. Vous croyez qu'un peuple est civilisé parce que vous n'envisagez dans ses institutions que ce qui l'élève et l'honore aux yeux des autres nations. Mais prenez garde qu'à côté de ces institutions qui font sa gloire, il en est d'autres trop peu dignes des premières, et qui déshonoreraient jusqu'à des sauvages. Pourquoi cette préférence? pourquoi cette partialité? Jugez-vous d'après l'ensemble? Est-ce une question de plus d'un côté et de moins de l'autre? A la bonne heure! Nous dirons alors que dans une même nation il y a non seulement une foule de degrés de civilisation, mais que dans le même degré il y a une multitude indéfinie de nuances. Nous dirons que la civilisation d'un peuple, jusqu'ici du moins, n'est jamais que partielle, qu'elle peut s'exprimer approximativement par une fraction dont les termes sont difficiles à déterminer, mais qui doivent au moins équivaloir à un demi. Alors encore ce peuple ne mérite pas moins l'épithète de barbare que celui de civilisé; suivant que la fraction serait plus forte ou plus faible, il mériterait plutôt la première ou la seconde de ces appellations.

Ceci, qu'on y prenne garde, n'est pas du tout un jeu; c'est, au contraire, de la précision dans les idées. Laissant de côté ce qu'il pourrait y avoir d'excessif, d'abusif même dans la tentative d'estimer mathématiquement des idées qui se refusent à une précision rigoureuse, toujours est-il vrai de dire qu'il n'y a ni civilisation, ni barbarie, ni sauvagerie peut-être qui soit sans mélange; que ces termes n'ont rien d'absolu hors de la lettre, puisqu'ils expriment une chose susceptible de degrés indéfiniment nombreux; que le rapport de la civilisation à la barbarie et à la sauvagerie même, comme celui de la barbarie et de la sauvagerie à la civilisation, peut varier indéfiniment soit en plus soit en moins, suivant qu'un peuple donné s'élève ou s'abaisse. De plus, il peut s'élever en un point et s'abaisser en même temps en un autre. Que de progrès qui se résolvent dans des chutes! Mais heureusement que ces chutes font trouver un nouveau point d'appui pour s'acheminer de nouveau vers un meilleur état de choses.

Il résulte de tout ce qu'on vient de dire sur le second procédé possible pour la solution du problème, que ce procédé est plein d'illusions; que ces illusions conduisent de toutes parts à des résultats partiels, contradictoires, erronés.

Reste donc la troisième méthode; méthode exempte des difficultés insurmontables de la première, et des erreurs incalculables de la seconde.

Nous posons des principes; nous consultons l'histoire, que nous trouvons ou en opposition, ou en harmonie plus ou moins grande avec ces principes eux-mêmes : ce qui nous permet de dire ou de laisser conclure que tel législateur, tel peuple est supérieur à tel autre législateur, à tel autre peuple, et que l'esprit humain, qui comprend toutes les intelligences humaines comme l'humanité comprend tous les individus et tous les peuples, a marché en passant d'une idée à une autre. Nous ne considérons plus ici l'humanité dans son ensemble, comme on est obligé de le faire dans la seconde méthode; ni dans les grandes masses appelées nations, comme on s'y engage dans la première : non, l'humanité n'est plus ici que l'esprit humain en tant qu'il est tout à la fois mobile et progressif.

Peu importe que le premier pas s'accomplisse à l'orient ou au midi, le second à l'occident ou au septentrion. Peu importe encore que le second pas ait été fait avant ou après le premier : il y a d'heureuses inspirations qui dispensent de ces longues et laborieuses initiations, ou qui en abrègent la durée en même temps qu'elles en allègent les fatigues; il y a des peuples, des hommes qui semblent privilégiés entre tous les autres peuples, tous les autres hommes, et qui, instruments providentiels du travail infini du perfectionnement de l'humanité, sont comme la tête de colonne du genre humain. Tantôt ils s'avancent à pas lents, tantôt d'un pas si rapide qu'ils semblent procéder par enjambements gigantesques. Quand l'un s'arrête et tombe, l'autre n'en poursuit pas moins sa marche jusqu'à ce qu'il soit à son tour atteint et dépassé peut-être par un autre auquel il avait d'abord servi de guide.

Grâce à l'unité continue, formée par l'espèce humaine dans la durée des âges, dans la tradition des idées, aucune des institutions essentielles, aucun des grands progrès d'un peuple n'est perdu pour le genre humain ; ce peuple périra, un autre prendra sa place et continuera son œuvre, sa mission. C'est ainsi que dans un combat le premier rang prépare la victoire au second, et la remporte pour sa part longtemps avant qu'elle ne soit décidée. Ces morts, qui ont succombé avant que la fortune eût prononcé sur le sort des armes ; ces morts, qui ont disparu de la scène pleins de désespoir ou d'inquiétude peut-être ; ces morts sont aussi les vainqueurs. Eh bien! la civilisation est une conquête, la première de toutes ; et la lutte contre l'ignorance, la barbarie, l'injustice, un combat ; combat éternel que tous les hommes, tous les peuples sont appelés à rendre. Sur ce champ de bataille infini se voient aussi des soldats sans courage à côté des cœurs les plus magnanimes.

Il nous a donc suffi, pour éclairer la victoire remportée par la civilisation sur le terrain où nous nous trouvons placé, de signaler sur chaque point précis les efforts successifs et de plus en plus heureux généralement dont ils ont été le théâtre. Pour parler sans figure, langage plus d'accord avec nos goûts et nos sévères habitudes d'esprit, nous avons signalé sur chaque question les dispositions législatives qui nous ont semblé présenter quelque intérêt. Nous l'avons fait presque toujours en suivant l'ordre des temps ; et cet ordre s'est trouvé très souvent aussi celui des idées, je veux dire cet ordre logique suivant lequel la raison humaine, après avoir passé ou sans avoir passé par le pire, s'élève au bien, du bien au mieux, et toujours ainsi. Cet ordre tout à la fois chronologique et logique en a comme entraîné un autre après lui, l'ordre des lieux : presque toujours l'Occident corrige ou perfectionne l'Orient. S'il est est vrai de dire *ex Oriente lux*, ce n'est à coup sûr que dans un sens relatif, celui du commencement : c'est bien là que le soleil se lève, mais ce n'est pas là qu'il a pour nous, absolument même, son plus grand éclat.

En suivant cette troisième méthode, tout s'éclaircit, se simplifie et s'harmonise.

Nous aurions pu nous étendre bien davantage sur la plupart des points, soit en reproduisant dans leurs détails les législations dont nous avons donné les dispositions essentielles, soit en rappelant d'autres législations que nous avons laissées à l'écart, tant parce qu'elles nous ont semblé sans intérêt que parce qu'elles sont ou peuvent être facilement connues de tout le monde. C'est par cette dernière raison que nous avons peu cité les dernières législations européennes, et la française moins que toutes les autres. Nous aurions pu sans peine faire passer dans notre travail les recherches des érudits; nous n'en avons rien fait. Nous avons cru devoir nous borner à cela seul qui avait un sens dans notre pensée pour notre objet [1].

Notre plan ne nous semble pas moins naturel que la méthode que nous avons suivie pour l'exécuter. Il nous a paru convenable, avant tout, de parler des peines et des délits avant de traiter de la procédure criminelle, de faire marcher le code substantif avant le code adjectif, comme dit Bentham. Cette question une fois résolue, les autres se résolvaient comme d'elles-mêmes. Quoi de plus simple, en effet, que de décider s'il faut étudier la question des délits

---

[1] On voudra bien remarquer encore que si l'indication des auteurs manque parfois d'une précision suffisante, par exemple pour Grimm, ce n'est pas que nous ayons pris ailleurs que dans l'auteur lui-même nos renseignements; mais un grand nombre de nos extraits avaient été faits à une époque où nous étions loin de nous attendre à leur donner la destination qu'ils reçoivent aujourd'hui : ne croyant d'abord les recueillir que pour nous seul, il était inutile d'en marquer bien nettement l'origine. Le temps et le courage nous ont manqué pour repasser tant de volumes.

avant celle des peines ; les caractères des uns et des autres, en général, avant les espèces qui en sont marquées? En conséquence, nous avons commencé par les délits et les peines en général ; nous avons continué par les différentes espèces de délits et de peines.

Ce n'est qu'après avoir rempli cette tâche que nous avons abordé celle de la poursuite des délits, en suivant toujours la même méthode. Comme ce double travail était long déjà, plein de détails d'inégale importance, il nous a paru très utile d'en résumer synthétiquement les principaux points, de couronner ce résumé par une conclusion qui restreint l'ouvrage à sa plus simple expression possible, et qui est comme le sommet de cette pyramide intellectuelle.

Quelques mots maintenant sur des points d'une moindre importance.

Est-il nécessaire, après ce qui vient d'être dit du mélange, mais dans des proportions diverses, suivant les lieux et les temps, de la sauvagerie, de la barbarie et de la civilisation, de dire pourquoi nous avons parlé de certaines coutumes barbares ou sauvages rapportées par d'anciens historiens, comme si elles existaient encore aujourd'hui? Indépendamment des lenteurs inhérentes à la marche de la civilisation, et qui sont d'autant plus grandes que le mouvement est plus près de son point de départ, n'est-il pas raisonnable de penser que si des peuplades sauvages ou des peuples barbares ont fait quelques progrès depuis le temps où des historiens les ont visités et ont décrit leur état social, d'autres peuples et d'autres peuplades ne sont pas aujourd'hui plus avancés, et qu'il n'y aurait qu'à changer les noms sans presque rien changer aux faits pour avoir à toutes les époques un même état moral de choses dans les dernières couches de la civilisation humaine? Pourquoi donc ne serait-il pas permis de regarder comme actuelles des mœurs qui peuvent n'avoir changé que fort peu, ou qui ont très vraisemblablement ailleurs des analogues qui nous sont inconnus?

Quoique une révolution ait passé entre la rédaction de cet ouvrage et sa publication, nous n'avons pas cru nécessaire d'y rien changer; il nous a semblé que ce qui était vrai avant 1848 l'est encore en 1860 : une théorie dont les principes sont pris de la raison, de ses idées universelles, éternelles, dépend peu des faits, et les faits qu'elle sert à juger, anciens ou nouveaux, ne sont pas de nature à faire modifier une théorie prise à cette hauteur. Nous ne sommes pas de ceux dont les principes varient avec les circonstances : le bien et le mal, le juste et l'injuste ont pour nous quelque chose d'absolu que ne peut atteindre aucune révolution. Seulement l'application des mêmes principes à des faits divers ou diversement envisagés peut et doit elle-même différer. C'est de ce double point de vue que l'esprit de notre œuvre doit être apprécié.

Si le temps et la réflexion sont pour quelque chose dans la chance de rencontrer le vrai, on conviendra que nous avons fait tout ce qu'il était moralement possible de faire pour la mettre en notre faveur, quand on saura que depuis plus de dix-sept ans nous nous occupons de la philosophie du droit criminel. En 1842 déjà nos principes étaient à peu près ce qu'ils sont aujourd'hui, comme on peut le voir par un compte-rendu que nous demandons au lecteur la permission de reproduire ici, d'autant plus qu'il s'y agit d'un ouvrage de l'un de nos plus éminents magistrats, d'une *Etude philosophique sur le droit de punir*, par M. A. G......., aujourd'hui premier président d'une des principales Cours d'appel de l'empire, et que sa doctrine étant à beaucoup d'égards celle que nous professons, nous pouvons justement nous prévaloir de cette conformité. Nous n'apportons à la reproduction de cet article aucun changement essentiel.

L'auteur, disions-nous, admet « une justice absolue, et par conséquent le droit de punir d'après cette justice; mais Dieu seul, ajoute-t-il, peut juger à leur juste valeur les actions des hommes, et les punir ou les récompenser comme elles doivent l'être... »

« L'homme n'étant pas le supérieur de l'homme, n'en peut être le juge. Il ne le connaît pas, d'ailleurs, assez intimement. Enfin, si l'homme pouvait juger l'homme, pourquoi l'un remplirait-il cette fonction plutôt que l'autre? et si ces jugements étaient divers, auquel faudrait-il donc s'en rapporter?...

« Pour peu qu'on y réfléchisse, on demeure donc convaincu que l'homme n'a pas naturellement, à l'égard de l'homme, le droit de punir. »

Cependant « puisque Dieu, en voulant les sociétés, n'a pu vouloir la fin sans vouloir les moyens, ne doit-on pas rigoureusement en inférer qu'il a remis aux sociétés l'exercice de la justice, qui était la condition indispensable de leur existence? » Comme on le pense bien, l'auteur se prononce pour l'affirmative, et dit en conséquence « que le droit de punir consiste dans une délégation que Dieu a faite aux sociétés d'une partie de la justice, et que ce droit a pour objet de réprimer toutes les actions dommageables à l'existence régulière des sociétés... Il n'y a donc du ressort de la justice sociale que ce qui menace véritablement le lien de la société. » En sorte que Dieu n'a délégué aux hommes que le droit de punir nécessaire pour protéger les rapports sociaux...

« Ainsi, ce n'est pas le *mal moral* que l'homme est appelé à punir; cette tâche est celle de Dieu : le *mal social* seul doit être réprimé par l'homme... Comment expliquer autrement la peine qui frappe des délits purement sociaux, des délits qui ne sont point tels naturellement, mais bien par suite de la volonté du législateur? Exiger pour la légitimité du droit de punir une action essentiellement immorale, c'est commettre dans cette matière la plus déplorable des erreurs, par la confusion que l'on fait de la justice absolue appartenant à Dieu, et de la justice sociale livrée aux hommes. »

Toutes ces propositions, à part celles qui semblent subordonner le droit de punir à une sorte de délégation qui prêterait à de sérieuses difficultés si elle était prise à la lettre, et qui, si elle est entendue figurément, jette une teinte de mysticisme sur le droit de punir et tend ainsi à l'obscurcir en l'affaiblissant; toutes ces propositions, disons-nous, sont vraies. Mais nous nous applaudissons surtout à la distinction du péché et du délit, de la morale et du droit, et à la nécessité d'écarter d'un code pénal tout ce qui est du ressort exclusif de la morale ou du for intérieur. Aussi l'auteur reprend-t-il avec autant de vérité que de force ceux qui, comme Kant, Rossi et M. Guizot, semblent soutenir qu'une peine n'est possible qu'autant qu'elle est moralement méritée. Il prétend à juste titre, s'il entend bien ces écrivains, qu'« ils sont et doivent être très embarrassés d'expliquer toutes les peines portées contre des actes qui ne sont pas en eux-mêmes contraires à la morale, tels que la plupart des contraventions de police; beaucoup de délits, tels que la mendicité, le vagabondage, la vente d'un poison sans suivre les formes voulues par la loi; le débit sans diplôme de médicaments d'ailleurs bien préparés, le commerce par contrebande, la désertion dans le but de servir de soutien à de vieux parents, la banqueroute par suite de négligence dans la tenue des livres de négoce, etc. »

Avec son principe sur l'origine (ou plutôt sur la cause conditionnelle) du droit de punir, l'auteur, au contraire, n'est nullement en peine de justifier le code pénal d'un bout à l'autre. Il va même plus loin : il se montre d'une grande sévérité pour ce qu'on appelle délits politiques, parce qu'ils troublent à un haut degré l'ordre social. Il est pourtant vrai de dire qu'ils ne l'attaquent point dans son essence, puisqu'ils ne violent directement aucun droit civil. C'est pour cette raison, sans doute, que l'opinion est généralement moins défavorable aux délits politiques qu'aux délits civils. D'un autre côté, comme l'ordre public est la garantie des droits civils, et qu'attaquer cet ordre c'est compromettre les droits civils eux-mêmes, et jeter à des degrés divers la société dans l'anarchie, on comprend aussi la sévérité de la répression des délits politiques.

Revenons à la doctrine de la confusion de la morale et

du droit, justement combattue par M. G....... Il peut arriver qu'une loi soit peu d'accord avec la morale ; sans doute le fait n'est pas ordinaire, mais il n'est pas non plus sans exemple, et l'on pourrait citer plus d'un cas où les conducteurs temporels des sociétés n'ont pu, sans manquer à leur mission, se conformer à certaines exigences de l'opinion générale. Eh bien ! « dès qu'une action entraîne du mal social, quelle qu'elle soit dans l'échelle de la moralité, le législateur a le droit de la punir : le vice de cette justice, s'il en est un, se répare par la justice placée sous la garde de Dieu..... Le but de la peine sociale n'est donc pas, comme le croient les criminalistes dont nous avons déjà parlé, l'expiation ; Dieu seul peut punir à ce titre ; quant à l'homme, il ne peut avoir d'autre but, en punissant, que d'alarmer, d'intimider... » En punissant le mal social, en ne punissant pas autre chose, la peine doit « monter à un tel degré que la pensée du délit dans ceux qui seraient tentés d'y donner exécution soit contrebalancée par une énergique impression de crainte... Si la peine avait l'expiation pour objet, la mort ne suffirait pas pour les grands crimes, tandis qu'elle suffit dans le système de l'intimidation... » Encore une considération à l'appui de la même thèse : c'est qu'en prenant la morale pour critérium de la culpabilité sociale, on absout d'un seul coup ceux qui désobéissent à des lois qu'ils croient immorales ; et Bossuet, en soutenant que toute loi n'oblige pas, « a écrit une page de lamentable durée, qui est destinée à servir de préface à toutes les théories possibles de l'insurrection. » A coup sûr il n'y a pas de droit contre le droit ; mais qu'est-ce que le droit, si ce n'est « un établissement purement humain, l'ensemble des règles constituées par la justice sociale ? »

Telles sont les idées principales du livre de M. G....... Il y a bien, dans l'ensemble, plusieurs propositions qui, sans occuper le premier rang dans la pensée de l'auteur, sont loin d'être aussi incontestables ou aussi peu importantes que l'auteur semblerait le penser. Nous ne nous y arrêterons cependant pas. Qu'il nous suffise de dire que trois grands points de la théorie du droit pénal sont traités dans le livre de M. G....... : le motif, le but et la mesure de la peine. Le motif, c'est l'ordre social ; le but, c'est l'intimidation ; la mesure, c'est la suffisance même de l'effet voulu par la peine.

Après avoir rapporté ce qu'on peut regarder comme les propositions essentielles de l'auteur sur ces trois points capitaux, nous hasarderons quelques réflexions critiques. Nous nous demanderons d'abord s'il n'eût pas été convenable de déterminer d'une manière tout à la fois plus large et plus précise, *à priori* ou tout au moins historiquement, les différents motifs assignables de la peine? Ces motifs, si nous ne nous trompons, sont au nombre de six simples. En effet, on peut punir et l'on punit en réalité : 1° par vengeance, 2° dans des vues expiatoires, 3° au nom de la justice, 4° au nom de l'utilité sociale, 5° par droit de défense, 6° avec le dessein de corriger moralement le coupable. Combinez tous ces motifs deux à deux, trois à trois, etc., et vous obtiendrez en outre trente-quatre motifs composés. En tout quarante motifs, entre lesquels l'éclectisme le plus difficile peut choisir.

La vengeance est le fruit du ressentiment, de la colère, de la haine ; ce n'est qu'à une époque de civilisation déjà avancée qu'elle se colore souvent d'autres motifs, tels que celui de la justice, de la défense de soi-même ou d'autrui, de la sécurité et de l'utilité publique.

La justice considérée comme motif de la peine sociale n'est que l'application des notions d'égalité et de réciprocité, application qui conduit tout droit au talion comme à l'unique mesure véritable de la peine. Aussi n'est-ce que par inconséquence que certains partisans modernes de la justice pénale ont reculé devant un talion intelligent et moral. Ce qu'il y a de blâmable dans le talion, c'est la lettre, si l'on peut ainsi dire, mais pas l'esprit. Or, on manque à cet esprit dès qu'on ne tient compte que de l'acte extérieur et non de l'intention de l'agent. Souvent, d'ailleurs, le talion ne pourrait être appliqué sans que les mœurs en fussent cruellement outragées ; c'est alors qu'il faut recourir à l'analogie. Mais, je le répète, si la justice doit présider à la peine ; si l'on veut que l'échelle de la pénalité soit en parfaite harmonie avec celle des délits et des crimes ; si le principe de l'égalité proportionnelle doit présider à la distribution de la justice pénale, comme à celle de la justice civile ; si l'on veut, enfin, bannir l'arbitraire de nos codes criminels : il est nécessaire de se régler, de près ou de loin, sur une sorte de talion. Moïse et Platon l'avaient compris. Kant, à la fin du siècle dernier, a eu le courage de rappeler ce principe essentiel, et plusieurs autres penseurs ont suivi son exemple. Il est plus facile de déclamer contre cette base de la mesure de la peine que d'en démontrer la fausseté, surtout quand on veut asseoir la peine elle-même sur le principe de la justice comme rétribution toujours possible, sinon toujours nécessaire, du mal physique occasionné volontairement, par un mal de même nature, ou comme attraction nécessaire du mal physique par le mal moral et social tout à la fois, ce qui est le principe d'expiation.

Nous avons longtemps admis ce dernier principe, entraîné que nous étions par l'autorité d'hommes de la valeur de Kant, et de MM. Rossi, de Broglie et Guizot. Longtemps nous avons regardé cette proposition : « Tout mal moral appelle un mal physique, » comme un de ces principes *à priori*, suprêmes, qui doivent être admis purement et simplement à titre de vérités premières et absolues. Nous devons dire, néanmoins, que de nouvelles réflexions nous ont conduit à penser que le mal physique est absolument impropre à réparer le mal moral ; que ce sont là deux choses de nature entièrement différente, qui par conséquent ne se compensent point, ne se représentent point mutuellement. Toutefois, on ne peut disconvenir de la vérité de cette autre proposition : « Il est juste que le mal que tu as voulu faire à ton semblable retombe sur toi. » Mais est-ce à titre de compensation que cette justice se proclame ? Point du tout : c'est au nom du **principe** seul de l'égalité. Il ne s'agit plus ici du rapport entre le mal moral et le mal physique dans le coupable, comme tout à l'heure, mais seulement de l'égalité du mal physique dans l'agent et dans le patient. C'est donc le mal physique qui est comparé à lui-même, ici et là. Il ne s'agit plus de choses hétérogènes. L'équation est logiquement possible. On dit, de plus, qu'elle *peut* être réellement; c'est ce que signifient les mots : il est juste. Par là, en effet, l'égalité ne serait point violée. Mais on sent aussi que cette égalité ne *doit* pas être nécessairement, du moins de la part de l'homme; qu'en tout cas, si le mal physique infligé à l'agent coupable dépassait le mal souffert par le patient, qui a été sa victime, il y aurait inégalité, défaut de proportion, de *justesse*, et par conséquent de *justice*.

Ainsi punir, dans le sens que nous venons d'indiquer, est un *droit* pour l'homme, mais ce n'est pas un *devoir*. Tel est le premier sens du mot *justice* en droit pénal : on *peut* punir; on ne blesse pas la justice en punissant. Mais si l'on se décide à punir, c'est un *devoir* de ne pas faire souffrir au condamné un mal qu'il n'a pas causé ou voulu causer; autrement l'égalité serait violée, et une partie de la peine serait sans raison. Telle est la seconde acception du mot *justice* en droit criminel. Je ne lui en reconnais pas d'autre, et j'en ai donné ailleurs la raison [1].

Nous résumons ces deux points de vue de la justice en disant : On *peut* punir, mais *il faut* le faire justement. Ce dernier mot n'indique évidemment qu'un rapport d'égalité. Non pas qu'il faille *atteindre* cette égalité; il faut seulement *ne pas la dépasser* : si l'on peut punir, on peut à plus forte raison rester au-dessous de la juste peine qu'on aurait pu infliger.

Mais la peine est-elle donc facultative, et la société n'est-elle pas *obligée* de punir? Ici, trois personnes sont en présence : le coupable, le plaignant et la société. Si l'on retranche cette dernière, la question revient à savoir si celui dont les droits sont lésés par le fait d'autrui est obligé de

---

[1] V. *Éthique.* ou *Science des Mœurs*, p. 384 et s.

punir celui qui l'a offensé. Nous venons de voir qu'il ne l'est pas. La société pourrait-elle, à son tour, être tenue de faire pour l'offensé ce qu'il n'est pas obligé de faire lui-même, encore bien qu'il le puisse? Distinguons : si la plainte est possible et qu'elle n'ait pas lieu, si d'ailleurs le bon ordre n'a pas à souffrir de l'impunité (ce qui est fort rare), la société n'est pas obligée de punir. Mais comme la punition est de droit, comme, d'un autre côté, la société défend à chacun de ses membres en particulier de se faire justice à lui-même quand il peut l'attendre d'elle, elle est obligée de sévir si elle en est requise, s'il y a plainte. Elle l'est encore lorsque l'offensé a été dans l'impuissance d'agir, parce que l'usage du droit se présume plutôt que son non usage, surtout en matière grave. Elle est encore obligée d'agir si l'intérêt public l'exige. Elle peut donc agir, en matière de justice criminelle, à deux titres : ou comme investie du droit ou plutôt de l'exercice du droit des particuliers, ou comme chargée de veiller au bon ordre social. En dehors de ces deux qualités, ses obligations cessent à cet égard.

On nous contesterait peut-être la première de ces conditions en disant, avec Romagnosi, que personne n'a le droit de punir son semblable ; qu'un individu à l'égard d'un autre n'a que le droit de défense personnelle, et qu'un tiers, à moins qu'il ne soit le supérieur du coupable, ne peut, à plus forte raison, lui infliger une peine.

Nous pensons, au contraire, que la punition telle que nous l'entendons, c'est-à-dire l'égalité dans la lésion, est de droit naturel, et que la société, ou un supérieur quelconque, est parfaitement inutile pour qu'elle puisse être licitement infligée. Mais nous reconnaissons qu'il y a peu de garantie qu'elle le soit sagement, équitablement, si elle part d'une main irritée. On a donc ici confondu le droit de punir avec les garanties de la justice de la peine. Si l'individu n'avait pas le droit de peine, la société elle-même n'en pourrait être investie. Il en serait de même, à plus forte raison, si par droit de punir on entendait le droit de défense personnelle. Mais si le particulier exerçait ce droit, qui lui est personnel, mais droit redoutable, celui qui serait atteint de la peine pourrait souvent en souffrir au-delà de son démérite. D'autres fois la peine serait impossible, et plus le crime mériterait châtiment, plus il aurait de chances de rester impuni. Il fallait, dans l'intérêt de la justice à tous égards, dans l'intérêt de l'ordre public, que la société fût investie de l'exercice du droit de punir.

Examinant une autre base du droit pénal, l'*expiation*, l'auteur en admet la vérité, mais en morale ou en justice absolue seulement, c'est-à-dire de la part de Dieu : « La souffrance, dit-il, comme tenant de la nature du mal, la réparation comme voie de la destruction du mal, tel est l'entrelacement mystérieux que l'on aperçoit dès qu'on cherche à sonder le problème de la justice absolue. Réparer, expier, souffrir, ces mots marquent dans toutes les langues le caractère vrai d'une peine. »

Tous les mystiques ont fondé la raison de la peine sur la nécessité de l'expiation. Mais quand on leur demande ce qu'ils entendent par expiation, ils répondent comme la plupart des partisans de la justice, c'est-à-dire par la confusion et l'identification même de deux choses qui n'ont absolument rien de commun, le mal physique et le mal moral. Supposons que le coupable endure toutes les peines qu'il plaira d'imaginer, mais qu'il chérisse son crime du fond de son cœur, cessera-t-il d'être coupable, et son crime sera-t-il expié, sera-t-il même expiable dans cette hypothèse? Si peu, évidemment, que Leibniz n'a pas trouvé de meilleure raison que celle-là pour essayer de justifier l'éternité des peines dans la vie future. Ce n'est donc pas la peine qui fait disparaître le mal moral dans l'homme; c'est le seul changement d'intention. Une fois donc que cette intention est changée, que l'état moral du coupable n'est plus le même, qu'il y a *conversion*, comme le dit aussi justement qu'énergiquement la théologie chrétienne, à quoi peut servir la peine, et quel sens peut dès lors avoir le mot *expiation?* Il nous est impossible, quant à nous, de lui en trouver aucun, à moins de tomber dans cette espèce de réalisme grossier qui fait regarder le mal moral comme une *tache*, comme une *souillure*, et le mal physique comme un agent chimique propre à l'enlever. Réalisme mystique, tel est donc le caractère du système pénal fondé sur l'expiation.

Est-ce à dire, toutefois, que les peines soient d'une complète inutilité pour le changement moral? Nullement; mais elles ne sont pas alors employées comme *fin* obligatoire ou nécessaire en soi; elles ne sont plus que des *moyens* pour une fin qui leur est étrangère. Elles n'ont donc plus, à cet égard, qu'une valeur hypothétique, conditionnelle, et pas du tout de valeur absolue, comme le pensent les mystiques. C'est un point que nous croyons encore avoir mis ailleurs hors de doute [1].

Nous ne pouvons donc partager l'opinion de l'auteur sur le caractère de la nécessité *absolue* de la peine considérée non plus comme rétribution équitable d'un mal physique pour un autre mal physique occasionné volontairement, mais comme ayant sa raison dans la seule perpétration d'un mal moral, sans égard à l'amendement moral qui pourrait en être la conséquence.

L'auteur ne veut pas non plus entendre parler de l'*utilité* sociale comme raison de la justice pénale (p. 11). Cette thèse présente un sens très vrai. Mais, ou je me trompe fort, ou l'intimidation n'est cependant pas autre chose qu'une raison d'utilité; l'auteur, sans doute, ne veut pas qu'on intimide pour intimider, mais parce qu'en inspirant la crainte on fait respecter le droit. Il n'est pas ici question, en première ligne du moins, de l'intérêt moral du condamné; la peine n'a pas alors pour fin principale de l'amender, sans quoi la peine de mort devrait être rayée d'un code pénal dont l'intimidation serait la base. L'auteur nous semble donc être beaucoup plus utilitaire en droit pénal qu'il ne le pense.

Distinguant avec raison le droit de *défense* du droit de

---

[1] *Éthique*, ou *Science des Mœurs*, p. 384 et s.

punir proprement dit [1], M. G....... repousse aussi cette base du droit pénal admise par Beccaria, Mably, Rousseau, Blackstone, Philipps, Romagnosi, etc. Mais en cet endroit même il ne distingue peut-être pas assez la réparation du préjudice fait à autrui d'avec la peine, deux choses fort différentes. Dans tous les systèmes possibles de droit pénal d'avec la réparation du préjudice est admise, et au même titre l'indemnité; tandis que la peine n'est considérée comme restitution ou satisfaction que sous le point de vue mystique de la justice absolue personnifiée en Dieu, qui voudrait se dédommager d'un mal moral par un mal physique. Le plaisir de la vengeance pourrait aussi être envisagé comme une satisfaction de ce genre, en sorte qu'il serait très possible qu'il y eût plus d'anthropomorphisme et de sensualisme qu'on ne pense dans la théorie métaphysique de la justice pénale absolue.

Il nous semble aussi que M. G....... ne détermine pas d'une manière assez précise la théorie de la *défense indirecte*, dont les principaux représentants, suivant lui, seraient Pastoret, Comte et M. Lucas. Ce système nous paraît avoir un caractère mixte, et pouvoir se formuler ainsi : La défense réglée par la justice.

Enfin, notre criminaliste philosophe oublie, dans l'énumération et l'examen des systèmes de pénalité sociale, celui qui se fonde sur l'*amélioration* possible du coupable, et qui fait à la société un devoir de l'essayer. Mais ce système présente deux faces, suivant qu'on nie que la société ait le droit de punir, ou que, tout en reconnaissant ce droit, on pense qu'elle doit aussi tenter l'amendement du condamné. Le premier de ces systèmes est professé par M. Henke, de Berne, entre autres ; le second par la plupart des partisans du système pénitentiaire.

S'il nous était permis d'avoir une opinion dans une question aussi controversée, nous serions d'avis que la *peine*

---

[1] A moins de considérer la peine comme une défense préventive, ce qui est peu naturel.

entendue comme il a été dit précédemment doit être la
base de tout code pénal ; qu'elle doit être réglée par la *justice*, tempérée même par l'*humanité*, décrétée et appliquée
seulement lorsqu'elle est *utile*, et servir d'occasion pour
essayer de *ramener* le coupable *au bien*.

Si maintenant nous passons à d'autres points du livre estimable que nous examinons, nous partagerons pleinement
l'avis de l'auteur lorsqu'il ne veut de peine que pour les délits sociaux. Il serait excessivement dangereux, en effet, de
sanctionner la loi morale tout entière par le code pénal. La
société n'a rien à voir à la manière dont je remplis ce qu'on
appelle les devoirs religieux et les devoirs réfléchis ou envers moi-même : elle n'y est point intéressée directement.
Elle ne peut pas davantage, licitement du moins, me
forcer à la bienfaisance, parce que je n'y suis pas tenu au
nom du droit, et qu'en refusant de l'exercer je garde le
mien, sans préjudice aucun pour le *sien* d'autrui. Forcer
à la bienfaisance, et punir autrement que par un juste
mépris, c'est-à-dire moralement, celui qui s'abstient de
tout acte de cette nature, serait commettre un attentat
contre la propriété ou en nier le droit. Nous ne tenons ici
aucun compte des considérations d'*intérêt public*, de *prudence*, de *solidarité* qui peuvent parfois, mais exceptionnellement, exiger que chaque citoyen fasse certains sacrifices dans un intérêt d'ordre public supérieur.

Du reste, en restant fermement attaché à la notion de
droit dans la détermination de la justice pénale et des actes
auxquels on peut légitimement l'appliquer, nous n'entendons pas en exclure un caractère de moralité au moins négative. Le droit pénal, comme le droit civil, comme tout
droit possible, doit avoir ce côté moral négatif; c'est-à-dire
qu'il doit au moins n'être *pas immoral*. Mais tout ce qui
est moral, d'une moralité positive surtout, n'est pas du
ressort du droit. Il n'y a donc pas réciprocité entre le droit
et la morale. Ajoutons que le législateur est quelquefois
soumis à des nécessités telles qu'il est alors obligé, pour
éviter un plus grand mal, de consacrer une injustice possi-

ble; c'est ce qu'il fait en particulier quand il veut que la forme emporte le fond. Il est obligé, par respect pour la justice même, de fermer les yeux sur l'exercice d'un *summum jus* qui est souvent inique, et plus souvent encore inhumain. Enfin, il n'a pas le droit de s'opposer à ce que chacun dispose librement de ses droits. Et combien n'en est-il pas qui manquent, en usant de leurs droits, à la prudence et à d'autres vertus morales plus sacrées encore! Or, cependant, la règle *Volenti non fit injuria* est vraie en droit, d'une vérité absolue, et ce n'est qu'en confondant le droit avec la morale qu'on a pu croire qu'elle était sujette à des exceptions. Je le répète donc, et après y avoir longtemps et mûrement pensé, ces exceptions n'existent pas en droit. Mettra-t-on maintenant le législateur, le juge dans la nécessité de se guider plutôt d'après la morale que d'après le droit, plutôt d'après l'équité que d'après la légalité, de consulter plutôt le devoir (*officium*) que l'obligation (*obligatio*)? Qu'on essaie, et l'on ne tardera pas à voir l'arbitraire prendre la place de la justice et du droit; on verra les religions positives pénétrer dans les codes, dans les tribunaux, et avec elles l'intolérance, l'inquisition et toutes les autres barbaries des temps d'ignorance et de superstition. Sachons-le donc bien, la justice seule, c'est-à-dire le droit social strict, doit inspirer le législateur et le juge. C'est à la conscience morale des particuliers à ne pas user de ce droit quand il se trouve répugner aux lois de la morale.

Si nous pensons avec M. G....... qu'il est nécessaire de distinguer la justice d'avec la morale, nous ne pouvons convenir avec lui que l'homme n'ait pas naturellement le droit de punir, et qu'il ne possède ce droit qu'en vertu d'une délégation que Dieu lui en aurait faite. Si la société est naturelle, si elle ne peut subsister convenablement sans une justice criminelle, la peine n'est-elle pas elle-même logiquement nécessaire, et par conséquent *naturelle*? Qu'entend-on par délégation divine, et le terme n'est-il pas impropre en dehors de la révélation? Et, d'un autre côté, y a-t-il eu délégation positive du droit de punir dans la révélation? Faut-il, d'ailleurs, faire dépendre la justice sociale de la foi à une révélation quelconque, et la remettre ainsi à l'interprétation d'un sacerdoce? N'y a-t-il pas là, en tout cas, une tendance théocratique très dangereuse? Si, au contraire, la délégation dont on parle ne tient en rien à la révélation, si elle est naturelle, qu'est-ce alors qu'une délégation naturelle faite par un être invisible, surnaturel, tel que Dieu? N'y a-t-il pas là une autre tendance presque aussi fâcheuse que la précédente, une tendance mystique? Pourquoi ne pas se contenter de l'autorité et de l'enseignement de la raison sur ce point? La raison est en matière de sciences morales ce qu'est la nature pour les sciences physiques : c'est là qu'il faut chercher les raisons dernières des institutions possibles, comme il faut chercher dans les lois de la nature les causes et les modes des phénomènes. C'est là le véritable terrain de la science, le reste n'apprend rien. Assurément Dieu est cause de la notion de justice, parce qu'il est cause de la raison humaine; mais il n'est ni plus scientifique ni plus sage de lui attribuer immédiatement les principes de la raison pratique que de lui attribuer, par exemple, l'ascension de l'eau dans les corps de pompes aspirantes. Les sciences morales ne feraient pas plus de progrès que les sciences physiques si l'on se contentait de tout rapporter à Dieu, sans s'occuper de connaître la raison des choses, les causes des phénomènes, la légitimité et la liaison logique des idées. C'est là un vrai *sophisma pigrum*, qui a le triple tort de ne rien apprendre, d'empêcher qu'on apprenne quelque chose, de porter au mysticisme et au fatalisme. Il vient bien un moment dans la science où Dieu trouve sa place à titre de cause première soit de la nature, soit de l'intelligence humaine; mais ce moment n'arrive que lorsque toutes les causes ou tous les principes intermédiaires sont épuisés, c'est-à-dire lorsque la science n'a plus rien à faire.

Dirons-nous aussi avec M. G........ que la plupart des criminalistes ont justement exigé, pour que la peine fût

possible, qu'il y eût faute morale? Non, certes, car si
l'acte à punir n'était pas illicite, coupable au moins dans
les circonstances où il a été commis, sinon en soi, il ne
pourrait être justement poursuivi ni puni. Et cependant
nous reconnaissons avec notre auteur qu'il y a des actions
qui sont punies socialement, quoique, considérées en elles-
mêmes, elles soient innocentes. Comment donc nous con-
cilions-nous avec nous-même? Rien n'est plus simple :
c'est que les actes accomplis au sein de la société ne doivent
pas être envisagés comme s'ils étaient exécutés au milieu
d'un désert. C'est là un point de vue faux, parce qu'il est
abstrait, en dehors de la réalité ou des faits ; ils doivent être
jugés du point de vue social, suivant lequel ils cessent d'être
moralement indifférents ou innocents dès qu'ils sont contraires à des lois positives dans le juste intérêt de tous. La
morale, en principe, fait un devoir d'obéir aux lois civiles,
même de simple police. Quiconque viole ces lois manque
donc aussi à la morale. La punition des délits ou des simples contraventions a donc aussi bien sa raison dans la justice morale que celle des crimes, puisque les délits, les
contraventions mêmes, sont médiatement défendus par la
raison morale, c'est-à-dire comme des actes incompatibles
avec le bon ordre moral.

En rattachant ainsi les lois à la morale sociale, à la justice et à l'équité naturelle, nous n'hésitons pas à dire que
nous sommes aussi de ceux qui pensent qu'il n'y a pas de
droit contre le droit, et qu'une loi injuste ne peut constituer un droit au profit de personne, ni par conséquent imposer une obligation véritable. Mais nous voulons en même
temps qu'on n'accuse pas légèrement la loi, et que si l'o-
bligation peu équitable qu'elle nous impose ne blesse d'ailleurs en rien notre conscience, si elle n'est qu'une pure
atteinte à notre droit sans préjudice pour nos devoirs,
elle soit en général obéie, sauf toutefois réclamation. Il n'y
a rien là d'anarchique, et si la loi a réellement tort elle
finira par disparaître.

Nous croyons donc à un droit à priori, idéal, qui de-

mande à être reconnu, à passer dans les lois, dont les prescriptions sont les meilleures possibles, parce qu'elles sont
les plus justes absolument, droit à l'entière application duquel le législateur doit tendre sans cesse, en améliorant son
œuvre suivant que ses lumières et les circonstances sociales
le lui permettent. Nous- repousserions donc de toutes les
forces d'une conviction profonde cette proposition que « tout
droit n'est qu'un établissement purement humain, l'ensemble des règles constituées par la justice sociale, » si l'on
voulait dire par là qu'il n'y a pas un droit naturel, indépendant de toutes les conventions, de toutes les législations
humaines ; qu'il n'y a pas une justice sociale *à priori*, en
dehors des décisions humaines ; que ces décisions portent,
ou sur des principes, des lois, ou sur des conséquences,
des applications des lois, sur des jugements.

Un point très important nous reste encore à examiner,
c'est l'intimidation comme but principal de la peine. Déjà
nous avons dit qu'à cet égard l'auteur est utilitaire. Mais il y
a, ce nous semble, un reproche beaucoup plus grave à faire
à ce système : c'est de n'avoir pas son point de départ dans
la justice, et de ne pas pouvoir fournir d'unité de mesure
pour établir une échelle de pénalité convenable. On veut
intimider ! C'est là, dit-on, le but principal de la peine !
On laisserait donc impunis les crimes dont la peine n'inti-
miderait personne ! On laisserait impunis ceux qui seraient
si atroces qu'on ne peut admettre qu'ils aient facilement des
imitateurs ! — Nous ne savons pas, dit-on, s'il n'y aura pas
d'imitateurs. — On ne punira donc que sur une simple présomption ! La raison principale de la peine est dans le délit,
dans le passé, et on la cherche dans l'intimidation, dans l'a-
venir ! elle est certaine, et l'on en prend une incertaine ! —
Allons plus loin. Si l'on veut, avant tout, intimider en punissant, convenons de deux choses : c'est que plus un délit ou
un crime est fréquent, plus il importe d'intimider, et que ce
motif s'affaiblit en raison de la rareté du fait ; c'est encore
que plus la peine sera terrible, plus elle sera propre à in-

timider, et qu'il faudra l'élever jusqu'à ce qu'elle soit suffisamment redoutée.

Quelles sont maintenant les conséquences de pareilles prémisses? C'est que les délits les plus vulgaires sont plus essentiels à punir que les crimes les plus atroces. C'est que la peine ne connaît de mesure que son efficacité extérieure même; quelle doit se régler, quant à son degré, non sur la nature de la faute, mais sur l'effet qu'on veut obtenir. Le coupable ne sera donc, entre les mains du législateur, qu'un instrument, un épouvantail pour ceux qui seraient tentés de l'imiter. La peine ne serait plus édictée et infligée parce qu'elle est de droit, parce qu'elle est juste en soi, parce qu'elle est quelquefois nécessaire, mais uniquement, ou tout au moins essentiellement, à titre de moyen pour une fin qui lui est complètement étrangère. C'est là, il faut en convenir, faire trop bon marché de la justice et des droits mêmes du coupable; c'est mépriser complètement ceux-ci, et vendre celle-là pour le profit qu'on en espère. Non, cela n'est pas possible; et nous sommes sûr que l'éminent magistrat, en prenant, après d'autres, l'intimidation pour base du droit pénal, n'entend point descendre aux conséquences extrêmes que nous venons de signaler. Cette abstention suffit sans doute pour éviter les excès qui découlent d'un principe lui-même excessif, mais non pas pour en corriger logiquement le vice. Quoi qu'on en dise, nous pensons que la logique, en théorie, au point de vue de l'idéal, n'a jamais tort, et que lorsqu'on l'accuse des conséquences erronées ou inadmissibles absolument qui en découlent, on met sur son compte des torts qui ne lui sont pas imputables : ce sont les principes qu'il faut accuser, et non l'instrument qui leur fait rendre ce qu'ils contiennent......

Telle est la doctrine que déjà nous professions il y a plus de quinze ans sur les questions fondamentales en matière de droit pénal. Nos études ultérieures n'ont fait que les confirmer. Nous avons donc amplement mis en pratique le *nonum prematur in annum* d'Horace. Nous avons fait plus et mieux, puisqu'il nous a été permis de soumettre notre travail à l'un des premiers corps savants du pays. Il a bien voulu reconnaître dans notre œuvre « un style ferme, une science profonde, une intelligence exercée aux méditations de la philosophie du droit, une méthode tracée d'une main sûre, un travail soigné et habile, un traité remarquable de doctrine, où la théorie et la critique marchent de front et se prêtent un mutuel secours pour faire connaître l'essence, les règles et les applications du droit criminel. » Nous serions heureux si ce jugement émané d'hommes dont la compétence est incontestable était confirmé par celui du lecteur. Il suffira du moins, nous l'espérons, pour nous faire excuser d'avoir une fois de plus affronté les périls de la publicité. Quoi qu'il arrive, nous croyons avoir fait œuvre utile. C'était du moins notre intention.

Nous aurions voulu, pour rendre notre ouvrage plus digne de l'attention des criminalistes philosophes, mettre plus largement à profit les estimables travaux qui se sont accomplis en Europe, particulièrement en Allemagne, sur cette branche du droit, dans ces derniers temps : ceux de Stubel, de Feuerbach, de Klein, de Kleinschrod, de Grolman, de Tittman, de Bauer, qui sont d'un caractère plus particulièrement philosophique; ceux de Klenze, Marzeoll, Abegg, Heffter, Luden, Koestlin, Berner, d'un caractère historique plus marqué; ceux de Martin, Henke, Mittermaïer, Birbaum, Hepp, Welcker, Hufnagel, Werner, etc., où l'érudition, la connaissance des législations et de la jurisprudence pratique tiennent une plus grande place. Mais le temps et l'espace nous ont manqué. Et quand nous aurions eu les loisirs nécessaires pour mettre à profit tous ces ouvrages, d'autres œuvres non moins estimables seraient bientôt venues réclamer la même attention et nous sommer d'ajourner encore notre publication. De cette manière, le temps de parler pour notre compte ne serait jamais venu. Je veux bien qu'il n'y eût pas eu grand mal à cela; mais en voyant la chose de plus haut, en raisonnant

en thèse générale, il faut ou se condamner à un silence perpétuel, ou se résigner à ne pas connaître ou tout au moins
à laisser ignorer des travaux estimables. Le principe de
toujours apprendre sans essayer jamais d'enseigner, s'il
était généralisé, aurait bien plus d'inconvénients que celui
de parler sans connaître et sans faire connaître tout ce qu'il
y aurait de bon à savoir et à répandre. Il suffit de laisser à
chacun et à chaque génération ta sâche. Nous avons essayé
jusqu'ici de remplir la nôtre, en oubliant trop peut-être ce
qu'il y a de personnel dans cette maxime du sage Caton :

> Res age quæ prosunt ; rursus vitare memento
> In queis error inest, nec spes est certa laboris.

Heureux encore si ce désintéressement pouvait un peu
désarmer la critique, et nous épargner le reproche de ne
pas nous être assez pénétré de cette autre maxime du même
sage :

> Quod potes, id tenta ; nam litus carpere remis
> Tutius est multo, quam velum tendere in altum.

Dijon, le 16 novembre 1859.

LIVRE PREMIER.

DES DÉLITS.

CHAPITRE I.

Essence du délit ; ses conditions.

SOMMAIRE.

Il y a délit, dans l'acception la plus large du mot, toutes les fois qu'il y a manquement volontaire, suffisamment éclairé et suffisamment libre, au droit d'autrui.

Du reste, le mot *délit* reçoit ici une acception universelle qui n'est pas la plus ordinaire dans le langage juridique de notre législation. Le délit, tel qu'il est défini par le Code pénal, n'est qu'une espèce particulière d'infraction à la loi ; il y en a deux autres encore, les contraventions et les crimes. Les délits proprement dits tiennent le milieu entre ces deux extrêmes. Nous reviendrons sur ce point en parlant de la division de délits en général. Il suffit de savoir dès maintenant que par délit nous entendons toute espèce de manquement à la loi[1].

[1] Le mot *infraction* semblerait, d'après l'article 1er du Code pénal, avoir cette signification générique dans la pensée du législateur français. Mais outre que ce mot ne s'emploie guère sans complément, nos criminalistes, d'accord avec les criminalistes étrangers, n'ont pas fait difficulté d'employer le mot

C'est parce qu'on l'entendait ainsi, et qu'on ne distinguait pas d'ailleurs dans la loi naturelle, entre le précepte de l'honnête et celui du juste, parce qu'encore on sentait qu'il est convenable ou *juste* de remplir tous les devoirs qu'elle impose, et par conséquent *injuste* dans le même sens de ne les remplir pas, qu'on fut très-facilement conduit dès le principe à faire entrer dans les lois positives, expression plus ou moins fidèle de la loi naturelle, toutes les prescriptions de cette dernière.

On dut aisément tomber dans cette confusion, par la raison encore que l'on ne distinguait point dans les anciens temps le prêtre d'avec le prince, le sacerdoce d'avec l'empire, et que princes et prêtres étaient persuadés qu'il n'y avait rien de mieux à faire, dans l'intérêt public, qu'à mêler aussi étroitement que possible le culte, les mœurs et les lois, c'est-à-dire à faire entrer dans la législation, non-seulement les prescriptions qui ont la justice pour objet, mais celles encore qui ne concernent que la piété et l'honnêteté. Tout cela devint donc au même titre une affaire d'autorité publique, une question d'obligation civile ou de justice sociale. Et le pouvoir civil, qui est investi du droit de faire respecter la justice, devait, à ce compte, punir tous les manquements à la loi purement morale et religieuse, tous ceux du moins qu'il pourrait atteindre.

Comme il a de plus la mission de procurer le *bien public*, et qu'il n'y a pas de plus grand bien que les bonnes mœurs et la religion qu'il en regardait comme le principe ou la con-

---

délit dans le sens générique que nous lui donnons, quand ils ont senti la nécessité d'une expression de cette portée (par exemple dans l'article 1ᵉʳ de la loi du 13 brumaire an IV; dans les articles 59, 226 et 227, 307 et 308 du Code d'instruction criminelle). C'est dans le même sens que l'emploient BECCARIA, BENTHAM et son traducteur, ROMAGNOSI, CARMIGNANI, ROSSI et d'autres jurisconsultes. On est en cela d'accord avec la langue commune, qui donne cette acception générique au mot *délit* (*Dictionn. de l'Acad.* — RAUTER, *Traité de droit pénal*, t. 1, p. 81). Le mot *delictum* des Latins avait une acception plus large encore, au moins dans la langue commune, ainsi qu'on peut le voir par l'emploi qu'en font les auteurs classiques, Horace, par exemple. En droit romain il avait, comme chez nous, une acception générale et une spéciale; peut-être même la seconde était-elle plus usitée que la première. C'est le mot *injuria* qui répondrait le mieux, dans la nomenclature des lois romaines, à la signification la plus large de notre mot *délit : nam generaliter injuria dicitur omne quod non jure fit* (liv. 1, D., *De injur.*). Le mot *méfait*, employé par quelques criminalistes, nous semble appartenir plutôt à la langue morale et commune qu'à la langue juridique et spéciale.

dition, les législateurs se persuadèrent aisément, par cette autre raison, qu'ils devaient faire entrer les délits *religieux* et *moraux* dans leurs Codes.

Il ne s'agissait pas seulement, à leurs yeux, des délits contre la religion et la morale naturelles, mais encore, mais particulièrement, des délits contre la religion positive et ses préceptes. En effet, la loi naturelle fait un devoir moral d'accepter une religion positive lorsqu'elle est révélée; les ministres de cette religion, surtout quand ils passent pour être inspirés, à l'abri de l'erreur, sont dès lors les dépositaires d'une très-grande autorité morale; ils sont donc par là au-dessus des princes. Ceux-ci le reconnaissent. Ils acceptent du moins la religion positive comme règle de leur conduite, et se croient obligés de la faire respecter et fleurir.

Ajoutons qu'une fois engagé dans cet ordre d'idées, on n'a pas dû s'en tenir là, et qu'il a été fort naturel de penser que la société est faite pour la religion et l'homme pour la société. Mais c'est l'inverse : la société et la religion sont instituées pour l'homme. Ayant pour but de l'aider à atteindre sa fin, elles ne sont pour lui qu'un moyen.

Toute la liberté compatible avec l'ordre public doit donc être laissée aux membres de la société. Liberté donc de suivre sa conscience dans le choix d'une religion positive, dans le culte public propre à cette religion; liberté de se détacher de toute religion positive et de tout culte, de rejeter jusqu'à la religion naturelle même; liberté d'appeler la critique sur ses opinions personnelles, avec la chance d'être détrompé si l'on est dans l'erreur, ou d'être confirmé dans ses convictions ou dans sa foi si l'on est dans le vrai.

De même, en ce qui concerne la morale privée, l'individu ne doit compte qu'à Dieu et à sa conscience des actes qui ne portent aucune atteinte directe aux droits d'autrui, qui ne le lèsent dans aucun de ses biens, qui ne mettent aucune entrave à l'exercice de ses droits, à l'usage et au développement légitime de ses facultés.

Sans doute qu'en usant de cette liberté on peut se tromper et manquer gravement à la morale; mais les inconvénients du système répressif en ces sortes de choses sont bien autrement graves.

Le législateur n'a pas qualité pour imposer ses vues, ses

opinions en matière de religion naturelle : comme *homme*, il n'a sur ce point que les idées ou les préjugés du sens commun ; comme *philosophe*, il n'a que des convictions systématiques qu'il peut chercher à établir scientifiquement, mais qu'il serait irrationnel d'imposer ; comme *législateur*, il n'a pas d'autre mission que de faire régner la liberté par l'ordre, et l'ordre par la liberté, c'est-à-dire l'un et l'autre par la justice. Tout prétendu bon ordre qui serait contraire à l'exercice d'une liberté inoffensive serait donc une erreur et une injustice. Il serait un prétexte tyrannique si l'on s'en prévalait pour contrarier une liberté individuelle qui ne s'oppose pas au légitime déploiement des autres libertés de même nature.

Le prince a moins qualité encore, si faire se peut, pour imposer ses convictions religieuses positives. Il n'est pas infaillible ; il n'a en principe que des opinions, des préjugés qui peuvent n'être pas plus fondés que ceux des simples particuliers.

Il ne suffirait pas d'ailleurs qu'il *fût* dans le vrai, ni même qu'il *sût* y être, pour qu'il eût le droit d'imposer ses croyances. Cet état serait un bonheur, un heureux privilége pour lui, mais ce privilége ne pourrait être un droit de le faire partager dans une certaine mesure par des moyens violents.

Il y a même contradiction dans l'énoncé : être *obligé*, contraint physiquement de partager des *croyances !* Mais rien n'est moins accessible à la violence extérieure que la pensée.

Le législateur qui met la force à la place de la persuasion, qui veut faire du prosélytisme avec le glaive, n'est qu'un tyran fanatique, qui peut outrager ou avilir des consciences, faire des martyrs ou des hypocrites, mais qui ne fera jamais des hommes vraiment religieux.

La bonne foi avec l'erreur vaut mieux pour la moralité privée ou publique que le défaut de sincérité avec toutes les apparences de la vérité, avec la vérité même. Ce n'est pas la religion qu'on *professe* qui est le plus utile aux mœurs, fût-elle la plus vraie ; c'est celle que l'on *croit*, fût-elle fausse en beaucoup de points. Or la contrainte suppose que la conviction n'existe pas ; en sorte que celui qui la subit se trouve condamné à professer l'erreur, une erreur relative au moins, et par le fait à se mépriser soi-même comme coupable de lâcheté ou d'hypocrisie.

Le législateur veut-il, au contraire, arriver à son but par la persuasion, pourquoi donc employer la violence? Pourquoi y recourir, même pour forcer simplement à recevoir l'instruction? Est-il bien sûr d'abord qu'il ne prend pas sa *croyance* à la vérité de ses opinions religieuses pour la *certitude* de ces mêmes opinions? Comment pourrait-il avoir à cet égard la moindre assurance? De quelle autorité, d'ailleurs, pourrait-elle être à l'égard de ceux qui ne la partagent point? L'iniquité est bien autrement énorme lorsqu'il autorise un parti religieux à user de violence pour endoctriner les simples du parti contraire, sans accorder à ce dernier la même faculté. Il l'accorderait qu'il y aurait simplement égalité dans l'injustice, égale oppression de la liberté. C'est au contraire l'égalité dans la liberté que le souverain doit établir et protéger.

Une autre espèce d'intolérance qui n'est pas aussi universellement réprouvée que l'intolérance religieuse, c'est celle qui se prévaut du bien général pour faire régner les bonnes mœurs par la force publique.

Et cependant qu'est-ce qui fait la moralité d'une action, si ce n'est l'intention? Quelle prise Dieu a-t-il laissée au législateur sur le for de la conscience? Évidemment il s'est réservé à lui seul de nous juger à cet égard. Comment d'ailleurs atteindre les actes de la vie privée? comment les rechercher et les poursuivre sans se livrer à des investigations inquisitoriales, aussi odieuses qu'impuissantes, dont l'effet nécessaire serait de semer la haine et la division jusqu'au sein de la famille?

Le législateur n'a donc pas mission directe de faire régner la morale; sa grande affaire, c'est la justice, et encore la justice matérielle plutôt que la formelle.

Qu'il contribue de tout son pouvoir au règne des bonnes mœurs, en faisant répandre une saine instruction morale, convenable à tous les citoyens sans distinction de culte, c'est son droit, c'est son devoir; mais qu'il force par des peines au respect de la morale, dans les cas où la juste liberté d'autrui ne reçoit aucune atteinte, c'est ce qui dépasse son droit, son devoir et sa puissance.

Remarquons en outre que le législateur qui croit servir les mœurs par cette voie les corrompt. En effet, 1° on peut mettre en principe que la menace et la peine en général avilissent et indisposent l'homme, le rendent lâche et méchant. Raison de plus de n'ériger en délit que les actes dont la liberté extérieure exige impérieusement la répression. 2° La contrainte, lors surtout qu'elle n'est pas d'une évidente nécessité, fait prendre en haine ce qui la provoque et celui qui l'exerce, par conséquent ici les bonnes mœurs et le pouvoir qui veut les répandre. 3° Pour exercer cette violence avec quelque succès apparent, il faudrait recourir à l'espionnage, à la dénonciation et aux autres moyens qui en sont les accessoires indispensables. Or il est certain que le lien social reçoit une bien plus forte atteinte de cet esprit de défiance et d'hostilité générale que de la liberté des mœurs. La meilleure preuve que la législation civile corrompt les mœurs et la religion quand elle les impose, c'est l'infériorité morale et religieuse des peuples où cet usage théocratique règne encore, par rapport aux nations où la loi civile est enfin rentrée dans les limites qui lui sont imposées par la raison et la justice.

Remarquons aussi qu'il y a pour les mœurs, privées surtout, une autre juridiction, celle de la conscience et celle de la religion. Quant aux mœurs publiques, l'opinion est un frein d'autant plus salutaire et plus puissant qu'elle est le produit plus libre d'une instruction plus générale, plus saine et plus forte; et si l'opinion est en contradiction avec la tentative du législateur, il échouera pitoyablement. Si elle lui est favorable, elle suffit. Tout ce qu'on pourrait tenter de plus aurait d'ailleurs l'immense inconvénient d'attenter à une liberté légitime, d'avilir les citoyens, de rendre la mesure odieuse, et de jeter par suite la défaveur sur les bonnes mœurs qu'on prétendrait servir de la sorte. En voulant faire le bien par des moyens illégitimes, nonseulement on ne l'obtient pas, mais on dénature l'homme en l'avilissant; on le pervertit en étouffant une liberté dont il abuse parfois sans doute, mais dont il use plus souvent encore d'une manière profitable pour lui-même et pour le reste de la société. Il faut savoir supporter un certain mal crainte d'un pire, et se bien persuader que les gouvernements ne sont responsables que du bien qu'ils peuvent faire sans sortir des limites de leur mission. Or cette mission, encore une fois, c'est de faire régner la justice ou le respect des droits stricts. Le surplus est une affaire d'éducation et d'encouragement de la part de l'État, mais pas de pénalité; c'est l'affaire de l'opinion publique et des efforts des particuliers; c'est enfin l'affaire de la liberté ou de la justice pour laquelle les gouvernements sont faits. Et comme elle n'est pas possible sans l'ordre public, la grande affaire des gouvernements est de veiller au maintien de cet ordre, non pas pour lui-même ni pour eux, mais bien pour la liberté ou la justice.

L'homme n'est pas la chose de l'homme; il n'est pas même la chose de la société, du souverain; nul n'appartient à personne, et chacun a le droit, civilement parlant, de faire un mal qui ne nuit qu'à soi-même, quelque condamnable qu'il puisse être aux yeux de la morale.

Il n'y a donc lieu pour le législateur à déclarer un acte délictueux qu'autant non-seulement que cet acte est fait avec volonté, intelligence et liberté, mais encore qu'il porte sciemment atteinte à un droit strict, naturel ou légitimement acquis, qu'il est de nature à être constaté, et que la société a intérêt à le punir. Plus simplement, suivant Rossi, le délit est la violation d'un devoir exigible[1].

Nous entendons en général par *droits stricts* ceux qui ont pour objet le bien de chacun; droits qui sont fondés en équité ou en simple justice, et au respect desquels on peut être physiquement et juridiquement contraint[2]. Cette condition ne peut être satisfaite qu'autant que la transgression est susceptible d'être prouvée et réparée.

Il faut donc pour qu'il y ait délit ou action punissable par la justice humaine :

[1] Ailleurs (t. II, p. 7 et 8 de son *Traité de droit pénal*), il définit le délit « la violation d'un devoir envers la société ou les individus, exigible en soi : et utile au maintien de l'ordre politique, d'un devoir dont l'accomplissement ne peut être assuré que par la sanction pénale, et dont l'infraction peut être appréciée par la justice humaine. » Il explique ensuite longuement cette définition. Le seul point où nous ne serions pas complétement d'accord avec cet illustre publiciste, c'est celui de la substitution du mot *devoir* au mot *droit*, plus généralement admis; par la raison, selon nous, que l'homme peut, *juridiquement*, disposer de tous ses droits. M. Rossi, comme presque tous les philosophes jurisconsultes, ne pense le contraire que parce qu'il confond trop encore la morale avec le droit. On ne peut, *moralement*, faire l'abandon de beaucoup de droits, il est vrai, mais il n'en est pas un seul dont on ne puisse *juridiquement* disposer. Une autre question est celle de savoir jusqu'à quel point la société doit prêter son concours pour faire respecter des engagements immoraux : ce concours devant, à notre sens, être refusé, nous nous retrouvons ainsi d'accord avec M. Rossi.

[2] Il y a toutefois un grand nombre de droits naturels stricts, par exemple dans les rapports de famille, au respect desquels il est presque impossible de contraindre civilement.

1° Qu'il y ait préjudice matériel ou moral occasionné ou en voie de l'être, avec plus ou moins de volonté[1];

2° Que le délinquant ait agi avec la connaissance réelle ou présumable qu'il faisait mal, et avec liberté[2], par conséquent qu'il soit responsable de son action, ou qu'elle lui soit imputable;

3° Que ce mal soit fait à autrui;

4° Qu'il soit positif, et non simplement un bien qu'on ne fait pas;

5° Qu'il soit de nature à être constaté;

6° Qu'il soit interdit, au moins implicitement, par la loi positive[3];

7° Qu'il puisse être puni;

8° Enfin qu'il y ait utilité sociale à le punir.

Ces conditions sont loin de se retrouver toutes dans les lois ou les usages des peuples peu civilisés. On n'y distingue pas assez la matière du délit ou le préjudice occasionné, de la forme du délit ou de l'intention de nuire. On distingue encore moins le degré d'intelligence et de liberté de l'argent. On s'attache plus au mal abstrait de l'action qu'au préjudice porté, surtout chez les peuples qui ne distinguent pas entre le droit et la morale. C'est le contraire chez les peuples qui n'ont pas de culte public, ou dont la religion ne s'étend pas aux mœurs, comme aussi chez les peuples assez éclairés pour comprendre la nécessité de distinguer entre le droit et la morale. Ces deux extrêmes semblent se toucher. Ils diffèrent en réalité autant que l'ignorance ou l'indifférence diffère du savoir et du respect de la justice et de la conscience. Nous pourrions signaler dans la législation criminelle des peuples grossiers plusieurs autres vices opposés aux conditions que nous venons de poser pour qu'il y ait délit. Nous n'en mentionnerons plus qu'un seul, le défaut de publicité

---

[1] Quelquefois le préjudice n'est pas réel; mais en principe il est toujours censé l'être en ce qui regarde l'action publique ou la peine. Quant à l'action civile, aux dommages-intérêts, la question est différente.

[2] La volonté ne suppose pas nécessairement la liberté : le fou furieux veut ce qu'il fait; mais il serait dur de lui imputer directement et pleinement son action, alors même qu'il en connaîtrait le caractère illicite. Il en est de même dans certaines manies et dans l'état d'ivresse.

[3] Mais il vaudrait beaucoup mieux qu'il le fût explicitement, à cause du danger de l'interprétation arbitraire de la loi, ou de l'impunité qui résulterait du sens littéral.

des lois pénales, la violence qui leur est faite par la coutume ou le caprice du moment, l'immobilité dont l'ignorance les frappe; en un mot le peu d'importance des lois écrites en matière criminelle et leur barbarie [1].

Ce que la loi ne défend pas est juridiquement permis; tout ce qu'elle interdit est juridiquement défendu.

Mais que doit-elle défendre, que doit-elle ordonner? Elle doit défendre tout ce qui porte atteinte aux droits des particuliers ou de la société, et prescrire tout ce qui est nécessaire au respect de ces mêmes droits.

La détermination des droits à reconnaître et à consacrer par la loi est une question de droit naturel privé et public, qui a été résolue différemment, suivant les époques. Dans les temps et les pays où la religion, la morale et le droit étaient plus ou moins confondus, et où l'autorité religieuse dominait à un degré quelconque l'autorité civile, les fautes qui ne regardent que l'agent et sa conscience, ou qui intéressent tout au plus la société spirituelle qu'on appelle communion religieuse, étaient mis au nombre des délits civils et punis comme tels.

Grâce à la profonde distinction qui a été justement reconnue entre les deux pouvoirs, les délits purement civils figurent à peu près seuls aujourd'hui dans nos codes criminels. L'autorité temporelle respecte de plus en plus les consciences et la foi des citoyens; elle reconnaît tous les jours davantage les justes limites de son empire, et acquiert tout à la fois plus de force et de respect, à mesure qu'elle se confine plus soigneusement dans son véritable domaine. Elle sait maintenant qu'elle a une mission propre, qu'elle ne la reçoit d'aucune autorité étrangère,

---

[1] D'après un travail curieux de M. CONSTANTIN SIEGWART-MULLER, inséré dans la *Revue de droit français et étranger*, sur le droit pénal actuel des cantons d'Uri, de Schwitz, d'Unterwald, de Zug et d'Appenzel, on peut voir non-seulement que les progrès en droit criminel de cette partie démocratique et catholique de la Suisse n'ont pas été considérables depuis le XVIe siècle, mais encore que la connaissance des lois n'y est pas facile. La plupart des textes de lois de ces divers cantons sont à l'état de manuscrits renfermés dans des archives. Ces lois sont d'ailleurs modifiées de mille manières par des coutumes non écrites. La Caroline est encore aujourd'hui en vigueur à Schwitz et à Zug, mais on ne l'observe pas strictement. Dans les autres cantons désignés plus haut, la législation pénale est bien plus incomplète que celle de Charles-Quint, surtout lorsqu'il s'agit de délits graves. Ces délits ne sont ni énumérés ni définis, et les peines sont laissées à l'arbitraire du juge.

qu'elle ne relève par conséquent que d'elle-même ou de la raison, qu'elle ne doit écouter d'autres inspirations que celle de la justice absolue et des vrais besoins des peuples. En cessant de tyranniser les citoyens au nom de la religion, elle s'est affranchie d'une tutelle dont la raison publique, d'après la raison absolue, l'a reconnue essentiellement indépendante, et a reconquis du même coup tous ses droits sur les rapports sociaux ou politiques de l'Église ou de l'État.

Nous n'aurions donc à nous occuper, en droit naturel et positif, que des délits purement sociaux, si nous ne trouvions pas dans l'histoire des législations criminelles des peines portées contre les fautes en matière religieuse et morale. Nous devrons donc reproduire les principales dispositions de ces lois barbares dans le tableau que nous donnerons des délits et des peines, et dans l'examen dont il sera l'objet. On saura seulement que ces deux premières catégories ne sont point des délits civils, qu'elles ne comprennent que des péchés et des fautes[1]; qu'il y en a même qui ne sont qu'un usage moralement irréprochable de la liberté extérieure de penser et d'agir, usage d'autant plus innocent qu'il est l'expression de convictions pleines de sincérité, d'honnêteté, quelquefois même de piété[2].

Les gouvernements et les peuples ont eu d'autres torts encore envers les particuliers : ils ont cru mal à propos, surtout dans l'antiquité, que les individus étaient faits pour la société, et que l'intérêt public pouvait tout légitimer. Erreur grave, qui a été la cause ou le prétexte d'innombrables injustices. La société est faite pour l'homme, et non l'homme pour la société. L'homme est la fin, la société le moyen.

Sans doute la société a des droits, mais pas d'autres que ceux des particuliers; elle peut, comme eux, acquérir, posséder, administrer, aliéner, se défendre ou punir, en un mot se conserver. Mais à ces droits correspondent les mêmes obligations

---

[1] Franklin avait déjà dit dans son calendrier : « On distingue trois sortes de délits : les *péchés*, les *crimes* et les *vices*. Toute infraction de l'ordre divin est un *péché;* lorsque cette infraction de l'ordre est au détriment de notre prochain, on l'appelle *crime;* lorsque ce désordre n'est relatif qu'à nous-mêmes, on l'appelle *vice*. Le vice est puni par la honte; le crime par les supplices; la punition des péchés est réservée à Dieu. » — V. *Théorie des lois criminelles*, par J. F. BRISSOT DE WARVILLE, t. I, p. 101.

[2] Voir sur les délits en général, HORST (L. V. D.), *De injuriis*, Lugd. Batav., 1710; JONGH (J. DE), *De injuriis*, ib., 1718.

dont les individus sont tenus, c'est-à-dire qu'elle doit respecter l'existence, la liberté, les biens et l'honneur des particuliers, tous leurs droits en un mot. Elle est même plus spécialement obligée de veiller au maintien et à l'intégrité de tous ces droits; c'est le but essentiel de son institution. Elle est naturelle, il est vrai; mais une des raisons fondamentales de son existence, c'est la protection active de tous ceux qui la composent en faveur de chacun de ses membres.

Il faut donc reconnaître qu'à son égard comme à l'égard des individus, les droits des particuliers doivent être sacrés; c'est-à-dire qu'ils doivent être respectés, quel qu'en soit le sujet, le titre ou l'origine et l'ancienneté; quel que soit l'intérêt que le public pourrait avoir à le violer, et les moyens par lesquels il pourrait le faire. Ce qui n'empêche point l'expropriation pour cause d'utilité publique, moyennant juste (et préalable) indemnité, où le prix d'affection est même pris en considération.

La société peut donc se rendre coupable envers les particuliers de plus d'une manière : par les atteintes directes qu'elle porte à leur liberté, à leurs propriétés; par la manière dont elle use de ses propres droits, dont elle les défend; en ne protégeant pas les droits des citoyens; en autorisant même des particuliers ou des corporations à les violer, sous prétexte d'utilité publique; en empêchant ces droits d'arriver à la connaissance de chacun [1].

CHAPITRE II.

Envers quels êtres on peut délinquer.

SOMMAIRE.

1. Si l'on peut délinquer envers les choses;
2. Si envers les êtres de raison;
3. Envers les animaux : législation de la Perse, de l'Égypte, de la Grèce, etc., à cet égard.
4. Dispositions analogues dans le Pentateuque, chez les barbares, en Angleterre, en Suisse. Esprit tout différent.
5. Ce qu'il y a d'excessif et d'erroné dans la manière de concevoir les animaux à l'égard des traitements que nous pouvons leur faire subir : analogie poussée trop loin par les anciens, ou niée systématiquement par des modernes.

[1] On peut voir, sur ce sujet, un excellent chapitre de la *Filosofia del dritto* d'Antonio Rosmini SERBATI, t. I, p. 660-695.

6. L'homme seul peut avoir des droits à l'égard de l'homme; mais il est obligé, pour lui-même, de ménager la sensibilité de l'animal.

7. D'où vient que des animaux ont été déifiés, et que leur vie a été placée sous la protection des lois religieuses.

On s'étonne, au premier abord, que certains peuples aient cru que les animaux avaient des droits; on est même tenté de sourire de pitié. Mais on ne fait pas attention qu'il y a plus d'extravagance encore à reconnaître des droits à des choses qui n'existent pas, ou qui, si elles existent, sont inanimées ou tellement au-dessus de l'homme, qu'elles en sont absolument inaccessibles. Ne serait-ce pas le cas d'appliquer le *mutato nomine de te fabula narratur?* Eh quoi! vous admettez des délits envers la religion comme telle, vous les punissez d'une manière atroce; vous prétendez qu'un morceau de bois découpé en forme de croix ou de madone peut être outragé, et l'être assez grièvement pour mériter le plus affreux supplice, et vous riez de l'Indien, du Persan et de l'Égyptien, qui font entrer dans leurs codes des peines contre ceux qui maltraitent certains animaux! Peut-être même cette réflexion vous indispose-t-elle contre celui qui l'écrit. Calmez-vous, cher lecteur, et raisonnons un peu, puisque vous et moi ne cherchons autre chose que la vérité et la justice, et que nous condamnons également à titre de péché, ou d'action très-inconvenante tout au moins, ce qu'il est convenu d'appeler des manquements à la religion, des irrévérences graves, des sacriléges.

Je commence par vous accorder que la religion, en tant que droit des particuliers, est on ne peut plus respectable civilement; qu'elle l'est infiniment aussi comme sentiment. Mais il faut que vous m'accordiez, à votre tour, que les législateurs qui croient qu'elle peut être outragée comme telle ou en soi, et qu'ils ont le droit de la venger, ne l'envisagent pas ainsi; ils la considèrent en elle-même comme une chose en soi. Eh bien! c'est là, vous le reconnaîtrez sans peine, une erreur grossière. La religion n'est point un **être**, une réalité vivante ou morte; c'est une idée générale purement et simplement, qui n'a d'autre objet que les sentiments religieux qui se trouvent dans chacun de nous à des degrés divers, et les réalités saintes auxquelles ces sentiments se rapportent. On ne peut donc pas outrager la religion, puisqu'elle n'existe pas à la manière dont l'entendent les législateurs dont nous parlons. Si l'emploi des tropes est périlleux dans les sciences, il peut être funeste dans les lois.

Prétendrait-on que c'est le droit des particuliers outragés que l'on veut faire respecter par les lois de sacrilége? Mais comment, d'après ce qui vient d'être dit, pourrait-on le soutenir? Qu'y a-t-il de commun entre un droit véritable et une susceptibilité qui s'offense d'une opposition, d'une contradiction qui est pour ainsi dire dans la nature de l'homme, si féconde en diversités dans son unité même? Mais tout en accordant qu'il en soit ainsi, je nierais encore que cette susceptibilité religieuse eût le droit de s'exaspérer à ce point, et de faire respecter par le fer et le feu ses images et ses symboles, lors surtout que les manquements ne s'adressent à personne déterminément, qu'ils ne sont pour personne un obstacle à son culte, qu'ils n'atteignent illégitimement ni son corps, ni son âme, ni ses biens. Sans doute il est pénible de voir que d'autres ne pensent et n'agissent pas comme nous en des choses qui nous sont on ne peut plus chères; mais c'est une peine qu'il faut savoir accepter, qui est la conséquence légitime d'une liberté nécessaire, de la différence inévitable dans la manière de sentir et de penser. De quel droit, en effet, prétendre que tous les hommes doivent sentir, penser et agir comme nous? Pourquoi n'auraient-ils pas la même raison de vouloir nous faire penser et agir comme eux? Qu'il nous suffise donc à chacun de penser comme nous voudrons, ou plutôt comme nous pourrons; et si ce n'est pas assez, qu'il nous soit permis de répandre par la parole et par l'écriture nos opinions, de faire du prosélytisme tant qu'il nous plaira; car après tout, c'est un besoin, c'est un droit dont l'exercice ne fait violence à personne, et qui peut avoir l'immense avantage de rallier une foule d'esprits. Il en divisera d'autres, il est vrai; mais ce mouvement de va-et-vient, c'est la vie, la liberté; c'est la condition pour arriver au vrai. Des erreurs nombreuses, profondes nous séparent, soit; la vérité est tout entière de votre côté, soit encore. Mais laissez-nous dire pourquoi nous ne pensons pas comme vous, de même que nous devons vous laisser dire pourquoi vous pensez autrement que nous. Quel si grand mal y a-t-il à ce que chacun rende ainsi compte, à soi et aux autres, de ses croyances, de sa foi, de ses convictions?

Vous ne vous plaignez point, dites-vous, qu'on raisonne, mais bien qu'on vous outrage dans les symboles de votre foi.—

Remarquons d'abord que si la discussion était libre, les autres actes d'hostilité seraient parfaitement inutiles, et pourraient être plus rares, du moins de la part de ceux qui auraient ou qui croiraient avoir de bonnes raisons en leur faveur. Remarquons ensuite qu'il n'est point raisonnable de s'identifier ainsi avec les choses matérielles qui se rapportent à nos croyances, pas plus que de les identifier avec les réalités saintes qu'elles peuvent figurer. Remarquons enfin que tout en commettant cette dernière confusion, il n'y a pas de raison pour que la société civile sévisse contre ces sortes de délits, en tant que manquements à la religion, aux saints personnages, à la Vierge, à Dieu même, par la raison que la religion, les saints, la Vierge et Dieu ne souffrent aucune atteinte de ces actions répréhensibles, et que le contraire fût-il soutenable, la société n'a pas mission de venger Dieu ni ses saints.

Nous aurons, du reste, occasion de revenir sur ce sujet. Nous devions seulement faire voir ici qu'il n'y a pas plus de raison d'imaginer des délits envers des choses fictives ou réelles, mais dépourvues de sensibilité, ou envers des êtres sensibles, mais qui sont hors de nos atteintes, et dont le respect n'est d'ailleurs pas essentiel à l'existence sociale, qu'il n'y a de raison d'ériger en délits envers les animaux les mauvais traitements qu'on peut leur faire subir.

Nous comprenons fort bien qu'à d'autres égards, c'est-à-dire en tant que les hommes y ont un droit engagé, on punisse les manquements à l'occasion des choses consacrées au culte, à la religion, mais point du tout en tant que ces choses auraient un caractère religieux et par cette considération seule. Nous comprenons également les lois de police qui protégent, chez quelques peuples modernes, les animaux domestiques contre les brutalités de leurs maîtres; les lois de la Chine défendant de tuer un animal utile qui n'a pas encore atteint tout son développement; les lois des Angles, des Bavarois, des Wisigoths, qui infligeaient des amendes pour avoir crevé un œil à un cheval, à un bœuf ou à tout autre quadrupède domestique.

Ce n'est pas là qu'est l'excès ou la bêtise. Mais à part la protection toute particulière que certains animaux très-utiles pouvaient retirer d'une sorte de consécration religieuse, l'erreur et l'absurdité consistent à regarder les animaux comme des dieux, à se porter vengeurs des attentats dont les particuliers peuvent se rendre coupables envers ces divinités singulières. Ces erreurs sont d'autant plus abusives que l'État comme tel, c'est-à-dire comme personne morale ou fictive, n'a ni réalité, ni destinée, ni droit, ni devoir. Et comme l'État n'est personne en particulier, par cela même qu'il est tout le monde, il a la foi, la religion de tout le monde; c'est-à-dire toutes les religions, même les plus opposées; c'est-à-dire encore aucune religion positive. Entend-on par État le souverain, le prince? Si le souverain est collectif, même résultat. S'il est individuel, ce n'est point comme souverain qu'il peut, qu'il doit même avoir une religion et qu'il l'a en réalité : c'est en tant qu'homme ou comme personne morale déterminée, capable de croyances et d'actes, ou plutôt de motifs d'action qui ne regardent qu'elle-même dans ses rapports avec Dieu. L'État, et par conséquent le prince, doit donc protéger toutes les religions à titre de droits chez les particuliers et n'en imposer aucune. Il ne doit pas même faire de prosélytisme, puisqu'autrement il mettrait les moyens de tous au service des idées religieuses d'une partie des citoyens.

Si l'on est allé plus loin, c'est, d'une part, qu'on ne se faisait pas une juste idée des droits respectifs de l'État et des particuliers, des rapports juridiques qui doivent unir les membres d'une même cité, de la juste étendue des droits de la conscience, de ce que c'est qu'une religion et du rôle de l'État en matière de culte; c'est, d'autre part, qu'on ne s'est pas fait non plus une idée vraie de la nature animale, de ce qui la sépare de la nature humaine.

Cette erreur se remarque particulièrement aux époques et chez les peuples où la raison est dominée par l'imagination. C'est par suite de cette erreur, qui tend aussi bien à rabaisser l'homme au niveau de l'animal, en élevant l'animal au niveau de l'homme, que le législateur de la Perse, Zoroastre, menace de sept cents ans d'enfer et de sept cents coups de fouet quiconque oublie une promesse de récompense à un animal domestique qui a rendu des services, de huit cents si l'on ne rend pas les soins nécessaires à d'autres animaux qui ont servi longtemps, alors même qu'on ne leur aurait rien promis.

Il défend également de tuer de jeunes animaux utiles, de les frapper, de leur refuser la litière ou l'abri, à plus forte raison les aliments. C'est un crime capital à ses yeux de battre un

chien, de le blesser, de le tuer[1] ; comme c'est un acte de piété
au contraire, et l'un des plus méritoires, de prendre soin des
animaux, des animaux domestiques surtout.

On pourrait penser d'après cela que Zoroastre n'était animé
dans ces sortes de prescriptions que par des considérations
économiques et morales. Mais ne serait-il pas possible de civi-
liser et de moraliser les peuples, en respectant la vérité et le
bon sens ? Une vérité et un bon sentiment sont-ils donc nécessairement au prix d'une autre vérité et d'un autre sentiment,
et faut-il absolument tromper le peuple pour l'instruire, pervertir son intelligence pour améliorer son cœur ? Mais quelle
idée alors se ferait-on de la droiture naturelle de son esprit, de
l'harmonie nécessaire entre la vérité et la raison, des desseins
ou de la sagesse de la providence créatrice ? Ce qui porte à
penser que tout n'était pas calcul ou politique plus ou moins
bien entendue dans cette législation de Zoroastre, et qu'une sorte
de superstition n'y était pas étrangère, c'est qu'il traite les bêtes
en agents moraux. N'était-ce encore là qu'une mesure politique,
comme nous la retrouverons ailleurs, pour inspirer l'horreur du
crime ? Nous ne savons. Quoi qu'il en soit, il ne se borne pas à
défendre de tuer les jeunes animaux domestiques, de les frapper, de les mal soigner, de les laisser manquer d'aliments, de
litière ou d'abri ; il veut encore que le chien qui mord ait
l'oreille droite coupée, et s'il récidive, l'oreille gauche ; s'il ne
se corrige pas, la queue ; puis une patte, puis une autre.

La réputation de sagesse, qui est comme l'auréole de l'antique
Égypte, se soutient jusque dans ses lois criminelles, à l'exception de certains délits qui tenaient aux croyances superstitieuses
de ce peuple, par exemple, l'action de tuer un des animaux
sacrés, même involontairement. Cet accident, qui n'était pas
même un délit dans l'hypothèse, n'en était pas moins puni, et
quelquefois du dernier supplice. Tant il est vrai que la superstition et le fanatisme sont comme deux maladies de l'âme qui
font également perdre le sens du vrai et celui du juste ! Mais
peut-être que la superstition n'explique pas seule ces croyances
et ces usages, puisqu'on payait une amende aux prêtres pour
avoir maltraité un animal ordinaire[2].

---

[1] PASTORET, *Zoroastre, Confucius et Mahomet*, etc., p. 89-91.
[2] DIOD., I, §§ 83 et 84.

Une loi de Triptolème défendait aussi de faire du mal (inutilement sans doute) à aucune créature vivante. Une loi d'Athènes punissait de mort quiconque avait tué un bœuf de labour[1].

Des législations plus avancées, celle de Moïse[2], des lois modernes même, celles de l'Angleterre, de la France et du canton de Vaud (Suisse) ont pris les animaux sous leur protection ; mais c'est bien moins dans l'intérêt de l'animal, par respect pour son droit, que dans l'intérêt de la société humaine, de l'adoucissement des mœurs populaires.

Il a fallu, pour imaginer des droits aux animaux, que l'esprit oriental en fît d'abord des personnes.

C'est là sans doute un excès, qu'il soit dû à la fiction de la métempsycose ou à toute autre. Mais les animaux machines de Descartes ne sont-ils pas une autre hypothèse, dont les conséquences morales pourraient n'être guère moins fâcheuses ?

On ne peut cependant justifier Zoroastre par les torts de Descartes. Il étend la sphère du droit au delà de ses vraies limites, et le philosophe du XVIIe siècle ne la restreignait point. L'hypothèse de la matérialité pure des animaux, de leur insensibilité, et surtout de leur défaut absolu de raison, laissait subsister le droit entre les hommes exclusivement.

L'homme seul peut donc être le terme du droit comme il en est le principe.

L'erreur contraire n'était-elle pas plus grande encore, lorsque, non content de donner aux animaux une âme douée de personnalité, on élevait cette âme au rang des divinités, de divinités mortelles il est vrai, et qui n'étaient pas à l'abri de la méchanceté humaine[3] ?

Mais y a-t-il beaucoup plus de sagesse à rabaisser la divinité immortelle et impassible jusqu'à la croire outragée par l'homme, qu'à élever l'animalité au point d'en faire un dieu fini, sujet à la douleur et à la mort[4] ? L'inconnu a ses mystères, et la nature animale avec ses instincts qui confondent notre raison a quelque chose d'assez divin pour que l'ignorance naïve des premiers peuples ait imaginé du dieu, un dieu, dans la brute. Elle l'a placé dans la plante, dans la pierre, pourquoi pas dans l'animal ?

---

[1] PAUSANIAS, I, 28 ; VIII, 2.
[2] *Lévitique*, XXII, 24.
[3] DIOD. DE SICIL., *ibid.*
[4] V. BENTHAM, *Législation civile et pénale*, t. II, p. 8, note.

2

L'homme se connaît assez pour savoir qu'il n'est pas Dieu; mais il n'a pas ainsi conscience des autres espèces de la nature. Son imagination est donc à l'aise pour y supposer à l'état latent de cause divine ce qui n'y est qu'à l'état d'effet, si déjà la cause n'est pas éminemment partout où se manifeste son effet.

Quoi qu'il en soit des circonstances cosmiques et psychiques qui ont fait étendre le droit jusqu'aux animaux, cette extension n'en est pas moins abusive. L'homme n'est pas de même espèce que l'animal; l'un et l'autre cohabitent sur la terre, mais ils ne forment point une même société; ils ne sont pas seulement coordonnés l'un à l'autre par la création, mais l'un est au-dessus de l'autre, et appelé à disposer raisonnablement de son subordonné.

L'homme ne peut donc juridiquement être coupable qu'envers l'homme.

CHAPITRE III.

Qui est-ce qui peut délinquer?

SOMMAIRE.

1. Les animaux sont regardés comme coupables et punis.
2. Peines mieux graduées pour l'animal que pour l'homme : deux raisons possibles.
3. Différence entre la législation de Zoroastre et celle de Moïse à cet égard.
4. La législation athénienne faisait le procès aux choses inanimées elles-mêmes.
5. Trois périodes progressives dans la manière de faire porter la peine sur les choses ou les animaux.
6. Ces trois périodes ne sont successives que chez les mêmes peuples. Tous les degrés de civilisation parcourus dans un temps donné se retrouvent ici ou là. L'humanité ne marche sensiblement que par la tête.
7. Comment des institutions en désharmonie avec un nouveau degré de civilisation se perpétuent.
8. Motifs raisonnables, en dehors de l'hypothèse de la moralité des animaux et de l'exemplarité, qui expliquent encore les procédures dont il s'agit.
9. Raisons particulières pour certains délits moraux.
10. Les hommes seuls peuvent délinquer; et les individus seulement, non les communautés. Cette question tient à la précédente, et s'explique par les mêmes raisons. Elle se résout de la même manière.

Zoroastre ayant donné aux animaux des droits dut leur reconnaître des devoirs, même envers l'homme.

Aussi avons-nous vu qu'il condamnait le chien hargneux qui continuait à mordre un autre animal ou un homme, à une mutilation successive, à perdre l'oreille droite d'abord, l'oreille gauche, ensuite la queue, une patte, puis une autre, puis la vie[1].

Mais une chose bien remarquable, c'est qu'il y a plus de longanimité dans la punition de ces délits que dans la répression des délits analogues commis par l'homme contre l'animal. Est-ce parce que l'homme sait mieux ce qu'il fait que la brute, ou serait-ce parce que la brute serait au-dessus de l'homme dans la pensée du législateur et demanderait plus de ménagement? Cette seconde hypothèse est invraisemblable.

Zoroastre n'est pas le seul législateur qui ait décerné des peines contre les animaux; Moïse avait décidé la même chose. Mais il y a cette différence, que Zoroastre semble avoir pris plus au sérieux la personnalité de la brute, tandis que le législateur juif ne voulait sans doute qu'inspirer l'horreur du crime, en le poursuivant jusque dans une cause innocente, quoique animée.

Cette interprétation, d'ailleurs justifiée par des textes positifs, semble surtout nécessaire en voyant la législation criminelle d'Athènes antérieure à Dracon, faire une sorte de procès à des objets inanimés, qui avaient par hasard occasionné la mort d'un homme. Elle poursuivait jusqu'aux instruments matériels du crime. A plus forte raison devait-elle faire le procès aux animaux qui avaient occasionné du mal à quelqu'un. C'est ainsi, par exemple, que Dracon avait ordonné la mise à mort de l'animal homicide. D'après la loi de Solon, le chien était livré à celui qui en avait été mordu[2].

La loi des Douze Tables avait statué d'une manière analogue en pareil cas. Le propriétaire d'un cheval vicieux (*calcitrosus*), ou d'un bœuf porté à frapper de la corne, pouvait, en cas d'accident de la part de ces animaux, se libérer en les abandonnant à la partie lésée. Du reste, cet abandon n'avait pas lieu à

---

[1] *Vendidad-Sadé* (*Farg.* 13, p. 383). Il y a quelque variante sur cette mutilation successive : des textes portent une blessure aux pattes en troisième lieu, en quatrième la perte de la queue, en cinquième lieu la mort. Nous avons suivi la version où la peine est le mieux graduée. Ce n'est cependant pas la plus vraisemblable : un chien dont une patte aurait été coupée, à plus forte raison s'il avait été privé de deux, n'aurait pu rendre aucun service.

[2] Plutarq., *in Sol.* — V. Mackeldey et M. Giraud, *Hist. du droit romain*, p. 489, édit. 1841.

titre de peine contre l'animal, puisque, suivant Justinien, l'animal manquant de raison ne peut commettre aucun délit. C'était donc à titre d'indemnité. La preuve, c'est qu'on n'en était pas quitte à si bon marché lorsque l'animal qui occasionnait un préjudice considérable était de sa nature malfaisant, tel qu'un ours, un lion, etc. Le maître d'un esclave qui avait commis un délit pouvait se libérer également de l'action noxale en l'abandonnant au plaignant[1].

On peut distinguer dans ce genre de poursuite quatre époques : celle où l'animal, ou même la chose, était regardée comme animée, et traitée sérieusement comme telle ; celle où l'animal n'était poursuivi que symboliquement, pour ainsi dire, et dans le but de frapper l'imagination du peuple ; celle où il était abandonné à titre d'indemnité ; celle enfin où il est protégé dans l'intérêt des mœurs publiques.

Il faut rapporter à la première période les procès sérieusement intentés aux animaux. Moins l'homme a de raison, plus il en suppose aux bêtes. Sans donner positivement en partage la raison morale aux animaux, le peuple leur suppose tout au moins une sorte de raisonnement, en vertu duquel il cherche à former l'individu ou à se prémunir contre l'espèce. Ce qui fait dire à Leibnitz que les procédures criminelles contre les animaux seraient toujours bien fondées si elles servaient[2]. Réflexion équivoque, car les résultats de la procédure pourraient être utiles sans que la procédure en elle-même fût raisonnable ou bien fondée, puisqu'elle partirait du faux principe que les animaux sont doués d'une raison morale. Pour mieux comprendre la justesse de notre observation, il suffit de lire les faits à propos desquels Leibnitz semble approuver au moins conditionnellement ces sortes de procédure. « Rorarius, dans son livre de *la Raison des bêtes*, dit qu'on crucifiait les lions en Afrique pour éloigner les autres lions des villes et des lieux fréquentés, et qu'il avait remarqué, en passant dans le pays de Juliers, qu'on y pendait les loups pour mieux assurer les bergeries. Il y a des gens dans les villages qui clouent des oiseaux de proie aux portes des maisons, dans l'opinion que d'au-

---

[1] *Instit.*, IV, 9, prooem., § 1 ; *ibid.*, 8, pr., §§ 1, 2, 3 ; — L. 1 et L. 8, fragm. 6, D., *Si quadr. paup.*; — L. 6, § 1, Dig., *De re judicata.* — V. aussi l'article *Deodand*, dans SAINT-EDME, *Dict. de la pénalité.*

[2] *Théodicée*, 1re part., n° 70.

tres oiseaux de proie n'y viendraient pas si facilement. »

A la seconde période de cette procédure criminelle appartiennent sans doute les lois de Moïse[1], de Solon et des Douze Tables. L'animal n'est plus un être moral dans la pensée du législateur. On ne songe même pas à l'effet de l'exemple sur les animaux; ce n'est pas sur leur esprit qu'on veut agir, c'est sur l'esprit des hommes.

A la troisième appartiennent les dispositions qui permettent au maître de la chose, de l'animal ou de l'esclave qui a occasionné le préjudice, si d'ailleurs on ne peut lui reprocher rien de plus, de se soustraire à toute poursuite en faisant l'abandon de sa chose. Il n'est plus tenu qu'à désintéresser le plaignant, soit en livrant l'animal, soit en le gardant. L'animal n'est donc plus en cause, et si le propriétaire peut se libérer en l'abandonnant, c'est parce qu'on regarde comme injuste qu'un objet par lui-même puisse être pour le propriétaire l'occasion d'une perte qui s'élève au delà de sa propre valeur[2]. Cet état de choses est une transition à la plupart des législations modernes, qui non-seulement ne cherchent plus aucun effet moral à la fiction, parce que l'esprit contemporain serait plus frappé de l'absurdité de cette fiction qu'utilement impressionné par l'intention morale qui l'aurait dictée, mais qui ne permettent pas même de se libérer de l'obligation de réparer le dommage par l'abandon de la chose qui l'a causé.

La quatrième période se distingue par la nécessité où le législateur s'est cru placé de forcer les particuliers à ménager la sensibilité publique, en réprimant les excès auxquels ils pourraient se livrer envers des animaux domestiques. Ces sortes de dispositions font honneur à notre siècle, et prouvent une intelligence véritable des égards obligés envers les personnes douées d'une juste sensibilité.

Au surplus, et cette remarque s'applique à tous les faits qui, comparés entre eux, forment une série progressive, les améliorations qui s'introduisent dans un pays, à une époque donnée, ne sont pas immédiatement accueillies des autres pays. Le pro-

---

[1] *Exod.*, XXI, 28-36; — *Lévit.*, XXIV, 18, 21. — Le bœuf homicide était lapidé.

[2] *Instit.*, IV, 8, § 2. — Summa autem ratione permissum est noxæ deditione fungi, namque erat iniquum nequitiam eorum (servorum) ultra ipsorum corpora dominis damnosam esse.

grès est local; il est circonscrit dans le temps et l'espace. Ce n'est qu'avec une peine infinie qu'il se répand et devient général. Il y a plus, c'est que tous les degrés inférieurs de civilisation sont contemporains d'un degré supérieur quelconque; tandis qu'un peuple avance, les autres restent en arrière. Si plusieurs se mettent en marche, il en reste toujours assez pour représenter les retardataires à tous les degrés. Changez de latitude ou de longitude, et la barbarie que vous aviez quittée au Nord ou à l'Occident se retrouvera au Midi ou à l'Orient. Traversez les siècles en changeant de nations, et vous retrouverez les mêmes erreurs, les mêmes abus; l'humanité semble être restée la même. Faites mieux: laissez passer le temps, restez sur place, attendez la guerre et ses fléaux, la conquête d'un peuple avancé dans la civilisation par un peuple barbare, et vous verrez cette civilisation s'évanouir avec les générations qui en portent les derniers fruits; la nation, tout en restant la même en apparence, redescendra l'échelle du progrès, et tombera au niveau de ses oppresseurs. D'autres fois cependant elle ne fera que la moitié du chemin; les conquérants par le fer seront à leur tour conquis par l'idée; et cette partie de l'humanité, grossie comme par alluvion, reprendra sa marche.

A une époque et dans des lieux où la loi romaine était sortie du symbolisme (à plus forte raison du panthéisme, ou de cet anthropomorphisme qui consiste à faire les animaux à l'image de l'homme, et qui inspira les premiers législateurs à l'égard des préjudices occasionnés par les animaux), on trouve des peuples nouveaux qui ont apporté avec eux leurs erreurs et leurs superstitions, et qui les ont transmises à leurs successeurs ou à leurs voisins. Des dispositions analogues à celles de Moïse, de Solon et des Douze Tables se rencontrent en effet chez les Burgondes et les Alamans[1]. A une autre époque bien plus rapprochée de nous, Guypape raconte qu'en revenant de Bourgogne il vit un porc pendu aux fourches patibulaires de Châlon, et qu'il apprit que cet animal avait été condamné pour avoir tué un enfant[2]. Le siècle de Louis XIV dut voir encore, à Paris même, des aberrations de ce genre, tant il est vrai que la plus grande culture littéraire n'est pas le signe complet de la civili-

---

[1] MICHELET, *Orig. du droit français*, p. 354.

[2] JOUSSE, *Traité de la justice criminelle en France*, t. I, p. VI. — GUYPAPE est mort en 1472.

sation ; il faut de plus un esprit de critique profond, c'est-à-dire l'esprit philosophique, le seul qui soit capable de signaler toutes les erreurs et tous les abus.

Remarquons encore que les institutions bizarres ou absurdes pour une époque, mais très-naturelles pour le temps où elles ont pris naissance, survivent souvent à l'esprit qui les a fait naître ; elles durent parce qu'elles existent ; elles sont maintenues parce qu'elles sont établies. Elles périssent par l'esprit longtemps avant de périr par le corps. Elles font partie d'un édifice qu'on ne veut pas, qu'on ne peut pas ébranler, et dont on laisse debout pour cette raison les parties les moins commodes et les plus inutiles. Qui croirait, par exemple, qu'Athènes, raisonneuse jusqu'à la témérité, jusqu'à l'impiété, ait respecté des procédures absurdes, antérieures à Dracon ? Et cependant l'Ἐπὶ προτανείῳ était un tribunal qui avait mission de juger les événements meurtriers survenus par l'effet de quelque objet inanimé, comme par la chute d'une pierre, d'un arbre[1]. Les objets qui, dirigés par une main inconnue ou par un accident quelconque, avaient occasionné la mort d'un citoyen, étaient transportés hors du territoire par les φυλοβασιλεῖς[2]. La première cause portée à ce tribunal, dont la création remonte à l'époque d'Erechthée, fut celle d'une hache, avec laquelle un prêtre avait donné la mort à un bœuf[3].

Il faut du reste, nous le répétons, se garder de confondre un procès fait à un animal ou à une chose, et une formalité judiciaire ou religieuse destinée soit à confisquer régulièrement l'objet qui a servi d'instrument pour un crime ou qui l'a occasionné fortuitement, soit à inspirer une profonde horreur pour le mal, et à soustraire aux regards du peuple, et surtout des parents et des amis du coupable ou de la victime, des choses propres à rappeler des idées fâcheuses et des sentiments funestes. Il y a quelques années seulement qu'un particulier d'Autun fut tué d'une chute de cheval dans une course publique ; son fils aima mieux faire abattre cet animal que de le vendre. On conçoit qu'il ne pouvait guère le garder, quelque innocente que pût être cette bête. Dira-t-on qu'il y a là une sorte de justice

[1] DÉMOSTH., in Aristocr. — POLYBE, VIII, 10.
[2] ÆSCH., in Ctes. — POLYBE, ibid.
[3] PAUSAN. — ÆLIAN., Var. hist., liv. VIII, 3. — V. ROBINSON, Antiq. gr., t. I, p. 169.

criminelle rendue par le propriétaire contre son cheval? Ce serait abuser des termes.

Jousse pourrait donc bien tomber dans ce défaut lorsqu'il dit qu'on fait quelquefois le procès aux choses inanimées, comme quand on brûle des libelles et autres écrits séditieux; quand on brise des statues ou que l'on rase des châteaux, des forteresses et autres édifices, etc. [1].

Il faut donc reconnaître avec M. Rauter qu'on a mal à propos regardé beaucoup de cas de simple destruction d'un corps de délit comme des exécutions criminelles [2].

Si l'animal qui avait servi à consommer le crime de bestialité devait périr, c'était, on le comprend, par des raisons de moralité publique, et point du tout parce qu'il était coupable. Quand on se décide à donner de la publicité, et une publicité solennelle à de semblables turpitudes, il faut être conséquent.

L'exorcisme dirigé contre les animaux malfaisants porte aussi dans quelques cas le caractère d'un jugement criminel qu'il s'agit d'entendre : c'est la puissance divine qui est invoquée contre eux, alors même que la formule les apostrophe et qu'on les livre pour la forme au bras séculier [3]. Ces formalités ne nous semblent cependant pas complètement exemptes de ridicule, d'absurdité et même de superstition.

Il n'est pas non plus présumable que l'imagination populaire, celle même des premiers législateurs, ne se soit pas laissée emporter au point de concevoir une certaine personnalité dans les animaux, dans les choses (le fétichisme en serait une preuve au besoin), et que la notion de culpabilité n'ait été appliquée directement à des êtres irresponsables [4].

---

[1] JOUSSE, t. 1, p. IV.

[2] *Traité du droit criminel*, t. I, p. 94, note.

[3] LEGENDRE, *Traité de l'opinion*, t. VI, p. 113, en rapporte une de l'official de Troyes, à la date de 1516.

[4] Voir pour les procès faits aux animaux, entre autres ouvrages, un article de M. PEIGNOT, dans les *Mémoires de l'Académie de Dijon*, année 1831, p. 54-77, sur Chasseneuz; — *Journal des savants*, année 1846, p. 640; — DULAURE, *Histoire de Paris*, t. III, p. 57; t. IV, p. 452; t. VII, p. 214; — CIBRARIO, *Della economia politica del medio evo*, t. II, p. 136, qui renvoie à GRIMM, p. 556; — SAINT-EDME, *Dict. de la pénalité*, vº *Animaux;* — BERRIAT-SAINT-PRIX, *Rapport et recherches sur les procès et jugements relatifs aux animaux*, in-8º, Paris, 1829. — M. CHARMA, dans ses *Leçons de logique*, p. 330, renvoie sur ce sujet à SOMMER, *De pœnis brutorum;* à MAYER, *De peccatis et*

Il faut donc un progrès de la raison pour ne pas étendre les notions de devoir et de culpabilité au delà de leur sphère propre, au delà de l'humanité dans ses rapports avec elle-même.

Mais dans l'humanité même, il n'y a que les personnes véritables, les individus, qui puissent être coupables; les personnes morales ne peuvent l'être, parce qu'elles ne sont que fictives, parce qu'elles n'ont de réalité que dans les individus qui les composent. Que de fois cependant des cités, des tribus entières ont été punies pour les fautes de quelques-uns de leurs membres, quoiqu'il n'y eût ni mission donnée par tous ni même assentiment!

Qu'il y ait une sorte de solidarité entre les membres d'une même communauté, pour supporter des injustices venues du dehors, et qui ne sont proprement dirigées contre personne en particulier, qui sont plutôt exercées contre la communauté comme ennemie, cela se conçoit; mais que des peines proprement dites atteignent les innocents comme les coupables, voilà qui est souverainement injuste et barbare, quoique pas sans exemple encore dans les temps modernes. C'est quelque chose, toutefois, de reconnaître les caractères plus que barbares de pareilles vengeances. Le grand mot de *droit de la guerre* ne les justifie pas davantage.

pœnis brutorum; à Schrader, *De simulachris virtutum in brutis animantibus,* etc,

CHAPITRE IV.

De l'imputabilité du délit. — Des excuses péremptoires.

L'homme, et l'homme individuel seul, peut délinquer; mais tout acte matériellement préjudiciable n'est pas pour cela un délit.

Presque partout on distingue, quoique faiblement quand on ne les nomme pas encore de noms spéciaux, le délit matériel et le délit formel ; c'est-à-dire le mal physique et le mal moral, le préjudice occasionné et l'intention de le commettre, le dommage pour celui qui l'endure et la méchanceté dans celui qui le cause.

Partout l'homme ne s'est reconnu coupable, tout en nuisant à l'homme, qu'autant qu'il voulait le mal; toujours il a distingué ses actes volontaires de ses mouvements fortuits. Mais il n'a pas toujours su ni voulu assez fermement appliquer la même distinction aux actes de ses semblables. Souvent des délits involontaires ont été punis comme s'ils avaient été voulus. Celui qui tuait fortuitement un animal sacré était encore puni de mort chez les Égyptiens. Au Japon, le supplice du feu ou de la roue est réservé à l'homicide involontaire[1]. Ailleurs le crime purement matériel était encore regardé comme une souillure, comme une faute contre les dieux, sinon contre les hommes. Les anciens étaient profondément imbus de ce préjugé. OEdipe n'était coupable ni de parricide ni d'inceste, et pourtant il croyait l'être.

On a tellement confondu parfois l'homicide matériel avec l'homicide moral, que l'exécuteur des sentences criminelles, malgré la nécessité, l'utilité et la légalité de ses fonctions, était regardé comme impur. Des cérémonies religieuses étaient nécessaires pour le laver de cette tache. Chez les nègres d'Issini, cet état d'impureté horrible dure trois jours. Pendant cet intervalle l'exécuteur a le droit de courir en furieux et de prendre tout ce qui lui tombe sous la main. Ce qu'il touche est regardé comme aussi impur que lui-même, et personne n'en voudrait. Après la cérémonie de la purification, et par un juste retour au bon sens, les hommes qui ont eu la hardiesse ou la cupidité nécessaires pour encourir cette flétrissure momentanée, se glorifient le reste de leur vie des services qu'ils ont rendus[2].

Le bourreau n'est-il pas encore frappé d'une sorte de réprobation universelle chez les peuples les plus civilisés? Malgré Rousseau et de Maistre, l'opinion n'a pu lui rendre la pureté qu'il est censé avoir perdue, et qu'une cérémonie religieuse a le pouvoir de faire revivre chez des sauvages. Si les sauvages sont plus superstitieux, ne sont-ils pas aussi plus équitables?

A Rome, l'exécuteur se tenait hors des murs[3].

Pour qu'il y ait délit imputable, il faut donc, comme on l'a dit déjà, que l'agent soit une personne, que l'action soit réputée délictueuse par la conscience publique, ou, ce qui vaut mieux encore, par la loi. La loi n'est que l'organe de cette conscience; elle prévient l'arbitraire jusque dans les cas où il paraît le moins à craindre. De cette manière le délit prend un caractère légal nettement déterminé.

Il faut de plus que la personne, agissant avec volonté, soit suffisamment éclairée et suffisamment libre.

[1] DES ESSARTS, *Essai sur l'histoire des tribunaux*, v° *Japon*.
[2] *Hist. générale des voyages*, t. II, p. 443, 444.
[3] PLAUTE, *Pseudolus*, I, 3, v. 97. — CICÉR., *pro Rab.*, V.

L'intelligence manque s'il n'y a pas discernement du bien et du mal moral, comme dans un âge trop tendre, dans l'imbécillité, ou dans l'idiotie, dans l'ivresse complète.

La liberté morale n'existe pas non plus s'il y a défaut d'intelligence, contrainte physique ou morale, nécessité de la défense, etc.

Ces principes sont faciles à poser, mais l'application présente de sérieuses difficultés, dans lesquelles nous devons éviter de nous engager.

Quoique les règles propres à diriger dans l'application ne puissent jamais être assez précises, et qu'elles soient par conséquent d'une utilité médiocre, la reconnaissance légale des principes n'en est pas moins précieuse. C'est au juge à étudier ensuite les faits avec soin et à prendre conseil de sa conscience.

Les jurisconsultes distinguent avec raison les excuses, quant au degré de leur vertu, en *péremptoires* ou justificatives, qui ôtent à l'action tout caractère de culpabilité, et en excuses qui ne font qu'*atténuer* la faute [1].

Ils distinguent de plus les excuses, quant à leur source ou à la nature de leur autorité, suivant qu'elles sont *légales* ou indiquées par la loi, ou qu'elles sont puisées dans l'intime persuasion du juge, dans sa conscience, excuses qu'on pourrait dès lors appeler *morales*.

Toutes les législations qui ont attaché quelque prix à la jus-

---

[1] Mais péremptoires ou non péremptoires, elles tiennent à ces trois circonstances :

1° L'intelligence de l'agent : — ignorance, erreur;

2° La volonté : — délibérée, spontanée.

3° Tout ce qui peut influer sur ces deux choses :

a) Sexe;

b) Age;

c) Condition;

d) État de santé ou de maladie du corps;

e) État de santé ou de maladie de l'esprit (colère, frayeur, émotion en général, ivresse, folie, imbécillité, manie);

f) Motifs de l'action;

g) Misère, aisance, richesse;

h) Provocation ou non provocation;

i) Théâtre du crime (lieu solitaire ou habité; enclos ou libre, domicile);

j) Qualité et état des personnes lésées (parents, bienfaiteurs, maîtres, do-

tice, qui en ont eu le sentiment réfléchi, se sont appliquées à déterminer des cas où le crime purement matériel ne devait pas être atteint ou devait l'être moins fortement.

I. C'est ainsi que la loi romaine distinguait un *âge* au-dessous duquel il n'y avait pas de culpabilité légale, et qu'elle ne reconnaissait qu'une culpabilité moindre passé cet âge jusqu'à celui de la majorité [1].

Si l'Aréopage punit de mort un enfant qui avait crevé les yeux à des cailles, il est permis de penser que des sentences de cette nature n'étaient pas souvent portées, et que l'Aréopage se fût à la longue aperçu, aussi bien que Quintilien qui en fait la réflexion, que cet acte de cruauté n'était cependant pas un indice nécessaire de la perversité future de cet enfant [2].

La loi des Douze Tables, malgré sa dureté, avait au moins vu dans la faiblesse de l'âge une raison d'adoucir les peines [3]. Le Digeste invite à la prendre en sérieuse considération [4]. L'empereur Frédéric II dit aussi que l'enfant, à cause de l'innocence propre à cet âge, ne peut être coupable de meurtre [5].

Les lois des peuples modernes ne pouvaient s'écarter de cette mansuétude obligée. Il en est une cependant qui se montre ici fort sévère, quoique généralement douce : la loi anglaise, dans les délits punis de mort, se fiant à la maxime *malitia supplet ætatem*, frappe le coupable âgé de huit ans révolus [6]. Elle ne

mestiques, supérieurs, inférieurs, jeunes gens ou vieillards, malades ou enfants);

k) Temps (de jour, de nuit, en cas d'absence certaine);

l) Moyens qui ont servi à la perpétration du crime;

m) Manière dont il a été perpétré;

n) Habitude ou non habitude du crime;

o) Nombre, caractère et disposition actuelle des coupables;

p) Degré de perpétration;

q) Conséquences physiques, morales, privées, publiques du crime;

r) Degré de complicité (auteur principal, auteur secondaire, auteur accessoire).

[1] L. 3, D., *De injuriis*; *Instit. de obligat. quæ ex delict. nasc.*, etc.

[2] QUINTILIEN, *Instit. orat.*, V, 9.

[3] Tab. II.

[4] Lib. XXI, tit. 1, l. 23, § 2; lib. XLVIII, tit. 10, l. 22; lib. XLIX, tit. 8, l. 12; lib. L, tit. 17, l. 108; Code, lib. IX, tit. 24, l. 1.

[5] *Constit. sicular.*, lib. I, tit. 13.

[6] BLACKSTONE, II, § 1. — Au reste, la loi apporte souvent des distinctions qui mitigent cette rigueur de principe. Voir *Handbuch des englisch. Straf-*

le punissait autrefois que passé l'âge de douze ou même de quatorze ans. A la vérité elle laisse aux jurés la faculté de décider s'il y a complet discernement et intention vraiment coupable. Mais ces jurés peuvent ne pas user ou mal user de cette faculté. Pourquoi donc la leur accorder? Aussi a-t-on vu des enfants de neuf et dix ans condamnés à mort.

L'ancienne loi française ne voyait pas de coupables avant l'âge de dix ou onze ans, et ne punissait pas de la peine capitale ceux qui n'avaient pas atteint l'âge de puberté. Le Code actuel (art. 66-69) est encore plus indulgent et plus vrai.

C'est moins d'ailleurs par cette juste indulgence pour la faiblesse de l'âge que les législations modernes se distinguent des anciennes, qu'en étendant à tous les crimes le bénéfice qui en résulte. On n'admet plus d'une manière aussi absolue que la méchanceté tient lieu des années. Cette supposition, qu'un grand crime matériel suppose toujours un grand criminel, a subsisté dans les législations modernes jusqu'au dernier siècle. Dès le XIIIe siècle cependant, la loi danoise n'avait pas vu de coupables au-dessous de quinze ans [1].

Du reste, suivant Jousse, les mineurs de vingt ans ne doivent pas non plus être punis aussi sévèrement que s'ils étaient ma-

---

rechts, etc., von HENR. J. STEPHEN, aus dem englisch. ubers, etc., von ERNST. MÜHRY. Goetting., 1843, t. I, p. 7-8.

La loi tartare qui régit la Chine depuis la conquête de ce pays par les Mandchoux, est plus humaine en ce point que la plupart des législations chrétiennes. « Le coupable qui n'a pas plus de quinze ans ni moins de soixante-
» dix, ou qui a perdu un œil ou un de ses membres, pourra se racheter
» d'une peine qui n'est point capitale en payant l'amende établie (elle est si
» peu considérable qu'elle est presque fictive).

» Le coupable qui n'a pas plus de dix ans ni moins de quatre-vingts, ou
» qui est aveugle ou a perdu deux membres, sera recommandé particuliè-
» rement à la commisération de Sa Majesté Impériale, pour la décision de
» son sort lorsque le crime sera capital.

» Dans tous les cas où les personnes ayant les infirmités susdites auront
» volé ou blessé quelqu'un, ce qui n'emporte pas une peine capitale, elles
» s'affranchiront toujours de celle qu'elles ont méritée en payant l'amende
» établie ; dans les cas d'une nature moins grave, elles ne seront nullement
» inquiétées.

» Le coupable qui n'a pas plus de sept ans ni moins de quatre-vingt-dix,
» ne subira de peine en aucun cas. (*Code pénal de la Chine*, traduit du chinois par G. Thom. STAUNTON, et mis en français par RENOUARD DE SAINTE-CROIX, t. I, p. 52-53.

[1] KOLDERUP-ROSENVINGE, *Grundriss*, etc., p. 222.

jeurs, *même dans les délits atroces*, surtout quant leur âge est
peu au-dessus de l'âge de puberté [1]. Il invoque à l'appui de cette
décision plusieurs lois romaines. Mais cette exception en faveur
de l'impubère n'est pas complète, et les lois citées par Jousse
prouvent plutôt contre sa thèse qu'en sa faveur [2]. Muyart de
Vouglans prétend au contraire que les crimes atroces étaient
punis chez les mineurs comme dans les criminels plus âgés, et
il se fonde également sur une disposition du droit romain (l. 7,
Cod. de pœnis) [3].

Quoi qu'il en soit, un fait est certain : c'est que les lois modernes sont plus indulgentes pour l'enfance, pour la jeunesse
même, que les lois anciennes. Ainsi, tandis que la loi romaine
ne voyait d'innocence légale que jusqu'à l'âge de sept ans,
plusieurs lois modernes ont refusé de voir un coupable dans
l'enfant au-dessous de dix ans et même de quatorze [4]. La loi
russe elle-même est entrée dans cette voie [5].

D'autres améliorations que présentent les législations modernes à cet égard, c'est 1° d'avoir reculé l'âge jusqu'auquel la
présomption légale est celle du défaut de discernement, d'avoir
ainsi porté la présomption d'innocence de quatorze à seize et
même à dix-huit ans ; 2° d'avoir réduit la peine dont les mineurs de cet âge et au-dessous pouvaient être atteints. Déjà une
ancienne loi espagnole faisait au juge une obligation de dimi-
nuer la peine due au crime d'un mineur de dix-sept ans [6].

La vieillesse avait aussi trouvé de la pitié chez les anciens,

---

[1] T. II, p. 617.

[2] V. l. 1, § *Impubes* D., *ad S. C. Silan; l. Excipiuntur,* D., *eod. tit.;* D.,
De minorib. XXV ann., l. 1, *in princip.;* D., *De quæstionibus.*

[3] *Lois criminelles de France,* p. 27.

[4] *Code pénal général d'Autriche,* 1re part., art. 2, et 2e part., art. 4. —
Code du Brésil, art. 10, 11. 13 et 18. — *Code de la Louisiane* (projet), art. 29
et 30.

[5] Elle reconnaît que les enfants au-dessous de dix ans ne sont passibles
d'aucune peine, et que les crimes par eux commis ne doivent en rien préju-
dicier à leur avenir. Les enfants de dix à quatorze ans ne peuvent être condamnés ni aux travaux forcés, ni au knout, ni à la plecte (martinet) publiquement administrée. De quatorze à dix-sept ans, ils sont passibles des
travaux forcés, mais ne subissent pas de peines corporelles infamantes. De
onze à quinze ans ils encourent, pour délits de peu d'importance, les verges ;
de quinze à dix-sept, la plecte à la police (la correction). (*La Russie sous Nicolas Ier,* par M. Ivan Golovine, p. 404.)

[6] Gomez, *Tractatus de delictis,* I, 63, vers. *Sed hodie.*

et cette pitié était de la justice. Que le vieillard s'il est coupable soit puni, il le mérite assurément; mais il est des peines peu proportionnées à la faiblesse de ses forces, et qui seraient pour lui ou un supplice ou une peine capitale déguisée. Quant à la peine de mort, sans parler de ce qu'il y a de peu salutaire pour la morale publique à voir monter sur l'échafaud une tête décrépite ou couverte de quelques rares cheveux blancs, il faut convenir que les hommes de cet âge sont peu dangereux pour les sociétés, qu'ils ne doivent pas être longtemps à la charge de l'État, et que si la peine de mort doit se fonder aussi sur la nécessité de la défense et l'intérêt public, ces deux motifs sont ici peu puissants. En Chine l'extrême vieillesse est à l'abri du supplice, comme l'enfance. On fait plus, on épargne en sa faveur un fils criminel, toutes les fois que le pardon ne doit pas être trop préjudiciable à l'État [1].

Il y aurait beaucoup plus à faire encore. Il n'est pas douteux qu'un mineur de plus de seize ans révolus ne possède pas toute la liberté, toute la réflexion de l'âge mûr; il y aurait donc justice à ne pas le punir aussi sévèrement que l'homme fait, lors surtout qu'il s'agit de la peine de mort [2] ou de peines perpétuelles, ou de peines infamantes.

Ne serait-il pas juste aussi qu'il y eût des excuses légales en faveur des sourds-muets [3]? A la vérité, la faveur des circonstances atténuantes ne peut guère manquer aux uns et aux autres; mais il serait mieux que celle de la loi leur fût assurée [4]. La coutume anglo-normande regardait le sourd-muet comme irresponsable, moins peut-être parce qu'il était innocent que parce qu'il ne pouvait être entendu dans sa défense [5]. La même excuse n'existerait plus aujourd'hui, au même degré du moins, surtout pour les sourds-muets qui ont reçu le bienfait de

[1] *Mém. concernant les Chinois,* t. IV, p. 157.

[2] Déjà les Codes de *Parme,* des *États romains* et de *Naples* sont entrés dans cette voie.

[3] Le Code *suédois* l'excuse lorsqu'il n'a pas été capable d'apprécier l'illégalité de l'action.

[4] Voir sur la question de l'âge en droit pénal, un article remarquable de M. Ortolan, *Revue de législation et de jurisprudence,* 1843, t. I, p. 463. — Cf. art. 66-69, 70, 71 C. pén.

[5] Si quis mutus vel surdus natus sit, ut peccata sua confiteri nequeat nec inficiari, emendet pater scelera ipsius. HOUARD, *Traité sur les coutumes anglo-normandes,* etc., 4 vol. in-4°; Paris, 1766, t. I, p. 92. Lois d'Alfred.

l'instruction d'après les méthodes plus ou moins ingénieuses, inventées par le génie de la philanthropie.

II. La *démence* complète a toujours été regardée comme une excuse péremptoire. Mais si le principe est facile à reconnaître, l'application présente des questions de fait et même des questions de droit où l'erreur est très-possible.

On peut d'abord se laisser tromper : la démence peut être feinte, ou exagérée si elle est vraie.

Qu'entendra-t-on d'ailleurs par folie? Les hommes de l'art eux-mêmes ont-ils, à l'heure qu'il est, des idées assez nettes, des faits assez nombreux et assez bien constatés pour que le législateur et le juge puissent marcher avec certitude sur leurs traces? Je n'hésite pas à dire qu'il n'en est rien. Les observations et les raisonnements des médecins et des psychologues sur cette question sont loin d'être satisfaisants. La synonymie des mots destinés à caractériser les différentes maladies de l'esprit accuse déjà l'imperfection des classifications, et peut-être celle des observations et des raisonnements qui leur servent de base. Qu'on lise les travaux des deux Pinel, ceux de Georget, d'Esquirol, de Broussais, de Marc, etc., et l'on ne tardera pas à s'apercevoir que le flambeau de l'analyse intellectuelle n'a pas dissipé chez ces auteurs l'obscurité dont la question fondamentale est enveloppée. Y trouve-t-on, par exemple, des réponses satisfaisantes aux questions qui suivent et qui sont cependant essentielles dans la théorie : — La science de la perturbation des facultés ne suppose-t-elle pas une connaissance préalable de ces facultés dans l'état sain, et quelle est, à cet égard, la théorie de l'âme qui peut être regardée comme la vraie? — Jusqu'à quel point cette théorie brise-t-elle les rapports réguliers et sympathiques des facultés, et comment, dans l'application, remédier à cet inconvénient de l'étude analytique et de ses résultats? — N'y a-t-il pas une folie qu'on pourrait plus particulièrement appeler intellectuelle, et une autre qui mériterait plutôt le nom de morale, attendu que la première atteindrait moins la liberté que l'intelligence, et la seconde, au contraire, moins l'intelligence que la liberté? — Ne faudrait-il pas distinguer encore dans l'aliénation intellectuelle, suivant que ce sont les sens ou le jugement qui sont troublés; suivant que cette perturbation consiste à ne donner aucun résultat intellectuel ou à ne donner qu'un résultat erroné?

— Ce résultat erroné ne peut-il pas être de deux sortes, suivant qu'il n'est que l'altération du vrai ou qu'il est purement chimérique? — Ne faudrait-il pas distinguer aussi l'aberration totale des fonctions intellectuelles, y compris ou non compris l'hallucination dans les perceptions visuelles ou auriculaires, et l'aberration partielle appelée monomanie? — A-t-on bien remarqué s'il n'y a pas des hallucinations relatives aux phénomènes internes comme il y en a par rapport aux phénomènes externes? — Toutes ces aberrations ne peuvent-elles pas varier en étendue comme en degrés, et quelle est la loi de leur formation et de leur développement? — L'intelligence morale, ou plutôt les notions de l'ordre moral, peuvent-elles être perverties toutes seules? — La liberté peut-elle être ravie sans que l'intelligence en souffre, surtout l'intelligence pratique morale? — Ne peut-elle pas l'être pour certains actes seulement, et jusqu'à quel point? — Ce défaut de liberté est-il imputable? — L'est-il toujours, et jusqu'à quel point?

Je pourrais étendre beaucoup les questions de ce genre; questions graves en médecine légale, et que la science n'est pas, il s'en faut bien, en état de résoudre.

Cette ignorance n'est-elle déjà pas une puissante raison de traiter avec ménagement le malheureux qui a perdu l'esprit ou la liberté, et quelquefois l'un et l'autre?

Il y a incontestablement des degrés, en étendue comme en profondeur, dans ces maladies intellectuelles et morales; mais qui les appréciera? Et la conscience du juge ne doit-elle pas fortement appréhender ici de s'égarer soit par trop d'indulgence, soit par trop de sévérité? Mais si le doute existe, n'est-ce pas déjà une raison de mettre plutôt l'erreur du côté de la clémence que du côté de la rigueur?

Quoi qu'il en soit, les jurisconsultes distinguent depuis longtemps, suivant que la folie a précédé le crime ou qu'elle l'a suivi [1].

Dans le premier cas ils distinguent encore, suivant que le crime a été perpétré dans l'état de folie ou dans un intervalle lucide.

Il est clair que si l'état de folie était habituel et notoire avant

---

[1] N'y aurait-il pas lieu de se demander encore si le crime ne serait pas l'effet d'un premier accès?

le délit, la présomption serait que le délit a été commis dans cet état, et que s'il n'y a pas de preuves contraires administrées par celui qui poursuit le délit, l'acquittement doit être déclaré, et qu'il n'y a lieu à l'application d'aucune peine, ni afflictive, ni infamante, ni pécuniaire.

S'il est, au contraire, reconnu que le délit a été commis dans un intervalle lucide, ne faut-il pas distinguer encore, suivant que les intervalles sont plus ou moins sains, plus ou moins rapprochés et plus ou moins longs, et que le délit est plus près ou plus éloigné du moment qui peut être regardé comme le degré le plus parfait de lucidité? N'y a-t-il pas lieu, en tout cas, d'admettre une atténuation dans la culpabilité et par conséquent dans la peine, surtout si les intervalles lucides ne sont ni très-fréquents ni très-longs?

Les monomanies présentent bien d'autres difficultés dans lesquelles nous n'avons, du reste, pas besoin de nous engager. Disons seulement qu'il ne faut pas les admettre légèrement [1]; qu'elles ne se présument point; qu'elles ne peuvent être établies que sur un grand nombre de faits moraux et autres qui concourent à montrer avec la dernière évidence la cécité morale de l'agent ou la fatalité de son action. L'origine morale de cet état, son degré de profondeur, doivent également être pesés; mais en supposant que l'individu atteint de cette affection morale ne fût pas exempt de reproche dans la manière dont il s'y est pour ainsi dire livré ou abandonné, peut-on le rendre complétement responsable d'actes qu'il n'aurait d'abord pas prévus, ou qu'il aurait prévus, mais qu'il aurait constamment cherché à éviter, jusqu'à ce que, emporté dans ses mouvements, à peu près comme l'hydrophobe, il exécute machinalement un acte dont l'idée fixe l'obsède, le tyrannise? Tel n'est point notre avis, alors même qu'à la fin l'horreur de cet acte aurait fini par disparaître, et que le désir en serait devenu frénétique. Cette frénésie même est une partie de la maladie.

La manie homicide peut bien être sans doute le résultat d'un désir coupable longtemps fomenté dans le secret de la conscience, et nul meurtre n'aurait alors été plus coupable dans le principe.

Mais faut-il punir les désirs, les actes intérieurs, occasion-

---

[1] V. sur ce sujet M. Élias Regnault, *De la compétence des médecins*, etc.

uels, éloignés, ou se borner à ceux qui sont médiatement (mais avec idée de la possibilité, de la probabilité même des actes) ou immédiatement voulus? Nous sommes de ce dernier avis, parce qu'on n'est responsable que de ce qu'on prévoit, de ce qu'on veut avec connaissance directement ou indirectement; parce que le contraire mettrait le législateur et le juge dans le danger imminent de faire entrer dans le droit la morale et une morale trop sévère; parce qu'enfin il y a quelque chose de trop inconnu aux hommes dans ces rapports des inclinations, des désirs, etc., avec les actions.

Ne faut-il pas tenir compte aussi d'une autre origine quelquefois possible de la manie homicide, par exemple, de l'infanticide? L'idée de tuer un enfant se présente à une mère; elle en est épouvantée et violemment affectée; elle la rejettera avec horreur : mais cette idée se représentera de nouveau; l'horreur sera la même; l'idée finira par devenir une obsession; l'imagination sera subjuguée; une sorte de fascination intérieure en sera la conséquence; la liberté disparaîtra presque complétement, et le meurtre sera consommé.

S'il y a là cause prochaine ou éloignée, n'y a-t-il pas aussi maladie, malheur à un très-haut degré? Et le *maximum* de la peine ne serait-il pas trop dur?

Que dire enfin du fanatisme? faut-il le punir comme si le jugement était sain? Nous ne le pensons pas; et cela, lors même que l'erreur serait imputable à beaucoup d'égards.

Les criminalistes distinguent encore les temps où la folie, postérieure au délit, vient à éclater. Est-ce avant l'instruction, pendant, après; avant le jugement, après le jugement? — On comprend toute l'importance de ces distinctions.

En général on ne peut punir qu'un coupable, et nul ne l'est qu'après jugement. D'un autre côté, il n'y a de jugement possible qu'après instruction, débats, et par conséquent défense. Si tous ces actes de la procédure criminelle ne peuvent pas avoir lieu, il n'y a pas de condamnation possible. Ils peuvent être suspendus et repris dans les intervalles lucides, cela est vrai; mais cela est rigoureux, et pas sans péril pour l'innocence ou la santé intellectuelle du prévenu ou de l'accusé. Le mieux, le plus humain et le plus sûr, serait donc d'attendre une complète guérison. Resterait à savoir quand elle serait censée l'être. C'est une présomption qu'il serait facile d'établir d'après la nature et la marche ordinaire de la maladie. Les hommes de l'art pourraient d'ailleurs être consultés.

Si l'action publique ou la peine devait être prescrite, il n'y aurait pas même en cela dérogation aux principes, puisque le droit romain admettait avec raison que le fou est assez puni par sa folie même : *furiosus furore ipso punitur.*

Mais si le condamné a recouvré son bon sens avant la prescription de la peine, nul doute que la peine ne puisse être infligée, même la peine de mort. Il y aurait cependant de la rigueur à profiter d'un moment lucide pour infliger la peine capitale, et il y aurait de la barbarie à exécuter un homme en démence, comme le voulait Rousseau de la Combe pour le crime de lèse-majesté [1]. Quel effet moral attendrait-on d'ailleurs d'une semblable exécution? La pitié seule s'emparerait du public; ou, s'il devait être saisi d'un autre sentiment, l'indignation ne laisserait rien à faire à la terreur.

Les législations anciennes et les modernes ont eu pour la démence à peu près la même équité [2], mais l'humanité n'a pas été partout la même. De plus, on ne s'est pas toujours fait la même idée de la démence, particulièrement de cette démence partielle admise sous le nom de monomanie, démence que la science médicale de nos jours reconnaît, et qui est admise à faire valoir son droit dans la pratique judiciaire. La folie est donc mieux comprise maintenant qu'autrefois, malgré tout ce qui reste encore à connaître pour avoir complétement tiré le voile qui recouvre cette affliction.

A une époque où les peines étaient arbitraires, le juge, comme aujourd'hui le jury dans les pays où cette institution existe, pouvait apprécier toutes les circonstances propres à réduire la culpabilité, et par conséquent la folie.

Les anciens criminalistes avaient aussi voulu qu'en cas de doute la présomption fût en faveur de l'accusé [3]. Mais on était

---

[1] Et comme l'ordonna le sanguinaire Henri VIII, dont le statut fut d'ailleurs rapporté par les statuts 1 et 2 de Philippe et de Marie, c. 10. V. BLACKSTONE, *Code crim. d'Angl.*, t. I, p. 21.

[2] L. 3, § 1, D., *De injuriis et fam. lib.; constit. sicul.*, I, 13; — *Cod. pruss.*, art. 16 et 18; — *Cod. pén. d'Autr.*, art. 2, §§ 1, 2; — *Cod. ang.* — J. STEPHEN, *Summary of the crim. law*, c. 2, p. 8, t. I, édit. allem. — Les *Codes des États-Unis; — Code de Naples*, Des peines et des règles, art. 61; — *Cod. Brésil.*, tit. 1, art. 3; — *Cod. pén. fr.*, art. 64.

[3] FARINACIUS, *quæst.* 98, n° 3.

loin de voir une affection mentale partout où elle existe réellement. La médecine moderne, par ses observations et ses ana-
lyses, tend donc très-manifestement à rendre l'appréciation des
délits plus équitable, en faisant ressortir tous les jours davantage l'immense variété des aliénations, et leurs nombreux
degrés [1].

III. Parmi les excuses péremptoires ou faits justificatifs, les
anciens jurisconsultes plaçaient aussi le somnambulisme : *dor-
miens furioso œquiparatur* [2]. La loi romaine compare le fou à
un homme qui est enseveli dans le sommeil [3]; mais comparait-
elle le somnambule à l'homme en démence ou à celui qui dort
d'un sommeil tranquille? C'est ce que nous ne voyons pas.

Charlemagne, dans ses capitulaires, a résolu la question af-
firmativement : le somnambule homicide n'encourait aucune
irrégularité; il était assimilé à l'enfant et à l'homme en démence [4].

A la vérité, l'ancienne jurisprudence distinguait : si le somnambule connaissait son état, et qu'il ne se fût pas mis dans
l'impossibilité d'exécuter un crime en se faisant surveiller, il
en était responsable. Il l'était également s'il ratifiait son action
criminelle dans l'état de veille. Cette seconde hypothèse ne
souffre aucune difficulté. Mais la première n'est soutenable
qu'exceptionnellement, c'est-à-dire pour le cas où le somnambule se croirait exposé au péril prochain de commettre un dé-

---

[1] V. les traités de médecine légale : ESQUIROL, GEORGET, ORFILA, GUISLAIN
(Hollandais), STADE (Anglais). SEDILLOT, dans son *Manuel*, p. 97-119, regarde
les passions violentes comme des états de folie. — PACKBUSCHIUS, J. F., *De
homicida delirante ejusque criteriis et poena*, Lips. 1723 ; MITTERMAIER, *De
alienationibus mentis, oratio dicta Heidelbergæ*, 1825 ; HENKE, dissertation
insérée dans le journal (*Zeitschrift*); de HITZIG, n° 10, p. 394; HOWITZ, *Om
affindighed og tilzegnelse*, et *Bidrag til psycologiæ og retslaeren* dans le
Juridisk Tidskrift d'OERSTED, vol. VIII, n° 1, 1824; et surtout, SCHLEGEL,
l'*Encyclopédie du droit public*, en danois, où se trouve une dissertation sur
ce sujet, p. 549, vol. de 1825. On trouve d'autres indications bibliographi-
ques précieuses sur ce sujet comme sur toutes les parties du droit criminel,
dans J. M. F. BIRBAUM, *De peculiari ætatis nostræ jus criminale reformandi
studio*, etc. Lovan. 1828. Nous ne parlons pas des *Archives du droit criminel*
(en allem.) de M. MITTERMAIER, ouvrage le plus riche en documents de ce
genre, qui existe.

[2] FARIN., *quæst*. 98, n° 70; JUL. CLAR., q. 60, n° 13.

[3] L. 2, § 3, *De jure codic.*; l. 1, § 3, *De acq. vel amitt. possess.*

[4] *Cap. si furiosus.* Extr. *de homicid. vol. vel casu.*

lit, et où il pourrait prendre les précautions nécessaires pour s'en garantir. Mais outre qu'un somnambule n'est pas toujours un grand seigneur qui puisse avoir à côté de lui un valet de chambre pour épier tous ses mouvements et l'éveiller, ne peut-il pas arriver que le crime soit conçu et commis pendant l'état de somnambulisme, soit volontairement, soit par accident?

Or la volonté du somnambule est-elle imputable à l'homme éveillé? Telle est la question. Il semblerait, d'après les observations modernes sur l'état de somnambulisme, sur ses affinités avec le sommeil magnétique, que les phénomènes de l'état de veille et ceux de l'état de sommeil forment comme deux courants distincts, parallèles, qui peuvent être fort différents l'un de l'autre, et entre lesquels la mémoire n'établit point de liens, à la différence des rêves dans l'état de sommeil ordinaire. S'il en était ainsi, comme tout porte à le penser, on ne pourrait punir dans l'homme éveillé les crimes commis par le somnambule.

Mais on comprend aussi combien l'application d'un pareil principe est délicate, et combien il serait difficile de prouver qu'un criminel n'était pas dans l'état de somnambulisme. Quels témoignages invoquer? Ceux de la famille, des amis? Mais ils seront favorables ou nuls. Pourra-t-on d'ailleurs les invoquer à un autre titre qu'à celui de renseignements, et que déciderait-on sur des preuves aussi faibles?

Ce serait donc au prévenu de prouver qu'il était dans un état de somnambulisme. Il peut l'affirmer; mais comment le prouvera-t-il, à moins que la notoriété publique ne puisse établir qu'il est sujet à cette espèce d'infirmité? Mais encore, n'a-t-il pas pu concevoir et commettre son crime en simulant son état habituel?

On comprend, en présence de difficultés aussi sérieuses, 1º que le Code pénal français n'ait pas voulu établir une présomption en faveur du coupable à l'état de somnambulisme; 2º qu'il ait gardé à ce sujet un silence complet, puisque, en tout cas, le prévenu qui se prétend somnambule est tenu de prouver qu'il était dans cet état au moment où il a commis le crime.

En supposant encore qu'il n'y ait point de relation, en vertu de la mémoire, des états de somnambulisme aux états de veille, n'y en a-t-il pas d'autres qui tiennent des idées, des senti-

ments, des passions, et qui permettent de regarder le criminel
somnambule comme participant aux sentiments qu'il éprouve
dans l'état de veille, et par conséquent comme continuant jusqu'à un certain point cet état même? En d'autres termes, il est
possible qu'on ne sache pas dans l'état de veille ce qui se passe
dans l'état de somnambulisme; mais la réciprocité n'est pas
probable : il est reconnu en psychologie que l'imagination,
dans les songes en général même, n'invente aucune perception;
qu'elle reproduit, modifie, combine seulement les perceptions
de la veille. La vie intellectuelle du somnambule ne peut donc
être encore que la vie intellectuelle du même homme à l'état de
veille, avec des modifications plus ou moins considérables. Qui
croira, par exemple, qu'un individu qui aurait un ennemi auquel il en voudrait à mort, serait aussi peu coupable s'il venait
à le tuer dans l'état de somnambulisme que s'il ne l'avait jamais connu, que s'il en ignorait la demeure, etc.?

Tout ce qu'on pourrait dire à sa décharge, c'est qu'il n'a pas
joui de toute sa liberté, et qu'il a droit à quelque indulgence.

IV. Montesquieu a très-bien remarqué que l'usage des bois-
sons enivrantes n'est pas également impérieux ni également
dangereux partout, et que si la loi punit l'ivrognerie, ou même
l'ivresse volontaire, il y a des raisons pour que la peine varie
avec les climats et les usages des pays.

Il y en a aussi pour qu'elle sévisse tantôt plus, tantôt moins
sévèrement dans le même pays. On est plus répréhensible de
s'enivrer si l'on peut compromettre dans cet état d'autres intérêts que les siens propres, surtout lorsqu'on a sollicité des
fonctions qui rendent responsables à un plus haut degré de la
gestion des affaires d'autrui. Il ne faut donc pas trop s'étonner
si le plus léger soupçon d'intempérance était un obstacle suffisant à l'admission d'un archonte au sein de l'Aréopage, et si un
autre archonte surpris en public dans un état d'ivresse fut condamné à mort[1]; mais la peine fut trop forte.

Toutefois, l'ivresse n'est qu'une faute contre la morale, et
qu'une occasion proprement dite de délit plutôt qu'un délit par
elle-même. Elle n'est donc passible tout au plus que d'une peine
de simple police.

Les anciens jurisconsultes n'étaient pas d'accord sur la ques-

---

[1] ATHÉN., lib. XIV; *Ib.*, X ; PLUTARQUE, *Vie de Solon.*

tion de savoir si l'ivresse devait excuser ou ne pas excuser. Des philosophes mêmes, tels qu'Aristote, précédé en cela par Pittacus, roi de Corinthe, et suivi des législateurs et des criminalistes modernes, sont allés jusqu'à dire qu'il y avait une double culpabilité dans le délit commis en état d'ivresse : le tort de s'être mis dans cet état, celui par conséquent d'avoir voulu implicitement l'acte coupable qui en a été la suite, et le tort de l'avoir réellement commis.

C'est là une décision qui ne serait pas même juste au point de vue purement moral; il est certain que celui qui s'enivre sans avoir l'intention de commettre un crime, et qui a cependant le malheur de le faire après avoir perdu le sens, est à peine coupable de s'y être exposé sans l'avoir prévu ni voulu ; autrement il faudrait punir l'ivresse de tous les crimes possibles commis dans cet état.

La loi romaine, qui voyait dans l'ivresse une circonstance atténuante[1], était donc plus raisonnable que l'édit de Charles-Quint[2], qui punissait le délit d'un homme pris de vin à double titre, comme le voulaient Aristote et Balde.

François Ier fut aussi très-sévère contre l'ivresse[3], en décidant que si quelqu'un commet un crime dans cet état, il sera puni de la peine due au délit, et de plus, pour raison de l'ivresse, à l'arbitrage[4] du juge[5].

Suivant cette même ordonnance, l'ivresse qui n'était suivie d'aucun autre délit était punie pour elle-même, non plus alors à l'arbitrage du juge, mais de peines déterminées par l'ordonnance[6].

---

[1] L. 6, § Qui se vulner., D., De re militari; L. 2, D., De pœnis; L. 12, Cod., De custod. et exh. reor.

[2] An 1531; DAMHOUDERIUS, Prat. crim., c. 84, n° 20.

[3] Ord. du 31 août 1536, c. 3, art. 1.

[4] A l'imitation des criminalistes du XVII° et du XVIII° siècle, on pourrait conserver au mot arbitrage le sens d'estimation consciencieuse ou de pouvoir discrétionnaire du juge, alors même qu'il n'est pas question de prononcer entre des intérêts opposés ou en matière de police. Le mot arbitraire est peu propre à rendre cette idée.

[5] FILANGIERI, qui est loin d'être cruel, veut aussi que le crime commis dans l'ivresse soit doublement puni, liv. III, part. 5, c. 13, Scienza della legisl.

[6] « Quiconque sera trouvé yvre soit incontinent constitué et retenu prisonnier au pain sec et à l'eau pour la première fois; et si secondement il est repris, sera, outre ce que devant, battu de verges ou fouet par la prison, et

En Angleterre, l'ivresse est frappée de l'amende; s'il y a délit commis dans cet état, le crime n'en est qu'aggravé. Un
homme ivre, dit Ed. Coke, est un démon volontaire qui est
responsable de tout le mal qu'il peut faire dans la chaleur du vin[1].

La loi romaine était donc plus sage que ces lois modernes.
Aussi y est-on revenu. Le Code autrichien décide que « nulle
action ou omission ne constitue un délit..... quand l'auteur est
en état de pleine ivresse, à moins qu'il ne s'y soit mis dans
l'intention directe de commettre le délit, ou s'il est en proie à
d'autres perturbations des sens pendant lesquelles il n'est pas
maître de son action [2]. »

Cette exception, prévue déjà par les anciens jurisconsultes
me semble peu rationnelle dans la manière de la concevoir :
on suppose, d'une part, que l'ivresse est complète, et, d'autre
part, que la présence d'esprit est assez grande pour que le projet conçu avant l'ivresse persiste dans l'esprit et soit suivi d'exécution. L'hypothèse ne serait pas quelque peu contradictoire,
que l'exception nous paraîtrait assez mal fondée, par la raison
que l'homme qui n'en est encore qu'à s'enivrer, et qui veut le
faire au point de perdre la raison, ne fait que concevoir et
préparer un crime; il n'en commence pas encore l'exécution.
De plus, il s'y prépare de manière à l'oublier ou à le manquer,
de manière à ne pas l'exécuter. Si donc il y a ivresse *volontaire*
et *complète*, et que le crime ait lieu, qu'il soit consommé, ou
manqué, ou interrompu, l'auteur d'un pareil attentat ou d'un
pareil crime ne devrait encore être puni, si d'ailleurs il pouvait
l'être à ce titre, que comme ayant conçu et préparé le crime.

---

la tierce fois fustigé publiquement; et s'il est incorrigible, il sera puni d'amputation d'aureille, d'infamie et de bannissement de sa personne. Et si est
par après commandé aux juges, chacun en son territoire et distreict d'y
regarder diligemment. » V. *Théor. du Code pén.*, t. I, p. 514, par MM. CHAU-
VEAU et HÉLIE.

[1] *Code crim. d'Angl.*, BLACKST., t. I, p. 22; J. STEPH., *Summary of the
criminal Law*, 1834, t. I, p. 10, de la traduct. allem. que nous suivrons.
L'ivresse est punie d'une amende par la loi suédoise, *Rev. de législ.* de
M. FOELIX, t. I, p. 334. Elle l'est également, et d'une amende assez forte,
dans les cantons d'Uri et d'Underwald. On y punit aussi de la même peine
ceux qui engagent d'autres à boire avec excès, et les aubergistes où l'on s'est
enivré, *ib.* II, 90. En Russie, celui qui est surpris en état d'ivresse est condamné à l'amende et à balayer les rues (IVAN GOLOVINE, *La Russie sous
Nicolas Ier*).

[2] *Code autr.*, part. I, sect. 1, ch. 1, art. 2, traduct. de M. FOUCHER.

S'il a fait quelque chose de plus, on reconnaît, par l'hypothèse, que c'est dans un état de complète ivresse ; il n'y a donc pas délit intentionnel en ce cas, mais simplement délit matériel.

Reconnaissons que les criminels qui s'enivrent avant de commettre un attentat, le font bien plus pour s'enhardir et s'étourdir sur le danger, pour se prévaloir plus tard de leur état comme d'une excuse, que pour se mettre dans l'impossibilité d'exécuter leur dessein. Ils auraient tout à perdre à pousser trop loin leur état d'ivresse, puisqu'ils s'exposeraient sans chances de succès ni de salut. Ils n'auraient, au contraire, rien de mieux à faire s'ils voulaient se distraire de l'idée de la tentation du crime ; ce serait un moyen de se mettre hors d'état de l'entreprendre, d'y penser même.

Si l'ivresse n'est pas complète, si elle n'est portée qu'au degré propre à donner le courage et les forces nécessaires pour échapper à la faiblesse ou à l'émotion qui accompagnerait l'état ordinaire, alors seulement l'exception présente un sens ; alors le coupable est passible de toute la peine si d'autres circonstances ne militent pas en sa faveur. Alors encore, Aristote[1], Quintilien[2], les lois de Charles-Quint, de François Ier, les statuts de l'Angleterre, le Code pénal autrichien dans son exception et celui de la Géorgie ont raison, en ce sens seulement que la peine doit être la même que si l'ivresse volontaire n'eût pas eu lieu ; mais ont tort ceux qui veulent que cette peine soit plus forte, ou qui ne veulent appliquer la même peine que pour les délits atroces[3].

Ceux qui tiennent pour cette dernière distinction s'écartent encore du vrai lorsque l'ivresse est involontaire et incomplète, surtout lorsqu'elle est occasionnée accidentellement, par surprise[4], et qu'elle est même exploitée dans un but coupable. Il est clair qu'alors les circonstances atténuent la faute. Et cette atténuation est indépendante de la nature du crime ; elle tient uniquement à l'état de l'agent, quoi qu'il puisse faire d'ailleurs.

L'ivresse ne peut donc être un motif d'excuse que dans les cas où elle serait volontaire ou complète ; dans le cas où, sans être complète, elle aura été volontaire encore, mais sans pré-

---

[1] *Ethic.*, I, 34.
[2] *Inst. or.*, VII, 1.
[3] Muy. de Vougl., p. 15.
[4] Comme l'a prévu le *Code de Géorgie*, 1re div., sect. 9.

méditation du crime commis. S'il y a habitude du crime dans l'état d'ivresse, cet état volontaire est moins excusable, si toutefois l'habitude même des spiritueux, la tyrannie de cette habitude, la perte progressive de la force intellectuelle nécessaire pour y résister, ne forment pas une compensation suffisante avec ce qu'il y a d'aggravant dans cette circonstance.

Quoi qu'il en soit, le Code brésilien veut, pour qu'il y ait circonstance atténuante dans l'ivresse, « 1° que le délinquant n'ait pas, avant de s'être mis en cet état, formé le projet du crime; 2° qu'il ne s'y soit pas mis pour s'animer dans la perpétration du crime; 3° que, plongé dans l'ivresse, il n'ait pas l'habitude de commettre des crimes [1]. »

Il est des positions où l'ivresse peut être regardée comme une contravention, à cause des dangers auxquels elle expose, par exemple chez les marins. Des lois spéciales peuvent donc punir justement l'ivresse dans les cas prévus, comme l'a fait la loi française du 22 août 1790 [2].

Le fait de l'ivresse, la manière dont elle a été occasionnée, son degré, son influence, tout cela rentre dans l'appréciation des faits.

Mais c'est à celui qui allègue l'ivresse, comme dans toutes les autres excuses, à la prouver. Il n'y a d'exception que pour les cas où la présomption naturelle est contraire, par exemple s'il s'agit d'un crime commis par un homme notoirement connu pour aliéné.

V. La *contrainte* physique, qui fait de notre corps, de nos membres, malgré tous les efforts de résistance dont nous sommes capables, un instrument de délit, nous met à l'abri de toute responsabilité; il n'y a pas d'action libre de notre part. Nous avons, au contraire, employé toutes nos forces à prévenir le délit; nous ne sommes donc pas plus coupables en ce cas que celui qui cherche à l'empêcher sans en être l'instrument.

Mais il est rare qu'un malfaiteur se serve ainsi d'un bras étranger pour commettre un crime : ce serait de la force dépensée en pure perte, une chance d'insuccès et de châtiment de plus.

La contrainte morale est beaucoup plus ordinaire; elle

[1] Trad. de M. FOUCHER, p. 12.
[2] Art. 18.

s'exerce sur la volonté par la crainte, l'autorité ou le respect, par l'imminence d'un grand péril. De là ce qu'on appelle *jus necessitatis.*

En morale, on reconnaît que la crainte, si grande qu'elle puisse être, n'est pas un motif suffisant pour faire le mal. Il faut convenir que le droit strict n'a pas un autre principe, et que l'injustice ne perd rien de son caractère pour avoir été commise sous l'empire d'un grand et puissant danger.

Toutefois, les législateurs, prenant en considération la faiblesse de la plupart des hommes, ont été généralement d'avis que si la crainte est de nature à ébranler un grand courage, s'il s'agit d'échapper par un délit à un grand mal physique ou moral, comme à la perte de la vie, de la liberté, d'un membre, à celle de l'honneur et quelquefois des biens, il peut y avoir excuse complète ou partielle. Mais il faut que le péril soit en outre très-pressant, qu'il ne puisse être évité d'aucune manière légitime, soit en y opposant la résistance personnelle, soit en invoquant l'appui d'une force étrangère, soit en différant l'exécution [1].

S'il s'agissait de commettre un meurtre commandé sous peine de la vie, mieux vaudrait déjà, toutes choses d'ailleurs égales, frapper celui qui imposerait un pareil crime que de porter une main homicide sur un innocent [2], à moins que celui qui commande le crime ne soit un personnage d'une très-grande utilité pour l'État.

C'est à celui qui allègue la contrainte à la prouver. Néanmoins il peut n'avoir aucun témoignage à produire. Dans ce cas, les juges doivent examiner attentivement les faits, et voir si des présomptions suffisantes ne permettent pas d'user d'indulgence. L'ordonnance de Charles-Quint, article 143, trace à cet égard des règles fort sages [3].

Notre ancienne jurisprudence n'admettait pas en principe d'excuse péremptoire tirée de la contrainte en cas d'homicide;

---

[1] L. 184, D., *De reg. jur.; L.* 5, D., *Quod metus causa gest.; L.* 6, *eod. tit.; L.* 13, C., *De transact.; L. Si quis,* 49, § *fin.,* D., *ad. leg. Aq.; L.* 9, C., *De his quæ vi, metu,* etc.; L. 45, § 4, D., *ad. leg. Aq.; L.* 4, § 1; L. 5, D. *ad. leg. Aq.; L. Scientiam,* 45, § *penult. ad. leg. Aq.; L.* 4, D., *De vi et vi armata.*

[2] C'est aussi l'avis de BLACKSTONE, *Comm.,* t. I, p. 25.

[3] V. MUY. DE VOUGL., p. 33.

mais si la contrainte était suffisamment établie, et qu'elle eût d'ailleurs les caractères voulus pour excuser, le prince accordait des lettres de grâce[1].

Notre Code pénal ne prend pas ce détour; la contrainte est une excuse péremptoire[2].

La plupart des législations modernes ne sont pas moins positives à cet égard[3]; elles indiquent les circonstances qui donnent à la contrainte le caractère d'excuse légale. — Il est juste de ne pas s'en tenir au point du vue absolu ou abstrait, qui paraît avoir été le seul des anciennes lois. Il faut aussi faire la part du sexe, du caractère, en un mot des dispositions particulières du sujet soumis à la crainte. On peut donc justement regarder l'article 1112, alinéa 2 du Code Napoléon, comme une explication de l'article 64 du Code pénal français.

On doit aussi comparer la nature du délit commis, son degré de mal, avec la nature et le degré du mal que l'agent a voulu éviter. Cette comparaison est très-importante. Elle a pu conduire l'agent à l'idée, et peut-être à l'intention de réparer facilement un plus petit mal pour en éviter un plus grand. Elle peut aussi donner au délit un caractère extraordinaire de gravité, par exemple si sous le prétexte qu'un gentilhomme ou un militaire ne peut prendre la fuite sans se déshonorer, l'un et l'autre étaient plus excusables de céder à une sorte de crainte en devenant criminels, que d'en braver une autre pour échapper au péril en restant innocents. Nous ne pouvons donc accepter l'avis d'un ancien criminaliste sur cette alternative[4] : Si l'on voulait rendre le militaire et le gentilhomme esclaves d'un devoir, il eût été mieux de les soumettre à la justice au péril de leur vie propre, qu'à l'opinion au péril de la vie d'autrui.

Les nécessités et les devoirs du service militaire ont fait demander si le soldat ne devait pas exécuter passivement, aveuglément, les ordres de son chef, quels qu'ils pussent être, sauf à faire retomber sur celui-ci toute la responsabilité légale et morale.

Il y a une sorte de fanatisme à prétendre que le principe de l'obéissance hiérarchique ne peut jamais avoir d'exception. Il

---

[1] *Ib.*, p. 84. V. aussi JOUSSE, t. II, p. 625-627.
[2] Art. 64.
[3] Telles sont les lois de l'Angleterre, de l'Autriche, des États-Unis.
[4] MUY. DE VOUGL., p. 33.

est des cas si évidemment immoraux ou injustes, que l'ordre, fût-il donné par un ange, devrait plutôt passer pour un rêve ou une hallucination que d'entraîner au mépris de la conscience. Un chef militaire peut d'ailleurs sortir de ses attributions, s'écarter à un tel point de la ligne de ses devoirs qu'il soit manifestement ou un insensé, ou un scélérat, ou un traître. Il y a donc une limite à l'obéissance militaire la plus absolue : c'est celle qui entraînerait une infraction évidente à la loi, que l'autorité militaire a mission de faire respecter en s'y soumettant elle-même d'une manière exemplaire. La décision de Grotius, de Benjamin Constant, de Rossi et autres, qui ne veulent point d'obéissance passive sans exception, nous semble donc préférable à celle de saint Augustin, qui soutient le contraire [1].

Il faut décider la même chose, et à plus forte raison, à cause de la supériorité des lumières dans les inférieurs et d'un degré d'obéissance moins nécessaire, dans les rapports de l'autorité civile ou religieuse avec les subordonnés [2].

Cependant, comme la loi ne peut ni conspirer ni délirer, et comme il importe encore plus qu'elle ne puisse être jugée par les citoyens que par les magistrats, nul ne peut être coupable *juridiquement* en faisant ce qu'elle ordonne. Il n'en est pas de même au point de vue moral. Toutefois, l'immoralité de la loi ne se présume pas; c'est le contraire.

Les ordonnances des princes qui ne possèdent pas à eux seuls le pouvoir législatif, les arrêtés administratifs, les jugements des tribunaux doivent aussi être présumés moralement justes, et l'on doit être juridiquement irréprochable en s'y soumettant.

Plus l'autorité descend, plus elle s'affaiblit, parce qu'en descendant elle est exposée à perdre de plus en plus de ses lumières et de son impartialité. Les intérêts qu'elle protége, les droits qu'elle fait valoir vont aussi en s'amoindrissant. Voilà pourquoi les abus de l'autorité paternelle, maritale, dominicale, sont des excuses moins puissantes que ceux du chef militaire ou du souverain. Cela est particulièrement vrai de l'autorité du maître;

---

[1] V. Grot., *Du droit de la guerre*, etc., liv. II, c. 16, § 4; Benjamin Constant, *Cours de politique constitutionnelle*; Rossi, *Traité de droit pénal.*

[2] C'est sans doute pour cette raison que la loi anglaise est très-indulgente pour la femme qui délinque sous les yeux de son mari. (J. Stephen, *Summary of the criminal Law*, t. I, p. 11.)

le serviteur des pays civilisés n'est plus l'esclave des temps et
des pays barbares; le pouvoir dominical d'aujourd'hui n'a rien
qui ressemble au pouvoir des sociétés à esclaves. Un domestique ne peut donc guère plus qu'un étranger alléguer la contrainte morale de la part de ses maîtres.

Sous le régime féodal, un statut de Casimir le Grand, roi de
Pologne, avait décidé que nul ne pourrait alléguer l'ordre de
son seigneur pour se justifier d'un crime [1].

En cas de doute de la part de l'inférieur, du subordonné, la
présomption doit être que les ordres du supérieur sont légitimes, et Barbeyrac a justement redressé Grotius en cet endroit.

A une époque, ou bien dans les pays où l'autorité paternelle,
maritale, hérile, seigneuriale, etc., a un caractère d'omnipo-
tence et de brutalité qu'elle ne possède plus partout où la personnalité humaine est comptée pour quelque chose, l'excuse
doit être difficilement admise. Il faut aussi tenir compte des
âges, de l'instruction, du rang relatif, en un mot de tout ce qui
est propre à rendre la volonté de celui qui commande plus im-
posante pour celui qui obéit. Ces considérations expliquent
suffisamment la trop grande facilité avec laquelle les anciens
rejetaient complétement la faute des enfants sur les parents qui
l'avaient commandée, celle des femmes sur les maris, celle des
esclaves sur les maîtres. Ce n'était qu'une manière de réparer
un peu l'extrême sévérité, l'injustice même de la constitution
de la famille et celle de la société.

Il ne faut pas confondre la contrainte physique, telle que nous
l'avons définie au commencement de ce paragraphe, avec la *force
majeure*, qui est exercée par les choses inanimées ou par les
êtres vivants. L'acte de l'homme peut s'y trouver mêlé; mais
si l'intention de nuire ne s'y rencontre pas, en vain cet acte
est dommageable, il n'est passible d'aucune peine, excepté
d'une peine de police, s'il y a imprudence. La réparation du
préjudice n'est pas une peine proprement dite.

On ne peut comparer l'extrême besoin de manger, de se
vêtir, à un cas de force majeure ou de contrainte; tout ici est
interne et personnel. Celui qui, pressé par des besoins de cette
nature, commet un vol, peut-être plus ou moins excusable,
mais il n'est pas innocent [2].

[1] *Statut Vislica* de 1347.
[2] Le Code *suédois* déclare innocent celui qui, pour éviter un grand dan-

Puffendorf et Grotius ont donc confondu la morale avec le droit, en décidant qu'il y avait ici excuse juridique. La raison qu'ils en donnent, celle d'un retour forcé en pareil cas à la communauté primitive, n'est qu'une vaine fiction. En supposant qu'on ait jamais été en communauté, on en est sorti ; et chacun a d'abord reçu ce qui lui revenait. Il n'y a donc pas eu de réserve conditionnelle possible sur la part d'autrui. Cicéron, comme l'observe Blackstone, avait plus de sentiment du droit, lorsqu'il décidait que chacun doit supporter ses malheurs plutôt que de porter atteinte au bien-être d'autrui[1]. Ce n'est là que du droit, et la loi anglaise l'a formellement reconnu[2] ; ce qui n'empêche point d'admettre des circonstances atténuantes en pareil cas[3].

VI. Au nombre des excuses péremptoires doit figurer aussi la nécessaire et légitime défense de soi-même et d'autrui[4]. Elle est nécessaire lorsqu'on ne peut recourir à la force publique ou à une force étrangère quelconque pour repousser la violence. Elle est légitime lorsqu'elle est proportionnée à l'attaque ; elle l'est encore par cela seul qu'elle est motivée par la nécessité.

La défense de soi-même et d'autrui est sujette aux mêmes conditions, pour excuser un délit qu'elle aurait rendu nécessaire, que celles qui sont exigées dans le cas où le délit a été commis sous l'influence de la crainte.

Plusieurs législations étrangères ont compris que la défense énergique et violente dont on use au profit d'un enfant, d'une femme, en général d'une personne faible absolument ou relativement, n'était pas moins digne d'excuse que celle qui a pour objet de se protéger soi-même. Les excès de l'égoïsme sont, en effet, moins à redouter dans le premier cas que dans le second,

---

ger, s'empare de la chose d'autrui. La loi anglaise est moins indulgente (J. STEPHEN, *Summary of the crim. Law*, t. I, p. 12) ; mais elle suppose le jury et les circonstances atténuantes.

[1] Suum cuique incommodum ferendum est potius quam de alterius commodis detrahendum. (*De off.*, liv. III, c. 5.)

[2] BLACKST., p. 26 et 27 ; — CHARLEMAGNE, dans ses capitulaires, soumet en pareil cas le voleur à un jeûne de trois semaines ; cap. 3, *De furtis*.

[3] Le Code du Brésil admet comme fait justificatif le crime commis en résistant à l'exécution d'ordres illégaux, part. I, art. 14, § 5.

[4] V. sur le droit de défense personnelle en général : FR. JAC. GOEBEL, *Dissertatio inauguralis juridica de legitima sui defensione*. Louv., 1824.

4

et il est plus présumable que la défense d'autrui n'a été prise que pour de bonnes raisons, et qu'elle n'a pas dépassé la mesure des exigences naturelles. Ainsi le Code du Brésil met au nombre des crimes justifiables ceux qui sont commis, non-seulement pour la défense de sa propre personne ou de ses droits, mais ceux encore qui sont commis pour la défense de la famille du délinquant ou d'un tiers [1].

VII. C'est avec la même raison qu'on a mis au nombre des excuses péremptoires le préjudice matériel qu'entraîne pour le coupable l'exécution d'un devoir à son égard. Le cas est si simple qu'il ne peut former une question. Mais si le mal occasionné par l'exécution obligée d'une loi pénale dépasse celui qui était voulu par le législateur, c'est alors le juge ou le pouvoir exécutif qui devient coupable ; il abuse d'un droit ou d'une mission que la société lui confie, pour faire un acte d'autant plus répréhensible qu'il aggrave un mal que la loi n'a déjà voulu qu'à regret. Il n'y a donc rien d'exagéré dans le mot de Bacon, que le juge plus sévère que la loi est un bourreau. Que sera donc le bourreau plus sévère que la sentence criminelle ?

VIII. L'*alibi* enfin est une excuse péremptoire qui, à la différence de la plupart des précédentes, ne souffre ni plus ni moins.

IX. L'ignorance de la loi est une excuse péremptoire dans certaines législations, quand l'accusé peut établir qu'en effet il ne la connaissait pas et qu'il n'était pas d'ailleurs censé la connaître. En ce cas, et alors même que l'excuse ne serait pas établie par la loi, elle serait certainement dans son esprit, la loi ne pouvant rien vouloir en général que d'équitable. Ainsi, malgré la présomption fort juste en principe, que nul n'est censé ignorer la loi, présomption très-juste en fait également lorsque le législateur prend toutes les précautions nécessaires pour porter la loi à la connaissance de tous ceux qu'elle intéresse ; malgré cette présomption, disons-nous, il y a des exceptions possibles : c'est ce qu'indique déjà le mot *présomption* lui-même, puisqu'il fait entendre que la connaissance de la loi n'est universelle que d'une universalité morale. Mais elle met la

---

[1] Part. 1, art. 14. On exige qu'il y ait certitude du mal, défaut absolu d'autres moyens moins préjudiciables, qu'il n'y ait pas eu provocation de la part du protégé ou du protecteur. V. aussi le nouveau Code pénal du canton de Vaud.

preuve de l'ignorance à la charge de celui qui s'en prévaut. Il faut, pour que cette preuve puisse être administrée, d'abord que la loi ait un certain caractère d'arbitraire ou de circonstance qui ne puisse être suppléé par le sentiment universel du juste; il faut de plus que celui qui prétend avoir ignoré cette loi établisse, prouve, par les circonstances exceptionnelles où il s'est lui-même trouvé, qu'il ne pouvait la connaître; par exemple s'il est étranger et arrivé dans un pays depuis peu, ou si, étant du pays, il ne fait qu'y rentrer, etc. [1].

Il faut remarquer en finissant que l'âge, la démence, l'ivresse, la défense de soi-même n'ont rien d'absolu que dans les mots, et que ces faits, qui sont justificatifs lorsqu'ils atteignent un certain degré, ne sont que des circonstances atténuantes quand ils ne s'élèvent pas jusque-là. C'est ainsi, par exemple, que M. Ortolan propose avec raison de n'imputer aucun délit à l'enfant qui a moins de sept ans révolus ; de poser la question de discernement pour le mineur de sept à seize ans, et, en cas d'affirmative, d'appliquer une peine d'un degré inférieur ; d'imputer le délit, mais toujours avec circonstances atténuantes, au coupable âgé de seize à vingt et un ans ; passé cet âge, il n'y aurait plus de considérations obligées de cette nature. Mais si judicieuse que soit cette gradation, elle n'est pourtant qu'une affaire de nécessité lorsqu'on s'élève d'un âge à l'autre. Il est certain que l'enfant âgé de sept ans précis n'a guère moins de discernement qu'il n'en aura vingt-quatre heures plus tard ; et cependant son délit resterait impuni dans le premier cas, tandis qu'il pourrait entraîner une peine plus ou moins forte dans le second. Il ne suffirait donc pas peut-être de permettre au juge d'abaisser la peine d'un degré seulement. Mais si grande que soit la latitude qu'on lui laisse, il y aura toujours une différence énorme, et qui sera en désaccord avec les faits, entre l'impunité absolue et une peine quelconque. A moins donc d'étendre démesurément les pouvoirs du juge, on ne peut éviter un certain arbitraire. Mieux vaut encore qu'il soit dans la loi et en faveur de l'indulgence, que d'être laissé à la disposition du juge, qui pourrait en abuser, systématiquement au moins.

Indépendamment de certains faits justificatifs qui établissent

[1] Loi anglaise, J. STEPHEN, op. cit., t. I, p. 12.

la non-culpabilité de l'individu, il y a, suivant certaines législations, d'autres faits qui, sans détruire la culpabilité, l'excusent totalement ou partiellement; c'est le cas des articles 321, 324, 325, 108, 114, 138, 190 du Code pénal français. Il ne faut pas non plus confondre ces sortes de faits avec ceux qui, tout en ayant la vertu d'atténuer la faute ainsi que la peine, ne sont d'ailleurs pas prévus par la loi, et qui, par cela qu'ils sont laissés à l'appréciation facultative du jury, peuvent n'être pas pris par lui en considération. Les excuses prévues par la loi sont au contraire de droit, et doivent être explicitement soumises à l'appréciation du juge du fait [1].

Le sentiment et la raison nous portent à tenir compte des degrés de gravité dans les délits. La colère et la vengeance, tout aveugles qu'elles sont, présentent des intensités diverses, suivant la gravité de l'offense. Une préoccupation systématique et fausse peut seule conduire à mettre sur la même ligne tous les délits. Dracon ne s'écartait pas moins de la raison que du sentiment, lorsqu'il décidait que tous les délits étaient égaux et également dignes de mort, puisque tous étaient des transgressions de loi. Ce n'est là qu'un aperçu isolé, abstrait, commun à tous les délits, c'est vrai, mais qui ne peut logiquement donner naissance qu'à la peine comme peine, et nullement à sa qualité ni à son intensité.

De même donc qu'il n'y a pas d'infraction qui ne soit qu'infraction, de même il n'y a pas de peine qui ne soit que peine. De même donc que toute violation de la loi est telle ou telle, de même aussi la peine doit être telle ou telle autre, d'un certain degré plutôt que d'un degré moindre ou supérieur.

Il suffisait donc de suivre la proportion naturelle entre le délit et la peine, pour éviter l'erreur. Dracon s'en tint à une abstraction sans portée dans la considération du délit. Mais il fallait que la peine fût déterminée; et il manqua doublement de logique, et dans le choix non motivé d'une peine particulière, et dans l'intensité qu'il lui donna. Pourquoi, en effet, une peine afflictive plutôt qu'une peine purement infamante ou pécuniaire? Et pourquoi, parmi les peines afflictives, celles de mort plutôt qu'une autre du même genre?

---

[1] V. sur la différence entre les excuses et les circonstances atténuantes, BOITARD, *Leçons sur le Code pénal*, p. 232.

Sans partir d'un principe systématique et faux, les premiers législateurs, lors surtout que leur volonté du moment faisait toute la loi, n'ont cependant pas tenu compte de toutes les circonstances qui aggravent ou atténuent la faute. Ce vice tient à l'emportement de la pensée, à la paresse d'esprit, à l'impuissance d'analyser et de classer, à l'hébétude du sentiment moral.

Aussi à mesure que l'intelligence se développe, que le sentiment acquiert plus de délicatesse et, pour ainsi dire, de précision, la théorie des circonstances se perfectionne.

Mais l'histoire comparée des législations criminelles présente à ce sujet un fait très-digne de remarque : c'est que l'esprit du législateur, une fois sur la voie des distinctions, les pousse fort loin dans la spéculation, dans la loi même, sans trop s'inquiéter de la manière dont le juge s'y prendra pour retenir et surtout pour appliquer toutes ces dispositions minutieuses, mais vraies cependant. Il lui arrive ici la même chose que dans la théorie des preuves ; il distingue sans fin et sans mesure. Mais à la pratique il s'aperçoit tôt ou tard que ces distinctions sont d'une application difficile ; que cette application ne peut guère être contrôlée par un tribunal supérieur ; qu'il est par conséquent inutile de la prescrire ; qu'elle est d'ailleurs sujette au grave inconvénient de jeter le juge dans un labyrinthe légal d'où il a peine à sortir, de multiplier les points de vue dont il doit rendre compte dans ses arrêts, de multiplier par là même les chances de cassation, etc. Aussi, après avoir établi sur ce point une législation fort circonstanciée, revient-il, pressé par le bon sens, à des lois beaucoup plus simples : il abandonne davantage aux lumières naturelles et à la conscience du juge. S'il est de l'avis de Bacon, que la meilleure des lois est celle qui laisse le moins d'arbitraire au juge[1], il sait cette fois distinguer les cas où il doit réglementer les mouvements et les pensées du juge, de ceux où cette rigueur offrirait plus d'inconvénients que d'avantages.

Nous assimilions tout à l'heure la théorie développée des circonstances atténuantes à celle des preuves, nous aurions pu l'assimiler encore à celle des blessures. Cette dernière fut poussée fort loin par les législations barbares du moyen âge. Le bon sens moderne a mis de côté ce bagage de distinctions, souvent arbi-

[1] *Optima est lex quæ minimum arbitrio judicis relinquit.*

traires d'ailleurs. Il a fait de même pour la théorie des preuves, créée par les jurisconsultes scolastiques des siècles suivants, ainsi que pour celle des circonstances, à peu près contemporaines de celle des preuves. Il n'y a plus que les Codes des peuples encore à leur XVIe siècle, tel que celui de la Russie, qui contiennent des détails regardés comme inutiles par des peuples plus avancés [1].

Quand je dis inutiles, je dois distinguer : inutiles dans les lois, oui; dans la doctrine, non, bien au contraire; et sous ce rapport la simplicité des doctrines de nos livres criminels est peut-être regrettable, parce qu'elle est excessive et qu'elle tend à réduire la science à rien. En évitant ainsi par paresse ou par indifférence les détails scolastiques, nous retournons insensiblement à la simplicité ignorante de la barbarie. Le juge, le jurisconsulte doit avoir pénétré toutes ces distinctions; aucun point de vue possible ne doit lui être inconnu; il doit les avoir médités tous, afin d'appliquer plus sûrement les dispositions simples et fécondes d'une loi toute de bon sens.

Nous ne pouvons nous résigner à devenir complice de cette ignorance systématique de certaines théories d'une incontestable utilité dans la doctrine; sinon dans les lois. On nous pardonnera donc les détails dans lesquels nous allons entrer à la suite des législateurs et des jurisconsultes. Plus une science est détaillée, plus elle est complète, plus elle est près de la perfection, lors d'ailleurs que les vues d'ensemble, les principes, les liens systématiques ne font point défaut.

C'est donc une supériorité dans la doctrine pour une époque que cette profondeur de détails reliés systématiquement. Mais c'est peut-être une infériorité de n'avoir pas compris que ces détails, cette science, ne doivent pas sortir des livres qui les enseignent, qu'ils ne doivent pas pénétrer dans les lois. Le législateur n'enseigne pas; il réglemente, commande et défend avec menaces.

Au surplus, lorsque les détails ne sont pas à l'état abstrait, lorsqu'ils se rattachent à des cas parfaitement circonstanciés, l'application en est très-facile. Qu'y a-t-il de plus simple, en

---

[1] Le Code du grand-duché de Bade, rédigé d'après les inspirations d'une forte doctrine, renferme beaucoup de détails concernant l'imputabilité, art. 72-87.

effet, que les dispositions très-particulières de la législation chinoise, en ce qui regarde les circonstances de la corruption? Les prévisions du législateur sont si positives, si nettes, que le juge ne peut éprouver un instant d'hésitation, dès qu'une fois les faits lui sont bien connus ; et ces faits, tout circonstanciés qu'ils soient, sont si positifs, si nettement caractérisés par la loi, qu'il est difficile de s'y tromper. La corruption y est distinguée en active et en passive, pour nous servir d'un langage technique rigoureux ; en corruption effectuée et en tentative de corruption, et même en propositions illégales. Cinquante à cent coups pour ces dernières. La corruption effectuée est frappée pécuniairement en raison de la valeur des présents reçus ; la perte des offices, des rangs, des emplois, plus un certain nombre de coups, et enfin le bannissement, achèvent de satisfaire la vindicte publique en pareil cas. Les intermédiaires sont punis de la peine immédiatement inférieure à celle qui est réservée aux principaux coupables. La peine de celui qui fait les offres est moins forte de cinq degrés que celle réservée à celui qui reçoit. La loi distingue, en outre, suivant que la demande à l'appui de laquelle sont joints les présents séducteurs est juste ou injuste ; elle est naturellement plus sévère dans le second cas que dans le premier.

CHAPITRE V.

Des circonstances tant aggravantes qu'atténuantes proprement dites.

Il n'y a pas, à proprement parler, de degré dans l'imputabilité : un acte est volontaire ou il ne l'est pas. Mais il peut être

plus ou moins réfléchi, plus ou moins délibéré, plus ou moins libre. Il ne s'agit pas ici de subtiliser pour savoir si la liberté n'est pas absolue ou si elle a des degrés. Elle est absolue quant à son essence; mais la conscience universelle distingue la volonté délibérée de la volonté spontanée et de la volonté aveugle ou comme emportée par une force soudaine, par la peur d'un immense péril ou par le ressentiment d'un sanglant outrage. Il y a volonté encore dans ces sortes d'emportement; mais y a-t-il liberté, et jusqu'à quel point?

Les circonstances aggravantes ne sont que des accessoires du délit; elles n'en changent pas la nature. Elles ne peuvent donc motiver une peine différente de celle qui est édictée par la loi; elles peuvent la provoquer dans toute sa rigueur, il est vrai, mais elles ne doivent pas en motiver une aggravation arbitraire. Le législateur lui-même se montrerait passionné en imaginant des peines accessoires pour des circonstances purement aggravantes.

Il ne faut point confondre les circonstances aggravantes d'un délit avec un délit conjoint : dans le premier cas il n'y a toujours qu'un délit, dans le second il y en a deux ou un plus grand nombre. Le législateur peut donc appliquer ici deux peines, une peine principale et une peine accessoire, ou une seule peine d'un ordre supérieur; là, au contraire, il ne peut en appliquer qu'une seule, soit à son degré maximum, soit à un degré inférieur [1].

Le juge ne doit donc pas avoir la faculté d'élever la peine d'un ou de plusieurs degrés pour circonstances aggravantes; il sortirait de l'espèce. C'était pourtant l'avis de quelques jurisconsultes du XVIe siècle; mais alors les peines étaient arbitraires dans leur application aux délits [2]. Cette faculté allait si loin, que la peine de mort pouvait être prononcée, quoiqu'elle

[1] Le Code suédois, ch. 6, § 11, décide cependant que si l'action renferme plusieurs crimes, la peine encourue par le plus grand sera seule appliquée, et que les autres crimes seront regardés comme circonstances aggravantes. Dans le § 12, il est dit, au contraire, que l'infraction de plusieurs lois par une même action est passible de toutes les peines portées contre ces crimes toutes les fois qu'elles pourront être réunies. — V. aussi le Code du canton de Vaud.

[2] FARINACIUS, qu. 17, nos 34 et suiv.—MENOCHIUS, De arbitr. quæst. casu 86.

n'eût pas été portée par la loi. Nous devons dire, toutefois, que cette opinion n'était pas unanime [1].

Si c'est un défaut de trop abandonner à l'arbitraire du juge, c'en est un autre de ne pas lui laisser assez.

En vain, du reste, le législateur cherche à tout prévoir et à tout régler, à déterminer par conséquent les différents degrés de culpabilité dans un même délit, et à choisir un degré de peine correspondant; toujours les faits échapperont par quelque côté à ce cadre tracé à l'avance. Ce cadre fût-il aussi accompli que possible, et le Code eût-il distingué avec une parfaite sagesse, si c'est le même juge qui apprécie le fait et qui porte la sentence, il pourra toujours distinguer autrement que la loi, ou ne pas distinguer du tout avec elle.

Un Code aussi détaillé à cet égard que le nouveau Code russe, fait donc une œuvre à peu près inutile, à moins qu'il ne nomme des juges pour apprécier le fait, et qu'il ne les oblige à désigner le degré précis d'indulgence ou de sévérité qu'ils reconnaissent au crime, afin par là d'enchaîner l'arbitraire du juge du droit, arbitraire contre lequel cependant toutes ces distinctions minutieuses ont été faites.

Nous venons de poser nos réserves; nous pouvons maintenant entrer en matière, et nous occuper des circonstances du délit au point de vue de la doctrine et de l'histoire.

On pourrait classer les circonstances aggravantes et atténuantes sous trois chefs, comme les circonstances péremptoires; cette classification serait même fort naturelle. Mais nous avons cru devoir en adopter une autre moins générale, et d'une application plus facile. Elle nous a d'ailleurs été suggérée par l'histoire de la doctrine et de la pratique. Elle n'est logiquement pas irréprochable, puisqu'elle n'est pas faite d'un seul point de vue, et qu'elle a un caractère tout empirique. Mais les points de vue divers sont cependant distincts, et embrassent les circonstances personnelles et autres qui déterminent le délit.

Les circonstances qui militent pour ou contre un délinquant peuvent être prises :

I. *De la manière dont le prévenu se comporte à l'égard de la justice appelée à le juger :*

1° S'il se livre lui-même, ou s'il cherche à s'échapper;

---

[1] *Ordonn. Caroline*, ch. 104. — JULIUS CLARUS, qu. 83, n° 11.

2° S'il est dénoncé ou livré par ceux que la nature devrait porter à le secourir dans son infortune;

3° S'il est poursuivi par un ennemi puissant;

4° Si son délit est presque oublié, effacé, expié.

II. *De l'état personnel du prévenu lors de la perpétration du crime* :

1° L'âge;

2° Le sexe;

3° L'intelligence naturelle;

4° Les talents, les services rendus, la vie passée en général, les espérances ou les craintes pour l'avenir;

5° La constitution;

6° Les passions;

7° L'éducation;

8° L'effet de l'opinion, de l'habitude, les mœurs publiques;

9° La naissance, la position de famille, de société, de fortune.

III. *Des motifs de l'action :*

1° La bonne ou la mauvaise foi;

2° La bonne intention;

3° Les bons sentiments, une juste indignation;

4° La négligence ou la paresse;

5° Le besoin, la nécessité;

IV. *De la nature du mal commis et de son degré :*

1° Si c'est un mal en soi, ou un mal relatif;

2° Si c'est un malheur plutôt qu'une méchanceté;

3° Si le préjudice occasionné a été moindre ou plus grand en lui-même qu'on ne pouvait prévoir;

4° Si les suites en ont été bonnes ou mauvaises pour celui qui devait naturellement en souffrir;

5° La nature et l'étendue des conséquences pour l'ordre public.

V. *Des temps et des lieux.*

VI. *De la manière dont le crime a été commis.*

VII. *Des rapports du prévenu avec la personne qui souffre du délit :*

1° Parenté;

2° Tutelle;

3° Amitié;

4° Domesticité;

5° Subordination hiérarchique;

6° Force d'un côté, faiblesse de l'autre [1].

VIII. *Du danger probable pour l'avenir* [2].

[1] On peut voir d'autres classifications dans les criminalistes, particulièrement dans Jousse, t. II, p. 601-639; dans Muyart de Vouglans, 19-25, 26-35, 37-49; Pastoret, *Lois pénales*, 3e partie. Voici un extrait de celle de Muyart de Vouglans :

Il faut distinguer entre les causes qui font excuser le crime, et celles qui en font modérer la peine.

Les causes de cette dernière espèce sont de trois sortes :

1° Celles qui accompagnent le crime :

    A. État de l'accusé lors du crime :

        a) Agitation d'une passion violente;

        b) Ivresse extrême;

        c) Fougue de la jeunesse;

        d) Extrême vieillesse;

        e) Fragilité du sexe;

        f) Rusticité et inexpérience.

    B. Motifs qui ont porté au crime :

        a) Affection naturelle;

        b) Crainte révérentielle;

        c) Commisération.

    C. Manière dont le crime a été commis.

2° Celles qui ont précédé le crime :

        a) Bonne conduite de l'accusé;

        b) Ses talents distingués;

        c) Services par lui rendus à la patrie;

        d) Noblesse d'extraction.

3° Celles qui ont suivi le crime :

        a) Événement heureux du crime;

        b) Prompt repentir de l'accusé;

        c) Confession libre et volontaire avant la poursuite;

        d) Laps de temps considérable depuis l'accusation;

        e) Longue détention dans la prison;

        f) Multitude de délinquants.

Muyart de Vouglans, p. 41-44. Voir, de plus, le tableau donné précédemment.

L'auteur du *Miroir de justice* distribuait déjà en sept classes les circonstances du délit, suivant en cela le droit romain à très-peu près, qui se réglait lui-même à cet égard, selon toute apparence, sur la division de cette classe de lieux communs extrinsèques appelés circonstances par les rhéteurs : « Et coment, que l'on pesche en fait ou en dit, en tout judgements sur personnall actions sont sept chose à peiser en ballance de saincte conscience; c'est à savoir : 1. la cause, 2. le person, 3. le lieu, 4. le temps, 5. le qualitié, 6. le quantié, 7. le fine. » (*Miroir des justices*, c. 4, sect. 13.— Houart, *Traité sur les coutumes anglo-normandes* (du XIe au XIVe siècle), 4 vol. in-4°. Paris, 1766, t. IV, p. 651-652.)

[2] Comparez ce que Bentham dit de l'alarme, de son étendue et de son degré, *Législation civile et pénale*, t. II, première partie.

La tentative, la récidive, la complicité pourraient aussi figurer à certains égards dans la liste des circonstances qui modifient le délit; mais ces trois points de vue sont trop importants pour n'être pas l'objet d'une étude à part. Il en est de même de plusieurs autres que nous avons déjà examinées dans le chapitre précédent. Nous allons donc reprendre les différentes classes de circonstances que nous avons indiquées plus haut; elles méritent quelques réflexions.

I. Un malfaiteur qui *accepte* franchement *les conséquences de sa faute*, qui ne cherche point à se soustraire à l'action de la justice, qui va de lui-même au-devant tout en se jugeant coupable, peut le faire ou par une sorte d'audace et de scélératesse rare, peut-être sans exemple, ou par l'espoir d'en finir avec la vie à l'aide du bourreau, ou par un sentiment de justice.

Dans le premier cas, il y a une certaine grandeur d'âme capable d'inspirer une sorte d'effroi mêlé d'une espèce d'admiration. — Dans le second, la perversité est moins grande que si le délit avait été commis par des vues d'un intérêt plus ordinaire, et moins suspect d'égarement dans la pensée. — Dans le troisième, il y a un repentir, qui n'est pas une raison de droit, je le sais, mais qui n'en décèle pas moins une bonne nature morale, et qui est propre à rassurer sur l'avenir du coupable. Aussi la loi chinoise en fait-elle un cas d'excuse et quelquefois de pardon [1].

Le *repentir* qui suivait le délit, fût-il allé jusqu'à la restitution, en cas de vol, jusqu'à la réparation du mal causé, n'était pas généralement regardé par les criminalistes anciens comme digne d'excuse; il fallait, pour qu'il eût droit à cette faveur, qu'il eût empêché la consommation du crime; encore survenait-il alors inutilement pour le coupable dans les crimes de lèse-majesté, d'assassinat et de suicide. Jurisprudence aussi inhumaine qu'imprudente.

C'est une présomption de repentir ou de sincérité estimable que l'*aveu* du crime, de ses motifs et de ses circonstances. Il n'est pas nécessaire, pour faire un pareil aveu, d'avoir perdu l'esprit, comme le supposaient Quintilien et des criminalistes du dernier siècle; il suffit, au contraire, de n'avoir pas perdu

---

[1] *Code pénal*, I, p. 57 et suiv. — Il en est de même de la réparation spontanée du mal commis, *ibid.*

le sentiment de la justice ou de l'avoir recouvré. On éprouve quelque peine en voyant des jurisconsultes, philosophes ou chrétiens, méconnaître la nature morale de l'homme au point d'attribuer à l'égarement de l'esprit, et de faire à ce titre seul une raison d'excuse, de ce qui peut n'être dû qu'à la délicatesse de la conscience[1].

Il est plus naturel de ne pas condamner sur son aveu seulement celui qui se dénonce ; non pas, il est vrai, parce qu'il y aurait dans cet aveu une sorte de folie, mais parce que le coupable s'offre à réparer le mal qu'il a fait si ce mal est réparable, et parce qu'il peut agir par des raisons de dévouement, ou même par des raisons d'égoïsme, telles que le désir de se faire emprisonner, en appelant sur sa tête la peine d'un délit qu'il n'a pas commis.

L'ardeur dans la plainte de la part d'un adversaire puissant, pour un délit de peu de gravité, surtout si ce délit est puni sévèrement par la loi, et s'il arrive assez fréquemment que celui qui aurait à s'en plaindre garde le silence, comme dans le vol de peu de valeur commis par un domestique ; cette impitoyable sévérité fait naturellement prendre en pitié celui qui en est l'objet, alors encore qu'il ne serait pas très-digne d'intérêt par lui-même.

On éprouve quelque chose d'analogue quand on voit un fils poursuivi par son père, une femme par son mari, lors surtout que c'est le fils et la femme qui se font dénonciateurs. Les anciens jurisconsultes n'étaient pas indifférents en présence de ces duretés contre nature[2].

L'accusé inspire plus d'intérêt encore lorsque le droit de poursuivre est celui de tout le monde, comme à Rome, et que celui qui l'exerce est mû par des passions personnelles bien plus que par l'amour du bien public. Cet intérêt devrait naturellement s'accroître de toute l'injustice attachée à la poursuite, soit parce que le délit ne serait que l'œuvre d'une loi tyrannique, soit parce que les formes légales auraient été violées ; parce

[1] JOUSSE, II, 635, et les lois qu'il cite : L. 1, *Cod. De his qui se deferunt;* L. 13, *in principio,* D., *De jure fisci,* et plusieurs coutumes. — La loi *athénienne* voulait que la peine fût réduite toutes les fois qu'il y avait confession de la faute avant le jugement. — DÉMOSTH., *in* Timocr., p. 454.

[2] L. *Milites agrum,* § *Desertorem,* D., *De re militari.* — FARIN., qu. 98, nᵒˢ 164 et suiv. — JUL. CLAR., qu. 60, nᵒ 29.

que des témoins auraient été subornés ; parce qu'un accusateur puissant voudrait perdre un citoyen faible, mais qui, dans d'autres circonstances, n'aurait pas été favorable aux projets ambitieux de son accusateur.

Celui dont le délit est resté longtemps ignoré, ou qui a été longtemps sans en être présumé l'auteur, alors surtout que sa conduite a été irréprochable depuis ; alors encore qu'il a réparé spontanément le mal qu'il avait commis, ou qu'il a transigé avec l'offensé, ou qu'il n'a fait, par son délit, que tirer vengeance de celui qu'il avait souffert lui ou les siens ; alors enfin qu'il a expié par l'exil ou par une longue détention préventive une partie de sa faute : celui-là, disons-nous, n'est pas sans titre à l'indulgence. Celle de toutes ces positions diverses qui en mérite le moins, la première, n'en est cependant pas tout à fait indigne, par la raison que le coupable est rarement sans inquiétude après son forfait, et que, d'un autre côté, plus un crime est éloigné, moins l'intérêt général souffre de son impunité, moins la conscience publique en est révoltée, moins l'exemplarité de la peine est efficace.

C'est sans doute par ces considérations que la poursuite d'un délit a pu être prescrite au bout d'un certain temps. Nous traiterons plus tard de la prescription en droit criminel [1].

II. Nous avons déjà parlé de l'indulgence attachée à la faiblesse de l'âge. D'après le droit des Assises de Jérusalem, les mineurs de quinze ans devaient être corrigés par les parents ou par le vicomte, s'ils étaient dans l'habitude de quereller et de battre. Il n'y avait pas de responsabilité civile au-dessous de cet âge [2].

La faiblesse du sexe a aussi ses droits ; les femmes ont toujours été punies moins sévèrement que les hommes chez tous les peuples civilisés, excepté pour cause d'adultère ou d'autres délits contraires à la pudeur [3]. Si ce n'est pas là l'unique vertu

---

[1] Farin., qu. 10, n°ˢ 84, 85. — Jul. Clar., qu. 60, n° 32.

[2] Ch. 24.

[3] L. *Quidquid*, § *ad filias, Cod. ad leg. Jul. maj.*; L. *fin., Cod. De jur. et fact. ignor.*; L. *Si adulterium*., § 1 et seqq., D., *ad leg. Jul. De adult.*

« La feme ne prent que demy loi, par droit et par l'assise. » (*Assises de Jérusalem*, c. 257.) — A d'autres égards, non compris l'adultère, les législateurs sont loin d'avoir toujours été galants et même équitables à l'égard des femmes : ainsi la loi hongroise permettait au mari d'accuser sa femme de vol, et de la citer pour ce fait devant les tribunaux ; la femme n'avait

que les hommes demandent des femmes, c'est au moins la première. N'y aurait-il pas un peu de passion et d'égoïsme dans cette exigence?

C'est au nom de la pudeur encore et des vertus qui s'y rattachent, qu'il faut expliquer certaines lois romaines du temps de la république, ou certains usages fort sévères à l'endroit des femmes, par exemple la loi de Romulus qui permettait au mari de tuer sa femme pour avoir bu du vin, pour s'être rendue coupable d'adultère. A Milet, à Marseille, le vin était pareillement défendu aux femmes. Sulpitius Gallus répudia la sienne pour être sortie sans voile; Sempronius en fit autant parce qu'à son insu sa femme avait assisté à un spectacle [1].

Mais cette dureté du législateur envers le sexe n'est pas universelle, même chez les Barbares. On connaît le respect des Germains et des Gaulois pour les femmes.

Par la loi des Thuringiens [2], une femme accusée d'adultère n'était condamnée à l'épreuve par l'eau bouillante que lorsqu'il ne se présentait point de champion pour elle; ce qui arrivait rarement [3]. La loi des Ripuaires [4] n'admet cette preuve qu'à défaut de témoignage justificatif [5].

Nos anciennes lois pénales exemptaient les femmes des supplices de l'écartèlement, de la roue, des galères et du bannissement [6]. La décence ou le respect de l'opinion a pu avoir plus de part encore à ces ménagements que la justice et la pitié. La question et la flagellation avaient pu leur être épargnées au même titre, ou *propter reverentiam sexus*, si cette raison était effectivement la véritable. L'exposition, la peine de mort, les peines perpétuelles nous semblent aussi abusives contre les femmes.

L'ignorance grossière du coupable peut plaider en sa faveur. Il y a des intelligences épaisses qui sont à peine ouvertes aux notions morales, et qui ont bien peu d'empire sur une volonté

pas le même droit contre son mari. (MACIEIOWSKI, *Slavische Rechtsgesch.*, etc., t. IV, p. 327.)

[1] VALER. MAX., VI, 3. — ÆLIAN., *Hist. vari.*, II, 38.

[2] Tit. 14.

[3] V. BEAUMANOIR, *Coutume de Beauvoisis*, ch. 41.— Lois des Angles, ch. 14.

[4] Ch. 31, § 5.

[5] MONTESQUIEU, *Esprit des lois*, XXVIII, 17.

[6] V. MUY. DE VOUGLANS, titre des peines. — JOUSSE, I, p. 41.

d'ailleurs stimulée par le besoin ou des appétits sensuels. Cette sorte d'ignorance est la grossièreté, *rusticitas*, des jurisconsultes romains [1].

Cette espèce d'hébétude à degrés indéfinis, depuis l'idiotie ou l'imbécillité absolue jusqu'à l'intelligence commune du bien et du mal, est un titre d'excuse, sinon du justification, dans les cas même où l'évidence du délit est frappante, c'est-à-dire dans les questions uniformément résolues par le sens commun, et où les jurisconsultes n'admettent pas d'excuses péremptoires.

Il y a un autre genre d'ignorance qui tient moins au défaut d'intelligence qu'à celui d'une instruction positive. Celle-là n'excuse que dans les cas où le délit n'est pas un manquement à la loi naturelle. Encore faut-il que celui qui l'allègue prouve qu'il ne pouvait pas connaître la loi positive par lui violée, et qu'ainsi la présomption commune, que « nul n'est censé ignorer la loi, » ne pouvait l'atteindre.

Si les faits incriminés sont des faits d'inadvertance, de négligence, d'inattention, en général des faits que le législateur est obligé de réprimer pour garantir plus sûrement des droits considérables qui, autrement, seraient trop exposés, la présomption d'ignorance ne peut jamais excuser complètement. L'intention criminelle n'est pas rigoureusement exigée lorsqu'il s'agit des délits de police, délits que la loi regarde moins comme des délits en soi, que comme des actes qui peuvent occasionner un grave préjudice, ou qui sont contraires à l'intérêt public, quoique cette atteinte n'ait rien de manifeste [2].

Le mérite intrinsèque d'un individu, son mérite relatif, les services par lui rendus à sa famille, à son pays, ceux qu'on peut encore en attendre, sont aussi des raisons qui parlent en sa faveur [3].

La constitution du coupable, rapprochée de la nature et des

---

[1] L. *Si quis id quod*, § 1, D., *De jurisdict. jud.*

[2] RAUTER, *Traité du droit crim.*, 1, p. 157 et suiv.

[3] En Chine, on punissait moins sévèrement le fils qui devait être utile à ses parents, excepté dans les cas très-graves. — Les fils des veuves qui ont gardé la viduité, les chefs des anciennes familles qui n'ont pas d'autres héritiers, les descendants des grands hommes ou des citoyens illustres qui ont mérité des titres honorifiques en récompense de leurs services ou de leurs bons exemples, ainsi que les fils et les petits-fils des grands mandarins qui se sont toujours distingués dans leurs emplois, sont laissés à la clémence paternelle du prince. *Mém. concernant les Chinois*, t. IV, p. 157.

circonstances du délit, est aussi parfois une raison d'excuse.
Une impressionnabilité excessive, un extrême penchant à la défiance, la susceptibilité, l'humeur chagrine et misanthrope, etc.,
sont des dispositions constitutionnelles involontaires qui n'excluent pas la liberté, il est vrai, mais qui l'affaiblissent, et qui
troublent ou tendent à troubler le jugement.

Les passions proviennent en grande partie de la constitution;
elles en sont des effets, que la liberté aidée de l'éducation ne
parvient pas toujours à surmonter. Les tempéraments bilieux
sont, par exemple, plus portés à l'ambition, au ressentiment
et à la vengeance; les constitutions sanguines le sont davantage au plaisir.

Quoiqu'on ait dit avec une apparence de sagesse que ce n'est
point la colère qui excuse, mais son juste motif [1], cela n'est
vrai que pour les faits justificatifs, pour les excuses péremptoires. La justice du motif rend les moyens légitimes, lors surtout qu'ils sont proportionnés à la fin qu'on avait le droit d'atteindre, et qu'ils sont ou reconnus par la loi, ou abandonnés à
la conscience publique et à celle des juges. Ainsi celui qui,
dans un mouvement de colère, repoussant une attaque soudaine, sérieuse, défendant sa vie qu'il croit en péril, tue son
agresseur, celui-là n'est point coupable : le motif de sa colère
la légitime. Il a si peu besoin d'excuse, qu'ici la colère est
superflue; il aurait tué de sang-froid son agresseur, s'il n'avait
pas cru pouvoir autrement sauver sa vie propre, qu'il ne serait
pas moins irréprochable.

La colère et les autres passions ne peuvent donc, à proprement parler, servir d'excuse qu'autant que l'excuse est nécessaire; c'est-à-dire précisément lorsqu'on en a besoin, parce que
le délit commis est bien un délit formel encore. Ainsi, le mari
outragé qui surprend sa femme en flagrant délit, surtout s'il est
prévenu et qu'il cherche à constater son infortune, s'il venge
lui-même son honneur, commet une véritable faute; il est réellement punissable, puisqu'il y a des lois protectrices, des magistrats préposés pour les faire exécuter, et qu'il n'est point dans
la nécessité de se faire droit à lui-même, bien moins encore dans
celle de se défendre. Les meurtres commis dans de semblables
occasions ne sont donc pas justifiables, mais excusables seule-

---

[1] FARINACIUS, quæst. 91, n° 13.

ment; ils devraient être punis, mais beaucoup moins sévèrement que des meurtres ordinaires. Ils devraient l'être non-seulement par la raison qu'on vient d'alléguer, mais encore parce que l'infidélité d'une femme, la séduction qui en est la cause, ne sont pas des crimes qui méritent naturellement la peine de mort. Toute société qui laisse faire en pareil cas, devient donc un peu complice de cet acte d'atroce barbarie.

Cela posé, reconnaissons avec la loi romaine [1] que tout ce qui se fait ou se dit dans l'emportement de la colère ne doit être regardé comme parfaitement voulu qu'autant qu'on y persévère de sang-froid.

Nous n'irons cependant pas jusqu'à dire avec Horace que la colère n'est qu'un délire de peu d'instants; il n'y a point là similitude, mais analogie seulement. On ne peut donc regarder l'emportement, quel qu'en soit le degré, comme une excuse légale et péremptoire, par la raison que nous sommes plus libres d'éviter les occasions de la colère, ou de comprimer ce mouvement à sa naissance, ou de le réprimer dans son excès, que nous ne le sommes de tomber en démence ou d'en sortir. Nous sommes aussi plus libres de nos actes dans l'emportement que dans l'état d'aliénation. Enfin notre jugement n'est que séduit et non point perverti par la passion, tandis qu'il est nul ou désordonné dans la folie.

Les jurisconsultes veulent encore, pour que la colère soit une excuse, que le motif en soit grave, qu'elle soit violente, qu'elle soit rapprochée de l'instant où elle s'est allumée, et que le crime ait suivi de près [2]. Tout cela est juste sans doute; mais il ne l'est pas moins de remarquer aussi qu'il y a des colères contenues et dont l'explosion ne précède pas le crime; qu'il y a dans la cause de la colère un point de vue personnel ou relatif qui dépend soit de la position particulière du sujet, de son tour d'esprit, soit de son irascibilité propre. C'est un malheur de plus d'être porté à prendre ombrage de tout et à s'exaspérer pour rien; et ce malheur doit aussi être pris en considération. Une personne ainsi faite aura plus de peine à se contenir pour peu de chose, qu'une autre pour un sujet très-grave.

On peut dire de la douleur de l'amour, de la jalousie, des

---

[1] L. 48, D., *De div. reg. jur.*
[2] MUY. DE VOUGLANS, p. 14. — JOUSSE, II, 614-615.

autres passions, lors surtout qu'elles n'aboutissent au crime que par la colère, ce qui vient d'être dit de cette dernière.

Les bons ou les mauvais exemples qu'on a reçus au sein de la famille, par conséquent la naissance, les sentiments qu'elle suppose, la position de la famille tout entière, la société qu'elle fréquente, la fortune dont elle jouit; toutes ces circonstances, qui contribuent si fort à former l'homme moral ou à le corrompre, parlent pour ou contre lui [1]. Il est vrai toutefois que celui qui a peu gagné à l'influence salutaire d'une famille et d'une société honnête, doit être par là même présumé d'une nature plus perverse. N'y aurait-il donc pas dans cette nature une circonstance atténuante propre à contre-balancer les circonstances aggravantes? Qu'il y ait des natures originellement meilleures ou pires que d'autres, des constitutions plus ou moins propres à se laisser imprégner de l'influence morale, c'est ce qui n'est point douteux. Cependant la présomption doit-elle être ici en faveur de l'excuse? S'il en était ainsi, que deviendrait la justice, quel rôle ferait-on jouer à la liberté et à l'intelligence? Non; si quelqu'un peut être coupable, c'est celui qui a reçu tous les secours du bon exemple, de l'éducation, de l'instruction, de l'honneur domestique; celui que n'excuse ni le besoin, ni la mauvaise compagnie, ni les mauvaises habitudes de l'enfance, ni la brutalité d'un homme resté sans éducation. C'était donc à tort que la noblesse et la dignité servaient autrefois d'excuse : ce sont là des circonstances aggravantes [2]. Ce n'est pas une raison cependant pour infliger aux coupables d'un rang supérieur des peines plus sévères qu'aux autres : s'ils sont plus coupables, ils seront aussi plus humiliés et plus sensibles aux souffrances physiques : la justice ou l'égalité se trouvera par là rétablie. C'est donc une mauvaise loi que celle qui ménage le rang dans le criminel. C'était celle des barbares, celle de nos pères; c'est encore celle de la Russie et de tous les pays de castes. Cette inégalité est frappante dans les lois de Manou [3]. Partout où une classe privilégiée a fait la loi, elle a

---

[1] C'est le cas de dire avec LOYSEL (*Instit. coutum.*, liv. VI, tit. 2, maximes 28 et 29) : « Toutefois où le noble seroit convaincu d'un vilain cas, il sera puni comme vilain. »

[2] C'est ainsi que le décide le Code de la Louisiane. V. *Revue étrangère et franç. de législ.*, t. IX, p. 698.

[3] Le droit romain avait aussi consacré cette injustice. L. 9, § 11, D., *De*

méconnu les droits de la nature humaine. Aujourd'hui même, dans les pays les plus éclairés du monde, s'il y a des esclaves, la loi tient pour eux un langage à part, et ce langage est celui de la cruauté. C'est là peut-être une conséquence forcée du système de l'esclavage, mais c'est une tache dans les codes des républiques américaines et des colonies.

C'était une autre injustice encore de ne pas étendre ce privilége à toutes les personnes élevées en dignité, telles que les prêtres, les religieux et hauts fonctionnaires [1].

Disons toutefois que ce privilége, réservé aux seuls nobles, n'était cependant pas sans exception; mais il est juste de remarquer en outre que l'orgueil de caste, plus encore que la justice, était le principe de ces restrictions [2].

Toutes choses d'ailleurs égales, la bonne éducation rend plus coupable, la mauvaise plus excusable [3]. Il faut aussi avoir égard à l'influence de l'opinion, suivant qu'elle fait un crime de ce qu'une saine instruction ne peut regarder comme tel, ou qu'au contraire elle commande ou permet ce que les lois défendent ou ordonnent. On est plus coupable quand on a tout à la fois contre soi l'opinion publique et la loi; on l'est moins évidemment quand on n'est en opposition qu'avec la loi. Toutefois, si la loi et l'opinion sont peu raisonnables, et que le délit qui leur porte atteinte soit comme une protestation contre une double tyrannie, il y a dans un pareil acte un caractère de réaction qui peut manquer de convenance et de sagesse, mais qui n'est cependant pas sans générosité ni sans grandeur.

Si un délit s'est souvent commis impunément à l'abri de l'opinion, c'est encore une raison pour être moins sévère à l'égard de celui qui croit pouvoir jouir également de l'impunité, lors surtout que le délit n'a pas de soi ce caractère.

L'entraînement de la multitude dans la perpétration d'un délit, le nombre simultané des délinquants excuse encore, quoiqu'à un moindre degré; mais il faut que ce nombre soit très-considérable, comme dans une émeute ou une révolte; s'il est

---

pœnis; L. 28, eod. tit.; L. 3, Cod., De pœnis; L. 6, § 2, D., De interd. et relegat.

[1] Jousse, II, p. 631.

[2] Jousse, ibid., p. 630 et 631.

[3] C'est ainsi, nous le répétons, que M. Livingston l'a entendu dans sa rédaction du Code de la Louisiane.

petit, comme dans une association pour vol ou brigandage, le délit s'en trouve aggravé.

III. En tous cas, la bonne ou la mauvaise foi, l'ignorance ou la connaissance de ce qu'on fait, l'erreur ou le parfait discernement à propos du délit, sont autant de circonstances qui méritent d'être appréciées.

La mauvaise foi dans le mal prend le nom de dol. L'absence de la mauvaise intention (excepté en matière d'ordre public et de police), exempte de la peine, mais non de la réparation du dommage [1].

Le dol, dans une acception plus restreinte, implique l'idée de ruse et de machination dans le dessein de tromper ou de nuire [2].

La faute, si elle est exempte de mauvaise foi, n'est cependant pas irréprochable, mais elle l'est beaucoup plus que le dol. Elle a, comme le dol, des degrés qu'il est plus facile de nommer que de caractériser nettement, et plus facile de caractériser encore que de discerner avec justesse dans la pratique. La prestation des fautes a exercé depuis longtemps la sagacité des jurisconsultes. La science peut y avoir gagné quelque chose, la pratique fort peu [3]. Il s'agit, dans la gradation des fautes, de la divisibilité d'un continu; et toute question de cette nature n'a jamais rien de rigoureusement vrai. Laissons donc aux jurisconsultes leurs deux ou trois degrés de fautes comme des cases vides à peu près inutiles dans l'application, et reconnaissons que la véritable échelle ici, celle même qui servirait à estimer la faute d'après la mesure des jurisconsultes, c'est la conscience. Elle procède par approximation, en tenant un compte aussi exact que possible de circonstances diverses, nombreuses et délicates, presque aussi difficiles à énumérer qu'à décrire à priori, et qu'il resterait toujours à reconnaître et à juger dans la réalité. Disons seulement qu'il y a faute toutes les fois qu'une action ou une omission par imprudence, impéritie, faiblesse, négligence, porte atteinte aux droits d'autrui.

[1] PAPON, liv. IV, tit. 8, n° 3. — L. Cod. de Sicar.; — L. Qui injur., D., De furtis; — L. Quod reipublicæ, D., De injuriis; — L. Cum autem, § Excipiuntur, D., De ædit. ed.

[2] L. 1, § 1, D., De dolo malo.

[3] Voir, sur ce sujet, l'ouvrage de M. HASSE, Die culpa des Rœmischen Rechts. Kiel, 1815.

Disons encore que ce n'est qu'en droit civil, dans les contrats ou quasi-contrats, que la faute grossière est assimilée au dol, *lata culpa dolus*, à moins qu'elle n'implique le dol. Ici, en effet, en droit criminel, on n'a rien promis, on n'a point pris d'engagement auquel on ait manqué.

La faute par omission, surtout si elle n'est pas grave, mérite plus d'indulgence que la faute par commission ; il est ordinairement plus naturel et plus sage de s'abstenir que d'agir.

En général, le dol ne se présume point ; il faut donc que celui qui l'allègue le prouve. La faute ne se présume pas davantage, à moins qu'elle ne soit la plus indulgente des suppositions possibles, comme dans le cas d'incendie.

C'est donc la bonne foi qui est la présomption du droit. Mais cette présomption cesse dès que le délit est évidemment tel ; si la loi qui le défend est connue ou justement réputée connue du délinquant ; si le délit se rattache à d'autres actes dont la culpabilité subjective soit certaine ou probable ; si l'auteur du délit y est reconnu sujet ; s'il cherche par des mensonges à décliner la responsabilité qui le poursuit ; si les précautions par lui prises accusent une intention qui se juge coupable ; si le délit est accompagné de violence, de lésion grave au droit d'autrui ; si les rapports de l'auteur du délit avec celui qui s'en trouve lésé étaient de nature à produire de pareilles conséquences ; si l'auteur du délit avait intérêt à le commettre, et s'il l'avait seul, etc. [1].

Les circonstances contraires engendrent naturellement une présomption différente.

La bonne foi dans le mal tient à l'ignorance de ce mal. Mais l'ignorance doit elle-même pouvoir se justifier ; autrement elle n'excuse pas ou elle excuse moins.

L'ignorance en matière de délit est déjà une erreur ; on peut dire cependant qu'il y a cette différence entre ces deux choses, que l'ignorance a lieu lorsqu'on ne croit point faire de mal, et l'erreur lorsqu'on croit faire un bien. Il y a la différence du négatif au positif.

Il en est de même de la bonne foi et de la bonne intention : la première est négative, elle n'est pas mauvaise ; la seconde est positive, elle est bonne.

---

[1] FARINACIUS, quæst. 89, n°˚ 74, 75, 77, 81, 98, 104, 127, 130, 140, 141.

Ces différences sont réelles, et doivent être appréciées. Mais la bonne foi, la bonne intention, ainsi que l'erreur, lorsqu'il y a délit, tiennent à une cause commune, l'ignorance. Il s'agit donc, dans tous ces cas, d'en apprécier le degré de vraisemblance et d'innocence.

Il y a tel délit sur la nature duquel il n'est permis de se tromper qu'à un enfant, à un imbécile ou à un fou.

Il en est d'autres qui ne sont pas des délits naturels, mais dont il est peu excusable d'ignorer le caractère, parce que la loi, la coutume, la tradition, les usages de chaque jour, en proclament la nature. En vain le coupable se prévaudrait d'une instruction contraire, de l'autorité d'un maître quelconque; le bon sens dit assez que nul n'a le droit d'enseigner à mépriser les lois du pays; autrement, tous les intérêts, tous les fanatismes pourraient en renverser l'édifice [1].

L'ignorance du droit ne se présume donc point, et ne peut s'admettre que rarement. C'est à celui qui l'allègue à l'établir en fait et à montrer qu'elle est excusable.

L'ignorance du fait ne se présume pas davantage; mais dès qu'elle est établie, elle excuse du dol ou de la faute. Elle exempte donc de la peine; mais elle ne dispense pas de réparer le mal occasionné.

L'erreur est plus difficile à justifier que l'ignorance, soit lorsqu'on croit faire le bien tout en faisant le mal, soit surtout lorsqu'on croyait commettre un mal on en commet un autre. Dans ce dernier cas, il n'y a pas erreur de droit à proprement parler, mais erreur de fait. L'excuse complète en est impossible; les lois romaines en donnent plusieurs espèces [2].

La bonne intention, au contraire, peut excuser quelquefois, lorsqu'on commet une action mauvaise d'ailleurs, mais dans le cas seulement où l'erreur est juridiquement impossible.

Les bons sentiments ne sont pas nécessairement accompagnés de l'erreur de droit ou de fait. On peut, comme Horace vainqueur, se laisser emporter par l'indignation et commettre sciemment un délit, mais par un mobile qui n'a rien que de louable dans son principe ou son essence. L'acte seul est ré-

---

[1] Jousse, p. 614, n° 216.
[2] L. 45, § 2, D., *Ad leg. Aq.*; L. 5, § 1, D., *De servo corrupto*; L. 18, § 3, D., *De injur.*; L. 6, D., *De crim. expil. heredit.*

préhensible; mais tout répréhensible qu'il est, il peut mériter de l'indulgence.

Nous avons dit un mot de la négligence ou de la faute, en parlant du dol, et nous nous sommes demandé, en traitant de l'excuse tirée de la contrainte, si le besoin pressant pouvait prétendre à la même indulgence.

IV. Si nous portons notre pensée sur la manière dont le délit est perpétré, abstraction faite cette fois des motifs ou de l'intention, nous apercevrons aisément que certaines circonstances extérieures peuvent ajouter à sa gravité où servir de titre à l'adoucissement de la peine, et qu'il convient de tenir compte de cet ordre de circonstances, sans, toutefois, entrer dans des détails trop minutieux, comme le faisaient certaines lois. Zoroastre distinguait par exemple, dans une blessure, le temps nécessaire à la cicatrisation; si elle avait été faite par derrière; si le sang avait coulé; si le corps avait été déchiré; si un os avait été fracturé; si un membre avait été séparé du tronc[1].

La manière dont le vol avait été commis entraînait déjà aux yeux du législateur romain des différences dans la peine. A Sparte, cette différence pouvait aller jusqu'à faire disparaître la culpabilité.

L'instrument du délit n'est pas non plus sans influence sur la peine. Aussi l'empoisonnement est-il plus odieux que l'assassinat, il joint la lâcheté à la scélératesse.

La loi des Bourguignons inflige une peine différente si l'on a pris un homme aux cheveux, d'une main ou des deux mains[2].

Si la violence est acharnée, persistante; si le poignard est retourné dans la plaie, si les coups sont multipliés, il y a là autant d'indices d'une rage qui ne pourrait trouver d'excuse que dans la colère la plus exaspérée et la plus légitime. Mais si un acte de scélératesse est commis de sang-froid, contre toute justice, sans le plus léger ressentiment; si la victime est mutilée, égorgée lentement, le chapelet d'une main, le couteau de l'autre, comme dans l'affaire des féroces trabucaires, ce n'est pas trop de toute la sévérité de la loi. Si la société se vengeait, le supplice n'aurait alors rien que de juste encore.

---

[1] PASTORET, *Zor., Conf. et Mahom.*, etc., p. 81-89.—ANQUETIL DU PERRON, *Zend-Avesta.*

[2] Tit. 5, L. 4, *Si quis ingenuum hominem per capillos arripuerit, si una manu 2 solidos inferat; si utraque 4.*

V. Des motifs d'aggravation ou d'atténuation sont également tirés de la nature et du degré de l'action punie. Un délit qui a naturellement ce caractère à tous les yeux est un mal plus grand que celui qui n'est tel que par le fait de la loi ou de circonstances qu'on peut ignorer. Dans les délits naturellement tels, ceux de même espèce, de même nom, tel que le vol, diffèrent singulièrement par ce qui en est l'objet, la qualité, la matière, par le *corpus delicti*, comme aussi par la quantité absolue.

La quantité relative peut encore aggraver la faute. Il y a plus de mal moral à voler le pauvre que le riche.

Ces distinctions ont toujours été senties, et si les législateurs ont paru quelquefois s'y tromper, en punissant plus sévèrement ce qui est moins coupable que ce qui l'est davantage, par exemple les délits contre le fisc plus que les délits contre les particuliers, c'est que l'intérêt des principes s'y trouvait plus engagé, et qu'on voulait compenser par un excès de crainte ce qui manquait naturellement à la conscience.

Un certain intérêt public, bien ou mal entendu, a pu exercer encore une certaine influence dans les répressions tenant à l'ordre ou au bien général. On s'imagine volontiers, surtout dans les républiques, que le délit est en raison du nombre de ceux qui en souffrent, quoique le degré de préjudice éprouvé par chacun ne soit qu'un infiniment petit. Ou bien on fait de la chose publique, de la patrie, une idole, et de toute atteinte contre elle, un sacrilége. Les Japonais punissent de mort la contrebande avec la Chine, et cette peine leur enlève quatre à cinq mille personnes dans un siècle [1], perte assurément plus grande que celle qu'éprouverait l'empire si la contrebande était un peu plus considérable ou la peine beaucoup plus douce; si, par exemple, elle n'était que pécuniaire. Je mets de côté, comme on voit, la question économique, celle de savoir jusqu'à quel point les nations sont intéressées à s'isoler commercialement, dans quelles circonstances et jusqu'à quel point.

La contrebande n'est qu'une sorte de vol public, quand elle en est un toutefois. Le bon sens du peuple regarde ce vol comme incomparablement moins coupable que celui qui atteint les particuliers; et le bon sens a raison. Les lois qui se mettent en contradiction avec lui ont donc ici un double tort. Si l'opinion

_____

[1] KÆMPFER, IV, 8.

générale, fût-elle erronée (je parle de quelque chose d'inférieur au bon sens), était opposée à une mesure législative, cette mesure serait déjà mauvaise par là même. Le législateur doit redresser l'opinion quand elle est fausse, et ne se mettre jamais en contradiction avec elle, excepté, toutefois, lorsqu'elle exigerait de lui une injustice; lors, par exemple, qu'inspirée par une humeur fanatique elle demande au souverain que tous les péchés soient punis comme des attentats juridiques, comme des méfaits sociaux.

Il y a de même une sorte d'iniquité à frapper le malheur, la faute même si l'on veut, comme on ferait la méchanceté et le dol; par exemple, de ravir à tout jamais la liberté à un débiteur insolvable. Il y aurait bien plus de cruauté encore à lui ôter la vie [1]. Que le fruit du travail [2] d'un débiteur insolvable appartienne à ses créanciers, je le comprends; c'est là du droit strict; mais que sa liberté, sa vie, lui soient enlevées à ce titre, c'est ce qui n'est plus dans la justice. Il n'y a plus d'analogie entre la faute et la peine. L'analogie a pu conduire à des abus en matière de législation criminelle; mais si elle avait toujours été sagement suivie, elle en aurait plus prévenu qu'elle n'en aurait fait naître. Ce serait encore là toute la question, alors même qu'on pourrait prouver que l'analogie conduit parfois à des peines injustes; preuve qui, selon nous, est encore à faire. Ceux qui l'attaquent ne s'aperçoivent pas que l'analogie n'est que le principe du choix des peines; mais que ce principe n'est point responsable du degré de la peine ni de sa moralité. C'est la justice et la morale qui doivent donner les deux autres principes propres à régler l'application du premier.

VI. Les suites d'un délit, son issue heureuse ou funeste pour celui qui devait en souffrir, ou pour le public, sont aussi des causes qui portent à l'indulgence ou à la sévérité. Sans doute il est moralement vrai de dire avec l'empereur Adrien : *In maleficiis voluntas spectatur, non exitus* [3]; mais le mal réellement

---

[1] Je ne puis croire que ce soit là le sens vrai d'une certaine loi romaine sur lequel on a tant écrit. V. L. 6, tab. III. — Au reste, cette disposition ne serait pas la seule de cette espèce. Solon en dicta une analogue, et les Germains, suivant Tacite, n'étaient pas moins impitoyables envers les débiteurs impuissants à se libérer. Nous reviendrons sur cette question.

[2] Et par conséquent sa liberté dans une certaine mesure et à certaines conditions, mais non la liberté dans le sens absolu du mot.

[3] L. 48, tit. 8, l. 14. — V. aussi L. 14, ad leg. Cornel. *De sicariis.*

occasionné doit aussi entrer pour quelque chose dans un système pénal qui ne tient pas seulement compte de l'intention. Je
dis plus : il doit être la base première, essentielle de la culpabilité ; il suffit pour le reste que l'acte soit imputable.

VII. C'est par la même raison qu'il y a lieu d'être plus sévère pour l'auteur d'un délit, dont les suites probables doivent
être plus ou moins fâcheuses, bien que ces suites ne soient pas
nettement voulues par le coupable.

VIII. On punit plus sévèrement aussi les délits plus faciles à
commettre, ou contre lesquels il est plus difficile de se prémunir, tel que le vol d'ustensiles aratoires et de bestiaux dans les
champs, de récoltes sur pied ou coupées, d'objets mobiliers
dans les lieux publics, dans les hôtelleries. « Dans l'île de Man,
dit Blackstone, cette règle avait une si grande étendue que le
vol d'un cheval ou d'un bœuf n'était point puni de mort, à
cause de la difficulté de cacher le vol dans ce petit territoire ou
de le soustraire hors de l'île ; mais le vol d'un cochon ou d'une
volaille était un délit capital, par la raison contraire[1]. » Il en
est de même du vol sur les grands chemins, du vol organisé
et à main armée, des violences exercées sur un enfant, une
femme, un vieillard.

La violation du domicile a toujours été regardée comme cause
aggravante, par la raison que la sûreté doit y être plus grande[2].
Le droit lithuanien condamnait celui qui avait dérobé quelque
chose, même de peu d'importance, dans le palais royal, à perdre
une oreille pour la première fois, et la vie en cas de récidive[3].
En Pologne, le délit ou le crime commis non loin du monarque,
dans sa demeure, dans la ville ou le village où il se trouvait, en
était aggravé. Le droit lithuanien faisait même de cette circonstance un crime de lèse-majesté, lorsqu'il y avait usage d'armes
et blessure dans le palais royal. S'il y avait blessure occasionnée
sans armes et sans attaque à repousser, le coupable était con-

---

[1] *Code criminel de l'Angleterre*, part. I, p. 13.

[2] V. *Statuts de Crema*, III, p. 72. — Le domicile comprend non-seulement
la maison, mais encore le jardin, le portique. Le statut de Ferrare étend
le domicile à 10 pieds autour de l'habitation. (*Statuta urbis Ferraris*, lib. III,
c. 80.) — V. aussi le statut de Tortona, lib. IV, p. 125. Celui de Milan ex-
cepte sagement de l'aggravation de la peine, par cette circonstance, les habitants mêmes de la maison. (*Stat. crimin. Mediolani*, c. 69.)

[3] Maciejowski, *Slavische Rechtsgesch.*, t. IV, p. 283.

damné à perdre la main [1]. Le temps de jour ou de nuit, de paix ou de guerre, de disette ou d'abondance, est encore une circonstance qui a son poids.

IX. Il faut aussi entendre par circonstances de temps et de lieu, les époques, les climats et les pays, les lieux publics ou les lieux qui ne le sont pas, ceux qui sont affectés à certaines réunions plutôt qu'à d'autres. La coutume de Montereau (art. 4) porte ce qui suit : « Le jour de samedy, qui est jour de marché, s'il est trouvé aucun délinquant en faisant battures et excès en la personne d'aucun, ou pour raison de pareil cas ou delict, l'amende serait ordinaire de v sols tournois; pour raison du dit jour de samedy et marché, elle est de lx s. t. [2]. »

X. Les rapports du coupable à l'offensé peuvent également aggraver ou atténuer le délit. Un fils ne peut châtier son père, mais un père peut user d'une certaine sévérité envers son fils, encore enfant surtout. Les rapports de parenté, de tutelle, de mari et de femme, de maître et de domestique, de supérieur et d'inférieur, disent assez que les mauvais traitements commis dans ces conditions ont plus ou moins de gravité que lorsqu'ils n'ont lieu qu'entre personnes n'ayant d'autres rapports entre elles que ceux qui font de tous les hommes des êtres moraux de même espèce, ou qui les unissent de liens moins étroits que les précédents.

En comparant les lois des peuples barbares qui furent en vigueur du Ve au XIIe siècle, avec celles des républiques italiennes depuis le XIIe siècle, on trouve que, pendant la première période, les peines portées contre les délits envers les gens d'église étaient trois fois plus fortes que les peines ordinaires [3], tandis que, dans la seconde période, elles furent mitigées et finalement réduites au niveau des peines ordinaires : la peine supérieure resta au profit de l'autorité civile. Ce degré d'exacerbation fut dans certains États du double [4]; il s'éleva dans d'autres jusqu'au quadruple [5]; la dignité de l'offensé, son ca-

[1] *Ibid.* — V. aussi *Laudensium statuta*, c. 511.
[2] La *Conférence des coutumes*, par P. GUENOYS; Paris, 1596, t. I, tit. 26, nos 9 et 13.
[3] CANCIANI, *Leges Barbar.*, t. II, p. 326, id. 2, p. 360, col. 2; t. III, p. 198, col. 2.
[4] *Stat. crim. de Milan*, c. 98; de *Lodi*, c. 576; de *Monza*, c. 17, 128.
[5] *Statuta curiæ Matarellæ Domi Ossulæ*, p. 40. — *Stat. de Novara*, p. 129, 130.

ractère public, faisaient quelquefois porter l'amende jusqu'au sextuple [1].

Dans certains États, le degré de la peine fut tel qu'il changea la nature du délit, puisqu'il fut puni comme le crime de lèse-majesté [2]. Le statut de Crémone met les avocats consultants, les patrons et les arbitres sur la même ligne que les juges; la peine était quatre fois plus forte pour les délits commis à leur égard que pour ceux qui ne l'étaient que contre de simples particuliers [3]. Des paysans qui manquaient à des citadins étaient punis d'une peine double de celle décernée pour les délits de bourgeois à bourgeois [4]. La richesse obtint des priviléges analogues [5]. L'instruction, l'éducation, les professions libérales jouirent des mêmes faveurs [6]. Quand les lumières furent remises en honneur, l'instruction valut d'autres immunités encore [7].

La moralité des personnes a porté aussi quelques législateurs à être plus indulgents pour les uns, plus sévères pour les autres [8]. Il y a plus de mal, en effet, dans l'injure faite à l'homme de bien que dans le manquement à celui qui ne se respecte pas lui-même. Mais ces nuances sont partout difficiles à saisir, et les apparences peuvent être trompeuses. En tout cas, c'est manquer plus grièvement aux personnes respectables, que de les injurier sous les yeux de celles dont l'estime leur est chère [9].

XI. Il faut dire encore que les délits paraissent plus ou moins graves, suivant qu'ils semblent menacer un plus ou moins grand

---

[1] SAINTE-CROIX, *Du gouvernement féodal*, p. 359.

[2] *Municipalia Cremæ*, p. 76.

[3] *Stat. Cremonæ*, p. 56; *Stat. de Casalmagg.*, p. 78; de *Ferrare*, III, 77, p. 143.

[4] *Ibid.* p. 53, 54. — *Stat. de Ferrare*, III, 72.

[5] CANCIANI, *Leg. Barb.*, t. IV, p. 239, col. 2. — Cf. MONTAIGNE, *Essais*; *Londres, la cour et les provinces d'Angleterre*, t. III, p. 196; *Leges nov. reipubl. Genuæ*, c. 50.

[6] V. la vie d'Alaric, celle d'Amalasonte et celle de Cassiodore.

[7] V. tous les statuts des villes d'Italie, particulièrement ceux de Brescia, c. 210, p. 107; celui de Crémone, p. 94, 105; de Ferrare, lib. III, c. 67; de Crème, III, p. 76. — Cf. SAINTE-FOIX, OEuvres, t. V, p. 367.

[8] *Municipalia Cremæ*, III, p. 77. — *Criminal jur. Genuæ*, II, 5. — *Leg. Barb.*, dans CANCIANI, t. I, p. 372, col. 2. — *Statut. comm. Placent.*, II, *De verbis injur.*

[9] *Stat. de Crème*, III, p. 94; de *Pavie*, c. 16; de *Lodi*, c. 623; de *Valzesia*, c. 36 et 37; d'*Intra et de Pallanza*, p. 101; de *Valsasina*, c. 30, p. 12; de *Pontremoli*, III, c. 16, p. 72.

nombre de personnes, c'est-à-dire suivant qu'ils sont commis dans des circonstances qui se rencontrent plus ou moins fréquemment. C'est ainsi que celui qui empoisonne son père pour jouir prématurément de ses biens, ne paraît pas aussi dangereux que le brigand qui assassine pour voler, quoique son crime soit plus atroce. Tel qui empoisonne son père dans des vues intéressées, ne commettrait pas un meurtre ordinaire, et peu de pères de famille redoutent un pareil traitement de la part de leurs enfants. On comprend, du reste, que le sentiment de la sécurité peut porter plus facilement à l'indulgence, comme celui de l'alarme à la sévérité, et qu'ainsi une circonstance aggravante d'un côté, peut être paralysée par une circonstance atténuante de l'autre, et réciproquement.

Farinacius déduit encore une circonstance atténuante de l'incertitude où l'on est sur l'auteur du délit; lors, par exemple, qu'un crime est commis par un individu faisant partie d'un rassemblement[1]. Nous ne pouvons admettre que si le rassemblement n'a rien d'illicite, tous ceux qui le composent puissent être frappés d'une peine, même inférieure à celle que mérite le délit commis. Nous faisons toutefois abstraction du cas où la dénonciation serait obligatoire. Mais encore ne faudrait-il appliquer que la peine portée contre le refus de dénoncer. Resterait toujours à savoir, cependant, si elle peut atteindre jusqu'à ceux qui n'ont pu apercevoir le coupable. Si, au contraire, la réunion est par elle-même un délit, si elle est séditieuse, par exemple, tous ceux qui la composent peuvent être accusés de réunion illégale pour cause de sédition, mais pas à un autre titre. Un autre cas où l'auteur présumé d'un délit était encore puni, mais moins sévèrement, c'est lorsque, sans faire partie d'un rassemblement, il se trouvait désigné par l'opinion publique, ou chargé par un certain nombre de faits propres à engendrer une vraisemblance plus ou moins grave. Mais dès qu'il est convenu qu'on ne peut condamner que sur des preuves, sur des preuves certaines et non sur des simples vraisemblances, il faut renoncer à punir l'auteur incertain du délit. Il ne peut donc pas être question de faire descendre la peine au niveau de l'incertitude[2]; il n'y a pas de peine raisonnablement possible alors.

[1] Farinac., qu. 96, n°ˢ 14 et suiv.
[2] Des peuples modernes en sont encore là. Nous le verrons.

Nous aurions pu entrer dans de plus grands détails sur les circonstances atténuantes ou aggravantes; mais l'excès est plus à craindre ici que le défaut. Heureux même si nous pouvons échapper au reproche d'avoir été trop long, quoique les détails analogues, dans lesquels descendent plusieurs législations et l'intérêt seul de la question, semblent suffisamment nous justifier.

Les jurisconsultes romains distinguaient déjà sept classes de circonstances atténuantes, suivant qu'elles se rattachaient à la cause ou au motif, au lieu, au temps, à la qualité et au degré du délit, enfin aux personnes qui l'avaient commis ou qui en avaient souffert[1]. Nos anciens criminalistes ont marché sur les traces des jurisconsultes romains; l'un d'eux, Tiraqueau, a fait un traité remarquable sur la matière[2]. Il admettait quarante-quatre raisons d'atténuer ou de remettre la peine.

Le droit canonique, dans lequel la morale a une si grande part, ne pouvait pas manquer d'admettre des degrés dans les délits de même nature[3].

Une des principales raisons de l'arbitraire des peines dans notre ancienne jurisprudence, c'est précisément la nécessité de les approprier non-seulement au délit, mais encore au degré de culpabilité propre au délit, degré qui varie suivant les cas.

Les lois modernes, dont le caractère est généralement plus doux, ont dû, à plus forte raison, accorder beaucoup à l'appréciation des circonstances. C'est ce qui est arrivé particulière-

---

[1] Aut *facta* puniuntur, aut *dicta*, aut *scripta*, aut *consilia*..... Sed hæc quatuor genera consideranda sunt septem modis : causa, persona, loco, tempore, qualitate, quantitate et eventu. L. 16, D., *Præm.*, et § 1, *De pœnis*. — SATURNIN développe ensuite sa division. — V. ULP., L. 13, D., *De pœnis*, et les observations critiques de M. RIVIÈRE sur ce passage, *Esquisse hist. de la législat. crim. des Romains*, p. 52.

[2] *De pœnis temperandis vel remittendis*, dans ses *Tractatus varii*, 1 vol. in-fol. — V. aussi FARINACIUS, *De delictis et pœnis*. Au nombre des circonstances qui doivent faire remettre la peine, il compte le cas où la corde d'un pendu vient à se rompre. Ce cas n'est point chimérique; il avait été prévu par une loi anglaise du moyen âge : « Si latro suspensus fuerit, et postea cadat de furca, quietus erit ulterius de illo furto. » — HOUART, op. l., t. II, p. 249. — Voir aussi, sur ce sujet : LYNDEN (J. C. C. P. van), *De moderanda pœna*, 1828; — MEERSCH (J. F. van de), *De justo* προσωπολημψίας *in pœnis infligendis moderamine*, Lugd. Bat., 1798; — *Revue de droit*, 1850, t. VII, p. 424.

[3] *Corpus juris can.*, secunda pars, caus. 2, quæst. 3.

ment dans tous les pays où le fait a été soumis à des juges distincts.

Dans les pays même où le jury n'a pas encore été admis, les juges n'en sont pas moins appelés à se rendre d'abord un compte rigoureux du fait, à l'estimer à sa juste valeur morale, et à lui appliquer ensuite la peine méritée.

Le Code autrichien détermine cinq circonstances spécialement aggravantes, et treize circonstances atténuantes, dont dix sont tirées des personnes et trois des faits [1]. Il place au nombre des circonstances aggravantes celle d'avoir déjà commis d'autres délits de même espèce ou d'espèce différente.

Si le Code néerlandais n'a pas cru devoir investir le juge du droit d'abaisser la peine, en considération des circonstances atténuantes, en cas de délit capital, et cela sous le prétexte que le chef de l'État a seul le droit de grâce, n'est-ce pas s'achopper sur une difficulté créée à plaisir, ou refuser d'être conséquent? S'il y a des circonstances atténuantes, le crime peut n'être plus capital que de nom, et il n'y a là aucun droit de grâce à exercer d'abord en ne condamnant pas à mort, mais simplement droit de justice. C'est donc vouloir être trop sévère pour donner au chef de l'État une apparence de bénignité [2].

Le Code du Brésil juge convenable, comme la plupart de ceux qui n'admettent pas de jury, d'énumérer avec quelque étendue les circonstances aggravantes ou atténuantes. Il en compte vingt-deux de la première espèce, entre autres si le délinquant a été payé ou s'il a compté l'être pour commettre le délit; s'il a usé de déguisement pour surprendre sa victime; s'il a, par son crime, ajouté à une affliction déjà existante [3].

Les circonstances atténuantes énumérées dans ce même Code sont au nombre de dix [4].

Le Code bolivien énumère aussi les circonstances légalement atténuantes. Toutes les fois que la loi spécifie les circonstances qui aggravent ou atténuent le délit, le juge, évidemment, ne peut en admettre d'autres, sans quoi l'énumération qu'en fait la

---

[1] *Code autr.*, 1re part., art. 37-40, trad. de M. FOUCHER.

[2] Cette disposition du Code hollandais est justement blâmée par un jurisconsulte du pays, M. KOENIGSWARTER, *Revue étrang. et franç. de droit*, IV, p. 344.

[3] Première partie, art. 15-17.

[4] *Ibid.*, art. 18.

loi serait superflue. La sentence doit, de plus, mentionner la circonstance qui a été prise en considération. On pourrait bien aussi exiger d'un jury qu'il n'admît d'autres circonstances atténuantes que celles qui seraient reconnues par la loi, et par conséquent qu'il les fît connaître dans son verdict; mais le jury est plus capable de sentir que de penser, et l'on s'en rapporte à son impression confuse, plutôt que d'exiger de lui un discernement parfait.

Le Code de la Louisiane met sagement au nombre des circonstances aggravantes les fonctions publiques dont le coupable serait investi, sa position sociale élevée, son éducation, sa conduite précédente, sa fortune, etc. [1].

Le Code belge, sans doute par imitation du Code néerlandais, n'a pas étendu la faculté d'atténuation à toutes les affaires du grand criminel [2].

D'après tout ce qui vient d'être dit sur les circonstances qui augmentent ou diminuent la culpabilité, il semble qu'on peut très-bien définir les circonstances aggravantes : des faits accessoires à l'élément essentiel du délit, et qui le rendent juridiquement plus ou moins grave, par conséquent plus ou moins punissable, sans toutefois être jamais par eux-mêmes des délits distincts.

De cette manière nous écartons tous les faits qui n'ont aucune connexion avec le délit, ou qui, tout en s'y rattachant, constituent par eux seuls des délits distincts [3]. Peu importe que l'un de ces délits ne soit qu'un moyen et l'autre une fin, que l'un soit principal et l'autre accessoire. Ce sont deux délits, passibles chacun d'une peine spéciale.

Nous n'ignorons pas que cette manière d'envisager les circonstances aggravantes des délits s'écarte de celle qui est admise par la plupart des jurisconsultes et des législations : on est généralement porté à regarder deux délits connexes, l'un comme le délit unique, comme le délit proprement dit, l'autre comme une simple circonstance aggravante du premier. Nous y voyons, nous, ce qui s'y trouve réellement, deux délits, dont le moindre serait déjà par lui seul punissable. Nous y voyons

---

[1] *Revue étrang. et franç.*, t. II, p. 698.
[2] *Ibid.*, t. VII, p. 729.
[3] Est délit essentiellement distinct celui qui est déclaré tel par la loi, dans le cas où il n'est pas connexe.

concours de délits, et par conséquent cumulation possible de peine. Nous reviendrons bientôt sur cette question. — Nous voulons bien, du reste, que la justice humaine ne soit pas impitoyable, qu'elle n'use pas de tout son droit; mais, dans l'intérêt de la vérité, de la perfection de la doctrine, de la justice et de la morale même, il faut distinguer ce qui doit l'être; il faut que l'on n'ajoute point à une peine déjà suffisante, et qu'on sache si l'on n'augmente pas celle qui pourrait l'être, qu'on fait de la générosité et non de la justice. Il est également bon que les criminels eux-mêmes n'ignorent point que la société ne les frappe qu'à regret, qu'elle ferme les yeux sur une partie de leurs fautes, et qu'elle est indulgente jusque dans ses apparentes rigueurs.

L'admission des circonstances atténuantes, alors même que les juges du droit sont aussi les juges du fait, présente ces avantages incontestables : 1° que l'accusé n'est point acquitté par la répugnance que les juges éprouvent à le voir frappé d'une peine trop forte; 2° de rendre ainsi la répression plus plus sûre, plus générale, plus puissante, par la certitude où est l'accusé de ne pas échapper aussi facilement à la peine; 3° d'habituer la conscience publique à discerner les nuances des crimes, à se perfectionner par la réflexion; 4° de prouver aux peuples que la justice n'est point arbitraire, que la vie de l'homme, même du coupable, a son prix, et un grand prix aux yeux du souverain : « Lorsque le peuple ne voit point de gradation dans les peines, dit Blackstone, il est porté à croire qu'il n'y en a point dans les crimes [1]. »

D'après la définition que nous avons donnée des circonstances qui modifient la gravité du délit en le déterminant, il est clair : 1° que toute peine destinée à punir un délit plus ou moins grave, doit être susceptible de division ou avoir des degrés ; 2° que le maximum doit être réservé aux délits de l'espèce les plus gravement caractérisés, et le minimum pour ceux qui le sont le moins.

Deux réflexions néanmoins trouvent ici leur place : 1° les peines indivisibles, si elles sont jugées suffisantes, et qu'elles soient d'ailleurs une sorte de minimum relatif ou pour les cas prévus, ne font point regretter leur indivisibilité, puisque, par

[1] *Comment. sur le Code crim.*, p. 16.

hypothèse, ce sont les peines les plus légères qu'on puisse infliger sans compromettre la dignité de la justice ; 2° si l'on veut y voir, au contraire, un maximum que la société n'entend point dépasser, alors même qu'elle pourrait le faire sans manquer à la justice, il est inutile encore que ces peines soient susceptibles d'être aggravées, qu'elles aient des degrés supérieurs, comme en avait la peine de mort dans l'ancienne législation française. Cette peine se distinguait en cinq espèces, accompagnée qu'elle était d'autres peines qui la rendaient plus ou moins atroce. La loi nouvelle fait grâce de ces degrés d'exacerbation, et son plus grand châtiment n'a plus pour cortége des tourments qui pourraient être mérités, je le veux, mais qui ressemblent trop à de la vengeance, et qui déconsidèrent la justice en même temps qu'ils la font prendre en horreur.

Remarquons encore que si la peine affectée par la loi à un délit ne peut s'élever, même d'un degré, quelles que soient les circonstances aggravantes (ce qui a lieu lorsqu'elle ne peut être infligée que dans son maximum), il n'en est pas ainsi de la même peine considérée dans son minimum ; le plus bas degré peut être dépassé. C'est qu'alors l'espèce du délit se trouve changée. Il y a un terme nécessaire aux circonstances aggravantes, puisque, d'une part, le délit est défini par la loi, et que, d'un autre côté, les circonstances aggravantes ne sont point par elles-mêmes des délits prévus, définis et punis d'une peine propre. Il peut bien y avoir délits conjoints, mais c'est un tout autre cas, je le répète. Au contraire, il n'y a pas de limite assignable au *minimum* ; car depuis les *faits justificatifs* ou les excuses péremptoires jusqu'aux *qualifications* les plus graves d'un même délit, il y a d'abord tous les degrés qui séparent le maximum du minimum ; il y a, en outre, une série de faits qui ne laissent du crime proprement dit que le nom [1], mais qui constituent encore un délit ; ils font disparaître le dol, mais en laissant subsister la faute. Ils peuvent même être quelque chose de moins, et n'avoir qu'un caractère de pure contravention, malgré le crime matériel auquel ils se rattachent.

Il ne faut pas dire alors avec des criminalistes très-distingués d'ailleurs, que le juge, en faisant descendre la peine si bas,

---

[1] Et encore faut-il changer ce nom, qui n'est d'abord donné que sur l'apparence du fait principal.

détermine plus équitablement la nature du délit, l'espèce qui lui était soumise en apparence ; il n'y voit que ce qu'elle renferme, et ne se laisse point abuser par une première dénomination. Toute dénomination d'un fait aussi complexe qu'un délit, porte essentiellement sur une abstraction. Le fait au contraire, c'est-à-dire le délit à juger, est essentiellement concret ou déterminé, et doit être apprécié comme tel ; peu importe ensuite que la dénomination qu'il avait d'abord reçue fût plus ou moins propre ; elle n'était jusque-là qu'un préjugé susceptible d'être redressé ; le juge est chargé d'apprécier un fait, et non de donner raison à une dénomination, ou de renvoyer impuni un délit mal nommé [1]. Ce serait un reste de ce vieux pharisaïsme des formules d'action, où l'esprit succombait sous la lettre, où la forme emportait le fond, où la procédure semblait être la fin et la justice le moyen. Dans ce sens, il est vrai, nous sommes revenus aux peines arbitraires. Mais que vaut-il mieux, ou qu'il n'y ait pas de peines du tout pour certains délits, ou qu'elles soient trop fortes? Toute la question est là. Or la poser ainsi, c'est la résoudre. Et comme c'est la loi qui donne au juge ce pouvoir, on ne peut pas dire que les peines, une fois descendues à un certain degré, sont appliquées au gré du juge et non à celui de la loi. Les deux derniers paragraphes de l'article 463 de notre Code pénal sont donc parfaitement fondés en raison [2].

Quelle différence, d'ailleurs, entre l'arbitraire des anciennes lois pénales et celui des nouvelles ! Les législateurs anciens, surtout dans les États despotiques, n'avaient rien fait, ou avaient incomparablement moins fait pour restreindre cet arbitraire : l'indifférence, le mépris de l'humanité, l'ignorance, le désir

---

[1] Il est évident que si la dénomination péchait dans le sens opposé, par exemple si l'on appelait un parricide de la dénomination bénigne d'injure, le juge supérieur aurait la faculté de redresser l'erreur.

[2] Si la dénomination provisoire du délit est trop faible, le tribunal qui est saisi de l'affaire, en conséquence de la qualification même du délit, qui est attributive de juridiction, peut toujours se déclarer incompétent, et renvoyer l'affaire à un tribunal supérieur. Si, au contraire, la dénomination spécifique et provisoire est trop forte, le tribunal devant lequel l'accusation est portée peut être investi du droit de prononcer sur tous les délits qui ressortissent à une juridiction inférieure quelconque, pour éviter les lenteurs et les frais, et par la raison que pouvant le plus il peut le moins, ou bien encore renvoyer aux juges spéciaux. Cette dernière mesure vaudrait déjà mieux que l'impunité.

secret de pouvoir se venger sous prétexte de punir, l'utilité prétendue de la crainte continuelle d'une peine excessive pour les uns, comme aussi l'espoir pour d'autres d'échapper plus aisément à la juste peine de leurs crimes, ou de n'en porter qu'un châtiment dérisoire; la satisfaction intérieure que le juge devait éprouver à se sentir armé d'une puissance aussi redoutable, sa docilité entre les mains du pouvoir, tels sont les motifs qui expliquent en grande partie l'arbitraire des anciennes lois pénales.

Mais outre que l'arbitraire qui est laissé au juge par les lois nouvelles est incomparablement plus restreint, il n'est dû qu'au respect même de la justice. La loi ne lui donne autant de liberté que pour le livrer plus étroitement aux exigences de sa conscience. Elle ne veut pas que le juge soit une machine; elle lui laisse sa nature et sa responsabilité morale; seulement elle l'éclaire et le dirige. Elle fait assez pour qu'il ne s'égare point, mais elle ne veut rien faire qui ressemble à une violence morale, ou qui enlève au juge sa juste part de responsabilité. Elle ne le croit point infaillible, ni peut-être à l'abri de toute faiblesse. Aussi lui donne-t-elle des règles qui l'obligent et le soutiennent en l'éclairant, mais elle ne le suppose ni aveugle ni pervers.

Une autre considération relative aux circonstances graves qui caractérisent les délits, c'est qu'il peut y en avoir d'aggravantes et d'atténuantes tout à la fois. Ce concours donne lieu à un calcul approximatif de plus et de moins, ou d'égalité, qui ne peut être réglé utilement par le législateur; car il préférera vainement qu'on prononce des circonstances atténuantes si elles dépassent les aggravantes, ou réciproquement; il faudra toujours qu'il s'en réfère à la conscience du juge pour faire cette appréciation comparative.

Le Code autrichien nous semble donc avoir pris un soin superflu, lorsqu'il recommande de faire attention à celles de ces circonstances qui prédominent, et de se prononcer en conséquence [1].

Est-il bien facile, du reste, de comparer des choses aussi différentes que le bien et le mal moral, avec toutes les formes qu'il revêt? L'esprit peut s'égarer et se perdre en cherchant à se

---

[1] Art. 41, première partie.

faire une idée précise, en cherchant autre chose que cette impression dernière qui est comme la résultante de toutes les impressions particulières survenues pendant les débats. Elle est peu raisonnée, je le veux, mais elle n'en est peut-être que plus naturelle et plus vraie : nous sommes alors moins actifs, nous y mettons moins du nôtre ; le résultat possède donc un caractère moins artificiel.

Lorsque la peine est indivisible, qu'elle n'a ni maximum ni minimum, elle est censée n'être qu'un minimum ; autrement, si elle avait un caractère moyen, elle pourrait être trop sévère pour les cas où il y aurait des circonstances atténuantes dans l'espèce. Cependant, ce caractère moyen présenterait moins de danger si le juge avait la faculté d'appliquer une peine inférieure d'un degré ou même de plusieurs.

CHAPITRE VI.

De la tentative.

SOMMAIRE.

1. La tentative est, en tout cas, une faute morale. C'est une faute civile, un délit, alors même qu'elle n'est suivie d'aucun effet matériel, en ce qu'elle trouble la sécurité.
2. Trois moments à distinguer dans l'exécution d'un délit.
3. Conséquences pratiques de cette distinction.
4. La méditation d'un délit n'est pas un délit ; ce n'est qu'une mauvaise pensée, une intention coupable, un péché. Elle peut cependant exiger des mesures préventives.
5. État de plusieurs législations sur la tentative.
6. État de la doctrine à cet égard.
7. Déjà la loi romaine était entrée dans la distinction entre la tentative et le délit consommé.
8. D'où vient l'erreur en ce point.
9. Conclusion.

Nous avons fait entendre plus haut que le délit existe déjà lorsque l'action n'est que tentée : nous devons donner quelques explications sur ce point.

On peut distinguer, avec M. Rossi, trois moments dans l'exécution d'un délit : sa préparation, son exécution proprement dite et sa consommation.

Ces trois moments sont plus ou moins distincts, suivant la nature des délits.

La préparation est interne ou externe.

Dans le premier cas, elle est méditée purement, simplement ; et alors elle échappe à l'action judiciaire.

Dans le second cas, elle est visible, constatable.

Mais il faut, pour qu'elle puisse être punie préventivement, et dans l'intérêt de la sécurité publique, deux circonstances : la première, que cette préparation ait une connexion certaine avec le délit ; la seconde, que l'agent n'ait point renoncé à son projet.

Il faut, en tous cas, que la peine soit inférieure à celle qui frapperait un commencement d'exécution ou le délit consommé.

Cette distinction est importante, par la raison que le délinquant peut renoncer à son dessein tant que ce dessein n'est pas accompli sans retour, et qu'il faut lui ménager un intérêt à revenir sur ses pas.

De plus, il est évident que, sous le rapport matériel, celui qui n'en est qu'à la préparation ou à l'exécution d'un crime, porte moins de préjudice jusque-là que celui qui l'a complètement perpétré.

Ajoutons enfin que si le législateur était trop sévère, il serait moins sûr d'être obéi ; la conscience du juré se décide difficilement à reconnaître la culpabilité devant une peine qui lui semble trop forte. De là l'impunité, et le scandale qui l'accompagne. Mais que décidera-t-on si le criminel manque son but par l'effet du hasard, de la maladresse, ou par quelque autre raison contraire à sa volonté ? Il est sans doute moralement aussi coupable que s'il avait réussi, mais il ne l'est pas autant sous le rapport matériel. Or comme cette dernière considération est très-importante pour la société, qu'elle est d'une appréciation bien plus facile pour les hommes que celle du degré de culpabilité morale, il nous paraît raisonnable de ne point punir aussi sévèrement dans ce cas que lorsque le crime a été consommé matériellement.

Il ne faut pas, du reste, donner pour raison absolument valable de cette différence, qu'un criminel qui manque son coup est déjà puni jusqu'à un certain point par le regret, par le défaut de satisfaction qu'il éprouve de ne pas avoir réussi, tandis que celui qui est plus heureux éprouve au contraire une satisfaction qui doit trouver sa compensation dans la peine. Si ce raisonnement était juste, il faudrait moins punir l'auteur d'un délit consommé qui éprouverait des remords, que celui d'un d'un délit manqué qui n'en éprouverait point. D'ailleurs, il reste toujours à celui qui n'a pas réussi dans sa tentative criminelle l'espoir de recommencer, s'il persévère dans son dessein, et cet espoir est bien propre à calmer ses regrets coupables, tandis que celui qui a commis un mal irréparable n'est souvent frappé que d'une chose, de l'irréparabilité même de sa faute.

Il serait prudent néanmoins de laisser au juge la faculté d'appliquer le maximum de la peine méritée au crime matériellement consommé, pour le cas où la tentative avortée démontrerait une très-grande perversité.

En reprenant tous les moments qui constituent la série entière de la tentative, nous dirons donc, premièrement, que les actes internes ne sont jamais susceptibles d'être punis, *cogitationis pœnam nemo patitur*[1], puisqu'ils ne sont que de mauvaises intentions; mais ils autorisent, quand ils sont très-sérieux et bien avérés, non pas une peine proprement dite, mais des précautions ou actes défensifs, tels qu'emprisonnement, bannissement ou exil.

Si cependant on tenait à donner le nom de peines à ces précautions défensives, ces peines auraient leur fondement juridique dans la juste crainte qu'inspirent des résolutions criminelles; le trouble volontaire de la sécurité d'autrui est un délit.

Quant aux actes préparatoires, il faut distinguer encore, suivant qu'ils sont par eux-mêmes des délits ou qu'ils ne le sont pas. Dans le premier cas, ils peuvent toujours être punis, abstraction faite du but auquel ils devraient servir; dans le second, ils ne pourraient être atteints qu'à cause de la fin même qu'ils seraient destinés à préparer. Telle est, par exemple, l'organisation d'un complot. De pareils préparatifs sont une menace à l'ordre public; ils décèlent au moins une intention très-coupable, un péril social plus ou moins grand, et méritent une répression propre à sauvegarder l'avenir[2].

Le commencement d'exécution, si l'acte est indivisible, est aussi la consommation du délit, et il n'y a lieu de distinguer

---

[1] L. 18, *De pœnis*.

[2] La préparation du délit n'a pas toujours été distinguée de la tentative; plusieurs peuples l'ont punie comme accusant une intention coupable. C'était donc cette intention qui était atteinte. — V. PHILON, *De spec. leg.*, ad 6 et 7, *præcept. decalog.* — JOSÈPHE, IV, 8, 34; XII, 10, 36; XVII, 5, 5. — *Vendidad-Sadé*, p. 291.

ici qu'entre la tentative manquée et la perpétration même. Mais si l'acte criminel n'est pas indivisible, s'il y a progression possible, la culpabilité est d'autant plus grande que le crime est plus près de son terme. Il peut arriver cependant qu'il n'y ait de criminel en soi que le dernier moment de la série. Il faut donc, pour être autorisé à punir les actes qui le précèdent, être parfaitement sûr qu'ils se rattachent au dernier, qu'ils en étaient des moyens, des moyens efficaces, et non des moyens chimériques comme un certain nombre de ceux qu'employaient les prétendus sorciers.

Les jurisconsultes qui sont d'avis que la tentative non suivie d'effet, le délit tenté ou le délit manqué[1] est cependant punissable, conviennent toutefois que la peine doit être moindre que si l'effet s'en était suivi. Ils n'admettent d'exception que pour le crime de lèse-majesté, d'assassinat, de parricide, d'emprisonnement, pour les crimes qu'ils appellent atroces en général[2]. Cette exception peut avoir sa raison dans la gravité du délit, et cependant la gravité de la peine est au contraire une raison suffisante pour faire disparaître cette exception. Il y en a une autre encore, dictée par la prudence : c'est de ne pas désespérer l'auteur d'un attentat, de lui ménager, au contraire, un intérêt constant à renoncer à sa coupable entreprise.

Suivant Jousse, le juge n'avait pas la faculté, pour les délits ordinaires, de punir la tentative comme le délit consommé; il était obligé d'adoucir la peine [3]. Notre législation est devenue

---

[1] Le délit tenté proprement dit ou interrompu est celui qui est empêché dans son *exécution* (qu'il ne faut pas confondre avec sa *préparation*) par une force étrangère, volontaire ou non. Le délit *manqué* est celui qui n'a pas été empêché, mais qui n'a pas réussi, quoique les moyens propres à le consommer aient été employés. Tout délit tenté est un délit manqué dans le sens large de ce dernier mot, mais tout délit manqué n'est pas un délit tenté dans l'acception propre du mot *tentative*. Du reste le délit tenté et le délit manqué sont tous deux opposés au délit *consommé*. Le délit *suspendu* est opposé à tous les trois, ainsi que le délit *abandonné*. Ces deux derniers cas n'ont pas besoin d'explication. Il est, de plus, évident que le délit suspendu ne peut être puni comme le délit consommé. Le délit abandonné ne doit pas l'être du tout. Il faut remarquer encore que la suspension ou l'abandon peut porter sur les préparatifs ou sur l'exécution, comme dans les préparatifs d'un empoisonnement lent ou dans l'administration successive du poison, et qu'il importe de ne pas confondre ces deux situations.

[2] JOUSSE, t. II, p. 637-639.

[3] JOUSSE, t. II, p. 639.

plus sévère. Elle a, quant à la lettre, le même esprit que les capitulaires de Charlemagne[1], que les ordonnances de 1579, de 1670 et le Code pénal de 1791. Néanmoins, elle est plus douce quant à l'esprit, puisqu'il résulte de la discussion des Chambres en 1832, que les dispositions de cet article du Code de 1810 n'ont été maintenues que parce qu'on a compté sur les circonstances atténuantes que le jury ne manquerait pas de faire valoir. Le législateur eût peut-être mieux fait de compter sur lui-même, et de ne pas se décharger de ses obligations sur le pouvoir discrétionnaire des jurés[2].

Le Code belge punit de la même peine le délit manqué et le délit commencé; il est moins sévère pour la tentative proprement dite. Celui du grand-duché de Bade distingue, au contraire, entre le délit tenté ou interrompu et le délit manqué.

Le Code autrichien ne mentionne que la tentative[3]; il est vraisemblable qu'il entend par là le délit manqué. En général, la tentative est punie moins sévèrement par les différentes législations que le délit même[4].

Les criminalistes modernes sont presque unanimes sur ce point, surtout si le délit est suspendu[5].

Nous n'avons pas parlé des dispositions de la loi romaine à cet égard, parce que la doctrine n'en paraît pas exempte de contradiction. Toutefois, les maximes suivantes sont fort claires : « Qui hominem non occidit, sed vulneravit ut occidat, pro ho- » micido damnandum. — Qui ea mente alienum quid contrecta- » vit ut lucri faceret, tametsi mutato consilio, id postea domino » reddidit, fur est. — Is qui cum telo ambulaverit hominis ne- » candi causâ, sicut is qui hominem occiderit, legis Corneliæ » de sicariis pœna coercetur. — Maleficiis voluntas spectatur » non exitus[6]. » En voici d'autres qui ne sont pas plus obs-

[1] Lib. VII, cap. 151.

[2] V. sur ce point la *Théorie du Code pénal*, t. I, p. 373 et suiv.

[3] P. 6, art. 7; p. 231, art. 6, trad. franç.

[4] Code des *Deux-Siciles*, p. 273, art. 70, trad. franç. — Code *néerlandais*, Revue de M. Fœlix, t. IX, p. 959 et 960. — Code *suédois*, ibid., t. III, p. 197 et suiv. — Code du *Brésil*, art. 16. — Code du *canton de Vaud*, Revue de M. Fœlix, avril 1844.

[5] Beccaria, Carmignani, Feuerbach, Mittermaier, Weber, Hans, Bauer, Legraverend, Carnot, Rossi.

[6] L. 13, *divus.*, D., *ad leg. Corn. de Sicar.;* L. 65, D., *De furtis;* L. 7, Cod. *ad leg. Corn. de Sicar.;* L. 14, D., *ad leg. Corn. de Sicar.*

cures : « Eventus spectetur. — Perfecto flagitio punitur capite,
» imperfecto in insulam deportatur. — Qui furti faciendi causâ
»· conclave intravit, nondum fur est, quamvis furandi causâ in-
» travit [1]. » Nous n'avons pas à concilier ces textes, en distinguant soit les espèces, soit les temps, soit les hommes. Il est
au moins évident que des jurisconsultes romains distinguaient
parfois entre la tentative et le délit, et que cette distinction
aboutissait à un allégement de la peine pour la tentative.

Il ne faut pas être surpris que la distinction entre la tentative
et la perpétration du délit ne soit pas plus marquée dans les
législateurs anciens, si universellement admise par les modernes. La raison en est à la confusion de la morale et du droit,
confusion qui ne cesse d'obscurcir les idées, et qui égare les
esprits les plus fermes. Parce qu'on sent dans sa conscience
que la culpabilité morale ou subjective est absolument la même
dans le cas où, contrairement à sa volonté, bien manifestée
d'ailleurs, le délinquant ne peut arriver à ses fins, et dans celui où la fortune seconde ses vœux criminels, nous prononçons
sans hésiter qu'aux yeux de la société, comme à ceux de la
conscience et de Dieu, il doit être puni de même.

Cette solution est entachée d'un autre défaut dans les législations qui ne punissent pas la pensée, la mauvaise intention,
la résolution criminelle, alors même qu'elle est indubitable-
ment attestée. Il y a effectivement inconséquence, puisque cette
volonté a été mauvaise, criminelle peut-être, surtout si l'individu n'en a pas changé. Et quand même il aurait renoncé à ses
desseins pervers, n'est-ce pas un coupable qui a voulu le crime
dans un temps, et qui ne le veut plus dans un autre? Et la société se contente-t-elle d'un changement de volonté? Comment
d'ailleurs pourrait-elle jamais en être parfaitement assurée? Si
donc elle pardonne au mauvais dessein, quand elle frappe la
maladresse ou l'impuissance, elle manque à la logique; elle
met entre la volition d'un acte et cet acte même une différence
morale qui n'y est point. Mais ici, comme en beaucoup de
choses, la logique recule devant ses extrêmes conséquences,
parce qu'elle y voit un vice qui ne la frappe pas au même degré
dans ses déductions premières [2].

[1] L. 16, § 8, D., De pœnis; L. 1, D., De extr. crim.; L. 21, § 7, D., De furtis
[2] CONRAD FRANZ ROSSHIRT, Geschicht und System des deutsch. Strafrechts,
t. 1, p. 342, § 208. — Cet auteur fait de la tentative un délit à part.

En résumé, la culpabilité va croissant dans l'ordre suivant : tentative abandonnée, suspendue, tentée ou interrompue et manquée [1].

CHAPITRE VII.

Du concours des délits et du concours des peines.

Un même individu peut, relativement au même but criminel qu'il se propose, commettre deux ou plusieurs délits, par exemple assassiner pour voler, assassiner deux ou plusieurs personnes. C'est un délit *composé*.

Il est évident qu'en stricte justice, il mérite tous les châtiments réservés par la loi à tous ces forfaits pris séparément. En principe donc : autant de délits distincts, quoique connexes, quoique aboutissant à un résultat unique, autant de peines méritées, qu'elles soient ou non de nature à être subies simultanément ou l'une après l'autre.

Il y aurait également double culpabilité et double peine méritée, alors même que les deux délits seraient simultanés, ou distincts par la pensée seulement, par exemple si un fils militaire se livrait à de mauvais traitements à l'égard de son père qui serait aussi son chef dans la hiérarchie. Ici l'acte matériel est unique. On pourrait appeler *complexes* les délits de cette espèce.

Un délit peut encore être multiple à un autre égard, à savoir, lorsqu'il est répété contre la même personne; on l'appelle délit *réitéré*. Il faut distinguer ce cas de celui de la récidive.

Lorsqu'un délit n'est puni que comme acte habituel ou collectif, par exemple l'habitude d'usure, il forme un délit *collectif* [2].

---

[1] Sur ce chapitre, ROMAGNOSI, *Genesi del dritto penale*, t. I, p. 216-244.

[2] Ces dénominations diverses sont parfois différentes de celles qu'on ad-

Si l'usure est un acte civilement coupable, il n'est pas nécessaire que cet acte soit réitéré pour mériter une peine.

Le délit légalement collectif ne ressemble pas mal aux so-
phismes que les anciens appelaient le *sorite*, le *tas*, le *chauve*, etc.
Il présente deux autres inconvénients : c'est qu'il semble n'être
qu'un délit fictif, et que si la loi détermine le nombre d'actes
nécessaires pour constituer le délit, on pourra en approcher
impunément, tandis que si elle ne le détermine pas, il y a une
sorte d'arbitraire à le faire pour elle.

Il y a *concours* de délits, à proprement parler, lorsqu'il n'y a
pas entre eux *connexion*, lorsque l'un n'est pas le moyen ou la
fin de l'autre; lors surtout qu'ils n'ont pas été commis dans le
même temps ou envers la même personne [1].

Il ne faut pas confondre ce concours des délinquants dans la
perpétration d'un même délit avec le concours des délits : plusieurs individus peuvent ne commettre ensemble qu'un seul délit, c'est le cas de la complicité; de même qu'un seul individu
peut en commettre plusieurs dans le même temps.

Il n'y a concours de délits de la part de plusieurs individus
agissant ensemble, qu'autant que l'acte de l'un est distinct de
celui de l'autre. Il n'y a plus complicité pure et simple. Du
reste, la complicité peut avoir lieu, dans un délit composé pour
l'un des délits partiels, et la non-complicité pour d'autres délits
connexes au premier.

En tout cas, le droit strict permet que la peine soit proportionnée au délit, et c'est pure bénignité de la part de la loi de
n'infliger que la peine la plus forte de toutes celles qui sont méritées.

Cette indulgence n'a pas été admise par tous les législateurs.
Le Code brésilien décide que « lorsqu'un coupable sera con-
» vaincu de plus d'un délit, on lui infligera les peines établies
» par les lois pour chacun d'eux; il supportera les peines cor-
» porelles l'une après l'autre, en commençant et en continuant
» de la plus forte à la moindre, et en ayant égard au degré d'in-

met ordinairement, ou prises dans d'autres acceptions. — Cf. RAUTER, t. I,
p. 226 et suiv.

[1] NICCOLA NICOLINI définit la connexion : « un rapport existant dans l'intention du délinquant, et qui a pour but, dans l'exécution, de faire servir
le meurtre à l'accomplissement d'un autre crime ou délit, ou *vice versa.* »
(*Principes phil. et prat. de droit pénal*, trad. franç., p. 83.)

» tensité, non à la durée. Cependant, s'il a encouru la peine de
» mort, aucune autre peine corporelle ne pourra lui être infli-
» gée ; celle de l'amende pourra seule y être jointe [1]. »

·S'il n'y a pas d'injustice dans la cumulation des peines, il y
a du moins peu d'humanité ; nous ne pouvons donc qu'applaudir à la mansuétude de la plupart des législateurs, qui ont laissé
dans l'oubli les peines dues aux moindres délits pour ne frapper
qu'un seul coup. Mais cette indulgence, il faut bien le reconnaître, n'est possible qu'en dehors des systèmes fanatiques de
l'expiation, de la justice absolue, de l'obligation morale pour
la société de faire payer au coupable jusqu'à la dernière obole.
La société n'est pas moralement *obligée* de punir, elle y est seulement *forcée* par son intérêt ; elle a peut-être le droit de le
faire sans cet intérêt ; mais ce droit, elle peut en faire l'abandon total ou partiel, quand elle croit avoir suffisamment pourvu
à sa sûreté.

On peut encore entendre par concours des peines, le cumul
de peines de nature différente, par exemple les peines afflictives jointes aux peines pécuniaires seulement, ou les unes et
les autres aux peines infamantes.

Il y a, sous ce rapport, plus de connexité entre les peines
infamantes et les peines afflictives qu'entre les peines pécuniaires et les peines corporelles. L'infamie morale est la conséquence nécessaire de toute peine grave. L'infamie civile, ou
l'incapacité d'exercer certains droits domestiques, civils ou politiques, est moins étroitement attachée à la peine afflictive ou
pécuniaire, et pourrait quelquefois en rester séparée.

Mais on comprend à merveille que celui qui paye de sa peau
peut être dispensé de payer de sa bourse, ou réciproquement.
Aussi les lois d'Athènes proscrivaient-elles la cumulation des
peines afflictives et des peines pécuniaires.

L'essentiel est moins cependant de disjoindre ces peines que
de les bien choisir pour chaque espèce de délits. Si un délit est
de nature complexe, et que l'analogie commande une peine
mixte, pourquoi ne tempérerait-on pas la peine corporelle par

---

[1] Art. 61, première partie. — V. aussi le Code autrichien, art. 82, 83, 84,
87, 88. — La loi de l'État de New-York admet aussi le cumul des peines. —
Le Code pénal chinois est plus indulgent que beaucoup de Codes chrétiens ; il ne prononce que la peine du plus grand des délits commis. —
V. *Code pénal chinois*, t. 1, p. 60 ; cf. p. 61.

la peine pécuniaire, et celle-ci par celle-là, de manière cependant que les deux, prises ensemble, ne fissent qu'une peine totale qui n'excédât point la mesure du délit?

En résumé, la culpabilité va croissant du délit complexe au délit composé, en passant par le délit connexe. Quant au délit répété, il appartient à la question de la récidive. Le délit collectif est peu admissible; il appartient plus à la morale qu'au droit, et ressemble trop à une incrimination de tendance ou d'intention. Il est d'ailleurs mal défini par la loi, et ne peut guère l'être que d'une manière arbitraire.

CHAPITRE VIII.

De la récidive.

SOMMAIRE.

1. Ce qu'il faut entendre par récidive.
2. La récidive, qu'on l'entende dans le sens générique ou spécifique, a été prise en considération de très-bonne heure.
3. Elle n'a pas été envisagée partout de même.
4. Les différentes manières dont on la considère ne sont pas sans difficultés.
5. Le surcroît de peine qui l'atteint n'en est pas exempt lui-même. — Développement à ce sujet. — Thème à discussion. — Huit arguments :

a) Si la récidive suppose un degré supérieur de perversité? Conséquences.

b) Si la récidive est plus coupable comme telle que la complexité des délits [1]?

c) Si la peine qui atteint la récidive, comme telle, ne tombe pas dans le vice *non bis in idem*?

d) Si l'élément moral du délit, en cas de récidive, peut motiver l'aggravation de la peine?

e) Si l'indice qu'on prétend tirer de la réitération d'un délit prouve plus de dépravation morale que la diversité des délits chez un même agent?

f) Autres bizarreries découlant de l'aggravation de peine attachée à la récidive.

---

[1] La complexité (ou la connexion, et surtout la composition) devrait bien plutôt attirer deux peines, ou une peine plus grave que la récidive, suivant la maxime fort applicable en ce sens : « Actiones præsertim pœnales, de eadem re concurrentes, alia aliam nunquam consumit. » L. *Nunquam actione*, 230, *De divers. reg. juris.*

Le mot *récidive* signifie rechute. Mais il y a rechute dans le délit en général et dans une espèce particulière de délit. Ce second sens est le plus naturel. Pour qu'il y ait rechute, dans le sens le plus strict du mot, il faut donc que le nouveau délit soit de même espèce que l'ancien. Il faut, de plus, que la rechute soit certaine, c'est-à-dire que les délits aient été constatés judiciairement, qu'il y ait eu condamnation définitive [1]. Mais il n'est pas nécessaire, évidemment, que la peine ait été subie.

Suivant Hérodote [2], les Perses faisaient entrer dans l'estimation de la peine que pouvait mériter un crime, la conduite passée du coupable; cette considération amenait une peine ou plus forte ou plus faible, ou même un acquittement.

Aristote [3] était d'avis que la rechute mérite un plus grand châtiment. Puffendorf s'appuie sur ces autorités [4] et professe la même doctrine.

Les lois romaines punissaient plus sévèrement le délit habituel [5]. Il suffisait même dans le Bas-Empire et en matière religieuse, deux circonstances à remarquer, de la récidive simple pour qu'il y eût habitude aux yeux de la loi [6]. Les relaps étaient traités plus rigoureusement que ceux qui tombaient pour la première fois dans l'hérésie [7].

---

[1] Le Code napolitain punit la récidive dans le cas même où un premier délit n'a pas été constaté judiciairement. *Rev. crit. de législ.*, t. II, p. 373 et s.

[2] Hérodot., I, 13; VII, 194.

[3] *Rhet.*, I, 14.

[4] *Droit de la nat. et des gens*, VIII, 22.

[5] L. 28, § 3, D., *De pœnis*; L. 1, D., *De jure patronatus*, etc.

[6] L. 3, Cod., *De jure episc.*

[7] C. *ad abolend.* 1, *De hæret.*

Les législateurs modernes, sans excepter l'empereur de la Chine, ont suivi les anciens sur ce point. Mais parfois ils changent la nature de la peine, parfois ils l'aggravent seulement, soit en la portant à son maximum, en la doublant même, soit en y ajoutant des circonstances qui en accroissent la rigueur [1]. La récidive n'est considérée, dans ce dernier cas, que comme une circonstance aggravante, tandis qu'elle aurait la vertu, dans le premier cas, de changer la nature du crime.

Le Code de Suède[2], dans le projet du moins; ceux des Pays-Bas[3], de l'Autriche[4], de la Prusse[5], de la Norwége, du Danemark[6], de la Hongrie[7], du Brésil[8], du canton de Vaud[9], sont pour l'aggravation sans changement de peine.

Il y a sur ces législations deux remarques à faire : 1° les unes, comme celles de la France, de l'Autriche et des Deux-Siciles, voient un cas de récidive dans les délits du *même genre*, quoique les *espèces* soient différentes; d'autres, au contraire, ne voient de récidive qu'autant que les délits sont de même nature; 2° les uns prévoient le cas où il y aurait plusieurs récidives, comme le Code de la Louisiane et celui du canton de Vaud, les autres ne s'arrêtent qu'à la récidive en général, sans tenir compte du nombre. Ce sont là des différences notables.

Mais les dispositions les plus remarquables des Codes modernes en matière de récidive sont peut-être celles du Code badois. La peine propre à ce cas ne doit avoir lieu qu'autant que le nouveau délit est du même genre ou d'un genre analogue au premier délit; et cela même, seulement quant à neuf classes de délits indiqués par la loi, et qui ont paru au législateur de nature à dégénérer en habitude [10].

---

[1] C. pén. français, art. 56-58. — Code des Deux-Siciles, art. 78-91.
[2] *Revue étrang. et franç. de législ.*, etc., t. III, p. 200.
[3] *Ibid.*, t. IX, p. 965 et 966.
[4] Art. 37, nos 1 et 2; art. 42.
[5] Art. 52 et 46.
[6] *Sommaire des législat. des États du Nord*, par ANGELOT.
[7] *Inst. jur. crim. hungar.*, par MATHIAS VACHETICH, p. 167.
[8] Art. 16 et 62.
[9] *Rev. de dr.*, avril 1844, p. 295.
[10] C'est-à-dire pour vol, escroquerie, faux par cupidité, usure, détournement, brigandage, concussion; — crime de fausse monnaie et faux en matière de papiers du trésor; blessures faites avec préméditation, homicide et

La peine de la récidive ne peut consister que dans une aggravation du premier châtiment; jamais elle ne peut s'élever à
une peine d'un degré supérieur. De plus, le juge du second délit
a la faculté de reviser un premier jugement qui aurait emporté
condamnation.

Cette dernière disposition est fort étrange. Ce singulier droit
de révision, accordé par le législateur à un tribunal de même
ordre, sur simples pièces sans doute, est une latitude inouïe.
Les preuves, les témoignages peuvent être périmés; la physionomie, par conséquent l'impression morale des débats, ne sau-
raient être les mêmes. Et si cette révision conclut à la cassation
pour simple vice de forme, quel pouvoir exorbitant ne donne-
t-on pas à un tribunal non moins sujet à l'erreur que celui
dont il peut révoquer la sentence!

Au surplus, ces conséquences pourraient être beaucoup plus
fâcheuses si elles devaient aboutir à autre chose qu'à ne pas
aggraver la peine réservée au délit pur et simple. A une époque
plus reculée, et chez les peuples où le droit romain avait jusque-là exercé moins d'influence que chez la plupart des autres
peuples de l'Europe, l'aggravation légale de la peine pour cause
de récidive était inconnue. Ainsi, en Danemark, les lois du
Jutland furent les premières à punir la récidive. Jusqu'au
XIIIe siècle le législateur n'avait pas pris cette circonstance en
considération [1].

Depuis les temps païens jusqu'au IXe siècle, la récidive dans
le vol n'était punissable, chez certains peuples slaves, qu'à la
troisième fois. Elle entraînait le déshonneur, alors même qu'il
y avait eu restitution. En Bohême, l'infamie encourue pour
vol réitéré jusqu'à deux fois, emportait la perte du droit de paraître en justice. Encore faut-il noter que l'infamie jointe à la
peine pécuniaire était une sorte de grâce, puisque le vol d'une
chose importante était puni de la potence, alors même qu'il

---

blessures graves faites en rixes, ou disputes avec violence; violence, viol de
personnes au-dessous de l'âge adulte ou privées de sentiment, séduction
d'enfants au-dessous de quatorze ans, débauche contre nature; — crime
d'incendie, dégradation de propriétés par méchanceté, vengeance ou cupidité; — braconnage; — vagabondage et mendicité; — rébellion, violences
publiques, sédition; forfaiture par motif de cupidité. (*Ibid.*)

[1] KOLDERUP-ROSENVINGE's *Grundriss der dænischen Rechtsgeschichte* etc.,
p. 222.

avait lieu pour la première fois. Mais comme il aurait été dangereux de faire perdre l'honneur pour peu de chose, et peut-être fort injustement, l'accusation de vol, en récidive surtout, n'était accueillie que sur un nombre déterminé de témoignages ; si ce nombre n'existait pas, quand même le fait eût été certain d'ailleurs, l'infamie n'atteignait pas le coupable. Plus le rang de l'accusé était élevé, plus le nombre des témoins devait être considérable [1].

Si le but de notre travail l'exigeait, nous aurions à rechercher : 1° jusqu'à quel point est juste une loi qui, comme celle du royaume des Deux-Siciles, veut qu'il y ait une sorte de récidive dans le cas même où il n'y a pas eu de première condamnation [2] ; 2° quelles combinaisons amène le principe admis par le Code pénal français, que la récidive légale a lieu encore dans le cas où les délits ne sont pas de même nature, et quelles doivent être les conséquences pénales de ces combinaisons ; 3° pourquoi, punissant la récidive, certaines lois ne punissent pas la double, la triple, etc. récidive ; 4° enfin si la récidive simple peut mériter une peine d'un degré supérieur [3] ou celle du double [4]. Mais toutes ces questions deviendraient superflues si l'aggravation de la peine en cas de récidive était peu soutenable en équité.

Sans affirmer une supposition qui semble être condamnée par le sentiment universel, et par la pratique de la plupart des peuples, nous avons cependant cru devoir développer les raisons qui semblent militer en faveur de la peine pure et simple, même en cas de rechute.

Disons tout d'abord qu'au point de vue du sentiment nous inclinerions à voir dans le récidif [5] une plus grande culpabilité.

---

[1] Macieiowski, *Slavische Rechtsgeschichte* etc., t. II, p. 160.

[2] Art. 85. — Mais aussi le Code napolitain distingue entre la récidive et la réitération. Niccolo Nicolini, *op. cit.*, p. 30.

[3] Code pénal français, art. 56.

[4] Ou celle du double, par exemple, comme dans les lois *lombardes*, reproduites plus tard dans les statuts de plusieurs républiques du moyen âge. Canciani, *Leges barbaror. antiquæ*, etc., t. I, p. 72, col. 1. — Le Code pénal français est aussi dans ce cas, art. 56, 57, 58.

[5] Le mot est français ; quoique moins en usage que celui de récidiviste, il est beaucoup plus dans l'analogie de notre langue. Récidiviste est régulièrement l'adjectif qui correspond à récidivisme, comme socialiste correspond à socialisme. Récidif, au contraire, est dans la même analogie avec récidive que

Sous ce rapport, nous nous trouvons d'accord avec la plupart des législateurs et des criminalistes philosophes. Mais la réflexion nous semble soulever les nombreuses difficultés suivantes :

1. Si la récidive est une circonstance aggravante, parce qu'elle suppose, dit-on, un degré de perversité de plus, pourquoi une double récidive ne serait-elle pas une circonstance plus aggravante encore, et ne devrait-elle pas être punie, comme le veulent très-logiquement certains législateurs, de peines supérieures à celles qui sont réservées à la simple récidive?

Serait-ce parce que plus les récidives se multiplient, plus l'habitude du mal s'invétère, et que, moins l'homme est libre, moins il est coupable? L'ivrogne éprouve beaucoup plus de peine à ne pas s'enivrer quand il en trouve l'occasion; il y est entraîné bien plus fortement que l'homme qui a des habitudes de sobriété. La vertu de celui-ci peut ne rien lui coûter; elle peut même être un besoin pour lui; tandis que celui-là peut gémir de sa faiblesse, en souffrir, tout en y cédant après avoir essayé de la combattre. Où sera la vertu? Du côté du délinquant, on est obligé d'en convenir.

Mais on fait, avec Puffendorf, de l'habitude même un délit, sous prétexte qu'il n'aurait pas fallu la contracter. — Cela est facile à dire. Sans disputer sur les débuts du vice, sur les penchants divers plus ou moins prononcés, sur les positions différentes où se trouvent les hommes, sur les divers degrés d'inclinaison de la pente du vice, suivant les circonstances, etc., ne peut-on pas soutenir avec assez de vraisemblance qu'il n'est pas équitable d'imputer à crime toutes les mauvaises conséquences possibles d'une funeste habitude qui se contracte, au moment et par le fait seul qu'elle se contracte, de la même manière précisément que si toutes ces conséquences criminelles étaient d'abord commises avec une pleine liberté? Non, elles ne sont pas voulues dès le début de l'habitude, puisqu'elles ne sont pas même prévues. Une fois l'habitude contractée, ces conséquences mauvaises sont voulues sans doute, mais sous l'influence tyrannique de la passion.

Si ce sont là les raisons qui ont fait fermer les yeux à la plu-

craintif avec crainte, hâtif avec hâte, pensif avec pensée, etc. La terminaison *if* indique plutôt l'habitude et la faculté; la terminaison *iste* la qualité de savant, de sectaire, etc.

part des législateurs sur les récidives multipliées, nous le concevons; mais nous ne pouvons pas les trouver conséquentes si, d'accord avec le Code de Justinien, ils regardaient déjà la récidive simple comme une habitude. Ou ne punissez pas l'habitude, ou punissez-la. Mais si c'est bien elle que vous punissez, soyez d'autant plus sévère qu'elle se montrera plus persévérante. Et alors, loin de vous laisser vaincre par elle, armez-vous de rigueurs toujours croissantes. Si ce n'est pas elle, au contraire, que vous prétendez frapper, ne voyez donc plus que chaque délit en lui-même, et ne parlez plus de récidive.

2. Une autre contradiction, c'est qu'il vous plaît de ne voir qu'un délit dans une foule de cas où il y en a plusieurs, et vous n'appliquez qu'une seule peine sous prétexte que les autres ne sont que des circonstances aggravantes. Ici, au contraire, un délit qui a été commis, il y a plus ou moins de temps, des mois, des années, qui a été expié, vous le faites revivre, tout effacé qu'il est du livre de la justice, pour y trouver un prétexte de sévir plus fortement contre le délit nouveau! Dans un cas, vous ne punissez pas tel délit parce qu'il est conjoint; dans un autre, vous le punissez doublement parce qu'il est isolé, disjoint! Je dis que vous le punissez doublement, puisqu'en effet il a été puni déjà, et qu'il devient encore par une sorte de connexion forcée, le prétexte d'un plus grand châtiment à l'égard d'un second délit. Vous ne voulez pas voir la connexion quand elle existe, ou vous n'en tenez qu'un compte secondaire, tandis que vous l'opérez violemment quand elle n'existe pas, pour avoir occasion de vous montrer plus rigoureux.

3. Ce n'est pas, dit-on, le premier délit qui se trouve ainsi ressaisi; ce n'est pas non plus le second, qui n'est pas plus grave en lui-même que le premier. Qu'est-ce donc que vous punissez alors? C'est, dites-vous, l'excès de perversité, un plus haut degré de méchanceté, qui se trahit par le fait seul de la récidive. C'est là votre raison capitale, en voici l'appréciation :

a) Vous convenez que vous ne devez point punir les intentions, la volonté, les désirs, quelques répréhensibles qu'ils soient moralement. Ces faits internes ne sont pas en eux-mêmes des délits, bien qu'ils soient des péchés. Sans doute, on ne doit punir que les délits commis avec intention, avec connaissance légale de cause; mais vos lois n'exigent rien de plus; elles ne s'occupent pas du degré de la volonté, du désir, de l'intention. Elles ne pourraient le faire alors même qu'elles le voudraient. Il suffit donc, pour qu'il y ait peine applicable, qu'il y ait imputabilité légale. Le surplus des sentiments de l'agent est abandonné à son for intérieur ou au jugement de la divinité, qui seule est capable de l'apprécier avec une parfaite justesse. Qu'est-ce donc que la loi punit en général? Quelle est la seule chose qu'elle doive punir? Le préjudice occasionné par un acte imputable, la lésion actuelle d'un droit acquis.

C'est donc la matière du délit volontaire qui est la mesure de la peine et nullement le *degré* de méchanceté dans l'intention [1]; autrement, je le répète, vous frappez ce qui n'est pas un délit; vous oubliez le droit pour la morale, vous vous trompez de mission; vous tombez en contradiction avec vos propres théories sur la tentative, théories où vous avez parfaitement reconnu qu'un crime conçu, projeté, à l'état de résolution pure et simple, à l'état interne, n'est pas susceptible d'être puni, alors même qu'il vient à se trahir par des faits d'ailleurs innocents en eux-mêmes.

b) Prétendre mesurer le degré de méchanceté, et non simplement l'acte méchant, et au degré où cette méchanceté se révèle par ce qu'elle contient d'attentatoire aux droits d'autrui, c'est oublier que la justice criminelle n'a pas pour objet la rétribution du mal physique pour le mal moral, qu'elle ne repose point non plus sur le principe de l'expiation; ces principes erronés ont été désavoués; ils ont dû l'être. La justice humaine, en matière pénale, est la rétribution du mal physique pour le mal physique méchamment occasionné, dans la mesure permise par la justice ou l'égalité, ou dans une mesure inférieure, puisque la société a le droit de remettre une partie de la peine qu'elle pourrait justement infliger.

c) Elle n'est donc pas tenue à une stricte rétribution, à la justice absolue; cette justice pousserait d'ailleurs à l'atrocité. Ce n'est donc pas non plus au nom d'un semblable principe que vous pouvez réclamer un surcroît de sévérité dans la peine qui va frapper le récidif. Autrement votre législation serait mille fois surprise en défaut, mille fois elle mériterait le re-

[1] Sauf le bénéfice des circonstances atténuantes, qui n'est point en cause, il ne s'agit ici que d'une chose, de savoir si la récidive peut être une circonstance aggravante.

proche de manquer à la justice, particulièrement lorsqu'elle laisse cumuler les délits sans cumuler les peines.

d) Vous punissez l'excès de perversité dans la récidive! Et moi, je vous dis que cet excès peut n'être qu'imaginaire. En effet, tel individu qui commet un premier délit peut être passible déjà du *maximum* de la peine, tandis que le second délit, s'il était seul, ne serait passible que du *minimum*. Vous voyez là un surcroît de perversité! Moi, j'y vois, malgré la récidive, un amendement. Et cet amendement est d'autant plus considérable que la passion pourra être devenue plus forte par l'habitude, que le besoin serait plus pressant, etc. Qu'on se rappelle ce qui a été dit d'abord au sujet de l'habitude.

L'habitude! Punir l'habitude! Y pense-t-on? Il y a trois choses dans l'habitude active : le *fait extérieur ;* le *mouvement interne* qui y porte avec plus ou moins de force par suite de la réitération plus ou moins fréquente de l'action, espèce de mouvement automatique; puis enfin, pour ceux qui jugent, l'*identité* et la *succession* de ces actes comme étant de même nature, comme s'enchaînant dans le temps, comme ayant des causes particulières psychiques et organiques profondes, peu connues. Or, je le demande, où est ici cette perversité dont on parle, punissable pour elle-même, ou parce qu'elle se trouve suivie d'un acte dommageable? Est-ce dans le fait extérieur? Non, il est par lui-même dépourvu de toute moralité. Est-ce dans l'impulsion interne? Non, elle n'est pas légalement imputable; elle ne l'est pas même moralement en tant que mouvement automatique ou habituel proprement dit. Est-ce dans ces jugements, ces abstractions qui nous distinguent des animaux et qui engendrent la notion de l'habitude? Bien moins encore, puisqu'un tiers peut les porter fort impunément. Il n'y a cependant pas autre chose dans l'habitude. Faites encore la part de l'intelligence, de la passion, de la liberté, vous ne trouverez rien là qui soit un délit, rien en soi de punissable.

L'habitude n'est donc pas punissable en elle-même.

Le serait-elle parce qu'elle serait accompagnée d'un acte dommageable? Eh quoi! cette connexion par elle-même serait un crime!

C'est donc l'acte injustement dommageable qui peut seul, qui doit seul être puni, et pour autant qu'il est nuisible. Voilà le vrai.

4. On insiste et l'on prétend qu'il y a deux choses dans un délit, deux éléments, l'un matériel et l'autre moral, et que c'est le second qui doit servir de base à la peine. — J'accorde bien la première de ces propositions, mais je nie la seconde. Indépendamment des raisons déjà alléguées plus haut, je ferai remarquer que l'on se méprend sur le rôle que doit jouer en droit criminel l'élément moral. On ne voit pas que la justice humaine ne peut et ne doit s'occuper à cet égard que de la question de savoir si le fait a été volontaire et suffisamment éclairé, mais que la question du degré de la volonté, des motifs de cette volonté, ne peut être prise en considération pour aggraver la peine, du moment qu'il y a intelligence suffisante ou présumée telle. S'il fallait tenir compte des motifs divers, moralement innocents, moralement bons même, au point de vue de la conscience individuelle de l'agent (et quel est celui qui, en définitive, ne juge pas par sa propre conscience?), il n'aurait pas fallu écarteler Jean Châtel, ni Ravaillac, ni Damiens, ni les autres fanatiques, mais tout au plus les enfermer. Ce n'est pas l'exécration de la postérité qu'ils auraient méritée, mais les palmes et les honneurs du martyre. Voilà cependant à quelles conséquences aboutit le principe que la peine doit être la suite de l'immoralité subjective de l'action et du degré de cette immoralité.

Prétendrait-on par hasard que la moralité de cette action ne doit pas être prise de la conscience de l'agent, mais de celle du public ou des juges? D'abord on sortirait de l'hypothèse; ensuite on se placerait sur un terrain qui, pour être nouveau, ne serait pas plus tenable. Il y aurait premièrement une injustice souveraine à punir, au nom de la morale, des actes dont on mettrait cependant de côté la seule chose qui leur donne un caractère moral, l'intention de l'agent. Il faudrait, en second lieu, admettre alors que la conscience de l'individu n'est point une règle d'action qu'il soit obligé de suivre, et que si l'opinion (et quelle opinion!) lui suggère un crime, il peut le commettre en toute conscience, quelle que soit sa propre manière de voir. Comment se ferait-il encore qu'il y eût une morale publique s'il n'y avait pas de conscience morale individuelle? Cette hypothèse, on le voit, sape la morale dans ses derniers fondements, et renverse ainsi le principe qu'on voudrait établir, à savoir, que la peine et son degré doivent être la conséquence de l'élément moral qui se rencontre dans le délit.

En résumé, c'est oui ou c'est non ; si c'est oui, outre que vous entreprenez sur les jugements de Dieu, que vous tentez l'impossible, que vous tombez dans l'arbitraire, que vous confondez des sciences pratiques fort distinctes, vous donnez un blanc-seing au fanatisme de toutes les couleurs ; si c'est non, vous succombez sous le poids d'une contradiction.

Nous ne sommes ni le seul ni le premier qui ayons aperçu ce danger. M. de Rotteck dit très-bien : « C'est une témé-» rité de déterminer le degré de la peine d'après des rai-» sons morales, et une témérité dix fois plus grande de pré-» tendre donner à une pareille détermination la vertu d'une » loi juridique, par conséquent une autorité extérieurement » répressive (*Zwangsweis zu handhabende Giltigkeit*). Il est » absolument impossible ici d'arriver à une vue claire, incon-» testable, et d'une valeur objective ; c'est donc ouvrir toutes » les portes à l'arbitraire le plus déplorable chez le législateur » et le juge, que de déterminer les peines d'après une estima-» tion morale [1]. »

Ce n'est pas à dire que la morale ne doive pas être respec-tée dans les lois pénales, dans le choix des peines comme dans leur degré ; mais ce n'est là qu'une barrière, un principe né-gatif, et nullement le principe positif qui sert de base à la pé-nalité. Ce principe, suivant le même auteur, est celui d'une *juste rétribution*, c'est-à-dire, d'une rétribution *proportionnée à la gravité du délit*, gravité qui s'estime par le mal occasionné volontairement. Ce n'est pas là, dit-il, la loi du talion, absolu-ment pas : le talion se règle sur le fait sans le comprendre ; le principe de la rétribution proportionnelle est lui-même subor-donné à celui de la justice, et ne sert qu'à déterminer la nature et la mesure de la peine sous la direction du principe de jus-tice. Ces deux principes doivent toujours être réunis [2].

Cette doctrine est, comme on voit, celle que nous professons.

5. Qui n'aperçoit une autre contradiction encore dans le principe que nous combattons ? Si la récidive ne doit être punie plus sévèrement que parce qu'elle est un indice d'une plus grande perversité, que va-t-il arriver ? C'est que partout où cet indice se révélera, il faudra punir ainsi.

[1] *Lehrbuch des Vernunftrechts* etc., t. III, p. 236.
[2] *Ibid.*, p. 231 et suiv.

Or, il faut en convenir, celui qui commet plusieurs forfaits de différentes natures, n'a pas même pour lui l'excuse de cette sorte d'habitude qui tient à la perpétration d'un délit de même espèce : il n'y a plus ici que l'habitude du genre, mais pas celle de l'espèce. En sorte que si l'on admet avec quelques législations le principe, que la récidive n'est un cas d'aggravation qu'autant qu'elle a lieu dans l'espèce et non dans le genre, un individu pourrait épuiser dans sa conduite toutes les catégories de crimes enregistrées dans le Code pénal, sans être punissable d'un surcroît de châtiment pour cause de récidive, alors même qu'il aurait choisi dans chaque espèce le cas le plus grave. A côté d'un pareil saint pourrait se trouver un malheureux récidiviste qui n'aurait de sa vie commis que deux délits, et des moins qualifiés, et il serait cependant jugé assez perverti pour mériter le maximum de la peine affecté à son délit, et peut-être encore le double de ce maximum, et peut-être même une peine supérieure et d'une autre nature ! O justice ! sainte justice ! que deviens-tu entre les mains des jurisconsultes si inviolablement attachés à la morale ! Et la morale elle-même n'aurait-elle pas aussi quelque raison de se plaindre ? C'est ainsi qu'en confondant ces deux sciences on les dénature l'une et l'autre, on corrompt le droit par la morale et la morale par le droit.

6. Veut-on voir d'autres déplorables bizarreries sortir du système de l'aggravation pour cause de récidive, surtout dans le système où il n'y a de récidive aggravante qu'autant que le délit est de même espèce, de même dénomination, ou de même catégorie de gravité aux yeux de la loi ? En voici quelques-unes encore :

a) Un voleur a été condamné une première fois au *maximum*. Une seconde fois, son vol est plus grave, moins excusable : *maximum* encore par conséquent. Je ne m'occupe plus du côté moral de la question ; mais je me demande où est l'aggravation de la peine par suite de la récidive. Je pourrais demander aussi ce que devient la logique.

b) Un autre individu assassine d'abord ; plus tard, il vole [1].

[1] On me répondrait peut-être par l'article 57 du Code pénal ; mais outre que je n'ai point affaire à une législation plutôt qu'à une autre, je répliquerais que la disposition de cet article est contraire au principe qui veut que la récidive n'ait lieu que pour des délits de la même espèce.

Pas de récidive, pas de *maximum* cette fois. Mais un autre encore qui n'a pas assassiné, qui n'a fait que voler, même peu de chose, et dans des circonstances telles, qu'en vérité il a fallu la loi, et une loi stricte pour le condamner, volera de nouveau et dans les mêmes circonstances. Cette fois il y a récidive; et quoique son vol soit plus excusable que celui de l'autre voleur, quoiqu'il n'ait jamais trempé ses mains dans le sang, il sera condamné au maximum! le tout au nom de la morale et parce qu'il est plus pervers!

c) Un troisième est récidiviste, sans doute; mais il a droit, d'ailleurs, à des circonstances atténuantes. Voilà le juge plus embarrassé que l'âne de Buridan. Dirait-on bien comment il pourra appliquer le maximum et le minimum tout à la fois? Il s'en tirera, sans doute, par un juste milieu. Mais un peu d'injustice et un peu de justice, par malheur, est encore de l'injustice. Que fera-t-il donc? Je sais bien ce qu'il y aurait à faire dans notre législation, par exemple, si l'article 56 n'existait pas, et le juge ne serait pas plus embarrassé que moi. Il le fera taire, sans doute, au nom de l'article 463 [1], et du principe *favores sunt ampliandi :* mais l'*in dubio abstine,* qu'en fera-t-il? Il ne peut pas ne pas juger. Il complétera l'*in dubio* en ajoutant *si agere non necesse est ;* c'est du moins ce que nous ferions.

7. On se fonde encore sur l'insuffisance démontrée de la peine soufferte, puisqu'elle n'a pas corrigé le récidiviste. — Cet argument est l'un des plus faibles, des plus faux et des plus odieux.

a) La peine n'a pas civilement pour but essentiel de corriger.

b) Elle aurait pour but de corriger qu'elle ne pourrait encore dépasser la juste mesure marquée par la gravité même du dé-

---

[1] La Cour de cassation a varié à ce sujet : arr. cass. 3 février 1814 (*Bull.*, n° 11); arr. cass. 22 septembre 1820 (Bourguignon, t. III, p. 48); 2 février 1827 (*Bull.*, p. 25). Pourquoi cette dernière jurisprudence, qui étend le bénéfice de l'article 463 aux cas des articles 57 et 58, ne profiterait-elle pas également aux cas de l'article 56? C'est cependant ce qui semblerait n'être pas d'après MM. HÉLIE et CHAUVEAU, t. I, p. 308, 2ᵉ édit. Nous pensons néanmoins le contraire, et, nous fondant sur la nature des choses, nous raisonnons à fortiori des dispositions des articles 57 et 58 à celles de l'article 36, et nous arguons des paroles du rapporteur à la Chambre des députés, lors de la révision du Code pénal en 1832. — V. *Théorie du Code pénal*, p. 318 et 340; ouvrage d'ailleurs excellent, d'un esprit vraiment philosophique, et où nous nous sommes inspiré plus d'une fois.

lit, aux yeux de ceux qui admettent que la justice doit servir à mesurer la peine, en ce sens que la peine ne peut excéder cette mesure, alors même qu'elle peut rester au-dessous.

c) Si l'on admet, sans cette restriction voulue par la justice, que la peine doit être portée au degré nécessaire pour corriger le coupable, qu'elle n'est censée suffisante qu'à cette condition, voici les belles conséquences qui découlent de cet équitable principe.

Il faudra élever vos peines, non-seulement au maximum, comme vous le désirez, mais à un degré quelconque, jusqu'à la peine de mort s'il y a lieu; et cela pour tout délit réitéré quel qu'il soit, fût-ce la plus légère contravention. Acceptez-vous ces conséquences, vous qui blâmez déjà, non sans raison, la sévérité de vos propres lois, mille fois plus indulgente cependant que votre principe?

Ce n'est pas tout, il faudra que vous éleviez toutes vos peines, dans l'application, même pour le cas où elles sont violées pour la première fois. En effet, quiconque viole la loi n'est point suffisamment effrayé de la peine qui l'attend. Cette peine n'est donc pas suffisante.

Direz-vous qu'elle le sera peut-être quand il l'aura endurée, et qu'il la connaîtra mieux? Je l'accorde, mais je vous prie d'être conséquent. Qui vous dit que la même peine, endurée une seconde, une troisième fois, ne sera pas suffisante aussi pour prévenir une nouvelle rechute? Vous supposez le contraire, parce qu'elle n'a pu contenir une première fois le coupable, et qu'il est à présumer, dites-vous, qu'elle n'aura pas plus d'empire une seconde fois que la première. Cette présomption ne me semble point légitime, d'abord parce qu'une peine devient d'autant plus intolérable qu'elle est plus réitérée, à moins qu'elle ne perde, par l'habitude de la supporter, toute son efficacité.

Cette présomption a un autre tort encore, c'est d'en être une. Il n'est pas juste de punir préventivement ou pour un délit qui n'est pas commis. On tombe alors dans le faux système qui place la défense préventive ou la peine anticipée à la base du droit criminel. On convertit toute la législation pénale en lois contre des suspects.

Il est inutile de répondre que cette suspicion n'a lieu que contre les récidivistes; car elle est légitime, même à leur égard, ou elle ne l'est pas. Si elle ne l'est pas, pourquoi cette iniquité ne pourrait-elle pas également s'étendre à d'autres? Si elle l'est, qui donc aurait le droit de s'en plaindre, et à quoi bon dès lors une distinction?

Mais non, encore une fois, il n'est pas juste de punir un délit possible, un délit même probable. Et c'est ce que vous faites cependant lorsque vous fondez l'aggravation prise de la récidive, sur la crainte d'une rechute nouvelle, sur un défaut suffisant de correction.

Notez, en outre, que si vous faites entrer l'exemplarité dans le but des peines, il faudra les élever par cette raison encore contre tous les délinquants qui seront à leur début; car il sera prouvé par le fait que l'exemple n'a pas été assez frappant. Et alors dans quelle voie de terreur n'êtes-vous pas engagés et jusqu'où ce système d'atrocité ne vous conduira-t-il pas?

8. Tout à l'heure c'était l'intérêt de l'individu, sa moralité qu'on alléguait, son immoralité plutôt; à présent, c'est l'intérêt public, la sûreté commune qui, dit-on, n'est pas suffisamment sauvegardée sans cette aggravation de peine.

Mais encore une fois si cette sûreté est la mesure de la peine, soyez donc atroce, draconiens, vous serez peut-être plus assurés de votre fait. Je dis peut-être; je devrais dire qu'il n'en est rien, puisqu'il est prouvé par les faits, comme par l'analyse du cœur humain, que plus une législation est cruelle, plus elle est détestée, plus les mœurs sont féroces, plus les lois sont méprisées, plus il y a de scélératesse.

Faut-il donc tant de paroles pour établir que la peur n'est pas la base légitime du droit de punir? Prenez toutes les précautions propres à vous rendre la sécurité, mais que ces précautions n'aillent pas jusqu'à frapper des délits encore imaginaires, si probables qu'ils puissent vous paraître.

La sûreté publique (je ne dis plus la sécurité) n'est pas même la mesure de la peine, sans quoi il faudrait punir d'autant plus fortement que le délit serait plus probable, parce qu'il est plus commun, alors même qu'il serait peu grave en lui-même. Or il n'appartient pas à la société de punir ainsi en raison du nombre, abstraction faite de la gravité; car c'est alors punir un individu non-seulement pour son propre méfait, à lui, mais encore pour le méfait de ses concitoyens. Qu'on élève la peine si elle est susceptible de l'être, c'est-à-dire si elle n'est déjà pas proportionnée à la gravité du délit, mais qu'on ne voie point une gravité supérieure dans une sorte de maladie endémique qui rend le délit contagieux. Si c'est là un mal, il doit être guéri par d'autres moyens mieux en rapport avec la véritable cause du mal.

Voilà les grands torts, au moins apparents, de l'aggravation prise de la récidive. Un célèbre criminaliste, Carnot, avait déjà fait remarquer qu'il n'est pas juste de se rappeler qu'un premier délit a été commis et d'oublier qu'il a été puni; que d'ailleurs un premier délit n'est point une circonstance d'un second; qu'infliger à celui-ci une peine plus grave à cause de celui-là, c'est violer la maxime *non bis in idem* [1].

Toutes ces considérations ne nous semblent sujettes qu'à une seule difficulté sérieuse, celle de savoir comment on les concilierait, d'une part, avec les circonstances atténuantes ou aggravantes prises du caractère moral de l'agent; d'autre part avec la peine qui atteint la tentative, même dans le délit manqué.

Cette objection n'est cependant pas insoluble. On peut dire relativement à la première difficulté :

1° Qu'il est bien permis de tirer de la moralité présumée du sujet des motifs d'atténuer sa peine, puisque la peine proprement dite, et surtout un certain degré de peine, n'est pas d'obligation pour la société qui l'impose.

2° Que les circonstances de cet ordre qui paraissent aggravantes devraient toujours être écartées, et le degré de la peine n'être déterminé que d'après la douleur ou le préjudice occasionné, la difficulté ou l'impuissance où était celui qui en a souffert d'y échapper. Cette manière d'envisager le délit dans toutes ses circonstances et ses effets relativement à celui qui en souffre, conduirait tout aussi sûrement au maximum de la peine que les considérations morales d'un autre genre. Tout serait donc concilié, et l'on ne serait pas exposé à faire de la vengeance en rendant la justice.

Les mêmes principes nous conduiraient à ne punir dans le délit tenté, manqué, etc., que le mal commis réellement, et jamais l'intention, ni la préparation, ni l'exécution inoffensive en soi. Mais on pourrait considérer comme un mal punissable la frayeur occasionnée, le trouble et l'inquiétude jetés dans l'es-

[1] *Comment. du Code pénal*, t. I, p. 162.

prit de celui contre qui la tentative aurait eu lieu, l'alarme répandue au dehors, en un mot tout le mal qui a été fait réellement. De cette manière encore, la tentative suspendue ou empêchée par une puissance étrangère (délit tenté ou manqué) serait punie dans sa juste mesure, et l'on ne s'égarerait pas dans de subtiles et dangereuses distinctions.

Quoi qu'il en soit, il y a d'autres questions fort importantes à décider dans la récidive : 1° Le temps ne fera-t-il rien à l'affaire, ou ne sera-t-on réputé récidif qu'autant qu'il y aura rechute dans un intervalle de temps déterminé? 2° Sera-t-il encore indifférent d'avoir entièrement subi sa peine, ou de ne l'avoir subie qu'en partie, ou de l'avoir prescrite? 3° Suffira-t-il même de l'avoir méritée, et d'avoir prescrit l'action publique? Quel sera enfin le surplus de la peine affectée à ce surplus de culpabilité?

On sent toute l'importance de ces questions. Si par exemple on fixe une durée de six mois, d'un an, etc., passé lequel temps un individu n'est plus exposé à se voir condamner plus sévèrement pour cause de récidive; il s'ensuivra que celui qui sera assez habile, assez maître de lui-même pour attendre que cet intervalle de temps soit expiré, pourra récidiver impunément tant qu'il voudra, quant à la circonstance aggravante du moins; tandis qu'un autre plus faible, plus excusable, ayant peut-être, en somme, récidivé moins de fois, sera cependant puni plus fortement, quoique moins coupable. Nouvelle raison de renoncer à se prévaloir de l'état moral de l'individu dans ce système.

On a varié beaucoup sur cette question de temps. Le tort est peut-être d'avoir voulu la résoudre. Il aurait au moins fallu alors appeler l'attention du juge sur la question de savoir si l'individu qui n'a pas récidivé dans le délai voulu a pu ou n'a pas pu faire autrement. Il est vrai qu'on ne peut conclure de cette heureuse impuissance qu'il y aurait eu récidive dans le cas contraire; mais c'est peut-être aussi une raison d'être moins sévère pour ceux qui ont succombé plus tôt à une tentation de tous les jours et de tous les instants.

D'un autre côté, ne rien décider en fait de temps, c'est s'exposer à faire perdre le fruit de tous les efforts qu'a pu déployer un coupable pour ne pas retomber plus souvent. Ce n'est là, il est vrai, qu'un mérite moral négatif, qui n'est pas toujours très-évident, et que la société n'est point tenue de récompenser.

Il vaut donc mieux, en définitive, que le législateur garde le silence à cet égard, et qu'il abandonne ce côté de la question à la conscience du juge.

Quel que soit le temps qui sépare un premier délit d'un second délit de même nature, la présomption du changement moral est démentie par le fait ; et dès qu'on est sur la mauvaise pente de ce genre d'aggravation, il faut avoir le courage de s'y tenir, et de punir une récidive comme telle, si tard qu'elle puisse venir. Il y aurait de fortes raisons *morales* à l'appui de cette thèse, mais ce seraient des raisons morales seulement.

S'il est indifférent, pour être condamné comme récidif, d'avoir subi entièrement sa peine, ou de ne l'avoir subie que partiellement, ou de ne l'avoir pas subie du tout, ce qui est notre avis dans le système, comment peut-on argumenter en faveur de ce système, en motivant l'aggravation de la seconde peine sur l'insuffisance de la première ? Comment peut-on savoir qu'elle a été insuffisante, puisqu'elle n'a pas été subie, ou qu'elle ne l'a été qu'en partie ? — Nouvelle déraison encore.

Nul n'est censé coupable s'il n'a été condamné ; et dès lors celui qui a prescrit l'accusation à l'occasion d'un premier délit, ne peut être regardé comme récidif quand il est poursuivi pour un second.

Le surplus de la peine affectée à la circonstance de la récidive doit être, au jugement des plus sages jurisconsultes et des législateurs les plus intelligents, le *maximum* de la peine affectée au délit : la circonstance de l'aggravation, disent-ils, ne change pas la nature du délit ; on ne peut donc le frapper d'une peine réservée à un délit supérieur. On pense bien que ce moindre mal est aussi préféré par nous à un plus grand. Nous ne serions pas moins disposé à voir la circonstance de la récidive paralysée par une réhabilitation qui serait une *restitutio in integrum*, une reconnaissance de l'égarement de la justice. La grâce fait présumer qu'elle est méritée, et semblerait devoir procurer les mêmes avantages. Quant à l'amnistie, c'est une mise en oubli avant jugement, comme la grâce est un pardon après jugement. Même raison donc de décider semblablement, d'autant plus qu'il n'y a pas eu de condamnation. Nous ne faisons ici que du droit théorique pur ; nous n'interpré-

8

tons point le Code pénal français; on est prié de ne point l'oublier.

Nous avons reproduit sincèrement tout ce qui a été dit, à notre connaissance, en faveur de l'aggravation, et nous croyons l'avoir apprécié à sa juste valeur. On nous réfutera difficilement, croyons-nous; mais nous sommes persuadé aussi que nous aurons convaincu peu de monde, et qu'on restera avec le préjugé de la convenance de l'aggravation de la peine. C'est là plus qu'un préjugé; c'est une sorte d'instinct très-explicable par le ressentiment de la vengeance et par la persuasion où l'on est qu'en frappant plus fort on corrigera plus sûrement. Mais si la vengeance est un mauvais sentiment, et si la correction n'est pas un bien qu'il s'agisse d'obtenir à tout prix, il est clair qu'on ne justifiera pas l'aggravation pénale par cette double raison. Il faut en chercher une autre.

Reportons-nous donc à une question plus élevée, celle qui est le fondement du droit criminel : la société a-t-elle le droit de punir, ou n'a-t-elle que le droit de se défendre? Comme nous traiterons ailleurs cette question plus convenablement, il nous suffira d'en anticiper ici la solution, et de raisonner en conséquence.

Si la société n'avait que le droit de punir proprement dit, c'est-à-dire d'infliger un mal pour un autre, sans aucun intérêt d'ailleurs, ou même en se proposant pour but l'amendement moral du coupable, elle ne pourrait, sans injustice, lui faire plus de mal qu'il n'en a fait, ou plutôt qu'il n'en a voulu faire; elle ne pourrait plus même lui en faire aucun, du moment qu'elle le croirait repentant, si le changement moral était la fin recherchée par la peine. Dans le système du droit de punir, l'aggravation pénale de la récidive est donc absolument inexplicable.

Reste le droit de défense. On dit avec raison que le droit de défense est indéfini. En effet, il n'a pas sa mesure en lui-même, mais bien dans le degré d'énergie rendu nécessaire par l'attaque et pour la repousser. Quelles que soient la nature et l'importance de l'objet du droit attaqué, par cela seul qu'il y a droit, que tout droit est sacré, celui qui le possède est par là même investi du droit de le défendre par tous les moyens rendus nécessaires. C'est l'agresseur qui se fait cette position plus ou moins fâcheuse; c'est à lui seul qu'elle est imputable. Et pour porter de suite les choses à l'extrême, s'il doit succomber dans la protection du droit le plus minime qu'il attaque, c'est-à-dire si ce droit ne peut être efficacement protégé qu'à cette déplorable condition, celui qui le défend par de semblables moyens n'est pas moins innocent en droit strict, si répréhensible qu'il puisse être en morale, que le propriétaire qui aurait entouré son verger d'une grille armée de pointes, si un maraudeur qui aurait voulu la franchir venait à s'y embrocher.

La défense est non-seulement un droit, mais elle est, de plus, inséparable du droit d'être, en principe, suffisante ou efficace.

Or, le législateur qui est en présence d'une récidive possible après un premier châtiment enduré, peut raisonnablement penser que les moyens de défense établis pour le premier délit, et fondés uniquement sur le principe de l'équité pénale ou de la réciprocité, ne sont pas suffisants pour garantir la société ; il n'a pas du tout à s'occuper du degré de liberté, de moralité du récidif. Il n'en est pas, il n'en peut pas être juge. Il n'a qu'une mission, celle de protéger le droit des citoyens par les mesures rendues nécessaires. Et cette protection comprend même les droits du coupable, qui ne doit être puni que dans une juste mesure. Or, cette mesure est juste d'abord quand elle ne dépasse point le mal occasionné par le délit ; elle l'est encore et ensuite quand, dépassant le mal occasionné par la récidive, elle n'est cependant regardée, par une raison saine et calme, que comme purement suffisante pour contenir un ennemi plus ou moins déclaré de la justice.

On ne peut pas dire qu'à ce compte, si le législateur s'imagine qu'une peine qui dépasserait le préjudice est nécessaire pour protéger suffisamment la société, il a le droit d'en frapper les premiers délits. C'est là une présomption qu'il ne peut établir équitablement. Il n'y a jamais lieu de penser, en effet, qu'une société se compose généralement d'hommes qui veuillent leur mal, qui le préfèrent à leur bien, et qui, placés entre deux maux, choisissent volontiers le pire. Pas donc de raison suffisante pour sortir des bornes de la justice dans les dispositions pénales destinées à réprimer de premiers délits.

En vain l'on arguerait encore du prétendu fait que ces dispositions sont démontrées insuffisantes, puisqu'elles n'empêchent pas en réalité les méfaits qu'elles atteignent. Ce ne serait là qu'un sophisme. On ne tiendrait aucun compte des faiblesses et des passions humaines, de l'espoir de l'impunité, etc. Toutes choses qui, sans être des crimes en elles-mêmes, peuvent néan-moins y porter. On ne fait pas attention que l'atrocité des peines serait encore insuffisante pour prévenir tous les délits, et qu'en outre elle démoraliserait les peuples par son arbitraire, en même temps qu'elle tendrait par sa cruauté à les rendre féroces.

Il faut donc mettre en principe qu'il y aura toujours des délits, si sévères que puissent être les lois, et sans doute alors surtout qu'elles seront le plus sévères. Il faut donc prendre son parti d'un état de choses qui tient à la nature humaine, et se borner aux moyens répressifs dictés ou permis par la justice. L'insuf-fisance de ces moyens est un de ces malheurs nécessaires, par-tage inévitable de la condition humaine, et qu'il serait plus nuisible qu'utile de vouloir extirper radicalement.

Mais ce n'est pas une raison de dire : il y aura toujours des récidives, quelle que soit la gravité de la peine destinée à les réprimer ; cette aggravation est donc inutile. — Sans doute il y aura toujours des récidives. Mais si l'on peut raisonnable-ment espérer qu'il y en aura moins en ajoutant à la peine, sans du reste le faire avec colère, sans mesure ou sous l'empire d'une terreur déplacée, il est certain qu'on peut, par ce moyen, pourvoir à une plus sûre protection.

L'erreur possible n'est donc point dans l'aggravation même de la peine, mais dans son excès.

Quelle doit être maintenant la règle de l'aggravation, pour ne pas excéder les bornes de la justice ? On ne peut rien dire de bien précis à cet égard. Une fois sorti du principe de la ré-ciprocité pour se rattacher à celui de la nécessité d'une défense efficace, on tombe inévitablement dans un certain arbitraire. Cet arbitraire peut être injuste, s'il dépasse les moyens de ri-gueur nécessaires pour protéger raisonnablement la société. Il semble toutefois, qu'à moins de circonstances qui changeraient l'espèce du délit, il est juste : 1° de ne pas changer l'espèce de la peine ; 2° de la porter simplement à un degré plus élevé, dans le cas où étant divisible, elle n'aurait pas d'abord été portée au maximum ; 3° si elle a été portée au maximum, de l'aggraver par des circonstances accessoires, dans la manière de la faire subir, par exemple, dans un régime plus dur, etc. Mille moyens peuvent entrer à cet égard dans le règlement des maisons de détention, quelle qu'en soit l'espèce.

Nous dirons donc, en résumant les points capitaux de ce chapitre, que si la plupart des législateurs ont puni plus sévèrement la récidive que la première chute, c'est qu'ils ont cédé ou à un sentiment qui tenait de l'irritation et de la vengeance, ou à l'effroi d'un plus grand danger pour la société, en face de l'habitude du mal, ou à la persuasion de l'insuffisance de la peine pour un coupable qu'elle n'arrêtait pas, quoiqu'il l'eût endurée déjà, ou à la supposition d'une plus grande perversité dans celui qu'un châtiment éprouvé était incapable de contenir. Toutes ces considérations sont insuffisantes pour motiver l'application d'une peine supérieure ou d'une autre espèce ; elles suffisent difficilement, même dans les cas les plus graves, pour motiver le maximum de la peine affecté au délit non répété.

L'aggravation de la peine en cas de récidive nous semble généralement motivée en fait sur la présomption d'un plus haut degré de perversité, c'est-à-dire sur une considération morale qui aurait dû rester étrangère au législateur, d'autant plus que cette présomption pourrait bien n'être qu'une fausse apparence, soit que l'habitude du mal, et du même mal surtout, tienne à une sorte de manie, soit que la passion qui en est le mobile porte une atteinte d'autant plus profonde à la liberté qu'elle est elle-même plus forte et plus habituelle [1]. En sorte que le coupable, loin de l'être davantage moralement avec le temps, le deviendrait de moins en moins à mesure qu'il perdrait de plus en plus de sa liberté par l'habitude du même crime. Si ce n'était pas là une raison de traiter l'habitude de la récidive comme une monomanie, à moins que cette monomanie ne fût clairement établie, ce ne serait pas non plus une raison de la traiter plus sévèrement que le simple et unique délit de son espèce. Ce qui nous a fait concevoir une sérieuse prévention contre l'aggravation de peine pour cause de récidive [2].

Toutefois, l'opinion et la pratique contraires à peu près gé-

---

[1] Les théologiens moralistes ont eux-mêmes reconnu que les passions sont parfois si violentes, que le libre arbitre s'en trouve singulièrement affaibli, outre que l'intelligence peut en être obscurcie ou offusquée. — V., par exemple, le cardinal GOUSSET, *Théologie morale*, t. I, c. 2, p. 7, éd. 1853 et *passim*.

[2] Cf. sur la récidive en général : HOOREBEKE, *De la récidive dans ses rapports avec la réforme pénitentiaire* (étude de législation comparée), 1846, in-8.

nérales, ne laissent pas d'être imposantes, et doivent être prises
en très-sérieuse considération. Elles sont inexplicables, inex-
cusables même si l'on donne pour base au droit criminel, le
simple droit de punir ; il faut, pour leur trouver une raison
suffisante et légitime, partir du droit de défense, plus étendu
dans ses moyens que le droit de punir. Mais ce droit, s'il n'est
pas réglé, tempéré par le principe de la réciprocité, devient
d'un emploi fort dangereux; l'arbitraire est imminent, et si la
douceur des mœurs ne venait y mettre un frein, l'humanité et
la justice même pourraient en souffrir. Mais il est plus sûr encore d'avoir ici pour règle des principes clairs et certains, que
des sentiments obscurs et douteux. On peut donc indiquer
quelques règles destinées à régler l'aggravation de la peine en
matière de récidive. C'est ce que nous avons fait.

CHAPITRE XI.

De la complicité.

SOMMAIRE.

1. Définition de la complicité; — ses espèces.
2. Complicité négative, complicité positive.
3. Différentes manières de concevoir la complicité négative, fournies par
   l'histoire.
4. Complicité positive ; ses espèces.
5. Trois principaux degrés de complicité.
6. De la complicité morale; — ses espèces.
7. Du recélé.
8. Des degrés différents de culpabilité dans les complices de même ordre.
9. Les peines, les amendes par conséquent, sont personnelles. Solidarité
   pour la réparation civile.
10. Opinion des docteurs sur la complicité. Confusion de la morale et du
    droit. — Autre exagération.
11. Confusion analogue dans le droit.
12. Trois degrés principaux du progrès des lois en cette matière, marqués
    par les lois athéniennes, mosaïques et romaines.
13. Les législations modernes, à dater du moyen âge, expriment un progrès
    plus ou moins marqué dans le degré atteint déjà par la loi romaine.
    Exemples divers.
14. Exception pour les crimes de haute trahison.

La complicité est en général la participation à un délit, quel
que soit le degré de cette participation.

Mais il y a une foule de manières de participer à une mauvaise action, et toutes ne sont pas également répréhensibles aux yeux de la justice.

On peut prendre part à la conception du délit, à la manière ultérieure d'en préparer l'exécution, à l'exécution même, à la soustraction du corps du délit ou des coupables.

Il y a même une participation négative, qui ne peut être imputée justement qu'aux personnes ayant autorité pour empêcher le délit, ou qualité pour en dissuader ou pour en dénoncer l'intention ou l'exécution. Cette espèce de responsabilité se reconnaît particulièrement chez les peuples despotiques, où le pouvoir est plus ombrageux que fort. Elle va même jusqu'à rendre responsables de certains délits ceux qui auraient pu les prévenir s'ils en avaient connu le projet, alors même qu'ils l'ont vraisemblablement ignoré! C'est ainsi, par exemple, qu'en Chine, au Japon, des familles entières, des magistrats peuvent être condamnés pour n'avoir pas prévenu les délits de leurs enfants ou de leurs administrés, malgré la vraisemblance qu'ils en ont ignoré les desseins coupables. Nous en avons vu des exemples au chapitre de l'imputabilité. On s'inquiète peu des liens du sang, des faiblesses qu'ils entraînent, faiblesses si excusables en certains cas qu'elles sont presque des devoirs.

Chez d'autres peuples, la responsabilité ne va que jusqu'à la réparation civile. Cette solidarité tient encore à la supposition d'une sorte de complicité au moins négative. Chez plusieurs peuples slaves, avant le XIVe siècle, les autorités civiles et les anciens du village étaient tenus de prévenir tout délit de vol ou de le réparer. Le vrai complice du voleur, son complice dans le sens positif, devait payer sept fois la valeur de la chose volée. Le propriétaire de la maison où s'était réfugié le voleur était traité comme complice, à moins qu'il ne livrât le voleur à la justice[1].

Un autre genre de complicité négative plus ordinaire que celle dont il vient d'être question, c'est celle qui consiste à ne pas dénoncer le coupable. Mais il y a ici deux positions fort distinctes, suivant qu'on est instruit du délit sans y avoir trempé ou pour y avoir pris part. Le silence, dans le premier cas, n'est pas louable assurément; mais il ne mérite pas la même peine que la complicité proprement dite. La révélation, dans

[1] MACIEIOWSKI, Op. l., t. II, p. 162 et 163.

le second cas, mérite plus d'éloge avant la perpétration du délit qu'après. Elle peut n'être, dans la seconde position, qu'une lâcheté. C'est peut-être la payer plus cher qu'elle ne vaut, que de promettre l'impunité à son auteur, comme le fait la loi russe. Les mœurs publiques ont moins à y gagner que l'ordre matériel.

Pour qu'il y ait complicité positive, il faut ou la participation morale et matérielle, ou la participation morale seule. Il n'y a pas de participation matérielle seule. La participation morale se distingue en morale proprement dite et en intellectuelle. En d'autres termes :

Quand on ne prend part qu'à l'idée ou au projet en le formant, la participation est *intellectuelle*.

Quand on conseille, qu'on exhorte, qu'on persuade ; quand on paye ou qu'on promet de payer pour commettre le délit ; quand on l'ordonne ou qu'on le commande, la participation est *morale*.

Quand on prend part à son exécution, elle est *physique*.

La participation physique n'est pas toujours également coupable : il faut, pour qu'il y ait culpabilité au plus haut degré dans l'espèce, que le crime n'ait pu être consommé sans cette intervention. Alors la peine doit être la même pour les coopérateurs. Si au contraire le secours donné n'est pas essentiel à la consommation du délit, la peine doit être moindre, puisque, sans ce secours, le mal aurait encore pu être le même.

Il est clair que celui qui ne participe physiquement qu'à la préparation du délit, ne peut pas être coupable si cette préparation n'est pas punissable par elle-même, ou si elle n'est pas au nombre des actes préparatoires qu'il est nécessaire de punir.

On peut encore participer à un délit, en empêchant que ceux qui le commettent soient troublés dans leur opération, ou en les prévenant s'ils sont exposés à être surpris. Cette participation, si elle n'a aucun but violent, par exemple, de contenir certaines personnes qui pourraient aller au secours, si elle ne consiste qu'à faire le guet dans la rue, à l'entrée d'une maison, ne nous semble coupable tout au plus qu'au second chef.

Il y a plus de difficulté à décider pour le cas où la participation physique est postérieure au délit. Il faut alors distinguer, suivant que la soustraction du corps de délit ou celle des coupables devait être ou n'être pas jugée nécessaire pour échapper aux recherches de la justice, et que cette soustraction ne pouvait avoir lieu sans l'intervention de ceux qui l'ont opérée ou favorisée. Si ces auxiliaires ont connu le projet des malfaiteurs, s'ils leur ont librement promis leur assistance, ils sont coupables au second chef. S'ils n'ont rien su d'abord, ils ne sont coupables qu'au troisième. Si, tout en ayant connu le projet, ils sont intervenus sans qu'il y eût nécessité pour les auteurs du délit, ils ne sont encore coupables qu'au troisième chef, à moins que cette intervention ne soit habituelle, et n'encourage ainsi, en les favorisant, des entreprises criminelles. Malgré cette habitude dans le recélé des hommes ou des choses, s'il est fait par une sorte d'égard plutôt que par complicité de la part des proches, de ceux-là surtout chez lesquels il doit y avoir plus de respect que d'autorité, par des femmes, par des enfants, il y aurait lieu de baisser la peine d'un degré encore.

Nous distinguerions donc des auteurs *principaux* ou coauteurs, des auteurs *secondaires* et des auteurs *accessoires*. Il y aurait ainsi trois degrés de complicité et de peines possibles. Plus on distinguera, plus aussi on sera d'accord avec la justice, plus on rendra difficile la connivence des coupables à cause de la différence pénale des rôles, plus on multipliera les chances d'aveu de la part des moins punis.

La participation morale par conseil, par exhortation, n'est pas coupable, si elle a lieu, par une personne sans ascendant, sans autorité, et si elle s'adresse d'ailleurs à une intelligence saine et développée. Mais si elle est exercée par une personne considérée, au nom d'une autorité respectée ; si le conseil, l'exhortation s'adresse à une intelligence bornée, à un cœur aigri, passionné, dépravé, la responsabilité juridique peut être complète, et le conseiller atteint d'une peine plus forte même que celui qu'il a eu le malheur de persuader.

Celui qui promet une récompense à l'auteur d'un délit à commettre, est, en tous cas, passible au moins du second degré de la peine réservée au délit, pourvu que le mandat soit accepté et mis à exécution.

Si le mandat est retiré avant tout commencement d'exécution, et que celui qui l'a reçu n'en persiste pas moins dans l'idée de commettre un crime auquel il ne songeait pas d'abord, le mandat peut être regardé comme l'*occasion* du délit, et être puni du troisième degré de la peine, ou d'un degré inférieur, d'une peine de police.

Si le mandat est outrepassé, et que le mandant ait pu facilement prévoir cet excès, comme une conséquence probable ou très-possible du délit commandé, il peut être justement puni du second ou du troisième degré de la peine affectée à ce délit. Je dis second ou troisième, parce qu'il y a effectivement ici des degrés de culpabilité divers. Mais à moins que le délit commandé ne supposât comme moyen un délit qui n'a pas été tel, qui n'a pas servi, quoique plus grave, il nous semble difficile de décerner la peine du premier degré contre le mandant.

Lorsqu'un crime est commandé, il l'est ou par un supérieur ou par un étranger. Par un supérieur, il prend un caractère de culpabilité d'autant plus grand, que l'autorité elle-même est plus absolue, et que le commandement est plus irrésistible, par exemple, s'il est accompagné de violence. Celui qui commande ainsi peut être non-seulement puni de la peine principale, mais il peut encore l'être seul. Il est difficile qu'il ne soit pas atteint de la peine du second degré au moins. Mais, s'il est sans autorité, s'il n'emploie aucune violence, il n'est tout au plus que l'auteur accessoire ou occasionnel du délit, et, comme tel, passible du troisième degré de la peine seulement. Si, au contraire, il recourt à la menace, à une menace propre à faire céder un caractère d'une certaine fermeté, il est passible de la plus grande peine; il devient moralement l'auteur principal du délit; autrement il n'en est que l'auteur accessoire.

Un genre de complicité moins grave en général que celui de la participation, c'est le recélé.

Il l'est d'autant moins : 1° que le délit a été ignoré; 2° qu'il a été commis par les proches de ceux qui donnent asile aux coupables et cherchent à les soustraire à la justice; 3° qu'il est plus désintéressé; qu'il a moins de connexion avec un délit passé ou des délits possibles à l'avenir. Mais si, loin d'avoir ces caractères, le recélé entrait dans un plan de brigandage ou de vol organisé; s'il était un moyen intéressé de la part de celui qui s'y prêterait, de soustraire les criminels et les traces du crime à la recherche de la justice, de favoriser l'écoulement de ses produits ou leur consommation ; s'il devenait ainsi un encouragement au forfait ; s'il n'avait en sa faveur aucun sentiment de pitié, de respect ou d'honnêteté ; en un mot, s'il avait tous les caractères d'une connivence coupable, il nous semblerait mériter une peine voisine de celle qui atteint le délit lui-même. Mais toutes ces circonstances aggravantes peuvent n'être point réunies, et dès lors il y aurait lieu d'abaisser encore la peine pour cette espèce de complices.

Il peut y avoir complicité réelle, et des complices peuvent être mis sur le même rang, être regardés ou comme principaux, ou comme secondaires, ou comme occasionnels, comme accessoires, sans toutefois que la culpabilité soit exactement identique pour tous les prévenus d'une même catégorie. Il faut avoir sans cesse présent à l'esprit que des hommes sont en cause, et jamais des abstractions. Or, des complices de même degré peuvent être plus ou moins coupables cependant ; il n'est ni juste ni nécessaire de leur infliger une même peine. Pareillement la peine de l'un ne fait rien à la peine de l'autre. La peine est personnelle. Il ne doit donc pas y avoir solidarité pour l'amende, et les dispositions de l'article 55 du Code pénal sont contraires aux véritables principes.

Mais ce qui n'est pas personnel, c'est la réparation du dommage causé : chacun des condamnés l'a voulu tout entier ; ils doivent donc être condamnés solidairement à le réparer, mais en commençant par la première catégorie. Ceux de la seconde et de la troisième peuvent donc opposer le bénéfice de discussion [1]. Il peut donc y avoir ici des débiteurs principaux, solidairement tenus entre eux, quelles que soient les circonstances atténuantes ou aggravantes qui les distinguent d'ailleurs, et des débiteurs secondaires, également tenus solidairement à défaut des premiers, et enfin des débiteurs de troisième ou même de quatrième ordre soumis aux mêmes conditions. Tels sont, à notre avis, les véritables principes de la matière. Voici maintenant ce qu'ont pensé les criminalistes philosophes, et ce qu'ont décidé les législateurs.

Les uns et les autres ont souvent confondu le point de vue moral et le point de vue juridique ; confusion que j'ai relevée tant de fois déjà, et qui a entraîné les législateurs dans des

---

[1] Cf. GROTIUS, II, 17, § 11 ; PUFFEND., III, 1, § 5 ; *Code du Brésil*, article 27-32.

excès déplorables. Ce n'est qu'à l'égard du for intérieur qu'on peut dire avec saint Augustin que Saul, gardant les habits de saint Étienne pendant son supplice, était aussi coupable que ceux qui le lapidaient[1]. Sous le rapport juridique, il faut dire au contraire avec Barbeyrac, que saint Étienne n'en aurait pas moins été lapidé, alors même que Saul n'aurait pas consenti à ce rôle tout à fait secondaire. On ne peut donc mettre ce dernier au rang des principaux coupables.

Il faut dire la même chose de l'opinion qui veut qu'on soit coupable de vol pour ne pas révéler le voleur à celui dont la chose a été dérobée[2].

Est-il plus vrai de dire que celui qui loue une mauvaise action est pire que celui qui la commet[3]; que ne pas l'empêcher lorsqu'on le peut, c'est en assumer la responsabilité[4], c'est la commander[5]? Sous le rapport moral ces décisions peuvent se soutenir jusqu'à un certain point; mais en droit elles seraient difficiles à justifier.

Les législateurs ont aussi plus d'une fois confondu ces deux ordres d'idées pratiques. Une ancienne loi d'Athènes punissait de la même peine celui qui avait conseillé le délit et celui qui l'avait exécuté[6].

Les législations présentent, en ce qui regarde la complicité, trois degrés de progrès. Les unes, comme celle d'Athènes, infligent la même peine aux complices qu'aux délinquants principaux. Les autres, comme celle de Moïse[7], abaissent la peine pour tous les auteurs du même délit; ce qui est encore les mettre sur la même ligne, mais en reconnaissant toutefois que la culpabilité peut différer, et faire profiter le plus coupable du bénéfice réservé à celui qui l'est moins. Les législations d'un

---

[1] SAINT AUGUSTIN, *Serm.*, V, *De sanctis.*, ch. 4; *Serm.*, I, 3; XIV.

[2] SAINT JÉRÔME, ou celui dont l'ouvrage est attribué à ce père: *Comment. in parabolas*, XXIX, p. 53, t. VII. Édit. Frob. 1537.

[3] CHRISOST., I, *ad Rom.*, t. 3, p. 28.

[4] CASSIODOR, *in Psalm.*, LXXXI, vers. 4; SAINT AUGUST. sur ce même verset; CICÉRON, *Épistol. ad Brut.* IV.

[5] SALVIEN, *De gubernat. Dei*, VII, 19.

[6] ANDOCID., *Orat.* 1, *De mysteriis*, p. 219, ed. Vech.

[7] Dans un délit commis par plusieurs, on ne distingue pas encore dans la législation mosaïque, les différents degrés de participation et de culpabilité; mais tous étaient punis moins sévèrement que ne l'aurait été un seul coupable qui aurait agi avec préméditation.

troisième ordre distinguent entre les auteurs principaux et les complices, comme aussi entre les complices eux-mêmes. C'est la sagesse plus ou moins grande de ces distinctions qui fait le mérite relatif des lois pénales à cet égard.

La loi romaine et la plupart des lois modernes, surtout de celles qui ont subi l'influence du droit romain depuis la renaissance, appartiennent à cette troisième catégorie.

On retrouve dans le moyen âge d'honorables tentatives de ce genre, par exemple, au XIIe siècle, en Angleterre, sous Henri Ier. Ce prince voulut que celui qui, dans un meurtre, aurait porté le coup mortel, payât le wergeld, la composition aux parents, l'amende de *l'homme* au suzerain, et une amende (*wite*) au juge. Les complices payaient le *hlolebote* [1] qui s'évaluait d'après le wergeld.

Quand on n'avait participé qu'indirectement au meurtre, par exemple, en prêtant une arme ou un cheval, on était exposé à payer tout ou partie du wergeld, faute de pouvoir prouver qu'on n'avait pas prêté la chose dans ce but. Quand on avait prêté une épée, on payait le tiers du wergeld; si une lame, la moitié; si un cheval, le tout.

Il faut remarquer à ce sujet le côté barbare de cette disposition : c'est à l'accusé de prouver son innocence; l'accusation ne se charge point d'établir la vérité de son assertion; car elle affirme non-seulement que le cheval ou les armes ont été prêtés, mais aussi qu'ils l'ont été dans un but coupable. Cette observation s'applique également aux dispositions suivantes tirées de la même loi.

Il fallait encore se purger, par un serment, du soupçon de complicité quand le meurtre avait été commis par un autre avec des armes qu'on avait donné à réparer à l'armurier. On se justifiait aussi par serment quand quelqu'un par accident s'était tué, ou avait été tué avec des armes déposées en lieu sûr. Même principe lorsqu'on avait porté sa lance ou d'autres armes de manière qu'un autre pût se jeter dessus et se tuer [2].

La loi romaine distinguait les divers moments où la compli-

---

[1] Terme saxon qui signifie amende à payer par celui qui avait fait partie d'une bande armée, illégalement rassemblée, Cf. DUCANGE, *Glossar.*, v° *hloth*.

[2] *Leges Henrici primi*, 88 : *Si quis in arma alicujus*, etc. V. Philipps. *Inglisch Rechtsgeschichte seit der Ankunft der Normannen*, t. II, p. 318, note 999.

cité avait eu lieu ; si c'était avant, pendant ou après l'exécution du délit. Elle distinguait encore entre le genre d'assistance, suivant qu'elle avait eu lieu par actes ou par paroles, ou par ces deux choses à la fois, *ope et consilio*. Le simple conseil ne formait pas un acte de complicité [1].

Le mandataire et le mandant étaient réputés également coupables [2]. Pas de garanties en cette matière : *en crime point de garant* [3]. Ceux qui commandaient le crime, s'ils étaient investis d'une certaine autorité, étaient regardés comme principaux coupables, et punis plus sévèrement que leurs subordonnés trop dociles [4].

Une loi des Lombards punit de la même peine celui qui encourage une action coupable en voie d'exécution et celui qui la commet [5].

Les capitulaires de Charlemagne imputent jusqu'à un certain point, au mandant d'un délit les excès auxquels peut se porter le mandataire, même contre la défense expresse du mandant [6].

La participation à l'exécution emporte le plus souvent la même peine pour les complices sans distinguer les temps [7]. Mais la simple présence, ou le recélé par des proches, sont ou réputés innocents, ou excusés, ou punis moins sévèrement. L'ancienne loi criminelle de France décidait à peu près la même chose [8].

Les jurisconsultes distinguaient, suivant que le complice avait ou n'avait pas été la cause prochaine du délit ; s'il y avait eu ou non complot avant l'exécution collective ; si le complot était incertain ou douteux ; si la participation au délit avait eu lieu sciemment, librement, etc. Était regardé comme appartenant à la cause prochaine du délit, celui qui en surveillait la

---

[1] *Instit.* IV, t. 1, § 11 ; Cf. L. 50, D. *De furtis ;* L. I, § 3 *De servo corrupto ;* L. *aut facta* 16, D. *De pœnis.*

[2] L. *Si quis* § 5, D. *De jurisdict. omn. judic. ;* L. 8. cod. ad leg. Jul. *De vi publ.*

[3] L. 1, § 2. D. *ad leg. Aq. ;* LOYSEL, *Instit. cout.* L. VI, tit. 1 max. 8.

[4] L. 157, D. *De reg. jur. ;* L. 37, D. ad. leg. Aq. . ; L. 17, § 7, *De injur. ;* L. 4, D. *De reg. jur. ;* L. 8, Cod. ad. leg. Jul. *De vi publ.,* etc.

[5] L. I, tit. 9, § 25.

[6] *Cap. is qui :* EXTRA, *De homicid.,* in 6°.

[7] L. 50, D., *De furtis ; ib.,* L. 54 ; L. 11, D., *De injuriis ;* L. 11, D., § 1, ad. leg. Aq. ; L. 1 et 2, D., *De receptat.* L. 45. D., *ad leg. Aq.*

[8] *Capit. sicut dignum.* EXTRA, *De homicid. vol. vel cas ; Ord. de Blois ;* Coutume réformée de Bretagne ; Ord. de 1670. V. MUY. DE VOUGL., p. 7-11.

tranquille exécution. Le mandant et le mandataire, leur intermédiaire parfaitement renseigné sur la nature de la commission, étaient tous regardés comme auteurs principaux du délit. La ratification d'un délit commis était assimilée au mandat, sous certaines conditions seulement. Il y avait à toutes ces règles générales des exceptions assez nombreuses, et qui en tempéraient un peu la rigueur. Toutefois cette rigueur est généralement maintenue pour les cas de crime atroce, précisément ceux où elle est le plus regrettable [1].

La loi chinoise entre dans des distinctions pleines de sagesse, qui permettent de faire peser sur le complice des circonstances aggravantes personnelles à l'un ou à plusieurs des codélinquants. Elle distingue avec soin le coupable principal et le coupable accessoire. Les complices sont confrontés avec les principaux auteurs du délit, afin de mieux connaître le degré de pénalité afférent aux uns et aux autres [2].

Les lois des peuples modernes se distinguent de celles des peuples anciens sur ce sujet, par un examen plus attentif des degrés de culpabilité, et par une justice plus approfondie et plus exacte [3]. Néanmoins la loi anglaise [4], l'ancienne loi française, n'admettent que des complices principaux dans les crimes de haute trahison, à cause, dit-on, de l'énormité du crime ; comme si le résultat matériel d'une action, sa gravité intrinsèque, était la seule mesure de la culpabilité ! Le recéleur était puni en France de la même peine que le voleur ; en Angleterre il l'était moins. Blackstone fait très-bien ressortir l'utilité de la distinction entre l'agent principal et l'agent accessoire d'un délit, alors même qu'en principe la loi décerne une peine identique. Il regrette, du reste, que cette distinction n'ait pas de conséquences pénales plus marquées.

La loi polonaise est toujours moins sévère pour les complices que pour les auteurs principaux [5]. La loi suédoise n'est guère moins indulgente [6]. Le Code autrichien voit un acte de compli-

---

[1] Jousse, I, p. 22-35.

[2] *Cod. pén. de la Chine*, I, p. 35, 66, 69, 79.

[3] V. Blackstone, p. 28-32 ; J. Stephen, *Summary*, etc., t. I, p. 13-22 et surtout p. 20.

[4] *Ib.*, p. 31-32.

[5] *Rev. étrang. et fr. de législat.*, t. I, p. 307.

[6] *Ib.*, III, p. 199.

cité dans l'omission d'empêcher méchamment un délit; du reste, le complice y est en général moins rigoureusement traité que l'auteur principal [1]. Le législateur des Deux-Siciles, après avoir fait une énumération des cas de complicité, veut que la peine soit la même pour les complices en général que pour les auteurs principaux, sauf les exceptions qu'il signale. Mais il déclare que les circonstances aggravantes ou atténuantes sont personnelles [2]. Plus sage en cela que la loi française qu'il avait copiée jusque-là, le Code hollandais distingue des auteurs intellectuels et des auteurs matériels du délit. La première classe comprend ceux que nous avons appelés auteurs *moraux*. Le complice n'est puni que de la moitié de la peine réservée à l'auteur principal. Les recéleurs et autres complices, dont l'intervention n'a lieu qu'après le crime consommé, sont punis comme dans le Code français, article 62; mais si l'auteur principal est puni de mort, les complices de la catégorie dont nous parlons sont condamnés au premier degré de la reclusion, précédée de l'exposition sous la potence. Les circonstances qui modifient la culpabilité des individus sont déclarées personnelles, et par conséquent ne nuisent ou ne profitent qu'à ceux qu'elles concernent [3].

M. Livingston, dans le Code de la Louisiane, a reconnu plusieurs degrés de complicité, depuis la conception du délit jusqu'à la soustraction des coupables ou des traces du crime. Il distingue des adhérents avant le fait et des adhérents après le fait. Les premiers, quoique absents du théâtre du crime, sont punis comme les auteurs principaux. Les adhérents, après le fait, sont regardés comme accessoires et punis d'une peine moins grave que les premiers [4].

La législation du Brésil contient cette disposition qui rappelle notre ancienne jurisprudence [5], mais éludée peut-être au nouveau monde comme elle l'était dans l'ancien : « La satis- » faction complète de l'offense sera toujours préférée au paye- » ment des amendes pour lesquelles les biens des délinquants

---

[1] *Cod. autrichien*, prem. part., art. 190-200.

[2] Liv. 1, *Des peines et des règles*, art. 74-77.

[3] *Revue étrang. et fr. de législation*, t. IX, p. 961-963.

[4] *Revue étrang. et fr.*, II, p. 216-217.

[5] V. JOUSSE, I, 117-127.

» demeurent aussi hypothéqués, comme il est dit article 27[1]. »
Cet article porte que la réparation du dommage causé par plusieurs délinquants réunis, reste à la charge d'eux tous, et
solidairement, que leurs biens en répondent d'une manière
spéciale, et sont frappés à cet effet d'une hypothèque légale[2].

Il résulte de toutes ces dispositions pénales, qu'il y a toujours eu de la tendance à distinguer deux classes d'agents dans
les délits, les auteurs principaux et les auteurs accessoires, et
à punir plus sévèrement les premiers que les seconds. Plusieurs
législations modernes sont entrées franchement dans cette voie.
Le Code français est un des moins avancés sur ce point. Ici,
comme à beaucoup d'autres égards, sa simplicité n'est pas toujours une qualité qui n'en fasse pas regretter une autre bien
supérieure. On se rappelle involontairement à ce sujet les réflexions judicieuses d'Ancillon sur la simplicité des lois[3].

CHAPITRE XII.

De la responsabilité pénale.

SOMMAIRE.

1. La question se complique par la confusion du droit et de la morale.
2. L'extension excessive de la responsabilité est due à l'impuissance, à la
   crainte et à la vengeance.
3. Dans quel cas et dans quel sens la responsabilité peut atteindre des
   individus ou des communautés qui n'ont d'abord point trempé dans le
   crime.
4. Exemple d'une législation abusive en ce point.
5. Responsabilité doublement abusive, en ce qu'elle atteint l'innocent
   soumis au coupable, et soustrait celui-ci à la peine.
6. De l'intimidation ou de la *contrainte psychique* comme mobile de la plupart de ces législations injustes.

---

[1] *Cod. du Brésil*, art. 30.

Ib., art. 27. — V. en outre sur la complicité M. ALB. DUBOYS, *Hist. du droit
criminel*, t. II, p. 283, 618.

[2] *De l'esprit des constitutions civiles, et de son influence sur la législation.* Berlin, 1835.

[3] On peut voir dans les excellentes *leçons* de BOITARD sur le Code pénal,
art. 56 à 63, p. 176-206, plus d'une critique fort juste sur cette partie de
nos lois criminelles. V. aussi la *Théorie du Code pénal* par MM. CHAUVEAU et
HÉLIE, ainsi que le *Répertoire général et raisonné du droit criminel*, par
M. Achille Morin. On peut consulter sur chaque question les différentes
sources auxquelles nous renvoyons une fois pour toutes. On trouvera également des renseignements curieux sur la plupart des questions dans le *Dictionnaire de la pénalité* par SAINT-EDME.

Si l'on posait ainsi la question de la responsabilité pénale :
« Qui doit être puni ? » La réponse serait si simple que la question même semble pour le moins superflue. Et cependant l'histoire des législations criminelles la complique. Sans doute,
c'est le coupable qui doit être puni ; mais n'y a-t-il pas une
sorte de complicité morale au moins, qui étend la responsabilité à d'autres agents qu'à celui qui a perpétré le délit ?
Les membres de la famille, ceux-là surtout qui ont charge
d'élever les autres, les membres d'une même communauté,
les supérieurs en particulier, ne doivent-ils pas répondre des
actions de leurs proches, de leurs coassociés, de leurs subordonnés ? Le maître n'est-il pas responsable des méfaits de ses
esclaves ? le mari de ceux de sa femme ? surtout quand elle est
considérée à peu près comme une esclave [1] ? Un roi, un souverain ne doit-il pas payer pour ses sujets, etc.?

Ne sachant à qui s'en prendre, souvent des peuples offensés
ont puni tout un autre peuple pour les délits commis par quelques-uns de ses membres. Dans la même nation, des magistrats
sont quelquefois punis pour les délits qu'ils n'ont pas empêchés
quoiqu'ils n'aient pu le faire, mais sans doute pour stimuler
leur vigilance. Dans la même commune, tous les individus répondent solidairement de leur conduite respective, parce qu'ils
sont chargés de se surveiller et de se contenir mutuellement.
Dans une famille, les délits du fils sont mis à la charge du
père, de l'oncle, etc.

Cette extension de la responsabilité peut avoir un fondement
moral ; mais elle est injuste en droit criminel, si elle ne peut
être fondée sur la complicité. Elle accuse le besoin de la vengeance, la peur d'un mal futur, et peu de scrupule dans l'application de la peine. Sans doute, si un peuple, une communauté
renferme un coupable, elle doit le punir ou le livrer, pour être
châtié, au peuple ou à la communauté qui se plaint justement d'une offense reçue. Le peuple, la communauté, qui refu-

---

[1] Dans les îles Mariannes, le mari répondait des fautes de sa femme, et le
cas échéant, lui seul pouvait être jugé et puni. FREYCINET, *Voyage autour
du monde*, II, p. 479. Dans d'autre pays un événement fâcheux, qui peut être
le résultat d'un crime ou l'effet de la nature, est imputé comme délit, sans
distinction dans la manière dont il survient, à ceux que leur position oblige
particulièrement d'y parer autant que possible, par exemple, la mort, même
naturelle, d'un proche.

seraient cette satisfaction, encourraient une sorte de complicité et mériteraient le châtiment réservé à ceux qui participent aux délits.

Mais si le coupable n'est pas connu, que peut-on exiger autre chose qu'une réparation civile ? Et s'il est connu, pourquoi ne supporte-t-il pas seul la peine que seul il a méritée ?

Ce n'est pas ainsi cependant que les choses se sont passées toujours et partout. Sans parler de la confiscation des biens des condamnés, de la démolition de leurs maisons, vraies peines pécuniaires supportées par les enfants ou les héritiers, il y avait, il y a dans certains pays des peines plus directement dirigées contre des innocents.

A Sparte, la peine s'étendait quelquefois à la femme, aux enfants, à l'ami du coupable [1].

Au Japon, lorsqu'il s'agit de crimes qui intéressent la tranquillité de l'État ou la majesté du souverain, tous les parents de l'accusé sont enveloppés dans sa ruine. Le gouverneur d'une petite province ayant commis quelques exactions, ordre lui fut donné, à lui, à ses enfants, à ses frères, à ses oncles, à ses cousins, de s'ouvrir le ventre. Ces personnes étaient dispersées et éloignées de cinquante lieues les unes des autres. Toutes durent périr le même jour et à la même heure [2].

La même solidarité se retrouve en Chine entre le coupable et ceux qui ont dû prendre soin de son éducation, sa famille et les magistrats sous l'autorité desquels il a vécu. Dans le crime de lèse-majesté, les parents mâles sont légalement atteints de la même peine que le coupable : la mort lente et douloureuse, s'ils sont très-proches parents ; aux degrés plus éloignés, ils deviennent les esclaves de l'empereur.

D'autrefois cette injuste responsabilité admet comme condition certains actes libres, il est vrai, mais qui ne sont pas des actes de participation, ou qui ne supposent qu'une participation négative. C'est ainsi que les lois de Manou décident que l'auteur de la mort d'un fœtus communique sa faute à la personne qui mange des aliments qu'il a préparés [3] ; qu'une femme

---

[1] XÉNOPH. *Rep. Laced.*

[2] DES ESSARTS. *Essais sur l'histoire des tribunaux*, etc., t. II, p. 20.

[3] *Lois de Manou*, VIII, 317. Cf. IX, 238 et 239. — Cf. sur ce chapitre ROMAGNOSI, *Op. cit.*, t. 1, p. 184-214.

adultère communique la sienne à son mari lorsqu'il en tolère les désordres; un élève qui néglige ses devoirs pieux, la sienne à son directeur [1].

On trouve le pour et le contre dans les Mémoires concernant les Chinois sur la question de l'imputabilité personnelle. Il paraîtrait toutefois qu'il existe une sorte de responsabilité entre parents [2]. Mais il n'y aurait rien là de plus sévère, ni même d'aussi sévère que ce qui se pratiquait en France autrefois envers les parents des condamnés pour crime de lèse-majesté.

La confiscation et l'hérédité de l'infamie étaient aussi une manière très-commune de punir les innocents, et les Athéniens faisaient supporter aux enfants une partie du malheur ou de la faute de leurs pères pour les grands crimes envers la patrie [3].

Malgré ce qui est dit dans l'Exode [4], il n'est pas douteux que la peine était personnelle chez les Juifs. Le père même n'était pas garant de son fils : « qu'on ne le fasse point mourir pour ses enfants, dit le Deutéronome, ni les enfants pour leur père, mais que chacun périsse pour son péché, et qu'on évite en punissant l'extrême rigueur [5]. »

La loi romaine est formelle en ce qui regarde l'imputabilité personnelle des fautes [6], du moins jusqu'aux empereurs Arcade et Honorius, lesquels même revinrent à la justice peu de temps après s'en être écartés. Les temps de proscription et de guerres civiles ne comptent que pour le malheur des peuples; ce n'est pas d'après ces époques qu'il faut juger de la législation d'un

---

[1] *Lois de Manou*, VIII, 317 ; t. I, p. 189, t. VII, p. 26 et 27.

[2] V. t. VII, p. 36 et 37; t. I, p. 189 ; t. VII, p 26 et 27. Cette contradiction n'est pas la seule qui se rencontre dans les récits des missionnaires : des critiques en ont fait depuis longtemps la remarque.

[3] LIBAN. *Argum. orat. in Aristog.;* ULPIEN, *in Timocr.*

[4] XX, 5, etc.

[5] XXIV, 16; IV *Reg.* XIV, 6; II. Parall., XXV, 4; *Ezech.*, XII, 20. Voir sur la manière dont se concilie ce passage avec celui précité de l'Exode, les *Lettres de quelques juifs*, etc., par l'abbé Guénée. Cf. II, *Reg.*, XII, 13-15 ; XVI, 1-16; XXIV, 16; Parall. XXI, 7 ; *Reg.*, XII, 4; XI, 31-37; *Daniel*, VI, 24; *Exod.*, XXIII, 23; XXXIII, 2; *Deut.*, VII, 2.

[6] L. 20. D. *De pœnis*; L. 22, *Cod. de pœnis* ; L. 1, § 1. D. *De delictis*. L. 5; *Cod. ad legem Juliam.* Cf. 4, 22, *Cod. de pœnis.*

pays. On peut dire la même chose des périodes où le despotisme est capricieusement tyrannique [1].

La plupart des lois modernes, celles-là surtout qui ont été inspirées par la législation romaine, tendent visiblement à dégager l'innocent de toute solidarité; mais il faut reconnaître qu'elles sont parvenues difficilement et bien tard à ce degré de simple justice. La nécessité bien ou mal comprise, de pourvoir à la sécurité publique, celle de prévenir des attentats réputés d'une gravité extrême, a rendu longtemps le législateur plus accessible à l'utilité de l'intimidation qu'à la nécessité morale et absolue de la justice.

Waldemar II, roi de Danemark (1202-1241), essaya d'affranchir du payement de l'amende les membres innocents de la famille; mais l'ancien usage prévalut sur la volonté royale et se maintint jusqu'au XVIᵉ siècle [2].

En Espagne, les peines ne sont pas assez personnelles afin que l'infamie légale, attachée au crime de lèse-majesté, ne se transmette pas au fils [3]. Des peines afflictives ont pu remonter des fils au père; des peines pécuniaires descendre des pères aux enfants; mais il n'y a pas de sens à faire retomber l'infamie du père sur la tête du fils : l'autorité descend, elle ne remonte pas.

Ce qui révolte plus que tout le reste, plus que l'esclavage lui-même, avec tous les abus que le mauvais génie du despotisme domestique ou civil avait rattachés à cette grande iniquité, c'est qu'un maître eût le droit de rendre son serviteur responsable de ses propres crimes devant la justice, sans que l'infortuné pût s'en défendre. Cet abominable privilége, capable, à lui seul, de déshonorer une nation, règne peut-être encore en Bohême depuis le XVIᵉ siècle : « Le serviteur ne » pouvait jamais élever de plainte contre son maître, et celui- » ci, lorsqu'il était accusé, même justement. pouvait rejeter le » crime sur son serviteur et le livrer aux tribunaux. La décla-

---

[1] SUÉTONE, Vie de César, § 1, et Vie de Tibère, § 61.

[2] J. L. A. KOLDERUP-ROSENVINGE'S Grundriss der dænisch Rechtsgeschichte aus dem Dænisch uebersetz von Dr C. HOMEYER, Berlin, 1845, 8. § 114.

[3] Instituciones del derecho civil de Castilla que escribieron los doctores ASSO Y MANUEL, emendados por el Dr D. JOAQUIM MARIA PALACIOS, in-4º, Madrid, 1806.

» ration par laquelle le domestique cherchait à établir son in-
» nocence n'était point reçue ; le maître avait à cet égard le
» droit d'être cru sur parole [1]. »

En Allemagne, les empereurs Charles IV et Charles-Quint
voulurent que l'infamie du père pesât, dans certains cas, sur
toute sa postérité. Dans le cas d'attentat à la vie d'un électeur,
dit M. Hantalte [2], la Bulle d'Or et la Caroline décident qu'on
épargnera la vie des enfants du criminel par suite et comme
un effet de la clémence singulière de l'empereur ; mais en même
temps la loi prescrit de priver ces enfants de tous les avantages
civils et de les livrer à l'ignominie, afin, dit la Bulle, que,
toujours pauvres et nécessiteux, ils soient partout accompagnés de l'infamie de leur père, et que la vie soit pour eux un
supplice et la mort une douceur.

Toutes ces législations ne se sont écartées avec tant de
persévérance de l'équité la plus simple et la plus frappante,
que par la prétendue nécessité d'intimider, même au mépris
de la justice ; bon moyen d'enseigner le respect de la justice,
et de rendre l'intimidation salutaire ! Le principe de l'intimidation a été de nos jours encore la base d'une théorie de droit
pénal, exposée avec plus de subtilité que de vérité par Feuer-
back sous le titre de *Contrainte psychologique*. Cette pénalité
préventive est très-conséquente, dès qu'on admet comme base
unique du droit de punir l'abstention du mal par la crainte de
la peine. Il faudrait au moins admettre deux ou trois degrés de
peine, suivant que le mal ne serait que présumable ou qu'il
serait certain, si ce n'était déjà trop de punir une simple présomption sans vraisemblance, sans probabilité, comme on le
pratique chez les naturels de la Nouvelle-Galles du Sud. A la
mort d'une personne, homme ou femme, vieille ou jeune, les
amis du défunt reçoivent un châtiment, comme si la mort avait

---

[1] MACIEIOWSKI, *Op. cit.*, p. 277, voici le texte : « Man gab auch dadurch gros-
sen Schutz für der Verübung von Verbrechen, dass der Diener niemals ge-
gen seinen Herr Klagen dürfte, und dass Herr, venn er sich von der Schuld
reinigen vollte, dann das Verbrechen, welches er selbst begangen hatte,
auf den Diener überwälzte, und ihm der Gewalt der Gerichts überlieferte.
Die Erklärung des Dieners, dass er unschuldig sei, wurde nicht gehört ; denn
der Herr hatte in dieser Rücksicht vollen Glauben », p. 277.

[2] *Revue de droit*, etc-, 1849, p. 55.

été occasionnée par leur négligence [1]. Ces sauvages n'ont pourtant pas lu la théorie du fameux criminaliste badois. Faut-il en conclure que cette théorie en est d'autant plus naturelle ?

CHAPITRE XIII.

De la responsabilité civile.

SOMMAIRE.

1. Distinction entre la responsabilité civile et la responsabilité pénale.
2. Caractère non pénal de la responsabilité civile.
3. Les coutumes et les lois pas toujours d'accord avec les principes.
4. Coutumes de certains sauvages — et des peuples barbares.
5. Législations du moyen âge plus positives encore à cet égard.
6. La responsabilité civile des communes dans certains cas est une affaire de nécessité et de police.
7. Il en est de même des mesures analogues entre nations.
8. Responsabilité érigée alors en solidarité.

Tous les moralistes conviennent que les fautes sont personnelles, que ceux-là seuls doivent en être punis qui les ont commises [2]. Nul, à la rigueur, n'est donc responsable de la faute d'autrui, s'il n'y a point participé positivement, ou négativement au moins. Si celui que la nature ou la loi charge de diriger et de surveiller les actions d'un autre, qui est censé manquer d'intelligence ou de moralité, est parfois responsable du mal qu'il n'a pas empêché, cette responsabilité a un caractère purement civil ; elle ne porte généralement que sur le dommage occasionné, et non sur la peine qui pourrait être méritée par l'acte dommageable.

La réparation civile n'est donc pas une peine proprement dite, quoiqu'elle puisse souvent dépasser les amendes. On ne peut regarder comme peine que le surplus de ce qu'il en coûte au délinquant pour réparer le mal physique occasionné par lui ou par ceux qui agissent sous ses ordres, ou dont il répond

---

[1] Dumont-d'Urville, *Voyage de l'Astrolabe*, t. 1, p. 422. — Une coutume analogue, mais analogue seulement, existait chez les Gaulois. Cæs. *Bell. Gall.*, VI, 19.

[2] V. Grotius, I, 21, § 12 et s. ; Puffendorf, VIII, 3, § 23.

dans une mesure déterminée par la nature des choses ou par les lois[1].

Les usages et les lois n'ont pas toujours été conformes à ces principes. Au lieu de n'envisager que les personnes réelles, on n'a vu souvent que des personnes collectives, morales, dont tous les membres ou quelques-uns d'eux pris indistinctivement ont été déclarés coupables des délits commis par d'autres, par l'un des membres quelconque de la famille ou de la communauté.

En Guinée, si un coupable ne peut payer l'amende, et qu'il ait des proches consanguins ou par alliance soumis à la même souveraineté, ils sont tenus de payer pour lui, s'ils n'aiment mieux s'expatrier ensemble et même avec leurs amis. Cet exil dure jusqu'à ce que l'amende soit payée. Mais ceux qui payent pour un autre ont recours contre lui[2].

Le système de garantie et de responsabilité mutuelle, dit Le Hüerou[3], était tellement dans les idées et les habitudes des Germains, qu'il finit par dépasser les limites déjà si vastes de la famille, pour s'étendre de proche en proche, et pour ainsi dire de cercle en cercle, de la famille à la dizaine, de la dizaine à la centaine, de celle-ci aux divisions supérieures, jusqu'à celle du comté ou du duché, qui les dominait toutes. Ces sortes de divisions, à la fois judiciaires et administratives, sont bien anciennes parmi les Germains, puisque nous les trouvons dans Tacite (German. XII), et bien universelles, puisqu'il ne fait à cet égard aucune distinction entre les tribus; mais c'est chez les Anglo-Saxons qu'elles se sont le mieux conservées et qu'on peut en suivre le tracé, pour ainsi dire, avec le moins d'embarras. Voici, relativement aux lois d'Édouard le Confesseur sur les *friborgs*, des renseignements qui ne laissent rien à désirer sur ce sujet : « Il existe dans ce royaume un moyen suprême, et le plus efficace de tous, d'assurer la sécurité de chacun de la manière la plus complète ; c'est à savoir, l'obligation où est chacun de se mettre sous la sauvegarde d'une

---

[1] BENTHAM voit dans le défaut de vigilance que le supérieur doit exercer sur l'inférieur une raison suffisante de punir le premier pour les délits du second; à moins qu'il ne prenne pour une peine proprement dite la réparation civile. *Théorie des peines*, t. I, p. 414.

[2] LINTSCOT, *Ind. Orient. descriptio*, VI, part., p. 63, éd., Francf., 1601.

[3] LE HUEROU, *Histoire des institutions méroving. et carlov.*, t. II, p. 23-25.

espèce de caution que les Anglais appellent une libre garantie, et que les seuls habitants du pays d'York nomment *ten men's tale*, ce qui signifie une division de dix hommes. Voici la manière dont cela se pratiquait : tous les habitants de tous les villages du royaume, sans exception, étaient classés dix par dix, de telle sorte aussi que si l'un des dix commettait un délit, les neuf autres répondaient de lui devant la justice. Que s'il disparaissait, on accordait un délai légal de trente et un jours pour le représenter. Si dans l'intervalle on le trouvait, il était traduit devant la justice du roi. Aussitôt il était condamné à réparer de son bien le dommage qu'il avait causé. Que s'il retombait dans sa faute, on faisait justice sur sa personne même. Mais si on ne pouvait le trouver dans le délai prescrit, comme il y avait dans chaque *friborg* un chef que l'on appelait *friborges heofod*, ce chef prenait avec lui deux des plus considérables de son *friborg*, puis dans les trois *friborgs* les plus proches, le chef et deux membres les plus considérables, s'il le pouvait ; puis il se justifiait, lui douzième, en son nom et au nom de son *friborg*, déclarant qu'il n'était pour rien dans le méfait, ni dans la fuite du malfaiteur. Que s'il ne pouvait le faire, il venait lui-même, à la tête de son *friborg*, réparer le dommage, et cela avec le bien du malfaiteur, tant qu'il y en avait ; et lorsqu'il n'en restait plus, il y suppléait de son propre bien et de celui de son *friborg*, jusqu'à ce que satisfaction complète eût été faite devant la loi et la justice. Que s'ils ne pouvaient accomplir les prescriptions de la loi, en ce qui concernait le nombre de jureurs à prendre dans les trois *friborgs* voisins, ils devaient au moins jurer eux-mêmes qu'ils n'étaient pas coupables, et que, s'ils parvenaient jamais à mettre la main sur le malfaiteur, ils l'amèneraient à la justice ou découvriraient à la justice le lieu de sa retraite. »

Ce principe, dit Le Huerou, ne cessa jamais d'exister chez les Anglo-Saxons, et les Francs qui l'avaient laissé tomber en désuétude, se virent dans la nécessité de le rétablir. Le décret de 595, du roi Clotaire II, contient à cet égard de *curieux renseignements :* « Comme il est constant que les gardes nocturnes ne réussissent pas à s'emparer des voleurs de nuit, il a été décidé qu'on établirait des *centaines*. Si quelque chose vient à être perdu dans la centaine, celui qui l'aura perdu en recevra la valeur, et le voleur sera poursuivi. Que s'il se montre

dans une autre centaine, et que les habitants mis en demeure de le livrer refusent de le faire, qu'ils soient condamnés à payer cinq sous d'amende, et que le citoyen volé
n'en reçoive pas moins de la centaine le prix de la chose
perdue [1]. »

Nous trouvons dans Blackstone l'origine immédiate de cet
usage. « La terre seigneuriale sur laquelle le meurtre avait été
commis, ou, si elle était pauvre, tout le canton était condamné
à une forte amende appelée *murtrum*. Cet usage, ajoute le
jurisconsulte anglais, fut emprunté aux Goths de Suède et aux
Danois, qui supposaient que tout le voisinage, à moins qu'il
ne produisît le meurtrier, s'était rendu coupable du crime, ou
du moins y avait connivé. Il fut introduit en Angleterre par
le roi Canut pour protéger ses sujets danois contre les Anglais,
et fut maintenu par Guillaume le Conquérant par un motif analogue. Si le mort était anglais, on déchargeait le canton de
l'amende. Cette inégalité fut supprimée par le statut 14e d'É-
douard III (1327-1377) [2]. »

En Russie, jusqu'au XIVe siècle, la commune était passible
d'une peine pécuniaire pour un meurtre commis dans le territoire. En Bohême, chaque maison payait en pareil cas cent
deniers. Cette somme était acquittée, ou par la commune seule,
ou par la commune et le coupable si celui-ci était saisi dans
la localité, et que sa fortune ne lui permît pas de payer intégralement l'amende. Encore fallait-il qu'il prouvât que le meurtre n'avait pas été prémédité, qu'il avait eu lieu dans une rixe
ou dans l'ivresse. La commune était responsable de l'avoir
laissé libre s'il n'était pas dans son bon sens, et devait supporter la peine aussi bien que lui [3].

En Pologne, en Bohême, comme en Russie encore, la communauté répondait de la chose volée, et devait réparer le délit, si la personne volée suivait les traces du coupable jusqu'au
village, excepté le cas où les traces conduisaient à un lieu dé-

---

[1] LE HUEROU, *Hist. des instit. méroving. et carlov.*, t. II, p. 23-25.

[2] Il faut voir Hallam, *l'Europe au moyen âge*, sur ces institutions de police judiciaire, t. III, p. 27-34.

[3] MACCIEIOWSKI, *Slavisch. Rechtsgeschichte*, etc., Alex. VON REUTZ, *Versuch
uber die geschichtliche Ausbildung der russischen Staats und Rechtsverfas-
sung*, etc., 8°, Mittau, p. 194, fait régner cette législation du XIe au
XVIe siècle.

sert ou dans une auberge. Alors le droit russe et le droit morave libéraient la commune de cette solidarité[1].

L'ancienne loi française astreignait à la responsabilité civile, le père, le tuteur, le curateur, le mari, l'héritier, le maître (à cause du serviteur), les fermiers (en ce qui regarde leurs domestiques), les curés (par rapport à leurs vicaires), les propriétaires (à l'égard de leurs animaux), les aubergistes, hôteliers, etc.[2]. Nos lois postérieures ont peu dérogé à ces anciennes dispositions[3]. La loi du 16 vendémiaire an IV, qui rend les communes civilement responsables des dégâts et des déprédations commises sur leur territoire[4], avait aussi son analogue dans la coutume du Maine et dans les statuts de plusieurs cités italiennes du moyen âge, ceux de Brescia, de Tortone, d'Intra et Pallanza, qui sont aussi formels que curieux[5].

Les nations diverses considérées entre elles, n'étant soumises à aucun pouvoir commun, ne peuvent que s'en prendre les unes aux autres, quand un délit est commis par des citoyens de l'une contre les membres ou le corps de l'autre, et que le délinquant s'est réfugié parmi ses compatriotes. Il n'est pas étonnant que les peuples civilisés ne soient guère plus avancés à cet égard que ceux qui le sont le moins. Entre peuplades sauvages, si un préjudice est occasionné de l'une à l'autre, la réparation en est demandée à la tribu dont le coupable fait par-

---

[1] MACCIEIOWSKI, *Op. cit.*, t. II, p. 162. Époq. du moyen âge.

[2] V. JOUSSE, t. I, p. 594-596.

[3] Cod. civ., art. 1382, 1386; Cod. pén., art. 73, 74 et les lois spéciales.

[4] Bullet., 188, n° 1142.

[5] *Statuta criminal.*, C., CXVI, p. 149, 150; *Stat. civil. Torton.*, VII, p. 257; — *Stat. burgi Intri*, etc., lib. IV c. 32, p. 105, 106. En voici quelque passages : après avoir dit que les habitants de la commune devront livrer l'auteur ou les auteurs du délit, le statut ajoute : « Alioquin commune, et homines, nobiles, vicini illius burgi vel loci teneantur et debeant damnum restituere, et resarcire damnum passo in duplum, secundum examinationem et estimationem... Et si erit dubium de cujus territorio esset ille locus, in quo damnum datum fuerit, intelligatur, quoad contenta in præsenti statuto, esse de territorio illius terræ, loci, vel burgi, cui proximior fuerit ille locus, in quo damnum datum fuerit... Salvo quod commune et homines prædicti, qui ad ipsam restitutionem compulsi fuerint, regressum habeant liberum et efficacem et summarium usque ad quantitatem quam restituerint... contra illos... qui illud damnum vel guastum fecerint. » Les statuts d'Intra et Pallanza dispensent de la solidarité ceux qui sont incapables d'arrêter des malfaiteurs : les absents, les femmes, les malades, les vieillards de 70 ans et les mineurs de 15 ans.

tie ; si elle refuse, si elle ne veut pas livrer l'auteur du délit, la guerre devient une sorte de nécessité. Il n'en peut pas être autrement chez les peuples civilisés. Toute la différence est que les sauvages commencent assez souvent par se battre, tandis que nous négocions d'abord, sauf à nous battre ensuite. Cette responsabilité de tous ou de quelques-uns pour un seul, alors même qu'ils ne seraient ni coauteurs, ni complices, mais par cela seul qu'ils sont censés ne faire, pour ainsi dire, qu'une seule personne avec lui, par suite d'une fiction plus ou moins naturelle, plus ou moins violente, entraîne une sorte de solidarité qui peut être plus ou moins étendue, plus ou moins juste, ou même tout à fait injuste, lors surtout qu'on n'a pas fait tout son possible pour que le châtiment ne tombât que sur le coupable [1].

CHAPITRE XIV.

De la manière dont les délits se réparent et s'effacent, et en particulier de la réparation civile.

SOMMAIRE.

1. Ce qui constitue l'existence légale du délit.
2. Comment le délit disparait au physique, au moral.
3. Comment il cesse d'exister en droit.
4. Influence des circonstances à cet égard.
5. Développements sur la réparation civile.

Le délit n'existe légalement qu'à la condition d'être constaté judiciairement. Tout acte postérieur à celui-là. et qui met fin au délit, qui fait disparaître les conséquences pénales, l'efface pour ainsi dire.

Au moral, le délit n'existe plus *matériellement*, du moment qu'il est réparé [2] ; il n'existe plus *formellement*, dès qu'il y a repentir, que la réparation s'ensuive ou ne s'ensuive pas, mais à la condition que si elle n'a pas lieu, ce soit par impuissance absolue de la part de l'auteur du mal.

En droit le délit disparaît par la mort [3], par l'amnistie, par

---

[1] Cf. Ce qui est dit ci-dessus de quelques cas de solidarité, et ce que dit M. ALB. DU BOYS, de cas analogues, p. 273, 578, 584, 681 de l'ouv. cité. — V. aussi les *Essais historiques* sur les lois, trad. de l'anglais par BOUCHAUD, p 21-42, Paris, 1766 ; ROSMINI, *Filos. del dritto*, t, l, p. 750-753.

[2] Voir sur la réparation civile, ROSMINI, *Filofia del dritto*, t. I, ch. 5, p. 758, *in finem*.

[3] Il est d'autant plus odieux de faire le procès à un cadavre, que c'est contraire au principe : que nul ne peut être condamné sans avoir été en-

l'acquittement, par la grâce, par la prescription de l'action publique ou de la peine, par l'intervention d'une loi qui fait disparaître avant le jugement le délit poursuivi. Il y aurait une sorte de justice à étendre cette faveur à ceux qui, ayant été condamnés d'après cette loi maintenant abrogée, subiraient leur peine, puisque la loi nouvelle reconnaît que ce qui était un délit d'après une disposition légale antérieure n'en est pas un, et qu'il n'y a pas intérêt pour la société à ce qu'il ne se commette pas, à ce que la peine serve de moyen de correction pour les uns et d'exemple pour les autres. Il en serait un peu différemment, si le délit avait été réellement de circonstances et s'il ne cessait d'en être un que par le changement même de ces circonstances.

Pour qu'il y ait droit à la réparation civile, ou à la satisfaction, il faut qu'il y ait eu lésion, c'est-à-dire préjudice occasionné volontairement et malgré celui qui l'endure. La lésion physique demande une réparation physique, et la lésion morale une réparation morale. Il n'y a lieu à compenser l'une par l'autre qu'autant que l'une ou l'autre ne peut avoir lieu, comme la nature des choses le demande : c'est alors une satisfaction par substitution.

Le droit de satisfaction est la conséquence du droit de propriété, et du droit accessoire de défendre son droit.

Pour l'exercer, il faut que le dommage soit constaté, que l'étendue en soit estimée, que l'acte dont il résulte soit imputable et que l'agent soit connu [2].

CHAPITRE XV.

De la réhabilitation.

SOMMAIRE.

1. Ce que c'est, d'après le vœu des lois qui l'admettent.
2. Ce qu'elle est en réalité.

tendu ; que la vengeance doit expirer sur le seuil de la vie ; que le motif en est moins sérieux. Tel est le cas d'Étienne VI, qui fit exhumer son prédécesseur, le pape Formose, en fit porter le cadavre devant un synode assemblé pour le condamner, lui et ses actes, et le faire dégrader. Là on revêtit ce cadavre, déjà en dissolution, des habits pontificaux ; Étienne l'interrogea, le condamna et l'excommunia. Alors il le fit dépouiller des marques de sa dignité, lui fit couper les trois doigts avec lesquels il avait donné la bénédiction papale, et lui fit trancher la tête. Le cadavre ainsi mutilé fut abandonné aux eaux du Tibre. *Revue du droit*, 1849, p. 57. V. aussi HÉNAULT, *Hist. de France*, édit. Walkenaer, t. I, p. 111.

[1] On peut voir sur ce sujet GIOJA, *Dei danni et delle pene;* — ROSMINI, *Filosofia del dritto*, t. I.

3. Son utilité.

4. Admise déjà chez les Romains.

5. Pratiquée en Chine. — Détails à ce sujet.

6. On trouve quelque chose d'analogue chez les peuples barbares.

7. Autre espèce de réhabilitation; vraie réparation (*restitutio in integrum*);
     — n'a pas d'autre nom plus propre.

8. Demande en révision.

La réhabilitation relève le condamné, qui a subi sa peine, des incapacités perpétuelles qu'il avait encourues, ou des incapacités temporaires qui doivent encore peser sur lui après l'expiration de sa peine. Elle lui rend de plus la bonne renommée. Tel est du moins le vœu de ceux qui l'admettent.

Mais il faut reconnaître : 1° qu'elle ne fait que mettre fin à la partie de la peine qui restait à subir, puisque l'incapacité encourue par le délit est prononcée à titre de peine. A cet égard la loi est impuissante; elle n'effectue pas du moins tout ce qu'elle entreprend.

Cependant, comme elle peut exciter à de très-louables efforts, comme elle relève de l'incapacité légale l'ancien condamné, et qu'elle améliore réellement sa condition politique, civile et de famille, elle est un bien véritable [1].

Elle était admise déjà chez les Romains, sous le nom de *restitutio in integrum*. Cette réhabilitation était même plus complète qu'elle ne l'est chez nous [2], puisqu'elle rétablissait le réhabilité jusque dans ses titres, ses dignités et ses fonctions. Les Athéniens avaient aussi une réhabilitation à laquelle concouraient le peuple et le sénat [3].

Une réhabilitation analogue dans ses résultats à la restitution *in integrum* se pratique chez les Chinois. Si un fonctionnaire supérieur manque grièvement à ses devoirs, l'empereur le fait venir à la Cour où il le laisse sans dignités, mais où il doit vaquer à différentes occupations sous prétexte d'*apprendre ses*

---

[1] L. I, *Cod. De sententiam passis et restitutis.*

[2] V. Jousse, II, p. 414-416; p. 375-414. *Cod. inst. crimm.*, art. 619-634. Voir une excellente monographie sur ce sujet : *De la réhabilitation des condamnés*, rédigée par l'ordre du garde des sceaux, pour être soumise aux délibérations de la commission chargée de préparer un projet de loi sur cette matière, par M. Faustin Hélie. Octobre, 1839. — Ceci était écrit avant l'état actuel de notre législation. V. *C. inst.*, art. 619-634.

[3] Démosth., *in Timocr.*

devoirs. S'il se conduit bien, l'empereur lui pardonne et lui accorde de nouvelles faveurs. S'il ne se montre pas obéissant, il est solennellement déclaré rebelle par l'empereur entouré d'une grande assemblée. L'empereur rapporte les torts du coupable, les tentatives infructueuses qui ont été faites pour obtenir son amendement, et demande qu'il soit puni. L'assemblée conclut unanimement à la mort du rebelle, et au châtiment de tous ceux qui lui étaient dévoués, s'ils n'abandonnent promptement son parti. Puis, après une courte prière, on s'adresse aux ancêtres de tous les rois, des princes, des grands et des mandarins, pour les avertir de ce qu'on va faire, et l'on dit : « Ce n'est que malgré nous que nous nous déterminons à renverser, à détruire et à verser du sang ; que la faute en soit à celui qui nous met dans cette triste nécessité ; nous sommes certains de ses crimes et de son obstination ; sa rébellion est manifeste ; nous devions au ciel, aux esprits, à nous-mêmes et à tout l'empire, de détruire ce qui mérite si peu d'être conservé, et de mettre à mort celui qui est si peu digne de vivre. » La punition dont on parle ici, observe le missionnaire qui la rapporte, est de temps immémorial ; elle est encore en usage aujourd'hui à l'égard des mandarins que l'empereur ne veut pas perdre entièrement. On les révoque de leur emploi, et on les laisse dans quelque tribunal, ou sous la direction de quelque grand, qui s'en sert, comme bon lui semble, pour le service de sa majesté. Des mandarins ainsi punis ne manquent pas d'être bientôt rétablis, si ceux auxquels ils ont été confiés en rendent un bon témoignage[1].

Quelque chose d'analogue s'observe chez des peuples bien moins civilisés. Les Achémois regardent comme d'une justice rigoureuse, que la peine rétablisse dans ses droits sociaux celui qui l'a subie. La peine est une dette acquittée par lui à la société, qui n'a plus rien à lui reprocher une fois cette dette payée. Sans doute que le condamné qui a subi sa peine n'est pas impeccable, et les récidives sont loin d'être sans exemple ; sans doute le vol, l'assassinat peuvent dégénérer en une sorte d'habitude, et qu'il en est un peu du crime comme du vice, celui qui s'en est une fois rendu coupable est en général plus sujet à faillir grièvement que celui qui s'en est garanti. Nos pré-

---

[1] *Mémoires concernant les Chinois*, t. VII, p. 237 et 238.

ventions ont donc bien leurs fondements, mais elles peuvent être injustes par fois. En tous cas, elles sont logiquement en désaccord avec le principe de l'expiation sociale. On aime donc à voir des peuples à demi barbares être assez logiciens, au profit de la justice, pour s'interdire toute injure à propos d'une condamnation ou d'un crime expié, surtout lorsqu'il l'a été cruellement [1].

Il y a une autre espèce de réhabilitation, qui est une vraie réparation et qui doit être une complète restitution *in integrum*, sous peine d'injustice. C'est celle qui consiste à reconnaître le mal-jugé définitif en matière criminelle, et qui a pour but de réparer des erreurs de fait qui auraient entraîné la confusion des innocents avec les coupables.

Cette espèce de réhabilitation devrait porter un autre nom, puisque la position de ceux qui doivent en profiter est toute différente de celle de ceux qui sont appelés au bénéfice de la première. C'est une vraie réparation qui doit aller jusqu'à l'indemnité [2]. Il ne s'agit pas seulement de reconnaître à celui qui a été injustement condamné des droits dont il n'aurait jamais dû être privé, il faut de plus réparer autant que possible le mal et le préjudice qu'il a soufferts [3].

La demande en révision devrait même être ouverte aux récidifs, sauf à exiger d'eux une plus longue épreuve; aux condamnés au bannissement; aux condamnés correctionnels frappés d'incapacités perpétuelles ou temporaires.

---

[1] Les mutilations de toute nature sont du reste des peines très-fréquentes chez les Achémois; le patient est admis à composer avec le bourreau pour être tué ou mutilé proprement. Le châtiment chez eux expie la faute, et un homme puni, mutilé, aurait le droit de tuer impunément ceux qui lui feraient un reproche de son ancienne faute. La justice y est acceptée avec une résignation exemplaire. Un criminel arrêté par une femme ou par un enfant n'ose prendre la fuite et demeure immobile. — *Description de l'île de Sumatra*, p. 100, par BEAULIEU.

Malgré cette protection accordée au mutilé, la législation qui veut de pareilles peines n'en est pas moins barbare. Il vaudrait mieux ne pas imprimer une éternelle et visible flétrissure, et ne pas être si sévère pour ceux qui auraient le tort d'en rappeler la cause.

[2] Dont la société serait chargée au besoin comme le veut Bentham : la solidarité sociale va jusque-là.

[3] Cf. Art. 443-447. *Cod. inst. cr.*, *Demande en révision*.

LIVRE II.

DES PEINES EN GÉNÉRAL.

———

CHAPITRE PREMIER.

Ce que la peine doit être ; — sa nature, son but.

L'idée de *peine* n'est pas moins importante à bien déterminer que celle de délit, mais la difficulté en cela n'est pas moindre.

Si nous consultons les langues, les étymologies, nous n'y apprendrons, comme toujours, qu'un fait, mais rien sur la justice de ce fait.

Suivant les uns, le mot peine vient de ποινή, qui signifierait proprement l'amende payée pour un meurtre, et, par extension, la réparation d'un délit, la satisfaction pour une offense ; la vengeance ; le châtiment, l'expiation, la victime expiatoire ; la peine, le chagrin, la douleur, le prix, la récompense, etc. De là les locutions grecques et latines : ποινὰς δοῦσαι ou τῖσαι, *pœnas dare, luere ;* ποινὰς ἀπαιτεῖν, *pœnas repetere ;* ποινὰς λαβεῖν, *pœnas sumere.*

Suivant les autres, le même mot vient de πόνος, travail, fatigue, souffrance ; ou de *pendere*, payer, d'après Varron.

L'allemand *strafen*, punir, vient de *streifen*, battre, lequel aurait son origine dans στρέφειν, tourner, agiter, tourmenter.

Si nous consultons les jurisconsultes, Ulpien nous dira que

la peine est la vengeance d'un délit [1]. Les glossateurs la dé-
finissent : « La satisfaction des délits, qui est imposée par la loi
ou par son ministre » [2].

Les canonistes s'en font une idée analogue : « C'est, disent-
ils une lésion destinée à venger une faute : *Læsio quæ punit,
vindicans quod quisque commisit* » [3].

Ces définitions diverses reviennent en grande partie à celle-
ci : *Malum passionis, quod infligitur ob malum actionis*, qui
est aussi celle de Grotius et de Puffendorf.

Les philosophes ont cherché la raison de la peine soit dans
la justice absolue, soit dans le but intéressé qu'on peut se proposer en punissant, soit dans ces deux choses réunies.

Suivant Platon, l'injustice est un grand mal, l'impunité un
plus grand mal encore; d'où il conclut que la peine est un bien
pour le coupable. Il voit aussi dans la peine deux grands effets : la correction, l'amélioration du coupable, et la frayeur
salutaire que le châtiment peut inspirer à ceux qui seraient
tentés de l'imiter.

Aristote distingue deux intérêts dans la peine : l'intérêt du
patient, qui peut en être amélioré (c'est la correction), et l'intérêt de celui qui inflige la peine (la peine proprement dite), qui
serait une sorte de satisfaction.

Plutarque ne voit essentiellement dans la peine qu'un remède
de l'âme [4]. Idée toute platonicienne de l'ordre moral plutôt
que de l'ordre du droit, mais qui pourrait bien faire remonter
la conception fondamentale du système pénitentiaire un peu
plus haut qu'on ne le croirait d'abord.

Sénèque, qui cite Platon à ce sujet, était dans les mèmes
sentiments [5].

C'est d'après ces deux philosophes que Cujas a dit : « *Pœna
est delictorum sive criminum coercitio inducta ad disciplinæ pu-*

---

[1] *Noxæ vindicta*, D., *De verbor. signif.*, l. 131.
[2] Glos. 1, *In rubr. de pœnis.*
[3] C., *Pœnitentia est quædam.* Diss. 3.
[4] ἰατρεία τῆς ψυχῆς.
[5] Ce philosophe a de très belles pensées sur la pénalité : « Hoc semper
in omni animadversione servabit, ut sciat, alteram adhiberi ut emendet
malos, alteram ut tollat. » (*De ira*, II, 3.) — « Nil minus quam irasci pu-
nientem decet : quum eo magis ad emendationem pœna genus remedii loco
admoneo. » (*Ib.*, I, 15 et 16.) — V. aussi *De Clementia*, I, 22. — Pour Platon, voir le *Gorgias.* Cf. AULU-GELLE, *Nuits attiq.*, VI, 14.

blicæ emendationem, et ut exemplo cæteri deterreantur, et non quia peccatum est, sed ne peccetur, quia præterita revocari non possunt, sed caventur futura » [1].

Au XVIIIe siècle, lorsque les philosophes criminalistes accordaient moins à la société le droit de punir que celui de se défendre, la peine ne devait être que l'action de repousser la violence par la violence, le mal par le mal; idée qui, bien comprise, diffère peu de celle des jurisconsultes : elle implique réparation et intimidation. C'était la façon de penser de Beccaria, de Mably, de Rousseau, de Blackstone. C'est encore l'opinion d'un grand nombre de criminalistes de nos jours, par exemple de Philipps, de Romagnosi, de Rosmini [2].

Kant et plusieurs autres philosophes de l'Allemagne voient dans la peine, dans l'infliction d'un mal physique pour un mal moral, quelque chose de nécessairement juste, d'obligatoire même pour la société, n'eût-elle absolument plus rien à craindre ni du coupable ni de ceux qui pourraient l'imiter : la peine est alors une dette que la société ne peut ni remettre ni commuer; la justice absolue veut être payée, satisfaite, et la société, qui est chargée d'opérer ce paiement aux dépens de ses membres coupables, assumerait la faute qu'elle laisserait impunie. La justice criminelle serait donc absolue, inflexible, obligatoire pour elle-même de la part du pouvoir appelé à l'exercer, et indépendante de toute considération intéressée. Kant pense donc que la peine est l'effet juridiquement nécessaire d'un délit [3]. Nous craignons qu'il ne confonde le côté juridique de la peine avec son côté moral, et que, de plus, il n'accorde à l'homme une autorité, un droit en morale, qui n'appartient qu'à Dieu seul.

Nous ne rapporterons plus qu'une seule définition, celle d'Ancillon : « La peine est un mal physique, positif ou négatif, attaché à une action pour en détourner l'auteur, ou, si cette action est déjà commise, pour en détourner d'autres agents, ou pour obtenir une réparation proportionnée au dommage causé » [4].

---

[1] V. la *Glose*, au titre *De pœnis*.
[2] Mais celui-ci exige certaines conditions et restrictions.
[3] V. *Principes métaphys. du droit*.
[4] *De l'Esprit des constitutions sociales et de leur influence sur la législation*.

On le voit, les étymologies ne disent qu'un *fait,* et jamais le *droit* de ce fait. Encore ne sont-elles pas toujours d'accord; preuve que le peuple, qui fait les mots et les idées qu'ils expriment, n'est pas moins divisé avec lui-même que les savants. Les définitions de ceux-ci ne sont guère plus instructives que les dénominations de celui-là. Et alors même qu'ils seraient d'accord, il resterait toujours à les comprendre, à les juger, à se mettre soi-même d'accord avec eux.

Laissons donc là et les mots et les définitions; examinons par nous-même ce qu'il convient d'appeler peine, ce qu'elle doit être, si d'ailleurs elle est possible, ce que nous ne préjugeons point. Comment, en effet, pourrions-nous juger de la légitimité de la peine, de sa possibilité juridique, si nous n'en avions aucune idée, ou si l'idée que nous en aurions était fausse?

Avant tout, qu'est-ce que la peine?

La peine est susceptible d'être envisagée sous bien des aspects; c'est la raison pour laquelle on l'a définie bien diversement.

La peine se présente à tous les esprits comme une souffrance qu'on fait endurer à un agent, parce qu'il a porté atteinte au droit d'autrui. Telle est l'idée générale qui se trouve au fond de toute peine.

Mais dans quel but faire souffrir ainsi celui qui a lésé son semblable?

Est-ce pour se satisfaire soi-même par le plaisir qu'on éprouve à faire ou à voir souffrir celui qui nous a causé du mal? — La peine serait alors la *vengeance personnelle.*

Est-ce pour satisfaire le même besoin ressenti par tous les membres d'une société, par suite de l'esprit de communauté et de sympathie qui les unit, besoin qui est alors ressenti profondément, mais aussi qui risque moins de s'égarer? — La peine serait donc la *vengeance publique.*

Est-ce pour rétablir une espèce d'ordre troublé, pour rétablir une sorte d'égalité entre un mal physique qui n'aurait pas dû être et un mal physique qui devrait être par suite du premier? — La peine serait donc une *justice distributive du mal physique* d'après la notion d'égalité.

Est-ce, au contraire, pour compenser un mal moral par un mal physique? — La peine serait, en ce cas, une *expiation.*

Est-ce dans un intérêt de sécurité individuelle et publique?

— La peine ne serait alors que la *défense personnelle et publique*.

Est-ce dans l'intérêt moral du coupable, pour faire revivre en lui des sentiments d'honnêteté qui n'auraient jamais dû s'effacer? — La peine n'est, en ce cas, qu'un *régime moral*.

Est-ce, enfin, par plusieurs de ces considérations à la fois, ou par toutes réunies?

C'est ce qu'il faut examiner [1].

§ I.

Si la peine a sa raison dans la vengeance personnelle.

SOMMAIRE.

1. Ce que c'est que la vengeance.
2. Sentiment d'autant plus vif et plus difficile à contenter que l'homme est moins civilisé.
3. La vengeance ne connaît ni le choix ni la mesure raisonnable de la peine.
4. Si l'homme isolé a le droit de punir.
5. Raison de l'excès des châtiments en dehors des sociétés civilisées.
6. Même raison du même fait dans les guerres internationales.
7. Progrès du droit de punir en passant de l'état d'isolement à l'état de horde sauvage.
8. La vengeance y est déjà soumise à certaines lois quant à sa nature et à son intensité. Elle est encore une passion, mais une passion humaine déjà.
9. Différence entre la vengeance et l'instinct analogue de la brute.
10. Différence entre la vengeance et la peine proprement dite.
11. Conséquences de l'identité faussement supposée entre ces deux choses.

La vengeance est un sentiment vif et profond qui nous porte à maltraiter celui dont nous avons reçu quelque injure. C'est un besoin de faire du mal parce qu'on en a reçu, et à celui

---

[1] Voir en outre, sur la nature, l'origine, le but, la mesure et la classification des peines, les ouvrages spéciaux suivants : Av. D. R. RODALMUS, *De origine juris puniendi*; L. B., 1742; — HOLTZE (G.-G. DE), *De natura pœnarum*; Troj., 1754; — G.-C. HOOFT, *De pœnarum origine et distributione*; Lugd. Bat., 1763; — L.-J. NEPVEU, *De origine et mensura pœnarum*; Maestr., 1773; — S.-F. HONORE, *De fine pœnarum*; Lugd. Bat., 1763; — C.-S. VENING, *De fine pœnarum*, 1826.

dont on l'a reçu. Il semble avoir d'autant plus de douceur pour
l'homme de la civilisation qui est moins avancée, ou que les
sentiments nobles sont moins développés et moins puissants.
Les sauvages y trouvent un irrésistible attrait, et sacrifient tout
à cette passion terrible. « J'ai connu, dit Adair, des Indiens
qui, pour se venger, ont fait mille lieues à travers des forêts,
des montagnes et des marais de roseaux, exposés à toutes les
intempéries de l'air, à la faim et à la soif. Leur désir de vengeance est si violent qu'il leur fait mépriser tous ces dangers,
pourvu qu'ils aient le bonheur d'enlever la chevelure du meurtrier ou d'un ennemi, afin d'apaiser les ombres irritées de leurs
parents massacrés » [1].

Dans l'état d'isolement, les hommes n'ont d'autres lois que
celles dont le germe a été déposé dans la raison de tous par les
mains de la nature. Encore ces germes ont-ils besoin du milieu
social pour éclore.

C'est donc à peine s'il existe une loi naturelle même pour
des hommes qui ne sont presque pas dignes de ce nom. Il n'y
a pour eux que des instincts ; et des instincts moins sûrs que
ceux des animaux, parce que les hommes sont destinés à se
conduire par raison et non par instinct.

Si l'homme isolé, l'homme dans l'état de nature, n'était pas
une hypothèse toute gratuite, il serait donc une sorte de mons-
truosité ; il ne serait ni homme ni bête.

Supposons, toutefois, qu'après avoir vécu plus ou moins
longtemps avec ceux dont ils ont reçu l'existence, des hommes
se dispersent et s'isolent ; que sera leur droit criminel s'ils
viennent à se rencontrer et à se disputer une proie ?

Un pareil droit ne sera ni écrit ni convenu ; il n'y pas de
société, par conséquent pas de lois. Sera donc réputé délit tout
acte qui paraîtra tel à celui qui en souffre.

La défense sera proportionnée à la colère et aux forces de
l'attaqué, plutôt qu'à la culpabilité de l'agresseur.

Nul choix dans la peine, pas plus que dans sa mesure ; la vio-

[1] ADAIR, *Hist. of Amér. indien.*, p. 150. Robertson fait de ce besoin le caractère distinctif des hommes dans l'état qui précède la civilisation. Il
explique ce sentiment par la constitution même de la société sauvage. Il
cite à l'appui de son assertion : *Boucher, Charlevoix, Lery, Lozano, Hen-
nepin, Colden, Herrera.* (ROBERTSON, *Hist. d'Amér.*, liv. 14, p. 560 et 561,
édit. panth. Littér.)

lence, les coups, les blessures, le meurtre, voilà la manière de punir dans cette situation.

Si la notion de peine emporte celle d'une défense préventive, celle de faire perdre à l'agresseur l'envie de revenir à la charge, il est certain, cependant, que l'homme isolé a le droit de punir en ce sens, et qu'il peut en avoir la pensée. Sous ce rapport, la peine est possible en dehors de la société. Mais comme la sécurité est ici la fin cherchée, plus l'individu qui veut l'obtenir est faible, plus ses moyens peuvent être extrêmes, moins il peut mettre de modération dans le châtiment. Il faut même reconnaître que le droit de défense l'y autorise.

Cet état d'imperfection, de néant du droit criminel entre des hommes isolés, est pourtant celui qui règle trop souvent les rapports internationaux; c'est l'état de guerre. Il y a cependant ces différences : celle d'un intérêt mieux entendu quelquefois; celle qui tient à un plus haut degré de civilisation, aux négociations diplomatiques, à l'intervention pacifique ou armée de puissances amies, alliées ou jalouses; celle des traités existants, qui sont un commencement de société quand ils ont été librement consentis, mais qui manquent toujours d'une autorité souveraine capable de les faire respecter.

Les peuplades sauvages, par cela seul qu'il y a une autorité souveraine ou quelque chose qui en approche, sont déjà susceptibles d'un droit pénal moins imparfait que celui qui règne entre les nations les plus civilisées. Ces nations entre elles sont encore à l'état de nature, à l'état sauvage.

Toutefois, au sentiment passionné de la vengeance qui anime le sauvage, se mêle déjà une certaine notion de justice, puisque le meurtrier reconnaît qu'il est coupable et se livre sans difficulté, qu'il accepte la mort avec courage, moins comme expiation que parce qu'elle est méritée.

Chez les naturels de la Nouvelle-Hollande, si les lois ont été transgressées par un membre de la tribu, la punition qu'on lui inflige est en raison de la gravité même du délit; mais il ne paraît pas que jamais la peine de mort soit rigoureusement infligée comme on le fait dans l'ancien monde, puisque l'adresse du coupable peut presque toujours le soustraire au châtiment. Dans quelques cas le bannissement est prononcé, et ce genre de punition est toujours vivement redouté des naturels doués, en général, d'un amour extrême pour le sol natal [1].

Il n'est pas rare, cependant, qu'ils s'exilent volontairement de la peuplade pour éviter un châtiment mérité. S'ils reviennent dans la suite, c'est qu'ils jugent que la colère des personnes lésées est apaisée ; alors ils subissent la peine de leur délit, peine qui, n'étant plus infligée avec passion, est nécessairement moins rigoureuse [2].

D'après les principes reçus que tout délit exige une réparation, on doit peu s'étonner des voies de fait, et surtout des duels qui en sont la suite [3].

Toutes les fois qu'un naturel a été victime d'un assassinat, ses parents, et, à ce qu'il paraît même, ses amis, sont en droit, si le véritable coupable leur est inconnu, d'appeler au combat les personnes qui, ayant été présentes à l'évènement, doivent répondre des conséquences, soit que l'homme attaqué ait été tué, soit qu'il n'ait été que blessé [4].

La vengeance est donc déjà une passion humaine ; l'animal se défend, la vue de son ennemi l'irrite ; mais se venge-t-il ? Il faudrait, pour qu'il se vengeât, dans le sens propre du mot, qu'il eût la notion du juste et de l'injuste ; car la vengeance n'est pas une passion purement instinctive et aveugle : elle suppose des idées, des droits ; elle a certains rapports avec la justice pénale, ainsi que nous le verrons plus tard lorsque nous parlerons du talion. Mais comme on peut s'exagérer ses droits, se croire même lésé quand on ne l'est pas ; comme la passion peut aveugler ici de plus d'une manière, on comprend que, malgré tout ce qu'il peut y avoir de juste dans la rétribution du mal pour le mal par sentiment de vengeance, la société ne puisse la permettre, et prenne en main les droits de l'offensé.

Il suffirait que la vengeance ne se distinguât de la justice que par le défaut de mesure, et surtout par le plaisir attaché à punir soi-même celui dont on a reçu quelque offense, pour qu'elle différât de la peine, qui est toujours présumée juste et appliquée sans passion et même avec regret.

---

[1] Freycinet, *Voyage autour du monde*, t. III, p. 785.
[2] *Ibid., id.*, p. 786.
[3] *Ibid., id.*
[4] *Ibid., id.*

Si le droit de punir consistait, comme le pensent Bruck-ner [1] et Schmlza [2], dans la nécessité d'apaiser le besoin de vengeance excité par le crime dans celui qui en a été la victime, il résulterait de ce principe des conséquences pratiques inadmissibles :

1° La peine n'aurait plus de raison suffisante, si l'offensé n'existait plus et qu'il n'eût laissé personne qui sentît le besoin de le venger; en sorte que le plus sûr moyen d'être irréprochable aux yeux de la justice serait alors de tuer celui dont on aurait lésé les droits : un nouveau crime contre sa personne, le plus grand des crimes, assurerait légitimement l'impunité, puisqu'il rendrait juridiquement innocent, attendu qu'il détruirait la raison de la peine, le besoin de la vengeance.

2° Ce besoin étant, par hypothèse, la base du droit de punir, sa raison, il suffirait qu'il n'existât pas, comme chez l'idiot ou le petit enfant, pour qu'il n'y eût pas de peine possible, même pour les crimes contre les personnes; à plus forte raison pour les crimes contre les choses appartenant aux personnes incapables de concevoir du ressentiment contre ceux qui portent atteinte à leurs biens.

3° Une autre conséquence de la même hypothèse, mais bien différente de celle qui précède, c'est que la soif de la vengeance devrait être l'unique mesure de la peine; et nul autre que celui qui l'éprouve n'en connaissant le degré, personne ne pourrait dire à sa place : « C'est assez » [3].

---

[1] *Essai sur la nature et l'origine des droits*, ou *Déduction des principes de la Science philosophique du droit*; Leipz., 1810.

[2] *La science du droit naturel*; Leipz., 1831 (all.). En droit, dit cet auteur, p. 69, la peine ne diffère pas de la vengeance.

[3] Voir en outre sur ce sujet : SAINT-EDME, op. cit., v° *Vengeance*; CIBRAJO, *Della economia del mediocro*, t. II, p. 92, 108 et suiv.; ALB. DUBOYS, op. cit., t. II, p. 12, 46, 248, 264, 577, 581 ; DAUMAS, *Mœurs et coutumes de l'Algérie*, p. 181.

§ II.

Si la peine est la vengeance publique ou sociale.

SOMMAIRE.

1. Pas plus qu'elle n'est la vengeance privée.
2. Conséquences admissibles du contraire.

On prévoit la solution de cette question : si la peine ne peut légitimement consister dans la satisfaction donnée au ressentiment personnel, il n'y a pas de raison pour qu'elle puisse raisonnablement se définir : *la vindicte publique*. Que ce soit là une manière oratoire de la caractériser, à la bonne heure ; mais que ces expressions puissent être prises à la lettre, c'est ce qu'il n'est pas permis de penser.

Autrement, en effet, le coupable dont l'action aurait pour complice la faveur publique ne serait plus coupable.

De même l'innocent, l'homme de bien, celui dont la vertu même a contribué à susciter la jalousie et la haine du peuple, serait légitimement atteint par l'animadversion publique.

Il faudrait dire encore que le coupable pourrait être justement puni dans toute l'étendue des exigences passionnées d'une multitude aveugle.

On sortirait déjà de l'hypothèse, si l'on parlait d'une vengeance qui devrait avoir sa raison légitime et sa juste mesure ; ce serait cette raison même et ces justes limites qui seraient alors le véritable motif de la peine : la vengeance n'en serait que le mobile, et la satisfaction qu'elle réclame une simple conséquence.

En un mot, si la peine avait sa raison dans le besoin de la vengeance, personnelle ou publique, il suffirait que ce besoin existât, qu'il fût porté à un degré quelconque, pour que la peine qui devrait en être la satisfaction fût toujours légitime en soi, toujours juste dans son étendue, comme il suffirait aussi que ce besoin n'existât pas ou ne pût être satisfait pour que la peine fût sans raison.

§ III.

Si la peine consiste dans la rétribution du mal physique pour le mal moral, dans l'expiation.

SOMMAIRE.

Poser ainsi la question, c'est demander s'il y a quelque rapport d'identité entre ces deux sortes de maux, et quel est ce rapport: quelle dose de mal physique, par exemple, il faudrait pour compenser un mal moral d'un degré donné. La question ainsi posée se résout d'elle-même.

Toutefois, comme ce système est encore adopté par un grand nombre d'hommes de mérite, et qu'il a joui longtemps d'une certaine autorité, nous devons l'examiner avec quelque soin.

Il représente trois points de vue ou trois degrés de résultats, suivant qu'on prend le coupable dans l'état extra légal où il s'est placé, et qu'on le traite en conséquence, sans songer à le maintenir dans l'ordre social par la peine; suivant qu'on le tient, au contraire, en dehors de cet ordre, où il ne rentrerait jamais si l'on était conséquent; suivant, enfin, qu'on le retient dans l'ordre social, mais à l'écart et avec la résolution, l'espoir au moins de lui rendre sa position première par l'emploi de la peine comme moyen curatif.

Le désordre moral engendré par le crime ne ramènerait l'ordre, dans le premier cas, que par la génération régulière de ses conséquences, toutes contraires au coupable. Ce serait là comme un ordre négatif parallèle à l'ordre moral positif. Nous ne tarderons pas à nous expliquer.

La seconde manière de procéder à la réparation du désordre moral consiste à regarder le délit comme un mal qui peut être effacé par la peine ; c'est une dette sociale que la peine seule peut payer. C'est le système de l'expiation.

Enfin, la troisième manière de faire sortir le méchant du désordre moral où il est entré par le délit, c'est de faire servir la peine à changer ses intentions, ses sentiments, et à faire naître au dedans de lui le remords, la haine du mal, l'amour du bien et la résolution de le pratiquer désormais. La peine n'est plus alors qu'un remède, un moyen diététique pour arriver à un résultat si désirable. Reprenons ces trois systèmes subordonnés.

1° Peut-on réellement regarder le coupable comme hors la loi et le droit, par le fait seul de son crime ? Cette tendance de quelques philosophes criminalistes [1] à dépouiller le coupable de tous ses droits, en le mettant hors de la société, ne prive-t-elle pas en même temps et nécessairement le souverain du droit de le punir ? Lui laisse-t-elle du moins une autre peine à infliger que celle du bannissement, de l'*extermination civile*, pour nous servir d'un mot de Pasquier très significatif? Si le coupable n'est pas de cette manière retranché du corps social, et qu'il n'y ait cependant plus aucune communion civile avec lui ; qu'il n'ait plus de droit, la peine capitale, ou tout au moins la servitude, deviendrait toujours légitime envers lui. L'homme qui n'a plus de droit n'est plus une personne juridique, n'est plus un homme social ; c'est à cet égard une bête féroce qu'il faut détruire, ou un mur qui menace ruine et qu'on peut abattre. C'est un animal ou une chose. Et ce qu'il y a de plus remarquable, c'est que tous les mauvais traitements qu'on peut lui faire subir, fussent-ils encore juridiquement permis, ne méritent plus le nom de peine, ou tout au moins ne sont plus soumis à cette raison de justice qui veut des peines différentes suivant la diversité des délits, et qui, dans tous les cas, impose une mesure au-dessous de laquelle on peut rester sans doute, mais qu'il n'est jamais permis de dépasser.

L'homme ne perd pas sa qualité d'homme en cessant de se

---

[1] Fichte, *Fondement du droit naturel*, IIe part., p. 95 et 98 (all.) ; de Rotteck, *Manuel de dr. rat.*, t. I, p. 257, Stutt, 1829 (all.).

conduire d'une manière raisonnable. Il perd bien quelques-
uns de ses droits; mais il ne peut les perdre tous. Il n'est donc
pas vrai qu'il se trouve placé en dehors de tout droit : il ne
perd tout au plus que ceux qu'il méconnaît; tous les autres il
les conserve. Nous le verrons plus tard.

On ne peut donc le punir, si la chose est d'ailleurs possible,
que suivant la nature et le degré de son crime. Nous disons
si la chose est possible, parce qu'il s'agit précisément ici de
la raison de la peine. C'est cette raison que nous cherchons.

2° Quant au système qui donne pour but à la peine la réparation directe du mal moral (social) par le mal physique, il a
plus d'une affinité secrète avec la vengeance et avec le talion.
Il est remarquable en effet que, suivant cet ordre d'idées, les
mots : être puni, c'est-à-dire payer des peines (*luere, solvere
pœnas*), donner des peines (*dare pœnas*); punir, c'est-à-dire réclamer, demander, exiger, prendre, recevoir des peines (*repetere, poscere, reposcere, sumere, accipere pœnas*) expriment une
sorte de contrat de paiement, de restitution, de substitution de
la peine à la faute, comme si la peine était de même nature
que le bien moral, et que ces deux choses pussent se suppléer,
se compenser, tenir lieu l'une de l'autre [1].

Assurément la peine est un bien moral, en ce sens qu'elle
est *juste*, méritée, puisqu'elle n'est que l'application à l'agent
de sa propre maxime d'action. Mais cette justice ne répare rien,
et tous les supplices du monde n'ôtent rien à un délit quelconque, ne font rien à l'intention de celui qui l'a commis, et
ne diminuent en rien le préjudice qui s'en est suivi.

La peine proprement dite, et considérée seule par rapport
au mal qu'elle est censée faire disparaître, n'a donc aucune
vertu compensatoire, si ce n'est la triste jouissance que l'on
peut ressentir en voyant souffrir celui qui nous a fait du mal.

Mais ceux qui parlent de la vertu expiatoire de la peine
ne pensent pas à cette compensation, et s'imaginent, au
contraire, que la faute et la peine envisagées dans un seul et
même individu, le coupable, sont de telle nature que la seconde fait disparaître, pour ainsi dire, la première, la rachète,

---

[1] On dit aussi, d'après la même analogie, recevoir *sa récompense, ce
qu'on mérite, le prix de ses actions*, pour : *être puni*. C'est un sens du mot
ποινή, comme si la peine était une bonne chose absolument.— V. le *Gorgias*.

l'expie, en purifie. De là l'idée pratique de recourir à des moyens de purification corporels symboliques, pour se laver d'une faute. De là encore une certaine identité entre la peine, la prière (*supplicium, supplicare*), l'hostie (*hostia piacularis*), le prix de l'expiation, les moyens d'expiation, le sacrifice en général, la prière et l'expiation même [1].

Il s'agit de voir si cette théorie mystique de la peine est soutenable.

Est-il vrai, d'abord, qu'il y ait une compensation possible entre deux choses aussi absolument différentes que le mal physique et le mal moral? Comment le premier disparaîtrait-il immédiatement en présence du second? Comment une intention mauvaise, des sentiments pervers, qui constituent le mal moral, seraient-ils compensés par une sensation douloureuse? Qu'y a-t-il de commun entre ces deux choses, et comment l'une pourrait-elle remplacer l'autre?

Notons bien en effet que, dans ce système, peu importe le sentiment moral du coupable; il suffit, pour qu'il y ait expiation, pour que la peine produise son effet, qu'elle soit appliquée, soufferte. On n'exige pas même qu'elle soit acceptée par le condamné. Une fois que la peine a été endurée jusqu'au bout, qu'elle ait été supportée volontairement ou involontairement, qu'il y ait eu ou non repentir, qu'on soit resté coupable au fond de l'âme ou qu'on soit devenu un homme nouveau, qu'un changement, une *conversion* se soit ou ne se soit pas opérée dans la nature morale du patient, il a juridiquement expié sa faute.

Dans ce système, en effet, le respect de la justice commutative ou de rétribution n'est pas le motif de la peine [2]; on veut seulement faire disparaître dans celui qui endure la peine je ne sais quelles traces d'un mal moral passé, sans prétendre le moins du monde faire disparaître le mal moral actuel.

---

[1] Gesenius, *Lexicon. man. hebr. et chald.*, p. 499; *b*, p. 331; *b*, 498; *b*, 690; *b*; etc.; Leips., 1833. — V. aussi Vico, *De constantia philologiæ*, p. 291 et 339, édit. Milan, 1835, op. lat.
Manou dit, dans ses lois, que « les hommes qui ont commis des crimes « et auxquels le roi a infligé des châtiments vont droit au ciel, exempts de « souillure, aussi purs que les gens qui ont fait de bonnes actions. » (VIII, 318.)
[2] Si peu, suivant Fichte, que la notion d'expiation et celle de droit sont contradictoires. (*Elem. de dr. nat.*, IIe part., p. 127) (all.)

S'il en était différemment, il faudrait, en effet : 1° que l'on fût aussi sûr de la disparition du mal moral passé par la peine présente, qu'on est sûr de l'existence même de ces deux choses; 2° que la peine cessât dès que l'inefficacité en serait démontrée, ou, ce qui est peut-être plus grave encore, qu'elle s'accrût indéfiniment en durée comme en intensité, jusqu'à ce que l'effet fût produit; 3° que cet effet pût être constaté.

Or, comment un pareil effet pourrait-il être observé? Qu'y a-t-il là de sensible, de phénoménal? Y a-t-il même un effet quelconque? Qu'est-ce, enfin, que l'expiation sinon une métaphore dangereuse, grossière même, dès qu'on cesse de la confondre avec la justice pénale, dont nous parlerons plus tard, ou avec l'amélioration du coupable, amélioration qui va nous occuper?

Que la peine produise un effet moral sur celui qui l'endure ou qu'elle n'en produise point, elle se conçoit toujours légitime ou possible; toujours juste au point de vue de la réciprocité ou du droit, mais il n'en est plus de même de l'expiation, qui ne signifie rien en droit, et qui n'est pas même soutenable en morale si elle est prise comme fin et non comme moyen pour obtenir le changement moral du coupable.

Il y a d'ailleurs dans le système de l'expiation je ne sais quelle obscurité sombre, quel mauvais reflet de dureté, de barbarie et de fanatisme qui le rend justement suspect à l'esprit lucide, positif et raisonnable de notre époque.

Pourquoi, de plus, si la société avait mission de purifier le coupable, et non de le punir seulement, qu'il reste ensuite pur ou impur; pourquoi toutes les fautes morales extérieures, quelque indifférentes qu'elles soient immédiatement aux droits d'autrui; pourquoi, disons-nous, toutes ces fautes ne rentreraient-elles pas légitimement dans nos codes criminels, comme aux terribles époques du régime théocratique?

Disons-le donc : la rétribution du mal physique pour le mal moral est absurde, parce qu'elle admet une compensation entre choses de nature essentiellement différentes. Aussi les hommes les plus religieux, et qui tiennent encore au système de l'expiation, mais qui l'entendent de telle sorte que le mot seul reste et que la chose est changée, rejettent le châtiment pour le châtiment, c'est-à-dire la rétribution du mal physique pour le mal moral. « Il ne peut y avoir expiation par le châtiment que lorsque le coupable lui-même acquiesce à la peine. Dieu sans doute veut qu'il en soit ainsi pour sa propre justice, car il veut le progrès. Si le coupable peut quelquefois ici-bas chercher à s'y soustraire, ailleurs il s'y soumet. Plusieurs ont eu le tort de croire à l'efficacité du châtiment comme châtiment : la terreur de la déchéance leur avait caché que la peine du crime ne peut effacer le crime qu'à la condition que le criminel accepte la peine. Joseph de Maistre est tombé dans cette erreur » [1].

Ballanche tombe dans une autre ; ce n'est pas l'acceptation de la peine qui fait l'expiation. Il y a ici trois cas possibles : ou la peine est jugée méritée par celui qui l'endure sans qu'il s'y soumette volontiers, par respect pour la justice seule ; — ou elle est jugée méritée, et acceptée par sentiment de justice ; — ou bien, enfin, elle est détestée par le cœur et niée par l'esprit.

Dans le premier cas il n'y a pas expiation, et bien moins encore dans le troisième. Pourquoi, si ce n'est parce que l'amour de la justice n'est pas ressenti, qu'il n'a pas repris naissance dans la première de ces hypothèses, et que l'idée même en a disparu dans la seconde? Pourquoi, au contraire, dit-on qu'il y a expiation dans le second cas, si ce n'est parce qu'il y a tout à la fois idée et amour du bien? — Mais alors c'est précisément cet amour éclairé qui constituerait l'expiation? Or, comme il serait possible sans la peine, comme il s'en distingue profondément, c'est abuser des mots et tout confondre que d'appeler la peine une expiation. La peine n'est qu'un moyen ; et l'expiation comme effet, comme changement moral, comme conversion, peut être due, et plus sûrement parfois, à une toute autre cause que la peine, par exemple au pardon.

Le mot mystique d'expiation indiquerait donc une conversion morale par la peine. Il n'a pas d'autre sens raisonnable. Or, il faut convenir que la fin seule est ici la chose désirable, la chose précieuse, et que le moyen n'est par lui-même d'aucun prix ; au contraire, il est, ainsi envisagé, essentiellement mauvais, semblable aux poisons qui n'ont de prix qu'à titre de remèdes, mais qui restent des poisons pour les constitutions saines, et qui en sont encore pour les constitutions

---

[1] BALLANCHE, *Paling. soc.*, 2e part., p. 219.

malades, qu'ils altèrent davantage quand ils ne les guérissent pas.

Je veux bien que l'on conserve ce mot mystique et d'un sens obscur; mais je voudrais aussi que l'on en condamnât le sens fanatique qu'y attache Joseph de Maistre, et que l'on distinguât mieux les idées complexes qu'il exprime lorsqu'on fait de la pénalité une sorte de médication morale. Il faudrait aussi reconnaître que la santé morale peut se recouvrer par un autre moyen, et qu'en tout cas le régime est inutile lorsqu'il a produit son effet.

Il faudrait, de plus, distinguer profondément la notion de justice qui s'attache à l'idée de peine, de la notion toute morale de l'expiation.

3° Un système qui ressemble beaucoup à celui de l'expiation, qui n'en diffère que par un caractère plus religieux et plus mystique encore, c'est celui qui donne la peine comme la satisfaction à la justice absolue, à la justice personnifiée dans Dieu même, et qui la représente plus ou moins sensiblement animée d'un sentiment de vengeance dont l'homme ne peut absolument pas connaître la mesure.

Mais il suffit de remarquer : 1° que la satisfaction à la justice absolue, tout en personnifiant cette justice en Dieu, est absurde, ou n'a pas de sens, si l'on entend par là faire que ce qui a été n'ait pas été, rendre à la justice, à Dieu, ce qu'on lui a ravi, ou établir une sorte de réciprocité entre lui et le coupable. De semblables propositions n'ont besoin que d'être énoncées pour être jugées [1]; 2° que si la satisfaction à la justice absolue était entendue dans le sens abstrait, extra social, exposé plus haut, elle ne pourrait tout au plus appartenir qu'à la morale, ou plutôt à la théodicée, mais pas au droit, parce que la société n'y serait pas intéressée.

Pour dire toute la vérité à cet égard, une pareille satisfaction ne fait partie d'aucune science humaine; si elle peut être exigée de Dieu, lui seul sait comment et jusqu'à quel degré. Il n'a pas besoin des hommes pour venger sa justice outragée. En admettant même que la peine fût pour l'homme un moyen

---

[1] V. notre *Ethique* ou *Science des mœurs*, p. 384-395. La même doctrine a été par nous reproduite et développée sous certains rapports dans la *Revue de législation et de jurisprudence*, p. 387 et s., t. V, 1842.

de corriger son semblable, ce moyen n'est rien moins qu'indispensable pour Dieu. Pourquoi dès lors y recourir, quand lui-même le dédaigne ou en ajourne l'emploi?

Il ne reste plus qu'une voie pour tenter la justification de la peine en dehors de l'utilité et de la nécessité sociale jointes au principe de la réciprocité : c'est de dire qu'elle s'impose primitivement, absolument au délit. C'est de faire de cette proposition : « Tout mal social (moral même) mérite châtiment, » une de ces propositions synthétiques *a priori* qu'il faut admettre sans en chercher la raison, précisément parce qu'elles sont primitives. Et alors cette proposition devient un principe universel, nécessaire, absolu, inscrutable, une loi de notre intelligence morale, un impératif catégorique absolu [1], comme le voulait Kant.

Si ce principe revient à celui de la réciprocité, c'est-à-dire si on le fonde sur l'idée de l'identité de la nature humaine, et sur cette autre idée encore, qui n'est, du reste, que la conséquence de la première, à savoir que nos maximes d'action peuvent être justement retournées contre nous, que la loi par nous faite aux autres nous nous la faisons par là même et nécessairement aussi à nous-mêmes; alors je l'adopte pleinement. Mais il conviendrait d'en modifier la formule de manière à n'y pas comprendre la morale et à prévenir toutes les difficultés qui s'attachent au principe d'expiation.

Il faut bien reconnaître cependant que, s'il y a un rapport de coordination ou plutôt de subordination entre l'ordre physique ou sensible et l'ordre moral ou pratique, c'est celui-ci : que le bien moral appelle le bien physique, et le mal moral le mal physique. Mais c'est là une proposition synthétique dont il ne faut pas s'exagérer la force, et dont il faut comprendre la juste sphère d'application. Elle ne veut assurément pas dire qu'il répugne à la justice divine de rendre un être heureux sans le faire passer par l'épreuve du mérite. Le bien physique, le bonheur, peut exister à titre purement gratuit. Cela ne signifie pas davantage que le souverain soit dans la nécessité de récompenser toutes les vertus, de punir tous les vices. C'est

---

[1] Krug lui trouve un caractère hypothétique, puisqu'il suppose la faute; mais ce n'est là, comme Rotteck le remarque justement, qu'une dispute de mots.

donc là une proposition synthétique qui appartient à la morale et à la théodicée, mais qui n'est pas du ressort du droit.

Que la société puisse faire du mal à un homme parce que cet homme en a fait lui-même à un autre, et le même mal, rien de plus juste; mais que ce soit une *nécessité* juridique, ou que la société ne puisse en aucun cas se dispenser de frapper le coupable sans assumer sur elle-même le crime qu'elle a le droit de punir, c'est ce qui n'est soutenable qu'en théodicée tout au plus. Je dis tout au plus, parce qu'au point de vue de l'ordre absolu le mal physique ne pouvant pas empêcher que le mal moral ait existé, s'il n'est pas infailliblement un moyen d'amener le coupable à résipiscence, si la peine n'a pas ainsi une vertu cathartique infaillible, elle ne répare rien, n'expie rien, n'aboutit à rien : elle n'est plus qu'une vengeance inutile, qui a bien son *occasion* dans le mal moral, mais qui, par cela seul qu'elle ne peut aboutir à rien, se trouve sans raison; car la raison d'un acte est essentiellement la fin, le but de cet acte. Or, par hypothèse, le but est nul dans le passé, nul dans l'avenir. Donc il est nul, absolument nul; donc il n'est pas. J'ajoute : donc il n'est pas possible.

Si la peine était nécessaire d'une nécessité absolue, ce serait moins peut-être au point de vue moral, théologique même, qu'au point de vue métaphysique. C'est-à-dire que Dieu n'aurait pas pu faire le monde sans que, suivant les grandes lois qui le régissent, lois qui sont elles-mêmes nécessaires dans les idées divines, toutes contingentes qu'elles nous paraissent être, l'agent qui trouble l'ordre ne doive en souffrir. Il faudrait un miracle pour soustraire la sensibilité aux lois qui la régissent en elle-même et dans ses rapports. Ce miracle, Dieu peut-il le faire, si les lois qui gouvernent le monde physique et le monde moral ne sont point arbitraires, si elles ont leur raison et une raison nécessaire comme leur origine, dans la nature divine elle-même?

A cette hauteur, tout donc peut être nécessaire. Ce n'est qu'en brisant les rapports qui relient les faits aux lois, les lois à la nature des choses, la nature des choses à la volonté divine, la volonté divine à sa suprême intelligence, cette intelligence, enfin, qui ne peut se tromper, ni par conséquent être sujette à deux façons opposées de concevoir le monde, que nous trouvons du contingent, de l'arbitraire, du contraire possible ; selon toute apparence, il n'y en a donc pas pour Dieu.

Il existe encore une autre manière d'entendre la peine par l'expiation, manière toute mystique, disons le mot, manière toute superstitieuse, imaginée par les prêtres des fausses religions, par erreur ou par cupidité, mais aussi contraire à la religion véritable qu'à la morale et à la justice. Elle consiste, de la part du coupable, à se soumettre à certaines cérémonies qui ne sont plus que l'ombre d'une peine, mais auxquelles il croit attachée une vertu divine, vertu expiatoire qui fait disparaître le mal comme l'eau fait disparaître la souillure physique. Illusion fondée sur l'abus des images, sur celui de la religion qui fait agir Dieu au degré des intérêts et des passions de l'humanité ; et qui, tout en supposant la puissance divine, tend à présumer trop de sa bonté, et à rendre sa justice dérisoire.

De toutes ces sortes d'expiations, celles qu'on employait pour l'homicide étaient les plus solennelles, et quand le coupable était de distinction, les rois eux-mêmes ne dédaignaient pas d'en faire la cérémonie. Ainsi, dans Apollodore, Capréus, qui avait tué Iphite, est expié par Euristhée, roi de Mycènes. Dans Hérodote, Adraste vient se faire expier par Crésus, roi de Lydie. Hercule et Thésée se soumirent aussi aux cérémonies de l'expiation. Jason, pour expier l'assassinat de son beau-frère, coupa les extrémités du cadavre, et lécha trois fois le sang qui en sortait, selon l'usage des meurtriers. D'autres fois on se bornait à se laver dans une eau courante. Ce qui a fait dire à Ovide (*Fast.*, l. II) :

> Ah ! nimium faciles, qui tristia crimina cædis
> Fluminea tolli posse putatis aqua [1] !

---

[1] Voir sur les expiations : *Mém. Acad. inscr. et belles-lettres*, t. I, in-4°, p. 41. — Cf. SAINT-EDME, op. cit., et VOLTAIRE, *Dict. philosoph.*

§ IV.

Si le but de la peine consiste dans l'amélioration du coupable, dans le repentir et la
bonne résolution, par le moyen de la rétribution du mal physique
pour le mal moral.

SOMMAIRE.

1. Cette théorie est fondée sur la confusion du droit et de la morale.
2. Elle suppose l'impossible et l'injuste.
3. La peine tend néanmoins, dans le progrès de la civilisation, à prendre
le caractère d'un moyen de moralité, mais sans préjudice pour le
droit social et privé.
4. Utopie de Platon réalisée.
5. La moralisation par la peine est un but accessoire en droit.
6. Conséquences dangereuses ou terribles du principe contraire.

Supposons actuellement que le changement moral du coupable soit la fin principale, essentielle, de cette espèce de compensation qu'on cherche au mal moral par le mal physique.

Cette théorie de l'ordre moral peut-elle servir de raison et de
base à la justice criminelle ?

Si l'on ne veut pas confondre ce qui, de sa nature, est distinct, si l'on veut distinguer la peine, au point de vue du droit,
de la peine, au point de vue de la morale, et ne s'en occuper
d'abord que sous ce premier aspect, il faut répondre hardiment
par la négative.

Non, car l'amendement du coupable est un changement d'état tout moral, en dehors de la sphère du droit, et qui échappe
au for extérieur.

Certes, la société est grandement intéressée à ce que tous ses
membres soient honnêtes, mais on ne peut mettre en principe
qu'elle ait le droit de les y contraindre par la peine ; autrement, les hommes qui ne seraient encore que suspects pourraient déjà être punis. Et cependant ce n'est pas pour un fait
possible que les peines sont établies ; c'est pour des faits rels.

On ne saurait, toutefois, disconvenir que la peine, envisagée
comme régime moral, tend à prendre de plus en plus ce caractère dans les sociétés les plus civilisées des deux mondes ; les
systèmes pénitentiaires, les mitigations apportées à la rigueur
des lois, la défaveur attachée à la peine capitale ; un senti

mentalisme exagéré peut être, mais qui démontre que la conscience publique pénètre plus avant chaque jour dans le mystère de notre nature, y découvre la part plus ou moins large d'une sorte de fatalité dans la destinée sociale de chacun de nous ; la pitié, qui tend à se substituer à l'indignation pour le coupable : tout prouve que l'homme est, de nos jours, fortement porté à la miséricorde pour l'homme, et que, sans désarmer la société à l'égard du crime, on le réprimera avec calme, avec générosité même. On ne cessera pas de voir un homme, un frère dans un criminel ; et l'on pensera, avec Socrate, qu'il n'est devenu méchant que parce qu'il ignorait le bien. On le trouvera malheureux et presque assez puni, j'allais dire trop puni même, de haïr ses frères, de ne pouvoir les aimer.

La charité, et c'est le mot, puisqu'il y a grande tendance au pardon, la charité tend d'une manière évidente à se substituer à la peine, la morale à prendre ici la place du droit.

Ce fait accuse un instinct éminemment humanitaire, éminemment social dès lors. C'est un admirable progrès que la substitution de la loi d'amour, de miséricorde, de grâce à celle de droit ou de justice. Mais, enfin, la morale n'est pas le droit, et c'est le droit que nous cherchons.

Ajoutons qu'il serait très dangereux, dans l'état général de la moralité publique actuelle, de donner un trop large et trop subit essor à des sentiments généreux.

Reconnaissons, toutefois, que les sublimes utopies de Platon se trouvent encore ici réalisées. Ce philosophe admirable était déjà de l'avis que la peine n'a pas sa raison dans le passé, mais dans l'avenir ; qu'il faut punir non parce qu'il y a eu délit, mais pour qu'il n'y en ait plus, du moins de la part du coupable. La peine n'était donc pour Platon qu'un régime moral, nous l'avons vu déjà. C'est à ce titre qu'il voulait qu'elle fût acceptée comme un bien par le coupable [1]. Le mal physique

---

[1] Voir aussi sur l'acceptation de la peine : KLAUSING, *Diss. de oblig. supplic.*, Witt., 1742 ; — J.-JOACH. LANGE, *Diss. de oblig. delinquentis ad pœnam corporis*, Hall., 1736 ; — P. DOERNIG, *De oblig. delinq. ad confess. criminum propr. coram magistr.*, Leips., 1713 ; — J.-H. HEDINGER, *Quæstio an obligatio ad pœnam delictis sit intrinseca*, Giess., 1698 ; — MART. LANGE, *Diss. de obl. delinqq. ad sustin. pœnas jure divin. et hum. præscript.*, Leips., 1688 ; — J.-PH. PALTHEM, *Diss. de oblig. rei ad sanct. pœnalem pœnamq. ipsam*, Gryph., 1703.

était un moyen de délivrer du mal moral, le plus grand de tous les maux.

Des auteurs sont allés si loin sur cette voie, qu'ils ont nié que Dieu lui-même eût le droit de punir sans profit moral pour le méchant [1].

D'autres ont pensé que la société n'a pas ce droit, parce qu'elle n'a pas l'obligation de chercher à moraliser le coupable par la peine. Ils ne voient dans ce qu'on appelle le droit de punir que le droit de défense [2].

Revenons. L'amélioration du coupable par la peine peut fort bien être ambitionnée par le législateur; mais elle ne peut pas être son principal but, par cette nouvelle raison qu'il n'aurait pas le droit de punir l'accusé qui se repentirait ou qui semblerait se repentir : toute peine appliquée cesserait d'être légitime dans sa durée du moment qu'elle serait suivie du changement moral qui en est le but.

Elle aurait, au contraire, une éternelle raison d'être, tant qu'elle n'amènerait point ce changement.

Il y a plus, son intensité devrait s'accroître par la raison même de son insuffisance et de sa durée, sans cependant qu'il y eût la plus légère aggravation dans le délit, à moins, toutefois, qu'on ne préférât renoncer absolument à la peine comme à un moyen jugé impuissant d'améliorer un coupable.

Telle est donc l'alternative imposée par la logique dans le cas de l'inefficacité de la peine : ou l'impunité, ou des supplices qui pourraient être horribles.

Comment, d'ailleurs, juger de la sincérité du repentir? Ne se trouverait-on pas encore ici placé dans la triste alternative ou de punir l'innocent, ou de relâcher mal à propos le méchant, après avoir fait naître ou développé en lui un vice de plus, celui de l'hypocrisie? Voilà pourtant où conduit le système qui donne pour base *unique* à la peine l'amélioration du coupable.

Et puis, si la société est investie d'un pareil pouvoir, pourquoi ne l'étendrait-on pas aux simples fautes, aux simples

---

[1] Krug, *Dict. phil.* (all.), art. *Peine.* — Cf. son *Droit naturel.*
[2] Romagnosi, *Genèse du droit pénal* (ital.), 2 v. in-8°, Firenze, 1834, seconde partie, c. 16 et 18. — V. aussi J.-K. Schmid, *Des fondements du droit pénal, Essai philosophico-juridique* (all.); Augsbourg, 1801.

péchés, aussi bien qu'aux délits? — Pourquoi la justice morale tout entière ne ferait-elle pas une partie du droit pénal?

Sans doute que la peine infligée pour de bonnes raisons, pour des actes civilement répréhensibles, peut-être convertie en un traitement moral, soit du reste qu'on pense exercer par là une sorte de rétribution, soit qu'on prétende procurer purement et simplement à la société un repos et une sécurité qu'elle a le droit d'exiger de la part de tous ses membres. Mais ne faudra-t-il pas toujours qu'il y eût une règle au moyen de laquelle on déterminât la nature et le degré de la peine? Et cette règle peut-elle être prise du but uniforme qu'on voudrait alors atteindre?

§ V.

Si la peine a pour but exclusif l'utilité privée et publique par l'intimidation, la protection du droit par la souffrance, la sûreté en un mot.

SOMMAIRE.

1. Pas de droit sans le droit de le faire respecter, sans le droit d'employer à cet effet les moyens approuvés par la raison.
2. Distinction entre le droit de se défendre, de se protéger et celui de punir.
3. Le droit de la défense peut-être infini, *jus belli est infinitum;* celui de la peine est fini.
4. Preuve que le droit de punir n'a pas sa raison unique dans le droit de sécurité.
5. Conséquences inadmissibles du principe d'intimidation comme principe unique de la peine.
6. L'intimidation est un principe d'utilité, un principe intéressé. — Il conduit à celui de l'agrément. — Conséquences.
7. Résumé de la question.

Le droit d'être et de posséder, — le droit de la propriété dans l'acception la plus large du mot, — suppose nécessairement le droit de *protéger* ce qui nous appartient, de le *défendre* contre toute entreprise illégitime, de *prévenir*, dans une certaine mesure, toute nouvelle atteinte qui pourrait y être portée dans notre personne ou notre chose, enfin le droit de forcer à la *réparation* (réintégration ou compensation) du préjudice par nous souffert. C'est le droit de faire respecter le droit.

Mais celui qui répare le préjudice par lui occasionné n'est pas pour cela puni; seulement il ne nuit pas à autrui. La peine est quelque chose de plus que la réparation de l'injustice, c'est celle du mal physique affectif dans certaines limites.

Aussi distingue-t-on l'action civile de l'action criminelle : par la première on réclame l'indemnité; par la seconde, la peine. Et souvent elles s'exercent concurremment contre la même personne à l'occasion d'un seul et même acte.

Le droit de défendre son droit, de repousser une injuste agression, de rentrer en possession de ce qui nous appartient ou de l'équivalent, n'est donc pas la peine, alors même que le besoin rigoureux de la défense entraînerait la mort de l'agresseur.

Le droit de se défendre contre un ennemi, joint à celui de le prévenir en le mettant dans l'impossibilité de nous nuire par suite de la contrainte exercée sur sa personne, s'appelle proprement droit de *coercition.*

Le droit de le forcer à la satisfaction, à la réparation du mal qu'il a fait, est proprement le droit de *coaction.*

Par la coercition, le mal est empêché; par la coaction, il est réparé.

Du reste, cette synonymie n'est pas tellement rigoureuse que l'un de ces mots ne se prenne pas souvent l'un pour l'autre. En forçant quelqu'un de renoncer à la perpétration d'un crime qu'il avait commencé à exécuter, on exerce réellement sur lui une coaction, qui ne diffère de la coercition que par le but qu'on se propose, c'est-à-dire par une idée. De même, en empêchant quelqu'un de laisser une injustice sans réparation, on exerce une coercition.

La conscience publique, la conscience individuelle même, abandonnée à sa spontanéité rationnelle et vraie, n'a jamais confondu le droit de défense et le droit de châtiment. Ce sont là deux idées différentes, exprimées par des mots divers dans toutes les langues un peu développées.

La défense se dirige contre la menace et la tentative, et finit avec elles. La peine commence quand le délit est commencé ou consommé.

La défense est exercée légitimement par l'individu attaqué quand il ne peut recourir à la force publique, on en convient;

tandis qu'on dispute sur la question de savoir si la peine n'est pas du ressort exclusif du pouvoir souverain.

Le droit de défense existe entre égaux, d'inférieur à supérieur même. On distingue, en effet, de la part de l'autorité ce qui est abus de pouvoir, l'*attaque*, de ce qui est exercice du droit de punir, la *peine*.

En tous cas, la défense ne peut s'entendre de tout être qui aurait le droit de punir, et particulièrement de l'être auquel le droit est conçu appartenir réellement de Dieu. Dieu n'a point à se défendre, mais il peut avoir à punir. C'est, du moins, ainsi que le conçoit le sens commun par rapport à l'homme.

Le choix des moyens de la défense et la mesure de leur efficacité dépendent des circonstances extérieures et personnelles où se trouve celui qui est attaqué : il est irréprochable lorsqu'il s'exagère (sans le vouloir) l'imminence et la grandeur du péril, la faiblesse de ses moyens pour le repousser, et qu'il en dépasse la mesure absolument nécessaire. Il lui est d'ailleurs permis de recourir à tous les expédients propres à faire respecter son droit, pourvu que la nécessité l'y autorise, quelque faible que soit ce droit. Il n'en est pas de la mesure de la peine comme de la mesure de la défense, elle n'est pas un moyen qu'il faille proportionner à des obstacles à vaincre, mais une fin déterminée par un fait connu et lui-même déterminé. On ne peut plus dire ici : *Jus belli est infinitum*. Les peuples s'attaquent, se font la guerre ; mais ils ne se punissent pas, à proprement parler, quelque mal qu'ils se fassent d'ailleurs.

Si la peine n'avait sa raison que dans la sécurité de l'offensé, celui-ci aurait toujours le droit de se donner lui-même cette garantie de la manière la plus complète ; mais, encore une fois, les moyens propres à se mettre à l'abri du danger regardent l'avenir, tandis que la peine appartient essentiellement au passé. On retombe donc, suivant cette hypothèse, dans le cas de la confusion de la peine du délit avec la prévention [1].

Quelle serait, d'ailleurs, la raison de punir un meurtrier, lors surtout qu'il ne serait plus à craindre, par exemple, dans l'hy-

---

[1] J'entends par ce mot, ici et dans plusieurs autres endroits, l'acte de se prémunir contre un délit imminent. Cette acception et le mot même sont dans l'ordre naturel des idées et dans le génie de la langue.

pothèse où il pourrait être laissé seul dans une île qu'on quitterait? On sait, d'ailleurs, qu'il avait une raison particulière de commettre le meurtre dont il s'est rendu coupable, et que cette raison ne se représentera probablement plus, au moins en ce qui le regarde, et que si d'autres se trouvent dans le même cas, ils ne seront point retenus, selon toute apparence, par l'exemple de la peine attachée à un pareil attentat. Et dans le cas où il s'agirait seulement de la sécurité de celui qui a été offensé par un premier délit, de quel droit punirait-on le coupable si la victime a succombé? Singulière base de la peine que celle qui rend logiquement impossible le châtiment du plus grand crime!

De quel droit, dans ce système encore, punirait-on celui qui se trouve dans l'impuissance de récidiver s'il est tombé en paralysie, par exemple, s'il s'est jeté dans un couvent, s'il s'est expatrié, ou s'il s'est tellement amendé qu'il n'inspire plus aucune inquiétude?

De quel droit punirait-on celui qui serait incorrigible ou qu'on croirait tel?

Si l'on frappe le coupable pour *intimider* ceux qui pourraient être tentés de l'imiter; en d'autres termes, si l'*intimidation*, l'*exemplarité* est toute la raison de la peine, le moindre soupçon suffira pour autoriser à sévir, et le plus haut degré de châtiment n'aura rien que de licite, d'excellent même, si, quelque faible que soit le délit, l'intimidation s'ensuit jusqu'à la terreur.

Il faut en dire autant de la sécurité publique comme raison exclusive de la peine. Dans ce cas encore la peine n'est qu'un moyen, et un moyen n'est jamais meilleur que lorsqu'il est le plus propre à atteindre la fin qu'on en attend.

Ajoutons à toutes les raisons qui précèdent relativement à la sécurité individuelle garantie par l'intimidation, raisons qui s'appliquent également à la garantie de la sécurité publique par les mêmes moyens, que la peine serait logiquement impossible dans ce dernier cas, si le crime était si atroce qu'il fît horreur à tous les membres d'une société, et qu'on fût moralement certain qu'aucun d'eux ne sera tenté de le renouveler; ou bien encore si la société se trouvait si fort corrompue ou si féroce elle-même, que l'exemple ne fît sur elle aucune impression, ou même la révoltât au point de la provoquer à des crimes semblables.

Le principe de l'intimidation pris en lui-même n'est, d'ailleurs, qu'un principe d'intérêt, et non de justice. Tout intérêt donc qui se rattacherait à une peine pourrait dès lors légitimer le choix et l'étendue de cette peine. On pourrait donc faire servir les coupables au plaisir d'un tyran ou d'un spéculateur sans entrailles, au passe-temps d'un despote ou à la curiosité d'un physiologiste; on pourrait repaître de leurs douleurs une populace avide d'émotions sanguinaires [1]. Quel est de nos jours, dans notre France civilisée, l'homme qui consentirait à fonder la peine sur des bases aussi arbitraires, aussi révoltantes [2]!

En deux mots :

La peine ne rentre pas plus dans la défense préventive ou anticipée que dans la défense proprement dite.

Elle n'est d'abord point la *prévention* contre les attaques possibles de la part de personnes indéterminées, prévention dont le mot propre serait *précaution* si ce mot n'avait pas une acception beaucoup plus large. Toute peine doit tomber sur des individus déterminés et pour un fait déterminé, par conséquent accompli.

La prévention ne suppose qu'un attentat probable ou un attentat commencé; la peine suppose un délit consommé, ou tout au moins un commencement d'exécution.

La prévention regarde essentiellement l'avenir ; la peine le passé. La prévention se dirige contre le coupable possible, futur et plus ou moins, mais probable; la peine tombe sur un coupable réel, actuel, certain.

Si la peine n'était que le droit de prévenir un délit possible à l'occasion d'un délit accompli, elle serait parfaite si elle atteignait infailliblement son but. Et comme la mort est le moyen le plus sûr de mettre les méchants dans l'impuissance de nuire aux gens de bien, la meilleure peine, la seule excellente, infaillible, serait la peine de mort.

---

[1] Il faut le redire, dans l'intérêt de la civilisation et de la morale publique, il s'est trouvé de nos jours un peuple assez barbare pour traiter un prisonnier de guerre en coupable, et pour donner sa mort en spectacle sur la scène en guise d'intermède, après annonces : ce peuple est celui de Buenos-Ayres! — V. *Rev. de dr. ancien*, 1849, p. 68.

[2] Cf., sur le droit de prévenir une lésion à nos droits menacés, c'est-à-dire sur le droit de défense en général, au point de vue privé comme au point de vue international, ROSMINI, *Filosofia del dritto*, I, c. 4, p. 695 et suiv.

La bonté d'une peine ne serait plus estimée que par rapport au but qu'on voudrait atteindre, en punissant par rapport à la sécurité individuelle et générale. Il n'y aurait donc plus lieu de distinguer les peines en *justes* et en *injustes*, mais seulement *en suffisantes* et en *insuffisantes* [1].

Si la prévention n'a sa raison que dans un danger plus ou moins probable, la peine n'a la sienne que dans le délit; la première cesse avec le danger, tandis que la seconde recommence, au contraire, après que le mal est arrivé.

[1] Il en est de même de toutes les théories pénales qui donnent à la peine un but à atteindre, qui en font un moyen; elles sont toutes exposées à être ou inconséquentes, ou inutiles, ou exagérées. — V. HARTENSTEIN, *Esquisse fondamentale des sciences morales*, Leips., 1844 (all.).

§ VI.

Si la peine consiste dans la rétribution proportionnelle du mal physique ou affectif
pour le mal physique.

SOMMAIRE.

1. Le principe de réciprocité ou de justice commutative donne raison à cette base de la pénalité.
2. Elle est d'accord avec les maximes les plus anciennes et les plus universellement admises.
3. D'accord avec la conscience du genre humain, avec celle des malfaiteurs même
4. Différence entre ce principe et celui du talion brutal.
5. Le talion intelligent et juste est fondé sur l'analogie et la proportion, et non sur l'égalité absolue, apparente et objective,
6. Deux sortes d'analogies dans les lois pénales.
7. Fausse analogie de l'Oulogénie.
8. Condition pour que l'analogie véritable soit respectée.
9. La juste réciprocité dans la peine n'entraîne pas la nécessité de l'application; cette justice est une limite qu'on ne peut dépasser, mais dont on peut approcher plus ou moins à volonté.
10. Remise possible de toute la juste peine ou d'une partie.
11. Le principe du talion sainement entendu n'est que celui de la réciprocité ou de la justice commutative et même distributive; principe suprême de toute justice.
12. Les criminalistes les plus autorisés inclinent fortement à cette opinion.
13. Les sages de l'antiquité avaient déjà compris le principe de la réciprocité en matière criminelle comme il doit l'être.
14. Résumé de la question. — Le droit de punir n'existe pas, à proprement parler, pour l'homme, mais bien le droit de défense, qui va parfois plus loin que celui de punir. Celui-ci peut modérer le premier et lui servir de règle. En tout cas, il a sa limite marquée par celle du délit. Utilité du principe de la réciprocité dans l'hypothèse encore admise du droit de punir, qui n'est que le droit de vengeance soumis à une règle, celle de la justice absolue.

Il est incontestable qu'il y a équité, justice égalitaire absolue à étendre à un agent qui sait et veut ce qu'il fait, dans la mesure où il le sait et le veut, la règle de conduite qu'il s'est faite, ne fût-ce qu'une seule fois, à l'égard de l'un quelconque de ses semblables. De là cette maxime, vieille comme le monde : Ne fais pas à autrui ce que tu ne voudrais pas qu'il te fût fait. Elle ne se trouve pas seulement dans le livre par excellence des chrétiens : on la rencontre dans Pythagore, dans

Confucius, dans tous les penseurs qui ont fait reposer la justice sur le principe de l'égalité [1]. On la retrouve plus ou moins nettement conçue dans l'esprit et le cœur de tous les hommes. Caïn, le premier meurtrier, est aussi le premier qui ait reconnu et proclamé le principe de la rétribution du mal par le mal, l'égalité. Sa condamnation par lui-même est trop remarquable pour que nous ne devions pas nous y arrêter un instant. Ce dialogue entre Dieu et Caïn est de la plus haute signification, quelque opinion qu'on ait d'ailleurs sur le caractère divinement inspiré ou non du livre de Moïse. Il est difficile, en tous cas, de n'y pas voir une inspiration naturelle, profonde, une admirable expression de la nature morale de l'humanité. Écoutons :

« Qu'as-tu fait, dit Dieu à Caïn ? la voix du sang de ton frère crie de la terre jusqu'à moi.

« Tu vas donc être maudit sur la terre, qui s'est entr'ouverte et qui a reçu le sang de ton frère répandu par ta main.

« En vain tu la cultiveras ; elle te refusera ses fruits. Tu seras errant et vagabond sur la terre.

« Caïn dit à Dieu : Mon iniquité est trop grande pour que je puisse être pardonné.

« Voilà donc qu'aujourd'hui vous me poursuivez en tout lieu sur la terre, et qu'il faudra partout me cacher à vos regards, et je serai errant et vagabond sur la terre : *Quiconque me rencontrera me tuera donc :* OMNIS IGITUR QUI INVENIET ME, OCCIDET ME. » (*Genèse*, IV, 10-14.)

Caïn l'a compris, il mérite la mort, puisqu'il l'a donnée. Il parle d'un droit IGITUR! C'est bien là le cri de la conscience humaine [2]. Aussi, combien ne voit-on pas de meurtriers non

---

[1] Ἀριθμὸς ἰσάκις ἴσος; ARIST., *Magn. Mor.*, I. 1. Cf. II, 6; V. 5.; DIOG. LAERT., VIII, 33; JAMBL., *Vita Pyth.*, c. XXX, sect. 167.

[2] Les Septante portent : Καὶ ἔσται, πᾶς ὁ εὑρίσχων μ3, ἀποχτενεῖ με : *Et erit omnis qui invenerit me, occidet me.* Les mots χαὶ ἔσται expriment la même idée de nécessité juridique rendue par l'*igitur* de la Vulgate.

On ne saurait arguer de là que l'Écriture condamne la peine de mort; une foule d'autres textes prouveraient le contraire; en voici deux seulement : « Quiconque aura répandu le sang humain, son sang sera répandu, car l'homme a été fait à l'image de Dieu. » (*Nomb.*, IX, 16.) — « On n'acceptera pas de compensation de celui qui se sera rendu coupable de meurtre; qu'il meure lui-même sur-le-champ. » (*Nomb.*, XXXV, 31.)

seulement qui sentent la justice de la sentence capitale qui les
atteint, mais qui la subissent avec une sorte de satisfaction,
pénétrés qu'ils sont de l'idée que la justice s'accomplit en eux,
que le désordre moral se répare, surtout quand la peine est
acceptée avec résignation, avec intention, avec une sorte d'a-
mour pour la justice absolue! C'est ainsi que Platon, dans les
pages sublimes du *Gorgtas*, conçoit l'acceptation morale de la
peine.

Ce n'est pas tout; cette admirable scène nous représente
encore deux choses du plus haut intérêt : la protection qui est
due au coupable lui-même contre tout mouvement désordonné
de vengance, et la remise par celui qui a le droit de punir de
toute la peine ou d'une partie de la peine méritée, c'est-à-dire
la morale, la générosité se mettant à la place du droit ou de
la stricte justice :

« Et Dieu lui dit : Il n'en sera pas ainsi : Quiconque tuerait
Caïn en serait très sévèrement puni. Et Dieu imposa un signe
à Caïn, de crainte qu'il ne fût tué par celui qui l'aurait rencontré. » (*Ibid.*, 16.)

Le système pénal qui a pour base la rétribution du mal physique pour le mal physique calculée d'après la justice ou l'é-
galité est le plus ancien de tous, puisque la vengeance n'est
pas une base, un principe de pénalité, et que dans l'exercice
de la vengeance se montre déjà un certain besoin de justice ou
de mesure. Le principe de la juste réciprocité n'a d'abord été
conçu que comme un principe d'égalité matérielle absolue.
C'est le talion brutal, inintelligent, injuste dans son égalité
même. Plus tard, il n'a plus été que l'analogie dans les peines.
Mais cette analogie elle-même a souvent manqué de mesure. La
morale a été plus d'une fois outragée dans ce système pénal. On
n'a pas assez compris que le respect de la justice ne peut exclure
celui des mœurs. On a également oublié que l'analogie n'est
qu'une convenance dans le choix des peines, mais que la mesure est une nécessité; c'est surtout dans la mesure que consiste la justice. Il y a mieux : la plus grande raison en faveur
de l'analogie, c'est la facilité même qu'elle donne de proportionner la peine au délit. En effet, il s'agit alors de choses de
même nature, facilement comparables, et dont les limites de
l'une assignent les limites de l'autre.

Il y a, du reste, deux sortes d'analogies dans les lois pénales:

l'une qui consiste dans certaines similitudes entre la nature du mal qu'on fait endurer, et l'autre à faire souffrir le coupable par où il a péché, quoique pas de la même manière. Cette dernière analogie est beaucoup plus trompeuse que la première, et quant à la nature et quant au degré de la peine. Elle peut porter, comme dans l'Inde, en Chine et ailleurs, à punir le voleur par la perte de la main. C'est en vertu de cette analogie que le parricide avait naguère parmi nous la main coupée. Les auteurs du Code de 1810 se doutaient peu, sans doute, qu'ils suivaient en cela le principe du talion.

Parmi les législations modernes, celle de Russie connue sous le nom d'Oulogénie, et due au père de Pierre le Grand, est surtout remarquable par cette fausse analogie. Les faux-monnayeurs, par une autre espèce d'analogie encore, sont condamnés à recevoir dans la bouche du métal en fusion ; les incendiaires sont livrés aux flammes ; l'importation frauduleuse du tabac est punie de la fente des narines, de la perte du nez, suivant le nombre des récidives ; les outrages corporels (coups et blessures) sont punis du talion proprement dit, plus un dédommagement de cinquante roubles pour chaque membre coupé, arraché ou mutilé [1].

Il y a quelque chose de plus à faire encore pour appliquer sagement la peine d'après le principe de l'analogie : il faut comparer entre elles non seulement la peine et le délit, mais les personnes et leur position respective. S'en tenir à l'égalité absolue dans l'analogie même, c'est encore méconnaître la véritable justice. Le riche qui vole le pauvre ne serait point puni convenablement s'il ne l'était que du double ; la peine qu'il souffrirait de cette punition pourrait être bien inférieure à la douleur, au préjudice qu'il aurait occasionnés.

Que de considérations tirées de circonstances aggravantes ou atténuantes peuvent encore modifier l'égalité absolue du talion !

Il ne faut pas l'oublier non plus : encore bien que le talion proportionnel fût la juste mesure de la peine possible, toutes les fois qu'il peut avoir lieu d'ailleurs, il n'y a aucune nécessité morale à punir avec cette extrême rigueur. Il faut, retenons-le bien, que l'intérêt public l'exige ; la justice le permet, mais

[1] V. *Hist. génér. du XVIIIe siècle*, par M. RAGON, p. 380.

elle ne l'exige pas [1]. Ce qu'elle veut, c'est que cette mesure de la peine ne soit point dépassée. La justice est donc ici comme une limite plutôt que comme un motif. C'est un principe négatif bien plus qu'un principe positif; mais, tout négatif qu'il est, son importance est extrême, et la plupart des législations l'ont méconnue.

On le voit, le talion, malgré tous les justes reproches adressés à ce principe tel qu'il a été généralement appliqué, n'est au fond que l'égalité, la réciprocité, la notion fondamentale de toute justice criminelle. Cette notion a, d'ailleurs, le triple avantage de rappeler l'égalité humaine; d'associer plus fortement, à l'aide de l'analogie, l'idée de la peine à l'idée du délit; enfin d'être essentiellement populaire.

La réciprocité en matière criminelle n'est elle-même que la conséquence du principe suprême de toutes nos actions sociales, principe que Kant a formulé comme il suit : « Agis de « telle sorte que la maxime de tes actions puisse être érigée « en loi générale [2]. » Ici donc le délinquant n'a pas le droit de se plaindre que sa maxime soit généralisée de manière à l'atteindre; par le fait qu'il a cru pouvoir se permettre tel ou tel acte à l'égard d'êtres de même *nature* que lui, ayant même *destinée* et mêmes *droits*, il ne peut évidemment trouver mauvais que semblable traitement lui soit infligé.

Aussi n'hésitons-nous pas à croire qu'il n'y a pas d'autre système pénal fondé en droit strict que celui de la réciprocité [3]. C'est l'unique règle de la justice distributive en matière criminelle; tout le reste est ou arbitraire ou étranger à la notion de droit, notion qui est le principe suprême de la science des rapports juridiques, de l'action et de la réaction égalitaires entre les hommes.

Cette opinion est loin d'être abandonnée : les esprits éminents qui ont réfléchi sur cette grave question, tout en reconnaissant soit des difficultés, quelquefois même des impossibilités physiques ou morales dans l'application, soit encore la

---

[1] Déjà plusieurs philosophes de l'antiquité s'en étaient aperçus. — Voir GROTIUS, II, 20, § 36.

[2] *Principes métaphys. de la mor.*, de notre trad., p. 27.

[3] Ce qui ne veut point dire du tout que la société soit obligée de l'*appliquer*, mais seulement qu'elle est tenue de le *respecter* en ne le dépassant jamais. Observation très importante.

convenance, l'utilité de se relâcher plus ou moins de la sévérité du droit, utilité et convenance qui sont en harmonie avec la douceur des mœurs modernes; ces hommes reconnaissent néanmoins que la raison et la base de la peine sont dans le grand principe de l'égalité. Sans parler des lois de Moïse [1], de Solon, de la loi des Douze Tables et d'autres grandes institutions qui semblent avoir admis le talion absolu avec plus ou moins de rigueur, nous ferons seulement remarquer que les pythagoriciens, suivant Aristote [2], qu'Aristote lui-même [3], Bodin [4], Montesquieu [5], Genovesi [6], Kant [7], Beck [8], Rotteck [9], Hegel [10], Bentham [11], Rossi [12], et bien d'autres qu'on pourrait citer encore [13] sont plus ou moins prononcés en faveur d'une

---

[1] Si l'Évangile a rejeté le talion, ce n'est ni en droit ni d'une manière absolue. Ce n'est pas en droit d'abord, mais en morale et dans les relations d'homme à homme. (MATTH., v, 26; — *Apoc.*, xxi, 27; xxii, 12.)

[2] *Morale*, v, 5.

[3] *Ibid.*

[4] *République*, vi.

[5] *Esprit des Lois*, I, 1.

[6] *Della Diceosine*, Venise, 1799 (ital.), liv. I, c. 19, § 6-11; II, 7, § 13-23.

[7] *Principes métaph. du droit*, de notre trad., p. 199 et s.

[8] *Principes de législation*, p. 761, 1806 (all.).

[9] *Man. de droit nat.*, t. I, p. 257, Stuttg., 1829 (all.).

[10] OEuvr. comp., t. VIII, *Phil. du droit;* p. 141; et *Proped, phil.*, OEuvr. comp., t. XVIII, p. 46 et 47 (all.).

[11] *Théorie des peines*, t. I, p. 59-72. Il est moins favorable au talion proprement dit qu'au talion analogique. (*Ibid.*, p. 73-77.)

[12] *Traité de droit pénal*, t. I, p. 280 et 281.

[13] Qu'il me soit permis de rapporter seulement ces quelques lignes d'un de nos procureurs généraux les plus distingués :

« Si l'on veut que la peine soit en harmonie avec les délits et que le principe de l'égalité proportionnelle préside à la distribution de la justice pénale, si l'on veut exclure enfin des codes criminels l'arbitraire ou son image, il est nécessaire de se déterminer de près ou de loin sur une sorte de talion.

« Ce qu'il y a de blâmable dans ce système pénal, c'est de ne prendre en considération que l'acte extérieur, de négliger l'intention, de se tenir à la lettre du système plutôt que d'en suivre l'esprit. Ce qu'il y a d'admirable, au contraire, dans le talion, c'est qu'il a pour résultat de graver plus aisément la peine dans l'esprit des hommes, de frapper plus vivement leur imagination par la ressemblance du châtiment avec le caractère du délit, et de répondre par là à cette tendance de l'esprit nouveau vers l'analogie matérielle de la peine avec le délit, tendance qui eut jadis de grands et souvent aussi de funestes effets.

« Dans l'antiquité, les décemvirs romains, Moïse, Pythagore, Solon ; dans

rétribution pénale qui ait sa raison et sa mesure dans le grand principe de l'égalité.

Sans doute cette égalité n'est pas toujours possible ; sans doute qu'elle serait souvent injuste ou immorale si elle était appliquée judaïquement, sans intelligence comme sans pudeur. Mais on aurait tort de penser que cette spiritualité dans la réciprocité entre le délit et la peine est une grande découverte de nos jours : les anciens avaient très bien compris déjà tout ce qu'il y aurait d'absurde, d'immoral, d'inique et de cruel à s'en tenir à une similitude rigoureuse [1], similitude souvent trompeuse et fausse. Ici encore on peut dire que l'égalité absolue et brutale serait une profonde inégalité ; qu'il y a des circonstances nombreuses à examiner, circonstances qui transforment souvent l'égalité absolue en égalité proportionnelle, égalité seule équitable parce qu'elle est alors la seule vraie. Il s'agit bien plus d'une certaine analogie entre le mal occasionné par le délinquant et celui qu'on lui fait essuyer à titre de peine, d'une certaine proportion entre le degré de l'un et celui de l'autre, que d'une ressemblance et d'une égalité rigoureuse [2]. Cette similitude serait le côté judaïque du talion, côté absurde, littéral et pharasaïque, qu'on ne saurait trop condamner. On peut voir sur cette question les raisons péremptoires de Kant, raisons que Hegel s'est borné à reproduire ; seulement, ce dernier philosophe a fait ressortir en outre la ressemblance et la différence qui existent entre la peine et la vengeance.

Rien donc de plus clair, de plus incontestable, de plus universellement senti et conçu que la vérité de cette proposition : Les actions d'un être raisonnable doivent se faire au nom d'un principe, et ce principe doit pouvoir être celui de tous les hommes placés dans les circonstances où se trouve l'agent. Sans cette réciprocité possible, on se mettrait en dehors de la loi commune, chacun en ferait une pour soi à sa manière ; on oublierait l'égalité humaine, on se placerait dans une société

les temps modernes, Kant, Bentham, Filangieri ont prescrit ou recommandé le talion soit comme principe général, soit comme s'adaptant très bien à quelques cas particuliers, et comme pouvant convenir, sous ce dernier rapport, aux peuples déjà parvenus à un haut degré de civilisation. » (M. CHASSAN, *Revue étr. et fr. de lég.*, t. X, p. 923 et s.)

[1] A.-GELL., *Nuits attiq.*, XX, I, 14, s. 37. Cf. XVI, 10, 8.

[2] BODIN, *Rép.*, VI.

idéale dont on ferait soi-même la loi arbitrairement et partialement.

Il faut reconnaître, toutefois, que la réciprocité parfaite n'est qu'un idéal que Dieu seul peut réaliser parfaitement; mais que la société n'est point tenue à faire régner la justice absolue, ou la justice pour la justice sur la terre; elle n'a que le droit de se défendre par la peine dans la mesure de la justice ou en restant au-dessous de cette mesure. La peine est une sorte de dette dont le patient et la société sont les créanciers, dette que l'un et l'autre ont le droit de remettre, au moins en partie. La morale, l'intérêt public, la douceur des mœurs conseillent même cette remise.

La justice pénale n'est donc qu'une règle, une mesure et un moyen; le but, c'est la conservation des individus et de la société. Cette manière d'envisager la peine n'est pas moins conforme à l'Écriture, qui fait dire à Dieu : « La vengeance m'appartient, et je vengerai, » qu'à la philosophie.

En résumé : nous parlons de la légitimité de la peine, ou du droit de punir; il s'agit donc du droit de conservation par le moyen de la peine. Or le choix, comme la mesure de la peine, n'a de règle que dans le principe de réciprocité, principe qui est celui de la justice commutative en toutes choses, qui s'applique même à la justice distributive, puisque chacun ne devrait recevoir du prince ou de l'État qu'en raison de son mérite et de ses services; principe qui domine par conséquent le droit criminel, le droit civil, le droit administratif et le droit public. Mais la nature des choses, l'impuissance de l'homme ou la morale ne permettent pas toujours que la peine soit de même nature précisément que la souffrance occasionnée par le délit; ce qui rend la mesure de la peine plus difficile encore à déterminer. Il faut bien alors, pour avoir une règle, se rabattre sur des analogies plus ou moins éloignées de la similitude; et si ces analogies elles-mêmes font défaut, recourir aux compensations. Mais on sent que plus on s'éloigne ainsi de la similitude, qui rend la comparaison facile entre le mal physique occasionné à titre de délit et celui qui peut être infligé à titre de peine, plus la mesure de la peine est difficile à déterminer, plus il faut de circonspection pour ne pas la dépasser, plus la peine perd de son caractère de justice absolue, plus il est nécessaire aussi de la laisser pour y substituer des

moyens de coercition et de coaction, c'est-à-dire des moyens de
simple défense, sans but d'intimidation ni même de rétribution
du mal physique pour le mal physique, ce qui constitue la
vengeance dans la mesure du principe de réciprocité.

En deux mots : si la société n'a mission ni pouvoir de faire
régner la justice absolue pour elle-même en matière criminelle, elle n'a pas le droit de punir ; elle n'a que le droit de se
conserver, elle et ses membres, par les moyens jugés nécessaires. Et comme le droit de défense, ainsi considéré, est indéfini,
on comprend comment la société et les particuliers sont parfois
excusables de se protéger par des moyens qui dépassent la mesure permise au point de vue de la pénalité. Mais, en général,
plus une société est fortement constituée, plus la civilisation est
avancée, plus les mœurs sont saines, plus aussi les lois pénales
peuvent être douces, et rester dans leurs moyens de défense
au-dessous du niveau que la justice pénale absolue semblerait
exiger. C'est le contraire dans les sociétés où les mœurs sont
dures, féroces ou relâchées ; où l'autorité publique est faible :
elles se croient souvent réduites, pour protéger efficacement
la chose publique ou les particuliers, à recourir à des mesures
excessives. Mais comme ces excès peuvent n'avoir leur raison
que dans des terreurs imaginaires ; comme ils ont souvent un
effet contraire à celui qu'on veut obtenir, puisqu'ils exaltent
les esprits et rendent encore les mœurs plus féroces ; comme,
d'une autre part, les peuples plus civilisés ne renonceront pas
de sitôt à l'idée que les sociétés humaines ont droit et mission
de faire régner la justice pénale, en un mot, de punir, il est
bon de rappeler à tous que ce droit, ainsi que celui de la défense, ne peut justement ou utilement dépasser la mesure posée
par le principe de réciprocité [1].

---

[1] Cf. sur ce sujet : A.-J. Van Deinse, *De pœna talionis ap. varias gentes
præsertim ap. rom.*, L. Bat., 1822 ; Saint-Edme, *Dict. de la pénalité ;* Pauthier, *Livres sacrés de l'Orient*, p. 520 ; Duboys, *Histoire du droit criminel
chez les peuples modernes*, p. 267 et pass.; Dumas, *Mœurs et coutumes de
l'Algérie*, p. 198.

§ VII.

Parallèle entre le système de l'expiation et celui de la réciprocité.

SOMMAIRE.

1. Ces deux systèmes sont en présence dant l'état actuel de la science.
2. Obscurité, danger, injustice et fausseté de l'un; clarté, utilité, justice et vérité de l'autre.
3. Caractère rationel et scientifique de celui-ci; caractère mystique et sentimental de celui-là.
4. L'un négatif, limitatif; l'autre positif et indéfini.
5. L'un porte à la justice, l'autre au fanatisme.
6. L'un, malgré son apparente sévérité, laisse libre cours à l'indulgence; l'autre, dans son obscurité mystique, est impitoyable, ou porte à sacrifier la justice à la superstition.
7. Etc.

Nous venons de faire connaître séparément chacun de ces deux systèmes, les deux qui semblent se disputer aujourd'hui, dans l'esprit des hommes les plus compétents, l'autorité d'un principe en philosophie pénale. Il s'agit maintenant de les placer en regard l'un de l'autre, sous leurs principaux aspects, pour en mieux faire ressortir encore les différences, et mettre le lecteur à même de prononcer entre des opinions contraires.

Le principe de l'expiation, outre qu'il est plutôt moral que juridique, outre son caractère mystique, est loin d'être d'une parfaite évidence : il prête à des objections très sérieuses en ne le considérant même que sous son aspect le plus naturel, c'est-à-dire sous le point de vue de la justice absolue, de l'ordre moral, ou par rapport à Dieu. Nous avons vu qu'il s'obscurcit au point même de devenir peu concevable de la part d'un être tout puissant et tout bon.

Le principe de la réciprocité, au contraire, est exempt de toute difficulté théologique; il ne concerne que les rapports d'homme à homme, rapports qui sont déterminés d'après le fait certain de l'identité de la nature humaine.

Ce principe en est donc véritablement un, tandis que celui de l'expiation a besoin de preuves; on peut demander au moins la preuve qu'il ne peut ni ne doit en avoir aucune, et qu'il est bien un principe véritable.

Qu'est-ce, au contraire, que la réciprocité, sinon l'égalité et la justice? Et la justice est-elle autre chose que l'égalité absolue ou proportionnelle, suivant les circonstances? Demander une preuve du principe de la réciprocité serait donc demander qu'on prouvât que la justice est juste.

De plus, ce principe est ce qu'il doit être pour une science d'idées pures, telle que la science du droit, pour une science véritable : il est, *a priori*, *rationel* ; il est, comme nous l'avons déjà dit, *juridique*.

Il est de plus *négatif*, en ce sens qu'il n'impose pas la peine, comme le principe de la nécessité de l'expiation ; seulement il la *permet*. Il laisse donc la facilité de la remettre, de pardonner, de faire grâce. Il se concilie donc éminemment avec la morale.

Du reste, parce qu'il est négatif il a besoin, pour être appliqué, de motifs d'action qu'il domine, qu'il éclaire, qu'il contienne. Ces motifs sont précisément tout ce qu'on a essayé, en divers temps, de donner comme principe du droit pénal, c'est-à-dire : 1º la défense directe ou la défense indirecte et préventive, par conséquent la sécurité d'individus déterminés ou de la société en général, et par suite encore l'exemplarité ; 2º l'amendement du coupable ; 3º sa mise hors du droit ; 4º la justice de la vengeance ; 5º la satisfaction de la conscience publique ; 6º celle de la justice absolue.

Mais l'action de ces motifs est circonscrite par notre principe, de telle façon que si l'on veut en tenir compte, comme on le doit, on ne dépassera point la limite de la justice, et qu'on aura la faculté de rester en-deçà pour être bien sûr de ne point la franchir.

On fera même bien, si l'on ne veut pas manquer à l'humanité, de ne pas infliger la peine, quoique à un degré au-dessous de ce que permettrait la justice absolue, si l'on n'a pas un intérêt matériel ou moral à le faire. De cette manière, l'intérêt à punir, ou le motif qu'on en pourrait avoir, se trouve subordonné à la juste réciprocité, en ce qui regarde l'existence, la nature et le *maximum* de la peine, tandis que l'exercice du droit de punir se trouve subordonné au motif intéressé qu'à son tour la société peut avoir de punir.

C'est ainsi que la défense directe ou indirecte, la sécurité particulière ou publique, l'exemplarité qui est destinée à l'assurer, seront toujours restreintes par la nature et la mesure du délit, par la stricte obligation de ne point dépasser le crime par la peine, quelque avantage qu'on pût en espérer, puisque autrement on sortirait de la réciprocité.

Jamais alors la justice pénale ne sera non plus sacrifiée à l'amendement du coupable; elle pourra seulement s'exercer de manière à obtenir cette fin indirecte de la peine, sans, du reste, pouvoir recourir pour cet effet à des moyens réprouvés par la juste réciprocité, en un mot, par la justice.

Si le coupable est mis hors du droit, ce n'est qu'en apparence; c'est, au contraire, le droit qui veut qu'il soit traité comme il a traité ses semblables. Mais à supposer encore qu'il soit mis hors du droit commun, ou plutôt qu'il soit laissé dans la position juridique qu'il s'est faite, il n'y sera maintenu que pour le cas et dans la mesure déterminée par son délit ou son crime.

La vengeance se trouvera également retenue dans de justes bornes; et cette double justice, dans la matière et dans la limite de la peine, est la seule chose propre à satisfaire la conscience publique et à rétablir l'ordre juridique absolu.

§ VIII.

Conclusion sur la nature et le but de la peine.

SOMMAIRE.

1. En quoi consiste essentiellement la peine.
2. Sur quoi l'on est d'accord dans tout ce qui précède.
3. Il y a du vrai dans toutes les opinions sur ce point.
4. Preuve.
5. Une certaine douceur, plus utile dans les peines que l'extrême sévérité.
6. Fin morale compatible avec la fin juridique.
7. La qualité de la peine et son degré sont indiqués par la nature et la mesure du délit.
8. Si le coupable est puni parce qu'il a délinqué, et s'il *peut* l'être dans toute l'étendue de son crime, il ne l'*est* cependant pas nécessairement.
9. Formule du principe suprême et complet de la peine.
10. Résumé essentiel et qui achève d'élucider la question du fondement du droit de punir.

On n'est d'accord que sur une seule chose dans tout ce qui précède, à savoir, une souffrance à infliger au coupable. Mais dès qu'on se demande par quelle raison et pour quelle fin, on cesse de s'entendre : les uns veulent que ce soit par la raison seule qu'il y a eu délit ; d'autres seulement pour prévenir le délit, soit dans le coupable, soit dans ceux qui pourraient être exposés à la même tentation ; d'autres admettent ce double motif. On se divise de nouveau quand il est question de l'avenir. Pourquoi l'avenir? Pourquoi le passé et l'avenir tout à la fois?

Il faut même reconnaître qu'il y a du vrai dans toutes les opinions, puisqu'elles ont toutes une certaine raison d'être, soit dans nos instincts passionnés, soit dans notre conscience.

Ainsi, ceux qui veulent que la peine ait pour but de calmer le ressentiment de celui qui a souffert du délit se fondent sur la passion très réelle de la vengeance, passion qu'on a supposée jusque chez les morts. De là la coutume d'apaiser les mânes de ceux qui avaient injustement cessé de vivre.

La vengeance publique n'est ni moins réelle, ni moins impérieuse parfois.

Cette double satisfaction est si nécessaire, en général, que si elle n'avait pas lieu, le trouble, le désordre serait imminent. Chacun voudrait se venger de ses propres mains; la conscience publique pourrait se soulever, et pour avoir ménagé le coupable on l'aurait livré à la fureur du peuple. L'intérêt privé du coupable, celui de l'ordre public exigent donc qu'une certaine satisfaction soit donnée au sentiment de la vengeance.

Il y a, de plus, dans l'homme qui n'a pas longtemps et profondément réfléchi sur la base de la peine, sur sa nature, sur son véritable caractère juridique et moral, ce sentiment vague, que le mal moral peut et doit être réparé par le mal physique : ce sentiment tient de fort près à celui de mérite et de démérite, qui pourrait bien avoir sa raison secrète, en partie dans la notion de justice en matière pénale, en partie dans le sentiment sympathique ou antipathique de la reconnaissance et de la vengeance. On nomme ce vague et sombre motif de la peine, expiation. La justice pénale le satisfait encore.

L'expiation a déjà quelque chose de plus pur, de moins personnel, de moins intéressé que la vengeance; déjà elle s'élève du sentiment à l'idée, de la passion à la justice, à la moralité même, du subjectif à l'objectif, du relatif à l'absolu.

Elle prend à un très haut degré ce dernier caractère dans l'esprit de ceux qui croient entendre au fond de la conscience humaine la proclamation de la nécessité absolue du mal physique par suite du mal moral. Cette conviction donne naissance à un système sans miséricorde, où l'homme et ses misères disparaissent pour ne plus laisser apercevoir qu'une connexion nécessaire, impérieuse entre le délit et la peine. Elle s'exalte surtout jusqu'au fanatisme le plus impitoyable, le plus cruel, dans ceux qui font consister l'essence du mal dans une offense à la Divinité, et qui érigent le châtiment en une sorte de culte obligé de la part des hommes, et surtout des pouvoirs politiques. Les lois pénales prennent alors un caractère théocratique, et deviennent terribles comme le mobile qui les inspire.

Il y a bien une connexion nécessaire entre le délit et le châtiment; mais ce n'est pas entre le mal moral et le mal physique, c'est entre le mal physique qui constitue le délit et le mal physique qui constitue la peine; et encore cette connexion, pour juste qu'elle soit, n'est pas obligatoire. La société *peut* rendre le mal pour le mal ; il n'y a rien là que de mérité, rien qui ne soit le *droit* de la société, le droit même de l'individu, un droit qui lui appartient immédiatement, et dont la société n'est que la dépositaire et la dispensatrice. Eh bien ! ce droit, comme tous les autres, l'individu et la société peuvent s'en désister ; ce droit, on peut en disposer, l'exercer, tout en le remettant à un degré quelconque.

Qu'y a-t-il donc là d'absolu ? Ce n'est pas la nécessité juridique de punir, comme on le croit dans le système précédent ; ce n'est pas, en d'autres termes, le *devoir*, mais le droit de punir, et le *mériter* d'être puni.

Qu'y a-t-il d'impératif ? Est-ce, comme on le pense encore dans le système qui précède, la punition même ? Non, mais la limite dans la peine : elle *ne doit* pas dépasser celle de la culpabilité ; elle *doit* donc y être proportionnée dès qu'on ne veut rien remettre de la peine. Punir au-delà de cette mesure, c'est atteindre un innocent dans un coupable.

Il est facile maintenant d'apercevoir l'illusion du système précédent. Mais l'erreur n'y est pas complète, puisqu'il y a réellement dans la peine quelque chose d'impératif et d'absolu. Ce système n'est donc pas entièrement faux, et se trouve encore à certains égards fondé en raison. Mais celui qui vient de nous occuper est complètement vrai, sans cependant répondre entièrement à toutes les fins qu'on peut légitimement se proposer en punissant.

Au nombre de ces fins il faut compter aussi l'intérêt public procuré par l'intimidation. La peine a naturellement pour effet d'empêcher les récidives et de contenir les malintentionnés. Mais il est évident que cet effet ne doit être recherché que par des moyens avoués de la justice, c'est-à-dire par la juste qualité et le juste degré de la peine.

La recherche de l'utilité dans la peine n'est donc pas moins subordonnée à la justice que l'expiation (qui est une sorte de vengeance abstraite ou absolue), que la vengeance publique ou privée.

Il faut remarquer, au surplus, que ce n'est pas la sévérité des peines qui adoucit les mœurs et rend les hommes meilleurs les uns envers les autres : la peine aigrit, indispose et révolte l'homme ; elle le rend insensible aux maux de son semblable, ennemi, jaloux du bonheur d'autrui, et par conséquent le dispose à mal faire. Une douleur indéfinie en intensité et sans fin suffirait pour rendre celui qui l'endure essentiellement méchant ; mais cette méchanceté ne pourrait, sans un horrible cercle vicieux, motiver la sévérité et la continuité de la peine.

Depuis longtemps les philosophes avaient remarqué que la douceur vaut mieux que la sévérité ; ils avaient pu être conduits à ces réflexions par l'observation des animaux, des enfants, par celle de leurs dispositions personnelles, par la comparaison des mœurs et des législations. Sénèque a des lignes admirables sur ce sujet [1] ; Montesquieu a remarqué, lui aussi, que la férocité des mœurs japonaises pourrait bien tenir à celle de la législation pénale de ce pays, et que le moyen de les adoucir serait de rendre les peines plus douces, loin de les aggraver.

Une autre raison qui milite en faveur de la douceur des peines, dans l'intérêt public comme dans celui du coupable, c'est que nous sommes portés à prendre en aversion tout ce qui a été l'occasion de nos souffrances, par conséquent la justice, les devoirs que nous avons transgressés : plus on dépasse la juste mesure en frappant le coupable, plus on l'endurcit, plus on le déprave.

Une statistique récente vient encore à l'appui de la même proposition. En Angleterre, la diminution du nombre des crimes a coïncidé avec celle de la sévérité des peines. Les condamnations à mort ont été de quatre-vingt-dix-sept en 1843, de cinquante-sept en 1844, et seulement de quarante-neuf en 1845 ; et cela malgré l'accroissement de la population, et sans

---

[1] « Transeamus ad alienas injurias : in quibus vindicandis hæc tria lex secuta est, quæ princeps quoque sequi debet : aut ut eum, quem punit, emendet ; aut ut pœna ejus ceteros meliores reddat ; aut ut sublatis malis securiores ceteri vivant. Ipsos facilius emendabis minore pœna : diligentius enim vivit, cui aliquid integri superest. Nemo dignitati perditæ parcit : impunitatis genus est, jam non habere pœnæ locum. Civitatis autem mores magis corrigit parcitas animadversionum : facit enim consuetudinem peccandi multitudo peccantium : et minus gravis nota est, quam turba damnatorum levat ; et severitas, quod maximum remedium habet, assiduitate amittit auctoritatem. Constituit bonos mores civitati princeps, et vitia eruit, si patiens eorum est, non tanquam probet, sed tanquam invitus, et cum magno tormento ad cassigandum veniat. Verecundiam peccandi facit ipsa clementia regentis. Gravior multa pœna videtur, quæ a miti viro constituitur. » (De Clement., 1, 22.)

que les lois relatives à la procédure criminelle, non plus que
les lois pénales, aient été modifiées [1].

L'amendement du coupable est une fin morale que la justice
ne défend point de rechercher, et que commandent la morale et
l'intérêt public. Mais il y aurait brutalité, inintelligence, injustice à vouloir l'obtenir par la peine, par la souffrance seule,
plutôt que par la manière dont cette peine est infligée. C'est
donc une grave erreur que celle d'un certain criminaliste allemand qui ne voit d'autre juste mesure dans la peine que sa
suffisance même à faire naître l'amendement du coupable, et
qui s'imagine que plus la peine est élevée plus elle est propre
à produire cet effet. Et le moyen de savoir quand cet effet sera
réellement produit ?

Concluons en disant, au contraire, que la qualité de la peine
est indiquée par la nature du délit [2]; que le *maximum* de sa
mesure est marqué par le degré du mal physique occasionné
par le délit, et que la justice s'oppose absolument, quel que
soit le profit qu'on pourrait s'en promettre, à ce qu'on dépasse
cette mesure [3].

Ainsi, le coupable est puni parce qu'il a délinqué; il ne l'est
pas nécessairement, mais dans un intérêt public ou privé; il

---

[1] Le *Semeur* du 18 novembre 1846.

[2] Sauf à recourir à une peine analogue si la morale, l'intérêt public, la
douceur des mœurs, etc., inspirent de l'éloignement pour une peine de
même nature que le délit, ou la proscrivent. Toute souffrance est l'analogue
d'une autre, mais à des degrés divers : rien donc n'empêche de s'élever sur
cette échelle de l'analogie; seulement, plus l'analogie est faible, moins il
est facile d'apprécier la juste coïncidence entre le délit et la peine, soit pour
ne pas dépasser la juste mesure, soit pour rester au-dessous.

[3] On peut objecter à cela que si la juste proportion de la peine au délit
doit se mesurer par son effet répressif et non par l'identité du degré, qu'une
peine n'est suffisante qu'autant qu'elle surpasse l'attrait attaché au délit,
que notre principe pourrait laisser la société sans défense suffisante. Mais
cette raison n'est que spécieuse : 1° il est peu concevable que l'attrait du mal
ne soit pas contenu par la menace d'une peine prochaine, certaine et bien
proportionnée ; 2° le mépris de cette peine, s'il était très commun, constituerait les malfaiteurs en état d'hostilité vis-à-vis de la société, et le droit
de punir se trouverait converti en celui de se défendre. Or, celui-ci est toujours proportionné à la force de l'agression; 3° tant que les honnêtes gens
sont de beaucoup les plus forts, ils doivent se contenter de punir, et s'abstenir de faire la guerre aux malfaiteurs, sauf à se tenir toujours en garde
contre eux ; 4° l'efficacité des peines prise pour leur mesure porte logiquement aux plus grands excès. Notre principe en garantit sans compromettre aucun droit; 5° enfin, c'est le principe de la justice.

ne peut l'être que suivant la mesure de son crime; et l'on peut, en infligeant toute la peine ou une partie de la peine méritée, rechercher l'amélioration du coupable. Mais alors on joint la morale au droit, de même qu'on y joint une considération d'utilité lorsqu'on recherche dans une peine, juste d'ailleurs, une garantie de sécurité.

Le principe suprême et complet du droit pénal serait donc complexe; il aurait sa *raison dans l'utilité* et sa *mesure dans la justice absolue*, qui ne permet pas de punir au-delà du démérite, quelque utilité qu'on pût se promettre de la peine.

Il y aurait, de plus, subordination réciproque entre la justice pénale et l'intérêt, en ce sens que l'intérêt serait soumis à la justice toutes les fois qu'il tendrait à exiger une peine qui dépasserait le degré absolument mérité; tandis que le droit de punir serait en même temps subordonné à l'intérêt physique ou moral, en ce sens qu'on ne devrait infliger une peine, d'ailleurs absolument juste, qu'autant qu'on aurait un avantage matériel ou moral à attendre de là.

Il faut bien se persuader, en effet, que l'homme n'a pas mission de punir pour punir, c'est-à-dire pour rétablir l'ordre moral troublé par le délit, pour faire régner la justice absolue, en appliquant au délinquant la loi qu'il fait aux autres à son égard par l'action dont il se rend coupable. Non; et quoiqu'il y ait là une justice en soi absolue, objective, à rétablir; quoique le droit de punir proprement dit ne soit que là, pas ailleurs; quoique le principe d'expiation ou de la prétendue réparation du mal moral par le mal physique ne soit, en comparaison de celui de la réciprocité, qu'un principe mystique, faux, absurde et fanatique, sans règle comme sans mesure; quoiqu'il semble que l'homme ait non seulement le droit mais encore le devoir de faire régner la justice, et toute espèce de justice, par respect pour la justice même : néanmoins, comme la justice envisagée de la sorte appartient à l'ordre absolu des choses, au bien ou à l'ordre moral en soi, et que l'homme n'a mission de faire régner cet ordre que dans sa personne individuelle et non dans la société ; comme il lui est d'ailleurs impossible d'établir ce règne de la justice absolue d'une manière parfaite, attendu qu'il ne connaît pas assez les caractères moraux du délit, la nature et le degré de souffrance de celui qui en est lésé, qu'il ne possède pas les moyens les plus propres à opérer parfaitement la réciprocité par le choix parfait de la nature et de la mesure de la peine ; le droit de punir qui lui reste n'est, à proprement parler, que le droit de calmer jusqu'à un certain point la souffrance qu'il endure par le délit, de rentrer dans le calme de la sécurité un instant troublé, et d'avoir pour l'avenir une certaine sûreté. La peine a donc *pour l'homme* sa raison dans cet intérêt ; raison subjective, relative, mais indispensable, étrangère jusque là cependant à la nécessité morale absolue de réparer le désordre apporté par le délit dans le monde moral. Mais si la peine, telle que l'homme a le droit sinon le devoir de l'appliquer, a sa raison relative ou humaine dans l'intérêt privé et public, elle a sa règle et sa mesure dans la justice absolue, justice que l'intérêt, un intérêt quelconque, n'a pas le droit de violer.

§ IX.

Importance de la détermination du principe précédent.

SOMMAIRE.

1. Il n'y a que deux manières de juger, arbitrairement ou par principe.
2. Nécessité de juger par principe en droit, surtout en droit criminel.
3. Principes faux et principes vrais ; principes vagues, principes précis.
4. Nécessité des principes pour juger les législations, pour en apprécier la valeur absolue et la valeur relative, leurs progrès.

Il n'y a que deux manières de juger arbitrairement ou par par principe. Le législateur est un premier juge qui détermine les délits et leur applique la peine qu'ils lui semblent mériter.

Mais quel épouvantable désordre, quel effrayant mépris pour la vie de l'homme, pour la justice, dans les recueils de droit pénal ! Comparez-les entre eux, et dites si l'arbitraire le plus déplorable ne semble pas avoir présidé à leur rédaction ? Ici, c'est la législation draconienne qui est remise en vigueur : la peine de mort y revient à tout propos. Là, c'est le fisc qui ne voit qu'amendes, confiscations, bénéfices à faire pour le trésor, et cela dans les fautes légères comme dans les plus grands crimes. Ailleurs, on dirait que le souverain a pris à tâche de faire languir et mourir dans d'horribles cachots tous les cou-

pables. Ailleurs encore, il n'est question que d'exil et de bannissement. En d'autres lieux, toutes les peines sont des supplices.

Il est plus facile, en effet, de se livrer aux mouvements de la
vengeance que de les contenir; de jeter hors du territoire tous
les malfaiteurs, ou de les enfermer tous indistinctement, ou
bien encore de les exterminer, que de s'appliquer scrupuleu-
sement à reconnaître la nature et le degré de leurs fautes, et
de les punir en conséquence.

Il y a un peu plus d'étude, mais une étude trop facile et qui
peut avoir ses dangers, à généraliser tellement le délit qu'on
n'y voie plus qu'un attentat contre la société, un abus de la
liberté; d'où l'on a conclu qu'il n'y a non plus qu'une seule
peine légitime, la répression de la liberté, la détention [1].

Mais dans ce système encore quel sera le mode de détention?
Quelle en sera la durée? Questions graves, car si la manière
de traiter les coupables devient digne d'envie pour les honnêtes
gens pauvres; s'il n'y a d'autre privation que celle de ne pouvoir sortir et d'abuser encore de sa liberté au préjudice de ses
semblables, il est fort à craindre qu'un pareil système pénitentiaire ne devienne un encouragement au mal. Ajoute-t-on, au
contraire, quelque autre peine à celle de la privation de la liberté, on sort alors du principe qu'on s'était posé, et il faut en
chercher un autre, ou procéder arbitrairement.

De même, quant à la durée de la détention, il faudra bien
se régler sur un principe quelconque qui ne pourra plus être
celui de la privation de la liberté. Sera-ce celui du repentir
du condamné, ou celui de son impuissance à retomber dans le
mal? Mais quand donc saura-t-on qu'il y a repentir? Et ce repentir ne pourrait-il pas précéder la peine? Si c'est l'impuissance de nuire, dans quels excès n'est-on pas menacé de tomber?
Tout à l'heure nous n'avions à redouter que l'erreur, maintenant c'est l'injustice. Et pourquoi cela? Parce qu'on manque
d'un principe de pénalité. Les énormes différences qui distinguent les diverses législations criminelles, l'arbitraire dont elles
sont presque toutes entachées, tous ces vices n'ont pas d'autre
raison que le défaut de principe, d'un principe vrai, du principe de justice uni à ceux de l'utilité et de la mansuétude.

[1] Ce mot est pris ici dans un sens générique.

Toutes ces considérations de doctrine auxquelles nous nous sommes livré jusqu'ici, celles là surtout par lesquelles nous venons de finir, nous ont paru indispensables dans l'intérêt même du travail historique et philosophique que nous nous proposons.

Comment, en effet, sans les éclaircissements qui précèdent, établir avec évidence la vérité des principes éternels qui régissent le droit pénal? Comment sans ces principes juger de la valeur absolue d'une législation criminelle, de sa vérité ou de sa fausseté, de la place qu'elle occupe sur l'échelle de la civilisation, de sa valeur par rapport à d'autres législations du même genre? Comment, en d'autres termes, apprécier l'esprit d'une loi, la sagesse ou le vice de sa disposition; l'origine d'instinct, de sentiment ou de raison de cet esprit, etc.? Comment, en un mot, juger, critiquer, et le faire sainement sans règles de critique et de jugement? Je n'insiste pas sur une vérité aussi palpable. Les faits déjà nous ont amplement donné raison; ils ne tarderont pas à justifier encore la marche que nous suivons.

CHAPITRE II.

Du droit de punir [1].

Cette question ne présente plus pour nous aucune difficulté.

On peut, il est vrai, soutenir avec une égale apparence de raison logique que l'homme a le droit de punir son semblable ou qu'il ne l'a pas, suivant l'idée vraie ou fausse qu'on se fait de la peine.

La question du droit de punir présuppose donc celle que nous venons de résoudre, et s'en trouve elle-même résolue.

En effet, demander si l'homme a le droit de punir c'est demander s'il a le droit de se défendre dans la mesure de la justice, ou bien encore s'il a le droit d'exercer la justice pénale quand il y est intéressé. La question ainsi posée n'est pas susceptible de deux solutions.

Cependant des auteurs ont soutenu que le droit de punir

[1] V. pour l'état de la science sur cette question un article de nous dans la *Revue de législation et de jurisprudence*, 1845, t. III, p. **221** et suiv. Cf. ROMAGNOSI, op. cit., t. 1, p. 75-125.

n'appartient pas à l'homme, pas plus à l'homme collectif, à la
société, qu'à l'homme individuel. Ainsi, Jarke soutient que ce
n'est qu'en vertu d'un mandat du ciel que le souverain punit,
qu'il exerce en général tous les droits suprêmes de l'Etat. Suivant cette théorie, déjà défendue par plusieurs philosophes
français du XVIIIᵉ siècle, au moins dans la partie négative, et
combattue par Portalis comme l'un des abus de cette philosophie [1], la société n'aurait pas le droit de frapper le coupable.

Si l'on entend par peine un mal physique infligé sans but
ou par la seule considération qu'il y a eu mal moral, sans doute
le peine manquerait de raison suffisante. Elle en manquerait
non seulement pour l'homme, mais encore, mais surtout pour
Dieu, être absolument sage, et dont les actes doivent être parfaitement raisonnables.

La peine manquerait encore de raison pour Dieu et n'en
aurait qu'une condamnable pour l'homme, si elle ne devait
aboutir qu'à la satisfaction du besoin de se délecter dans les
souffrances d'autrui, par suite du mal qu'on en a reçu; ce
qui est proprement de la vengeance.

A quel titre donc le souverain pourrait-il punir comme
mandataire du ciel, et qu'entend-on par un mandat de cette
nature? Faut-il qu'il soit positif, visible? Mais alors, à moins
de prodiges que le ciel ne fait pas, le souverain va se trouver
désarmé, la société elle-même ne pourra plus avoir de chef, et
la justice ne pourra plus être rendue.

Ce mandat doit-il, au contraire, n'avoir rien de prodigieux,
ne doit-il émaner que du pouvoir sacerdotal? Mais quel est le
pouvoir de cette espèce qui ait manifestement reçu du ciel la
mission de faire et de défaire les rois, de régner indirectement
par eux? Où sont ses titres incontestables, admis de tous? Le
droit divin, disons-le, n'a de sens que dans les théocraties.
Resterait à savoir si cette forme sociale est légitime, à quelles
conditions, et si elle est la seule qui ait ce caractère.

Il y a un sens suivant lequel, cependant, le pouvoir est divin:
c'est alors qu'il est fondé sur la nature des choses, c'est-à-dire
lorsqu'il est l'expression de la volonté commune, qu'elle soit supposée en vertu même de la justice absolue de la mesure, et par

---

[1] *De l'usage et de l'abus de l'esprit philosophique au XVIIIᵉ siècle*, t. II,
p. 389, surtout en faveur de la peine capitale.

conséquent non exprimée, ou qu'elle soit énoncée directement ou par représentation. Mais alors c'est employer un mot impropre, puisque nous ne connaissons la volonté divine en matière de justice que par la raison qui nous a été donnée en partage. Parler de mandat du ciel, c'est tout simplement parler de droit naturel, de droit absolument, ou tenir un langage dépourvu de sens ou de vérité ; c'est, comme on l'a dit, mettre Dieu à la place d'un principe. Il paraît bien, au contraire, que Dieu a voulu mettre les principes à sa place ou s'en faire représenter.

« C'est au nom de ces principes, suffisamment établis dans ce qui précède, que nous croyons pouvoir dire avec vérité que l'homme n'a pas plus le *devoir de punir pour punir* qu'il n'a mission et moyens de maintenir l'ordre absolu du monde moral en vue du bien moral même ; qu'il n'a pas non plus le droit de *punir pour punir* ou dans le but de rétablir l'ordre juridique encore, et par la seule considération de la nécessité morale ou en soi de cet ordre ; mais qu'il a le droit de *punir pour se défendre* ou dans l'intérêt de sa conservation. La société, investie, au grand avantage de tous, de l'exercice de ce droit, voyant, d'ailleurs, dans la lésion éprouvée par l'un de ses membres un danger et une menace pour tous les autres, se préoccupe justement de l'avenir, et cherche à prévenir, par une peine juste d'ailleurs, le retour de l'injustice. Le droit de défense ne s'applique pas (seulement) à l'individu désarmé, arrêté, enchaîné et désormais impuissant ; le droit de défense s'applique à l'avenir, il s'applique à l'intimidation, et quand la société frappe pour se défendre, c'est moins pour se défendre contre celui qu'elle frappe que pour se defendre contre le retour, contre le renouvellement des crimes qu'elle a proscrits et qu'elle a punis » [1].

Nul ne conteste le droit de défense ; le nier serait nier le droit d'être. Et comme on reconnaîtrait par là même le droit de vie et de mort à des hommes sur d'autres hommes, ce serait tout à la fois manquer à la justice et à la logique. Il demeure donc établi que le droit de punir, si l'on entend par là le droit de défense, existe, et même d'une existence nécessaire,

---

[1] BOITARD, *Leçons sur le Code pénal*, p. 66.

puisque sa négation aboutirait à une contradiction, c'est-à-dire à l'impossible.

Toute la difficulté est donc de savoir si le droit de punir, entendu dans le sens d'expiation, de rétribution du mal pour le mal, de moyen de correction ou d'amendement moral, est un droit pour l'homme, et si même c'est pour lui un devoir de l'exercer.

Or, tout en supposant qu'il y ait justice à faire à autrui le mal qu'on en a reçu, il y aurait là un problème d'une difficulté à peu près insoluble pour l'homme. On peut bien, sans doute, apprécier comparativement les choses matérielles de même espèce ; c'est ainsi qu'une pièce de monnaie équivaut à une autre de même poids et de même titre, qu'un mètre d'étoffe d'une qualité donnée peut équivaloir encore à un autre, quoique ici déjà se présentent des nuances assez difficiles à saisir.

Mais les difficultés sont autrement grandes et embarrassantes si l'on compare non plus matière à matière, mais chaque matière susceptible d'être un objet de droit par rapport à un propriétaire ou à un autre ; si l'on considère l'action coupable par rapport au degré d'intelligence, de liberté et de moralité de l'agent. Pour rendre exacte et bonne justice, il ne suffit pas de connaître plus ou moins parfaitement le corps du délit, la nature du mal commis : il faut en outre apprécier le degré de méchanceté qui a présidé à l'action, et le degré de souffrance qui en est résulté.

Or, nous mettons en fait qu'il n'y a pas d'homme, pas de tribunal au monde qui soit en état de porter sur un délit quelconque un jugement revêtu de cette précision nécessaire. Bien plus, ni l'agent ni le patient eux-mêmes ne sont capables de se juger parfaitement à cet égard, chacun en ce qui le regarde personnellement ; à plus forte raison ne pourront-ils être nettement jugés l'un par l'autre, ou tous les deux par des tiers.

Ainsi, à cet égard l'homme est absolument incapable de rendre bonne justice.

Encore supposons-nous que l'homme qui entreprendrait cette tâche redoutable fût aussi clairvoyant, aussi attentif, aussi ami de la justice qu'un mortel peut l'être. Que serait-ce si les passions, les préjugés, la paresse, l'ignorance venaient à troubler encore un jugement d'ailleurs si difficile à porter !

Heureusement que c'est là un problème moral bien plus

qu'un problème juridique, et que le législateur, le prince, le juge, non seulement n'est pas obligé de le résoudre, qu'il n'en a pas la mission, mais qu'il serait bien plutôt tenu de s'en abstenir. Ne pouvant absolument point faire régner l'ordre moral pur dans les cœurs, il est de son devoir d'en laisser le soin à l'œil qui peut seul pénétrer un tel abîme, à la seule puissance capable d'y porter la main.

Que serait-ce, d'ailleurs, que cette rétribution du mal pour le mal, en supposant qu'elle fût possible à l'homme? Quel en serait le but? Nous voulons bien qu'elle soit juste; cela suffit-il pour qu'elle soit sage. Dieu est seul assez clairvoyant et assez puissant pour faire endurer à un coupable la juste mesure de souffrance que mérite sa méchanceté considérée par rapport à la souffrance occasionnée. Mais cette rétribution d'un mal physique pour un autre mal de même nature réparera-t-elle, peut-elle réparer le mal moral, la culpabilité? Peut-elle faire qu'elle n'ait pas été? Dieu lui-même ne saurait lui donner cette vertu. Elle ne détruit donc absolument en rien le mal moral du délit, elle ne l'efface en aucune manière; et si l'expiation était définie « la réparation du mal moral par le mal physique, » l'expiation serait absurde et impossible.

Entendra-t-on, au contraire, par expiation la réparation du mal physique de l'un par le mal physique de l'autre? Pas d'expiation possible encore en ce sens, puisque le mal physique occasionné par le délit n'en a pas moins été enduré, que le délinquant souffre ou ne souffre pas un mal égal. Seulement, la la réparation civile, qu'il ne faut pas confondre avec la peine, pourrait seule opérer parfois un dédommagement plus ou moins suffisant. Mais la peine proprement dite ne peut absolument rien produire de semblable, à moins, toutefois, que le besoin et la satisfaction de la vengeance ne soient ici donnés comme la base du droit de punir, ce qui n'est sans doute point la pensée de ceux qui soutiennent l'existence d'un pareil droit.

Mais encore que ces sentiments pussent être pris en très sérieuse considération, et qu'on pût définir l'expiation « le droit de la vengeance, » il s'ensuivrait qu'il suffirait d'aggraver tout délit par l'assassinat pour ôter toute raison de punir le coupable; il suffirait de combler le crime pour obtenir l'impunité; ou bien encore il suffirait, pour désarmer la justice, que la victime voulût pardonner au bourreau.

Enfin, si l'expiation est définie « un moyen physique de faire naître dans le coupable le repentir, le respect de la justice, la sympathie et l'amour de l'humanité, » en ce sens également l'homme n'a pas le droit de punir : 1° parce qu'il s'agit là d'un état moral interne qu'il n'a pas la mission d'établir, du moins au nom du droit ; 2° parce qu'il ne connaît pas cet état ; 3° parce qu'il ignore les moyens propres à le procurer ; 4° parce qu'il s'interdirait l'application du principe de réciprocité dans le cas de crime capital, puisqu'il ne pourrait l'exercer, qu'il y eût ou qu'il n'y eût pas repentir : s'il y avait repentir, la peine serait inutile ; s'il n'y avait pas repentir, il faudrait ne pas le rendre impossible en tuant le coupable ; 5° parce qu'en tout cas le repentir rendrait la peine inutile, et, partant, injuste ; 6° parce que l'hypocrisie surprendrait souvent la justice ; 7° parce que la peine ne serait qu'une occasion de tromperie ; 8° parce que si la peine n'était qu'un moyen d'amener le repentir, on aurait le droit de la prolonger ou de l'aggraver indéfiniment jusqu'à ce que l'effet fût obtenu ; 9° parce que toutes les peines du monde, lors surtout qu'elles excèdent la culpabilité, sont des moyens fort peu sûrs de ramener à la résipiscence ; elles peuvent retenir, mais non convertir.

Le changement moral du coupable ne peut donc être le but essentiel de la peine, ou, s'il l'est, c'est entre les mains de Dieu, qui seul peut savoir et faire ce qui convient à cet égard.

Mais Dieu ne pourrait-il pas déléguer aux hommes, aux souverains, le droit de punir? C'est ce qui s'est débité souvent et se débite encore. Nous serions de cet avis s'il daignait leur déléguer en même temps sa sagesse ; autrement nous ne pouvons comprendre qu'il leur confère un droit qu'ils sont naturellement incapables d'exercer. Et la meilleure preuve donc, à nos yeux, qu'il a retenu pour lui seul le droit de punir, c'est qu'il a refusé aux hommes les lumières et la puissance nécessaires pour l'exercer justement et utilement. Cette impossibilité d'une pleine justice dans ce monde est même l'un des plus puissants arguments en faveur d'une vie future, si d'ailleurs on admet un Dieu saint et provident.

L'homme est même si éloigné de pouvoir punir, comme on entend vulgairement cette partie de la justice ; il est si peu vrai qu'il ait reçu ce droit par délégation céleste, que Dieu lui-même ne pourrait l'exercer qu'autant qu'il ne répugnerait ni à sa bonté, ni à sa sainteté suprême de faire endurer à une créature un mal physique sans autre résultat que cette souffrance même, motivée seulement sur une souffrance égale endurée par une autre créature à la suite de l'action punie. Nous reconnaissons que la justice absolue ne paraît point réclamer contre cette pénalité vengeresse, qu'elle semble même la réclamer ; nous savons que la justice n'a pas besoin d'être utile pour être légitime, qu'elle est à elle-même sa propre raison d'être, qu'elle fait partie de l'ordre moral, de l'ordre du droit. Mais puisqu'au-dessus de l'ordre juridique, qui est purement négatif, il y a dans le monde moral encore un degré supérieur de perfection, celui d'un bien moral positif, pourquoi la peine, tout en rétablissant l'ordre négatif, tout en corrigeant le désordre, ne serait-elle pas un moyen pour un ordre meilleur, un acheminement au bien? Et si Dieu a l'intelligence et le pouvoir nécessaires pour ainsi faire sortir le bien du mal, pourquoi ne le ferait-il pas? Pourquoi laisserait-il aux hommes le droit de corrompre ses voies, de séparer les moyens de la fin, d'aggraver l'état moral du méchant en l'endurcissant par la peine?

Gardons-nous, toutefois, de tomber dans une vaine dispute de mots : puisqu'il est convenu d'appeler droit de punir le droit de se protéger, de se défendre, il serait pour le moins puéril de disputer à cet égard ; mais pour ne point ou pour ne plus disputer, il est nécessaire de s'entendre.

En résumé : l'homme n'a pas mission de punir pour punir, c'est-à-dire pour rétablir l'ordre moral troublé par le délit, pour faire régner la justice absolue, en appliquant au délinquant la loi qu'il fait aux autres à son égard par l'action dont il se rend coupable. Non ; et quoiqu'il y ait là une justice en soi, absolue, objective à rétablir ; quoique le droit de punir proprement dit ne soit que là et pas ailleurs ; quoique le principe d'expiation ou de la prétendue réparation du mal moral par le mal physique ne soit, en comparaison de celui de la réciprocité, qu'un mystique, faux, absurde et fanatique, sans règle comme sans mesure ; quoiqu'il semble que l'homme ait non seulement le droit, mais encore le devoir de faire régner la justice, et toute espèce de justice, par respect pour la justice même, néanmoins, comme la justice envisagée de la sorte appartient à l'ordre absolu des choses, au bien ou à l'ordre moral en soi,

et que l'homme n'a mission de faire régner cet ordre que dans
sa personne individuelle et non dans la société; comme il lui
est d'ailleurs impossible d'établir ce règne de la justice absolue
d'une manière parfaite, attendu qu'il ne connaît pas assez les
caractères moraux du délit, la nature et le degré de souffrance
de celui qui en est lésé, qu'il ne possède pas les moyens les
plus propres à opérer parfaitement la réciprocité par le choix
parfait de la nature et de la mesure de la peine; le droit de
punir qui lui reste n'est, à proprement parler, que le droit d'a-
doucir jusqu'à un certain point la souffrance qu'il endure par
le délit, de rentrer dans le calme d'une sécurité un instant
troublée, et d'avoir pour l'avenir une certaine sûreté. La peine
a donc, *pour l'homme*, sa raison dans cet intérêt; raison subjective, relative, mais indispensable, étrangère jusque là cependant à la nécessité morale absolue de réparer le désordre
apporté par le délit dans le monde moral. Mais si la peine, telle
que l'homme a le droit, sinon le devoir de l'appliquer, a sa raison relative ou humaine dans l'intérêt privé et public, elle a
sa règle et sa mesure dans la justice absolue, justice que l'intérêt, un intérêt quelconque, n'a pas le droit de violer [1].

CHAPITRE III.

Qui peut légitimement punir.

SOMMAIRE.

1. Dans l'état dit de nature.
2. Droit de réciprocité.
3. Qui doit l'exercer.

Dans l'état d'isolement, qu'on appelle d'ordinaire état de nature, l'homme, a-t-on dit, a bien le droit de se défendre,
mais il n'a pas celui de punir. Il peut encore aider son semblable à repousser une injuste agression, mais il ne peut l'aider
à châtier l'agresseur.

La peine suppose un supérieur qui l'inflige et un inférieur

---

[1] Cf. entre autres ouvrages sur le droit de punir en général, F.-J. Goebel,
De legitima sui defensione.

qui la reçoive. Il n'y a donc pas de peine légitime entre égaux, c'est-à-dire en dehors de la société, entre sauvages, entre les nations. Locke, Grotius, Barbeirac, Filangieri, Burlamaqui, Vattel, Rotteck ont, au contraire, soutenu que l'individu, lui aussi, a le droit de punir quand la société ne peut pas le faire pour lui ; que la société n'est investie d'aucun droit qui, sous une forme ou sous une autre, n'appartienne déjà aux individus. Qu'est-ce, d'ailleurs, que la peine, sinon le droit de défense préventive subordonné à un délit antérieur, et exercé dans les limites de la justice? Mais répondons à chacune des raisons exposées plus haut contre le droit de punir comme nous l'entendons.

1° Il est certain d'abord que le droit de réciprocité en matière de mal physique volontairement occasionné n'est qu'un autre nom donné à l'équité. Dire que le droit de punir n'appartient à personne individuellement, serait donc dire que l'équité n'est pas l'équité ou qu'un droit n'est pas un droit.

2° Lorsqu'il s'agit de savoir qui doit l'exercer, de l'individu ou de la société, la difficulté n'est pas grande encore, car on aperçoit plus d'une excellente raison pour que la société en soit exclusivement investie lorsqu'elle peut l'être utilement.

La peine est mieux choisie, et appliquée dans une plus juste mesure.

Elle est plus sûrement infligée en général, puisqu'aucun coupable n'est assez fort vis-à-vis de tous pour espérer facilement l'impunité.

Le ressentiment du condamné ou de la famille contre la société est nul en comparaison de ce qu'il pourrait être contre un individu.

Si le particulier était chargé du soin de punir son ennemi, beaucoup de délits et de crimes resteraient nécessairement impunis, à défaut d'une force suffisante de la part de l'offensé. Le meurtre le plus habilement prémédité, surtout, pourrait échapper aisément à la juste peine qu'il mérite.

Si l'homme faible était obligé de recourir à la ruse pour se venger de l'homme fort, les relations sociales deviendraient très dangereuses. Il en serait de même si l'on reconnaissait aux proches, aux amis de l'offensé, à tous ceux qui pourraient s'intéresser à lui, le droit de l'aider à châtier le coupable : on sèmerait ainsi la défiance et la haine, pour recueillir des meur-

tres sans fin. La société serait menacée de retomber promptement dans la dissolution la plus complète.

Mais est-ce donc que l'homme dans l'état de nature, c'est-à-
dire considéré, par rapport à son semblable, comme homme
purement et simplement, et non comme citoyen, n'a pas le
droit de punir celui qui l'offense grièvement, alors surtout
qu'il ne peut recourir à aucune force publique pour rétablir
au moins par la réparation civile l'égalité juridique entre lui
et son ennemi? Nous ne le pensons pas [1], car tout individu a
le droit de faire une action qui ne sort point des limites de la
justice, quand, en agissant de la sorte, il n'apporte aucun
trouble à l'ordre social, ce qui n'est pas à craindre dans l'état
de nature.

Il y a plus : l'individu est intéressé, et légitimemeni intéressé, non seulement à se défendre, mais encore à se garantir
par une juste intimidation, résultat de la peine, contre toute
attaque future. Il a le droit de *corriger* son agresseur de manière à lui ôter la volonté de commettre une nouvelle injustice
à son égard ou même à l'égard d'autres hommes.

Nous pensons donc, en résumé, que le droit de punir, en considérant la peine par son côté préventif et la subordonnant
toujours à la justice absolue et même à l'intérêt actuel, si cet
intérêt n'exige pas plus que le droit n'accorde ; nous pensons
que le droit de punir appartient à l'offensé dans l'état de nature ; qu'il peut même être exercé dans cet état par tout
homme qui éprouve un mouvement de sympathie pour un de
ses semblables injustement maltraité. C'est là ce que le peuple
appelle très bien *donner une correction*. Pourvu qu'elle soit méritée, il s'inquiète assez peu de la main qui l'inflige, même dans
l'état social.

Il n'est donc pas nécessaire d'une nécessité *absolue* (mais seulement d'une nécessité relative, ou dans une société toute constituée seulement), que la peine parte d'un supérieur. L'essen-

---

[1] Et nous sommes en cela de l'avis de Platon, avis qui est aussi celui
de plusieurs modernes déjà cités. Voir de plus : CUMBERLAND, *De legib.
natur. disquis.*, Lond., 1672, I, 26 ; — SELDEN, *De jure naturæ et gentium
juxta disciplinam Hebræorum*, IV, 5, où il est parlé du *jus zelatorum* chez
les Juifs ; — du même, *De jure zelator.*, dans les *Otia theolog.*, IV, p. 604 ;
— BUDD., *Dissert. de jure zelat., in gente Hebr.* ; — du même, *Théol. mor.*,
II, 4, § 6.

tiel c'est, répétons-le, qu'elle soit méritée et qu'elle ne dépasse pas la justice.

C'est pour obtenir plus sûrement ces garanties et quelques autres encore dont nous avons parlé plus haut, que tout le monde s'accorde à dire que l'exercice du droit de punir doit être abandonné au souverain dans l'état social.

Mais comment s'opère cet abandon? Est-ce par un contrat social réel ou fictif, par un contrat proprement dit, ou par un quasi-contrat?

Un traditionaliste, un partisan de la théocratie répondrait que c'est un effet de l'institution divine.

Un sensualiste dirait que c'est en vertu d'un contrat ou d'un quasi-contrat.

Un rationaliste, que c'est une conséquence nécessaire de la souveraineté, une de ses attributions essentielles. Le souverain étant institué (peu importe ici la question du *comment*) pour le maintien de l'ordre social, pour servir d'unité, de lien et de principe de vie au corps politique, il est impossible, en effet, que la partie disciplinaire de police et de droit criminel ne lui revienne pas. Il voudrait s'en dessaisir qu'il ne le pourrait pas logiquement : pour se décharger d'un devoir aussi sacré, pour renoncer à l'exercice d'un pareil droit, il n'aurait qu'un moyen, celui d'abdiquer.

En reconnaissant ainsi que le droit de punir est essentiellement inhérent à la souveraineté, on n'a plus besoin de répondre à la question : Comment des citoyens futurs qui se donnent un souverain peuvent-ils lui conférer le droit de punir, puisqu'ils n'ont pas celui de se punir eux-mêmes?

Filangieri répond, du reste, que chacun donne au souverain le droit de punir les autres quand il y est intéressé, et qu'ainsi chacun reconnaît la possibilité juridique d'être puni soi-même non pas à sa propre réquisition, comme si l'on se poursuivait soi-même pour délit, ce qui est absurde, mais à celle du plaignant ou de l'organe de la société.

Nous reviendrons sur ce point quand nous traiterons de la peine de mort.

CHAPITRE IV.

Ce que la peine a été dans les différentes phases successives
du droit criminel.

SOMMAIRE.

1. Importance de la question. — Elle comprend à elle seule la question du progrès de la civilisation par le progrès du droit criminel.
2. Cinq grandes périodes dans l'histoire de ce droit.
3. Ces périodes ont leur transition, comme tout ce qui est continuité ou transformation insensible.
4. Comparaisons et réflexions à ce sujet.
5. Ces périodes forment réellement progression.
6. Elles correspondent très bien aux grands traits caractéristiques de cinq phases de la civilisation.

Cette question est de la plus haute importance pour la solution du problème général de la marche de la civilisation, marquée par la marche du droit criminel. Bien résolue, elle ne laisse aucun doute sur le progrès constant de l'humanité dans l'une de ses manifestations les plus nobles et les plus importantes.

Or, l'histoire impartiale et large du droit criminel fait apercevoir clairement à l'observateur attentif et judicieux cinq grandes phases dans la manière dont les hommes ont conçu le rapport des délits et des peines.

La première est le règne exclusif de la vengeance.

La seconde est marquée par une justice aveugle et sévère: c'est la période du talion.

Dans la troisième, cette justice rigoureuse est tempérée par l'intérêt : c'est la période de la composition.

La quatrième, animée d'un esprit de justice plus éclairé que dans la seconde, moins intéressée que dans la troisième, reçoit son caractère de l'analogie et de la proportion.

Dans la cinquième, enfin, période qui est à son aurore, les législateurs, plus pénétrés de leurs misères mutuelles, plus accessibles à l'indulgence, à l'humanité, tempèrent fortement la justice par la charité, et sont portés à ne voir dans le crime qu'une maladie morale qu'il faut guérir par la séquestration et le régime.

Ces cinq périodes, très distinctes dans leur essence, se tiennent cependant entre elles au point de former une progression continue : point de lacune, point de révolution trop profonde dans un temps donné. Au contraire, la première dure encore que la seconde a déjà commencé ; quand celle-là finira, celle-ci frappera seule les regards de l'observateur qui s'en tient aux faits principaux et caractéristiques. Mais un coup d'œil non moins vaste et plus perçant saura distinguer encore les traces vivantes d'un premier régime et les germes animés d'une ère nouvelle. Ce grand jour, ce jour mobile aura, dans tous les instants de sa course, son crépuscule et son aurore. Il suffira, pour contempler ce phénomène à trois moments, de le prendre d'assez haut pour en saisir tout l'horizon. C'est ainsi qu'à chaque instant de la révolution de notre globe un point de sa surface entre dans les ténèbres quand un autre arrive à la lumière, et qu'un troisième point, qui sépare les deux premiers à distances égales, est illuminé de la plus vive clarté.

Mais laissons ce langage qui ne nous est point familier, et revenons au style limpide et pur de la science, le seul sage, le seul juste et vraiment lumineux pour les esprits exercés à une pensée nette, ferme et sévère. Les images, qui frappent et illuminent pour ainsi dire les intelligences vulgaires et charnelles, offusquent les esprits plus habitués à concevoir et à juger qu'à voir et à sentir. Les clartés vives, étincelantes du style figuré, qui charment l'imagination de l'homme plus habitué au langage des sens qu'à celui de la raison et de l'abstraction, ne sont qu'obscurités, ténèbres et difficultés pour la raison vigoureuse et pure, habituée à ne se nourrir que d'idées. J'aimerais cependant à prouver le progrès de la civilisation par le dégagement successif de la pensée, par son épuration, sa spiritualisation de plus en plus grande ; par l'abandon incessant de la parabole, de l'apologue, du symbolisme sous toutes ses formes ; par le délaissement de l'image pour l'idée, du mythe pour la réalité, de la figure pour la chose figurée, de la poésie pour la science, de l'imagination pour la raison, etc.

Mais tel n'est point mon objet. Cette observation prend même des dimensions condamnables par la logique et par le goût. Je tenais à la faire, beaucoup moins pour excuser ma manière que pour l'expliquer.

Il y a loin de ces réflexions aux cinq grandes périodes qui

marquent l'échelle du progrès parcouru par la législation criminelle. Il fallait bien dire pourtant comment les périodes, tout en se distinguant, coïncident; comment, successives, elles sont cependant contemporaines; comment, enfin, comparable aux deux moitiés d'un quadrilatère rectangle partagé par une diagonale, un système pénal s'affaiblit en raison directe de la force acquise par celui qui lui correspond.

Mais, encore une fois, laissons là les images et les comparaisons. Disons seulement, pour la justification de cette excursion en apparence si étrangère à notre sujet, qu'il serait facile de montrer que les progrès de la justice criminelle concordent avec ceux du langage comme expression de plus en plus abstraite, savante et pure de la pensée humaine; que l'époque de la vengeance est celle du langage le plus matériel, le plus strictement restreint aux objets sensibles, de ce langage où chaque mot a un sens pour ainsi dire visible ou tangible; que la période du talion commence à correspondre à celle où le terme propre prend une acception figurée pour exprimer avec des mots déjà reçus des idées d'un ordre supérieur, pour passer de l'idée de justesse physique à l'idée de justice, de l'idée de droit, de droiture physique, à l'idée de droit, de droiture morale, et ainsi de suite.

Je ne pense pas qu'il soit nécessaire d'établir que les cinq périodes qui se partagent l'histoire du droit criminel sont en progression l'une sur l'autre : on n'en peut pas plus douter, en effet, qu'on ne peut douter que la justice, même la plus brutale, ne soit supérieure à la fureur de la vengeance; que la faculté de se libérer d'une peine en se dessaisissant d'un objet matériel, ne soit un avantage sur la nécessité de subir des douleurs corporelles, la mutilation ou la mort; que l'appropriation équitable de la peine au délit ne l'emporte en dignité et en efficacité morale sur la vénalité de la peine; enfin, que l'humanité ne puisse tempérer convenablement la peine la plus juste, et la rendre beaucoup plus salutaire pour le patient et plus utile à la société.

On peut se demander quels rapports existent entre ces cinq périodes et le mouvement historique de l'humanité. Ces rapports nous semblent aussi vrais qu'ils sont simples. La vengeance correspond à l'état sauvage; le talion représente plus particulièrement l'antique civilisation de l'Orient, qui est encore une sorte de barbarie ; la composition distingue surtout la civilisation germanique ou la barbarie occidentale ; l'analogie et la proportion dans la peine, la justice systématique et savante, mais la justice seule, caractérise très sensiblement la civilisation gréco-romaine, principe de la civilisation moderne ; enfin, la justice tempérée par la charité et par cette indulgence qui résulte d'une connaissance plus profonde de l'homme est le fruit de l'influence du christianisme et de la philosophie, du sentiment et de la réflexion modernes.

Nous n'avions d'abord point pensé à cette corrélation ; la première série de caractères s'était présentée seule à notre esprit. Mais en voyant qu'elle correspondait dans toutes ses parties aux grands traits qui forment la physionomie de l'histoire universelle de l'humanité, nous nous sommes encore confirmé dans la persuasion que nous avions rencontré juste dans la détermination des caractères constitutifs du progrès en droit criminel.

§ I.

Première période. — La vengeance.

SOMMAIRE.

1. Première manifestation de la justice criminelle : la vengeance.
2. Elle est même sanctionnée comme un droit par les premiers législateurs.
3. Elle est érigée en devoir par le sentiment de la famille, par l'opinion, par la loi de succession.
4. Vengeance du sang : Moïse, les Arabes, Mahomet, les Abyssiniens, les Circassiens, les Asiatiques en général, les Grecs, les anciens Russes, les Slaves en général, les Germains, les Alemans, les Saliens, les Francs, les Scandinaves, les Anglo-Normands.
5. Restriction du droit de vengeance; restriction dans le temps, dans l'espace, dans les espèces de délits : en Angleterre, en France, en Espagne, en Ecosse.
6. Peuples contemporains qui s'y trouvent encore soumis, même en Europe.

Quoiqu'on ait soutenu que l'individu n'a pas le droit de punir, que ce droit suppose un supérieur juridique, une société, un pouvoir civil ou domestique tout au moins, il est cependant vrai de dire que l'humanité, si violemment portée à la vengeance, trouve dans cet acte une sorte de justice, qui est la justice pénale dans son expression primitive la plus spontanée et la plus grossière [1].

Il y a plus, avant d'avoir été réprimée par le législateur, elle en a été réglée, protégée, reconnue comme un droit personnel d'abord, domestique ensuite, et civil enfin. Tel est le progrès.

L'individu a commencé par se venger sans la permission et sans l'appui de personne.

Il s'est vengé ensuite avec le secours des siens, de ses amis, de sa tribu.

La famille de celui qui a succombé sous les coups d'un meurtrier, héritière de son sang comme de ses biens, s'est crue héritière de son droit à la vengeance. Bien plus, la piété filiale en a fait un devoir, un devoir d'honneur, un devoir sacré.

Les premiers législateurs, impuissants à protéger et à punir, pénétrés de la justice du châtiment, n'ont songé d'abord qu'à le favoriser. Ce n'est que plus tard, à la vue des excès commis au nom de ce droit, qu'ils ont voulu les réprimer ; et cela encore dans la mesure suivant laquelle ils pouvaient eux-mêmes protéger la vie des citoyens ou punir les meurtriers. Plus ils étaient puissants pour prévenir ou punir les attentats contre les personnes, plus ils ont eu de droit à s'emparer de la vengeance privée, à la convertir en vengeance publique, jusqu'à ce qu'enfin la vengeance privée, cessant d'être un droit, un devoir même, soit devenue un délit.

La loi mosaïque suppose cette coutume et la décrit. Il s'en trouve déjà des traces du temps des patriarches [2]. Il était expressément défendu aux Hébreux d'accepter une rançon pour la vie du meurtrier [3]. A côté du peuple juif il faut mettre le peuple arabe, aussi immuable que lui, et qui a moins changé encore. Or, nous voyons que les poésies arabes les plus belles et les plus sublimes font l'éloge de la vengeance du sang ; ce qui prouve combien elle était en honneur chez les peuples toujours anciens. Les moyens à employer sont laissés

---

[1] Ce droit a même été reconnu et sanctionné par des lois positives, par celle des Frisons, par exemple. — V. tit. II, *Sur les meurtres;* et l'addition de Vulemar, *Sur les vols.* — Cf. MONTESQ., *Esprit des Lois,* XXX, 19.

[2] *Genèse,* XIV, XXVII, XLV.

[3] *Nombr.,* XXXV, 31.

à la disposition du vengeur : toutes les ruses sont permises, jusqu'à l'assassinat le plus habilement prémédité [1].

Si le meurtrier vient à succomber dans une autre occurrence, la vengeance s'attache à son plus proche parent, en sorte que la haine ne peut manquer d'objet, et qu'elle se transmet indéfiniment tant que les familles ennemies ne sont pas entièrement éteintes, ou l'une d'elles au moins [2], car la vengeance coûte ordinairement la vie à celui qui l'exerce, et toujours ainsi [3].

Mahomet n'a pas essayé d'abolir cet usage, mais seulement de l'adoucir. Il permet au meurtrier de faire grâce de la vie pour une peine pécuniaire [4]; ce qui se fait souvent chez les Perses. Cependant les Arabes-Bédouins n'acceptent presque jamais de rançon, dans la crainte de paraître avoir fourni au meurtrier l'occasion de son crime. Ils ne veulent pas non plus que le meurtrier soit frappé par le souverain; ils tiennent ordinairement à lui faire la guerre, à lui et à sa famille, et à frapper ceux d'entre eux qu'il leur plaît, le chef de la famille même, fût-il parfaitement innocent, et cela sous prétexte qu'il devait avoir les yeux ouverts sur la conduite de tous les membres qui la composent. Si cependant le meurtrier est retenu par le pouvoir public, il recouvre sa liberté moyennant une somme importante [5].

La civilisation seule peut contenir au fond du cœur l'ardente passion de la vengeance. Partout où n'existent pas des lois justes et un pouvoir assez puissant pour les faire respecter, la vengeance se retrouve à des degrés divers. Il n'est pas nécessaire, pour la rencontrer, de remonter dans l'histoire des temps les plus anciens, ou de s'enfoncer dans les forêts encore vierges du Nouveau-Monde, ni de découvrir quelqu'une des îles de la mer du Sud qui aurait échappé jusqu'ici aux recherches des navigateurs et à l'action civilisatrice des missionnaires

---

[1] Cf. *Schol.*, TAURIZI, 16ᵉ poëm. dans les *excerpt. Hamas.*, édit. ALB. SCHULTEN.

[2] ARVIEUX, *Mœurs des Arabes-Béd.*, p. 45, nᵒ 174 et s. — Cf. VOLNEY, *Voy. en Egypte* etc., t. I, p. 363; *Biblioth. des voy.*, par SPRENGEL, continuée par EHRM. en allem., part. XIIIᵉ, 56, 603-604.

[3] V. l'*Histoire de Kaïs* dans TAURIZI, 16ᵉ poëm. etc., cité plus haut.

[4] *Coran*, II, 173-175, édit. HINCKELM, 179 ss. — DAUMAS, *Mœurs et coutumes de l'Algérie*, p. 181, 196-199, 303.

[5] NIEBUHR, *Beschreibung von Araben*, p. 50 et s.

chrétiens. Mais il faut convenir que c'est surtout à l'origine
des sociétés, ou parmi les peuples dont la civilisation semble
être condamnée à une éternelle enfance, parmi ceux dont l'i-
magination et le sentiment ont plus d'ardeur que la raison n'a
de lumières, et dont les mœurs grossières et féroces n'ont pu
être polies et adoucies encore par la morale de l'Evangile ; il
faut convenir, disons-nous, que c'est là surtout que la vengeance se déploie le plus largement, et que, par conséquent,
l'Asie et une partie de l'Afrique en sont encore le principal
théâtre.

Chez les Perses musulmans, le meurtrier est d'abord saisi
par l'autorité ; les parents de la victime demandent qu'il leur
soit remis : ce qui se fait, mais en rappelant les prescriptions
mitigées du Coran. La partie offensée a le choix du traitement
qu'elle fera subir au meurtrier ; mais les proches et les amis
de celui-ci, ainsi que le juge, s'efforcent de faire accepter une
rançon : le juge y a son intérêt, parce qu'il y a une part. Le
riche peut ainsi racheter sa vie ; mais le pauvre devient le
plus souvent victime de sa vengeance, parce qu'il ne peut offrir que peu de chose [1].

Maintenant encore les Abyssiniens livrent le meurtrier au
plus proche parent du mort, qui peut le punir à volonté. Parfois, cependant, le meurtrier rachète sa vie pour une somme
d'argent, ou bien encore pour un nombre déterminé d'animaux
domestiques [2].

Jean Macron raconte que les Kookies, pareils aux peuples
les plus sauvages, demandent et cèdent le sang pour le sang [3].

La vengeance du sang règne encore dans tout le Caucase :
elle est exercée chez les Ossètes avec une rigueur impitoyable.
L'Ossète dont on a tué l'hôte ou le parent n'a plus de repos
qu'il n'ait arraché la vie au meurtrier. Pour y parvenir, il
n'est rien qui lui coûte. Aussitôt qu'il l'a tué, il se rend au
tombeau de celui qu'il a vengé, et là il annonce à haute voix
qu'il a donné la mort au meurtrier ; puis, pour se soustraire à
une terrible représaille, il abandonne le village et va chercher
un refuge chez quelque peuple voisin. La vengeance du sang

---

[1] CHARDIN, *Voyage en Perse*, t. VI, p. 294, éd. Amst.
[2] LOBO, *Relat. hist. d'Abyss.*, Amst., 1728, p. 125 et s.
[3] *Account of the Kookies or Lunctas*, dans les *Asiat. research.*, t. VII,
p. 189.

est héréditaire dans la famille; elle passe de père en fils; il est très rare qu'elle puisse se racheter. Seulement, il est d'usage de la suspendre de temps en temps au moyen de dons faits à la famille du défunt [1].

Le Yakouse, dissimulé, querelleur, insociable, est surtout vindicatif : jamais il n'oublie une injure; si la vengeance lui a échappé pendant sa vie, c'est son fils ou l'un de ses proches parents qu'il charge à son lit de mort de le venger ! Ce peuple a la passion de la chicane, et l'on voit les Yakouses saisir avec empressement la moindre occasion de satisfaire ce penchant. Non contents d'étourdir de leurs doléances tout voyageur auquel ils supposent quelque influence, ils entreprennent encore des voyages longs et dispendieux pour intenter des procès, souvent pour quelques centimes [2].

Chez les Kourdes, chaque blessure est évaluée à un certain prix. Une dent brisée vaut un chameau; un bras cassé vaut deux chameaux. Un chien de berger tué est remplacé d'une façon assez singulière : on élève l'animal par la queue, et on jette de l'orge sur son corps jusqu'à ce qu'il soit entièrement recouvert; cette orge appartient au plaignant. Quand un homme a été tué, le meurtrier est livré aux parents de la victime, qui le mettent à mort ou s'accordent avec lui pour une somme nommée le prix du sang. Si personne ne se plaint d'un meurtre, il reste ordinairement impuni; ce sont les proches qui doivent en poursuivre et demander la réparation. Il est plus honorable cependant de se venger soi-même que de recourir aux tribunaux, et cette marche est plus spécialement suivie par les Kourdes. Quand un membre d'une famille a été tué, son plus proche parent se charge du soin de la vengeance. S'il est homme d'honneur comme on l'entend dans ce pays, il ne doit pas dormir avant de s'être défait du meurtrier; il doit veiller le jour et la nuit, guetter son adversaire, et prendre le sang pour le sang. Quand il a réussi, la famille du défunt doit à

[1] FAUGÈRE, *Cabinet de lecture*, 30 octobre 1837.
Mêmes usages chez les peuplades occidentales de l'Amérique du Nord. (SMET, mission., dans le journal de la *Propag. de la foi*, sept. 1839.) Il en est de même chez les Arabes et chez les sauvages de la Nouvelle-Hollande.
[2] *Voyage parmi les peuplades de la Russie asiatique et dans la mer Glaciale, entrepris par le gouvernement russe, et exécuté par MM.* WRANGEL, MATIOUCHKINE et KOZMINE, *officiers de la marine impér. russe;* traduct. du prince Emm. GALITZIN, 2 vol. in-8°, Paris, 1843.

son tour le venger ; de cette manière il n'y aurait aucun terme à ces querelles, si l'hospitalité ne servait à les apaiser. Un meurtrier n'a pour cela qu'à se rendre dans la tente du parent du défunt : s'il parvient à s'y établir sans être aperçu, s'il se met en son pouvoir sans autre condition, celui-ci est obligé de faire la paix avec lui et de lui donner un baiser sur le front comme marque d'une réconciliation que l'on cimente encore davantage en prenant de l'eau et en mangeant des aliments dans la préparation desquels le sel est entré. Aussi, quand la vengeance doit être éclatante, quand il n'y a aucun accommodement à espérer, le Kourde offensé renverse sa tente, sa famille demeure en plein air, tandis que, la carabine en main, il erre dans les bois et sur les montagnes, demandant partout l'hospitalité [1].

Chez les Circassiens et chez plusieurs autres peuplades du Caucase, le désir de la vengeance est si grand que tous les proches d'un meurtrier sont regardés comme coupables, et les inimitiés qui en résultent se propagent pendant plusieurs générations. On trouve néanmoins dans les conditions inférieures des exemples d'une liberté rendue pour une rançon appelée prix du sang ; quelquefois aussi s'opère une réconciliation scellée par une alliance entre les deux familles [2].

Les Druses sont inexorables sur l'article de la vengeance du sang [3].

La vengeance peut être plus naturelle à certaines races qu'à d'autres ; mais il est certain qu'elle est dans la nature humaine, que le besoin s'en fait sentir chez tous les hommes, et qu'elle ne cède qu'à la douceur des mœurs, à la civilisation, et, peut-être plus qu'à tout le reste, à une vengeance publique ou sociale, toujours plus sûre et moins dangereuse pour l'offensé, et plus juste pour le coupable.

Dans l'ancienne Grèce, à une époque où la société n'avait pas encore fait sienne la cause de chaque citoyen, les proches parents de celui qui était tombé sous les coups d'un assassin avaient seuls le droit de le venger [4].

[1] FONTANIER, Voy. en Orient.
[2] PALLAS, Voy., Ire part., p. 405 ; Cf. ROSENMULL. Altes und Newes Morgens, IIe part., p. 237.
[3] BURKHARDT, Travel. in Syria and the oly Land., Lond., 1822, p. 208.
[4] PAUSAN., Græc. descript., l. 1, p. 676, Leips., 1696. — La rançon était

Trouvait-on quelqu'un mort victime d'un attentat, les parents ensevelissaient le cadavre, et plaçaient sur la tombe une lance qui attestait leur intention de venger cette mort. Le crime retombait sur ceux qui, chargés de la vengeance ou de l'expiation, auraient refusé de remplir ce pieux devoir [1].

Tacite dit des Germains en général que c'était chez eux une nécessité de faire siennes les inimitiés de son frère ou de quelqu'un de ses proches [2]. Ce principe a passé dans les lois des Germains du moyen âge avec la composition : car il est remarquable que les inimitiés de ces peuples du Nord n'étaient pas aussi implacables que celles des Orientaux, des Arabes par exemple. L'homicide même pouvait se racheter moyennant un certain nombre de pièces de gros ou de petit bétail, sans qu'il y eût plus rien à craindre de la part d'aucun membre de la famille du mort [3].

Chez les Alemans, la vengeance se trouve tempérée encore par l'inviolabilité du domicile de l'assassin. Si la colère venait à franchir cette barrière, elle était punie de la peine pécuniaire réservée à l'homicide commis sans préméditation. Si la réflexion et le calcul présidaient à la vengeance du sang, la peine était une fois plus forte [4].

Chez les Saliens, le droit de vengeance personnelle n'était pas autorisé pour les délits contre la propriété ; il était réduit aux offenses contre les personnes ; dans le plus grand nombre des cas même, il était converti en droit de poursuite judiciaire. L'offensé pouvait arrêter le coupable pris en flagrant délit, à la condition de le remettre entre les mains du juge. L'accusé était conduit au mâl, où tous les ingénus, de quelque tribu qu'ils fussent, avaient droit d'assister [5].

Il ne paraît pas que le droit de vengeance ait été circonscrit à ce point déjà chez les Francs du IXᵉ siècle. C'était, chez eux aussi, une obligation imposée par l'opinion, de venger le sang

---

cependant admise très fréquemment. (*Ibid.*, IX, 6**28**; XVIII, 498.) Cf. Tustath. et les Scol.

[1] Démosth. *contr. Evergète.*

[2] *Germ.*, xxi.

[3] *Ibid.*

[4] *Leg. Alem.*, xlv, 1.

[5] Pardessus, *Loi salique*, dissertat. 10ᵉ, p. 607. — L'accusé était jugé d'après une loi commune : la faculté de n'être jugé que d'après les lois de sa nation originaire n'avait lieu qu'en matière civile.

des siens. Le chroniqueur Aimoin raconte que « les fils d'un homme assassiné ayant mieux aimé vivre en paix que de poursuivre à outrance les meurtriers de leur père pour leur redemander son sang, furent condamnés, dans une assemblée générale des Francs, à perdre tous leurs biens patrimoniaux, selon les lois romaines, qui déclarent déchus de l'héritage paternel ceux qui n'ont pas voulu venger la mort de leur père » [1].

Bien plus tard nous retrouvons encore en Allemagne l'habitude de la vengeance si invétérée, le droit du poing [2] (*Faustrecht*), comme ils appellent le droit du moyen âge, si fortement établi, que les lois et le pouvoir ne peuvent l'extirper. La voix de l'empereur n'était guère plus écoutée que celle du juge, qui ne l'était pas du tout. Les temps les plus calmes en apparence, ceux où les guerres extérieures ou civiles laissaient le pays en repos, étaient encore troublés par les guerres de voisinage, de seigneur à seigneur. L'état de guerre était, au reste, l'état naturel de ce temps-là. On ne savait, on ne voulait faire autre chose : on y mettait sa gloire, son bonheur, sa vie. C'était l'occupation, la profession noble par excellence ; mais malheur au roturier, au paysan surtout, malgré ses exemptions de services militaires.

Le droit de représaille ou de vengeance éternisait les querelles. Ce droit put d'abord être exercé incontinent, le jour même de l'offense reçue ; plus tard, il fallut annoncer le châtiment réservé, au moins trois jours à l'avance. L'agresseur pouvait, dans l'intervalle, offrir satisfaction, et alors seulement il n'y avait plus lieu à le poursuivre par les armes.

Des coutumes analogues se rencontrent chez les peuples slaves.

Partout, dit Ewers, dans les premiers temps, était en vigueur la vengeance du sang ; elle précède la cité ; elle est la garantie de la sûreté personnelle, la terreur destinée à contenir la scélératesse. L'individu ne peut se protéger suffisamment par lui-même ; les membres de la famille et les familles elles-mêmes s'unissent à cet effet. La vengeance devient un devoir sacré dont on se départ insensiblement dans la cité ou société

[1] AIMOIN, lib. IV, c. 28.
[2] BURCARDI GOTTHELFII STRUVII *Historia juris* etc., VI, 36, p. 523, Ienœ, 1718.

civile, parce que la sécurité se trouve suffisamment garantie d'une autre manière. La *gens* ou souche (*Stamm*) y renonce d'abord, les proches ensuite, enfin les membres de la même famille; mais ceux-ci seulement pour une compensation pécu-. niaire.

En Russie, du temps de la grande princesse Olga (945-970), la vengeance du sang était vraisemblablement encore dans toute sa force; ce ne fut que cent ans plus tard qu'une loi en introduisit le rachat. La vengeance passait du père au fils. Celui-ci était le plus obligé et le plus autorisé à venger son père. La femme même, quand elle s'en croyait la force, prenait part à ce pieux devoir envers son mari. Cependant, d'après les relations héréditaires des sexes, la femme était affranchie de l'obligation de venger son époux ; mais d'après le sentiment naturel à l'union et à l'amour conjugal, elle se tenait pour plus proche de son mari défunt qu'aucun autre parent. Olga eut deux mobiles également forts pour exercer la vengeance du sang : comme femme d'Igor et comme tutrice de son fils encore enfant, pour lequel elle agissait, et dont les droits et les devoirs devenaient les siens.

L'histoire de Jaropolk et d'Oleg (en 947), celles de Wladimir et de Ragwald (en 980), de Swiatopolk et de Jaroslaw (au Xᵉ siècle encore), prouvent que la vengeance du sang était en usage en Russie [1].

Wladimir voulut tempérer la vengeance privée en punissant les homicides non pas de la peine de mort, mais du bannissement ou de l'esclavage.

Jaroslaw (1018-1054) porta la loi connue sous le nom de Prawda. Les dispositions en sont curieuses : elles ont été recueillies par Nestor le Chroniqueur, et reproduites par Schœlzer dans ses *Antiquités russes*. En voici quelques articles :

« Si un homme en tue un autre, le frère venge le frère, ou le fils le père, ou le père le fils, ou le fils du frère le fils de la sœur » (art. 1).

« S'il n'y a pas de vengeur, le meurtrier paie quarante griwnes [2] pour la tête, si le mort est un riche, ou un marchand.

---

[1] EWERS, *Das œlteste Recht der Russen*, etc., Dorpat, 1836, p. 50 et s.
[2] Monnaie dont la valeur n'est pas bien connue. — V. la note d'Ewers.

ou un soldat, etc.; si c'est un isgoi, ou un esclave, alors qu'on paie dix griwnes pour lui » (art. 2).

« S'il y a blessure ou contusion, il n'est pas nécessaire qu'il y ait un témoin oculaire. Mais si le battu ne porte aucune marque des coups reçus, il faut un témoin; s'il n'en a pas, la plainte ne peut avoir de suite » (art. 3).

Au XVIᵉ siècle, et peut-être plus tard encore, il était permis de livrer à la vengeance personnelle un bojard qui avait manqué de respect à un patriarche, et cela sans qu'il eût la faculté de se racheter [1].

Chez tous les Slaves, avant les temps monarchiques, le sang payait le sang; c'était même un principe consacré par la religion. Ceux qui habitaient les bords de l'Elbe, ainsi que les Carnuthes, honoraient une divinité de la vengeance sous le nom de *Wet*, ou *Wit* [2]. Cet usage se conserva longtemps après l'établissement des monarchies. On n'en trouve plus que de faibles traces dans le droit polonais et dans le droit serbe: Ils stipulaient même dans leurs traités avec les étrangers que la vengence serait interdite, excepté dans les cas prévus par la loi.

On permettait en particulier de tuer comme un chien, disait la Prawda, le voleur pris en flagrant délit.

Aujourd'hui même, chez quelques peuples qui habitent au-delà des monts Carpathes, et dont la civilisation est peu avancée, le droit de vengeance existe encore, et passe pour de la justice, pour une bonne action. Là, comme chez la plupart des peuples qui admettent une vengeance régulière et déjà tempérée par les lois, le talion devient un principe.

Quand le droit de vengeance personnelle eut fait place à d'autres idées, on distingua des crimes qui devaient être punis de mort, d'autres par la mutilation, d'autres pécuniairement.

Le Statut de Casimir tient compte de la condition des parties, et détermine en conséquence la somme de la peine; si le cou-

---

[1] MACIEIOWSKI, *Slavische* etc., p. 275-276.

[2] N'y aurait-il pas quelque filiation secrète d'idée entre cette divinité et la peine appelée *Wette* dans le droit germanique du moyen âge? «Pœna dicebatur *die Wette*, et solius regis erat *die hoechste Wette*, pœna capitalis,» dit STRUVIUS dans son *Historia juris*, p. 801. Il renvoie ensuite à la glose du *Landrecht*, lib. III, art. 53 et 63, ainsi qu'à Besold, pour les développements. — V. note, p. 802.

pable ne la paie pas, il a la tête tranchée. Les fermiers et les principaux bourgeois étaient passibles de ces peines [1].

Les savants auteurs de l'*Encyclopédie* de Ersch et Gruber, auxquels nous avons fait plus d'un emprunt dans cet article, ne semblent pas suffisamment renseignés sur l'usage de la vengeance chez les peuples du nord-ouest de l'Europe, lorsqu'ils disent « qu'elle ne semble pas non plus avoir été inconnue des anciens peuples scandinaves ; qu'il en est du moins fréquemment question dans leur Haga, et que les auteurs de ces traditions n'en auraient pas ainsi parlé si elle avait été étrangère aux mœurs du peuple » [2]. La vengeance, en effet, s'y est établie comme ailleurs. Et d'abord, ainsi qu'on l'observait chez les anciens Suédois, la vengeance du sang appartenait aux héritiers de la victime.

Mais ce n'est pas tout : sans remonter plus haut que le XIIIᵉ siècle, on trouve que les monuments législatifs de ce temps, jusqu'au XVIᵉ siècle, tout en donnant pour motif des peines la sûreté publique, ne sont pas en parfaite harmonie avec ce principe ; ils l'admettent en général avec le système des amendes, si insuffisant pour garantir la sûreté publique. Quoique la loi pose comme une règle des plus importantes le principe que nul ne doit se faire justice à soi-même, les vengeances privées ne s'en exercent pas moins pendant toute cette période, surtout dans les affaires de meurtre [3].

Le droit subit cependant des améliorations partielles, dans les villes surtout, où la vie commune fait sentir plus vivement le besoin de lois régulières. Ces améliorations furent en partie le résultat des connaissances que les prêtres et les nobles rapportaient de l'étranger, particulièrement des Universités. Cela n'empêchait pas de dresser annuellement une liste de *Friedlosen* et de la lire en plein tribunal. Ces hommes, grands coupables sans doute, étaient livrés à la vengeance implacable de leurs ennemis, et ne devaient pas plus trouver asile dans les couvents que d'autres condamnés qui auraient eu moins à craindre.

Quelque temps avant et après l'établissement de la *Danshof*

---

[1] MACIEIOWSKI, *Slavische* etc., t. II, p. 126-133.
[2] J.-O. STIERNHOEOEK, *De jure Suevor. et Goth. vetusto*, p. 349.
[3] KOLDERUP-ROSENVINGE's *Grundriss* etc., p. 219.

(Cour de justice du Danemark), Wahldemar IV punit la guerre privée comme *Obodemaal* [1]. Un édit du même roi l'interdit depuis la fête de saint Jean-Baptiste jusqu'à celle de saint Jacques [2], c'est-à-dire depuis le 24 juin jusqu'au 25 juillet.

De 1522 à 1588, les désordres qui agitent le Danemark font sentir le besoin de lois plus sévères. Celles des villes sont étendues au reste du pays, pour quelques crimes du moins, tel que l'homicide, qui n'était puni d'une peine publique que dans certains cas. La guerre privée est dès lors fort empêchée. Elle n'est cependant pas complètement abolie, grâce au privilège laissé aux nobles de venger leurs querelles à main armée. Du reste, la législation pénale de cette période est remarquable en ce que, indépendamment de son but d'assurer la paix publique et d'empêcher les crimes, elle cherche encore à prévenir la colère de Dieu et la vengeance (*Strafgericht*) du peuple.

Dans la période suivante (de 1588 à 1683), la noblesse lutte encore contre l'exercice de la loi, et parvient, à condition de renoncer à la vengeance, à désarmer la justice publique déjà saisie de la plainte de meurtre : les lois de Christian IV laissent encore au roi et à son conseil la faculté de régler la peine pour les nobles. Ces lois défendent, entre autres choses, de se battre avec des armes à feu [3].

Le duel! n'est-ce pas encore là un reste de la vengeance personnelle? Seulement on prévient son adversaire qu'il ne sera pas frappé sans qu'il s'en doute; mais aussi le duel a cela de plus barbare que l'ancienne vengeance du sang, qu'on peut arracher la vie à son ennemi pour une bagatelle, et que l'offensé peut y laisser la sienne tout aussi bien que l'offensant. Double absurdité de plus. Nous y reviendrons.

En Angleterre, la vengeance du sang était consacrée par la loi. Indépendamment de l'accusation publique, le plus proche parent du mort avait une action en poursuite par appel, pour

---

[1] Même sens que *friedlos, vogelfrei*, c'est-à-dire proscrit, dont on a mis la tête à prix, auquel la faveur de la composition est refusée; ce qui rappelle l'*implacabile* de Tacite. — Loi de Wahldemar IV.

[2] KOLDERUP, etc., *ibid.*, p. 222.

[3] KOLDERUP, *Grundriss* etc., p. 289, 326. Quoique Andrée Sunesen donne déjà, dans la seconde période du droit danois (1020-1240), pour but aux peines la répression des crimes commis et la *prévention* des crimes possibles, elles ne sont encore dans cette période qu'une métamorphose de la guerre privée. (*Ibid.*, p. 118.)

faire révoquer une sentence qui aurait absout le meurtrier et le mettre de nouveau en jugement. Cette opposition avait tant de force, dit Blackstone, qu'elle liait les mains au roi : il n'en pouvait libérer en faisant grâce.

Du reste, il y avait composition possible pour les délits privés, pour l'homicide et même pour les délits contre la paix publique (*Frithbreche*) [1]. Quand les délits privés n'étaient pas rachetés, c'est alors que le droit de vengeance reprenait son cours. C'était une vraie guerre privée (*Fathe, gefeohte, faida*) [2]. On ne distinguait même pas s'il y avait mauvais vouloir ou non ; toute la fortune de la famille du coupable ne suffisait pas pour payer le wehrgeld [3] d'un mort d'une naissance supérieure. La famille de celui-ci pouvait, d'après une loi d'Athelstane, combattre jusqu'à ce qu'elle eût tué dans la famille ennemie autant d'individus qu'il en fallait pour que leurs *wehrgelds* accumulés égalassent le wehrgeld de la première victime : ainsi, quand un homme dont le wehrgeld était de 1,200 schillings (*twelfhyndesman*) était tué par un homme dont le wehrgeld n'était que de 200, la famille du mort pouvait tuer impunément six des parents du coupable ($200 \times 6 = 1,200$).— Une loi d'Edmond restreignit la guerre privée au seul meurtrier : sa famille ne devait pas en souffrir. — Il y avait certains termes pour le paiement du wehrgeld, excepté dans le cas où le meurtre avait été commis près d'une fosse ouverte (*an einem offenen Grabe*) : une loi d'Œthelbert ordonnait que dans ce cas le wehrgeld serait entièrement payé dans un délai de quarante jours. — La garantie (*Wehrgelds burgschaft*) du vehrgeld (en anglais *Werborge*) était fournie par huit parents du côté paternel et quatre du côté maternel, et à défaut de parents par autant d'amis [4].

Mais en Angleterre, comme en France, comme dans tous les pays où un pouvoir éclairé cherche à faire régner la justice, le

---

[1] Ces deux choses ne sont point exclusives ; la paix publique est aussi troublée par les délits privés, du moment que la société présente un certain degré de solidarité.

[2] V. STRUVII *Histor. juris* etc., VIII, p. 679 et 680, sur la signification et l'origine de tous ces mots.

[3] On sait que le wehrgeld était la somme que devait payer le meurtrier aux parents de la victime pour se racheter de la vengeance.

[4] PHILIPPS, *Inglische Reichs und Rechtsgeschichte* etc., t. II.

droit de vengeance fut d'abord circonscrit, restreint de plus en plus dans le temps et dans l'espace, en attendant qu'il pût être complètement aboli. Il ne pouvait s'exercer le dimanche, ni les principales fêtes de l'année, ni pendant l'Avent, ni les Quatre-Temps, ni la veille de certaines fêtes, en général aucun des jours plus spécialement consacrés au culte religieux [1]. A cette espèce de trève de Dieu dans les guerres individuelles ou domestiques s'ajouta la trève du roi, qui défendit de se livrer à aucun acte de violence en plusieurs lieux de son domaine ou du domaine public généralement fréquentés [2]. Sa présence, celle d'un évêque, celle d'un dignitaire de l'Eglise ou de l'Etat fut aussi une protection contre les attentats à la personne. Il était défendu de se battre, de tirer l'épée sous leurs yeux [3].

Il n'y a rien ici, du reste, qu'on puisse attribuer plutôt à l'esprit chrétien qu'à ce sentiment général d'humanité qu'on retrouve partout, mais qui tend à mettre sous la protection des croyances religieuses des institutions qui n'auraient peut-être pas eu autrement la force nécessaire pour résister à de violentes passions et à des préjugés depuis longtemps reçus. C'est ainsi qu'une sorte de trève-Dieu, dont la durée est de quatre mois, se retrouve sous l'empire du Coran comme sous celui de l'Evangile, chez les Arabes et plusieurs autres sectateurs de Mahomet [4]. Une institution analogue existait aussi chez les Germains [5].

En France, certaines Coutumes, comme celle de Bourgogne, permettaient le combat non seulement à l'offensé, mais encore à ses proches, et cela pour toute espèce de lésion soufferte [6].

---

[1] *Legg. Edowardi reg.*, 8, 12.

[2] *Ibid.*, 12.

[3] *Legg. Ælfredi reg.*, 15. — Une défense analogue existe en Chine.

[4] G. PAUTHIER, *Livres sacrés de l'Orient*, p. 52.

[5] TACITE, *Germ.*, c. 40.

[6] « Se aucun est laidi ou vituperé d'un autre ou de plusieurs, les frères ou les cousins du laidi se puent calmer, comme laidis, et le appeler en leur courage. » (*Coutum. de Bourg.*, p. 178.)

L'usage de la vengeance du sang paraît avoir existé aussi en Normandie, témoin ces vers de Guillaume le Breton :

« Quædam autem in melius juri contraria mutans,
Constituit pugiles, ut in omni talio (*sic*) pugna

Cependant des améliorations considérables furent introduites dans la justice criminelle par Philippe-Auguste et par Louis IX. Pour amortir les vengeances personnelles, qui avaient pris une extension déplorable sous le régime féodal, à cause de l'indépendance où vivaient les seigneurs, Philippe-Auguste établit la *quarantaine le roy* [1], pendant laquelle la justice privée devait s'abstenir et laisser à la justice royale son libre cours.

De son côté, Louis IX renouvela la *quarantaine le roy*, en sanctionna l'observation par la peine capitale [2], et finit par proscrire les guerres privées dans tout le royaume. Il abolit le duel judiciaire dans ses terres, en favorisa l'extinction dans le reste du pays, et créa le ministère public.

En Espagne, où l'ardeur du climat, un sang mêlé de bile, un orgueil aristocratique tout spécial, quelque chose des mœurs et du tempérament mauresque, arabe et oriental, portait au ressentiment profond et à la vengeance, on doit retrouver le *droit du poing* tout aussi rebelle à la civilisation que chez les barbares du Nord. Les grands du royaume se plièrent difficilement à la puissance de *justice* (du juge), quelque grande qu'elle fût. Nous voyons encore presque à la fin du XVᵉ siècle des exemples de guerres privées entre les grandes familles, guerres qui troublaient le repos de la nation entière. Le droit de venger ses injures par les armes et la cérémonie solennelle du défi se retrouvent dans leurs lois. Nous y voyons jusqu'à l'ancienne coutume barbare du paiement d'une composition aux parents de la victime [3].

Etaient-ce des peuples civilisés ou des sauvages que les Ecos-

---

Sanguinis in causis ad pœnas exigat æquas,
Victus vt appellans, sive appellatus, eadem
Lege ligaretur, mutilari, aut perdere vitam.
Moris enim exstiterat apud illos hactenus, utsi
Appellans victus in causa sanguinis esset,
Sex solidos decies, cum nummo solveret uno.
Et sic impunis, omissa lege, maneret.
Quod si appellatum vinci contingeret, omni
Re privaretur, et turpi morte periret.
Injustum justus hoc juste rex revocavit,
Re que pares Francis Normanos fecit in ista. »
                    (*Ord. des rois de Fr.*, t. I, p. 46.)

[1] *Ord. des rois de Fr.*, t. I, préface de Laurière.
[2] *Etablissements de saint Louis*, ch. 87.
[3] HALLAM, *l'Europe au moyen âge*, t. I, p. 398, trad. fr.

sais et les Irlandais des XVIᵉ et XVIIᵉ siècles qui nous sont dépeints par Barclai, Stanchurst et Camden? Ils transformaient les plus insignifiantes querelles en émeutes; les injures personnelles étaient épousées par les familles, même après que l'autorité du prince avait été invoquée. De là des meurtres nombreux, des combats qui ressemblaient presque à des batailles par le grand nombre de ceux qui y prenaient part; de là l'hérédité des haines et des vengeances, fomentée par celle du sang et par un faux point d'honneur. L'incendie punissait l'incendie, comme le sang payait le sang. Les embûches, les moyens injustes étaient employés sans répugnance; tout était bon, pourvu que le ressentiment fût satisfait. C'était pis encore quand l'orgueil des familles puissantes venait s'ajouter à ces passions générales : souvent elles succombaient sous de pareilles attaques; d'autres fois elles étaient dépossédées de leurs biens, chassées de leurs possessions sans pouvoir se défendre, ayant mis une partie de leur sûreté à n'inspirer aucun ombrage, en réduisant le nombre des hommes qui auraient pu les protéger [1].

Qu'est-il besoin, pour rencontrer cette féroce justice dans des pays chrétiens, de remonter aux siècles barbares, au moyen âge, au XVᵉ et au XVIIᵉ siècle même? N'avons-nous pas encore en Europe, aux portes de la civilisation la plus avancée, et même dans son sein, des usages qui rappellent les plus mauvais temps de la justice publique, ou plutôt son absence? En Illyrie, dans le généralat du Banat, en Bosnie, en Albanie, en Moldavie, en Valachie, comme chez les barbares de l'O-

---

[1] « Sæpe modica jurgia, et inter obscuros, magnis et indignis moribus suffecerunt. Dum utrinque jurgantes apud illos sua gentis principes dequesti, privatas contumelias in ipsarum familiarum injuriam vertunt. Neque rem modico sanguine peragunt. Interdum in agmen veluti aciem coacti desæviunt, et insita inimicitiarum vis in hæredes quoque abit. Cæde cædem repensare decorum : incendia alternis ignibus vindicant. Nec aperto tantum marte; insidiis, fraudibus, agunt. Nihil turpe aut ignobile, satianti oculos inimicorum malis. Et hæc pestis sæpe optimates evertit; sive inter ejus modi arma extinctos, sive frequentium stipatorum (nam suspectam vim inimicorum ita submovere necesse est) sera inopia, distractisque fundis luentes; etiam quod ut plurimum regio arboribus caret, quidam putant illorum odiorum facinus esse; dum adversis facibus inimicorum sylvas cremant, et privatis injuriis vastitatem patriæ faciunt. » (*Icone Animorum* etc., par J. BARCLAI, ex oper. cui titulus : *Respubl. sive Status regni Scotiæ et Hiberniæ*, p. 277.)

rient [1], le droit du talion est exercé par la famille de l'offensé contre l'offensant ou ses proches de la manière la plus cruelle.

Pour les Monténégrins, chez lesquels la vengeance enflamme souvent toute une famille pendant plusieurs âges d'hommes par la volupté du meurtre, l'abandon de ce terrible droit est une des plus grandes solennités du pays. La réconciliation s'accomplit en présence d'une réunion générale et du kmeti, c'est-à-dire d'un tribunal composé de vingt-quatre des plus anciens, dont chacune des deux familles choisit douze membres [2].

Une semblable coutume s'observe aussi en Corse et en Sardaigne ; cependant la vengeance du sang, comme conséquence du caractère vindicatif de ces deux derniers peuples, a quelque chose de spécial, et pour ainsi dire sa physionomie propre. Lorsqu'un Corse est offensé, il cherche une occasion commode de se venger de son ennemi ; s'il ne la trouve pas, il décharge sa haine contre les proches. La cruelle habitude appelée *vendetta traversa* (vengeance croisée ou réciproque) est naturellement la source d'une foule de meurtres. Malheur à celui qui n'a personne pour le venger ! rien n'est sien. Mais celui qui est assez lâche pour ne pas venger le sang de son proche est déshonoré [3].

---

[1] J.-M.-A. Scholz, *Reise in die Gegend. zwischen Alexandrien und Paractonien* etc., p. 3.

[2] Violla de Sommières, *Voy. hist. et polit. au Monténégro*, Paris, 1807, t. I, p. 389.

[3] J.-F. Simonot, *Lettres sur la Corse*, p. 299. Cf. *Hist. du droit criminel*, par M. Alb. Du Boys, t. II, ch. 1, p. 46-60, 248, 264, 577, 581.

§ II.

Deuxième période. — Le talion.

SOMMAIRE.

1. Ce qui manque au talion pour être complètement juste.
2. Ses puissantes raisons d'être.
3. Les barbares les plus voisins de l'état sauvage le pratiquent. — Exemples : Nouvelle-Zélande, îles Carolines, Nouvelle-Hollande.
4. Loi mosaïque ; — législateurs grecs ; — les Douze Tables ; — Mahomet ; — Hongrie, Lithuanie, France, Suisse.

La vengeance personnelle est la première forme de la peine ; le talion la seconde, car le talion est déjà l'effet d'une sorte de loi, puisque la vengeance personnelle peut le dépasser quand il lui plaît. Le talion est donc la vengeance déjà limitée, et limitée doublement, c'est-à-dire quant à la nature de la peine et quant à sa mesure. Le talion, dans la rigueur littérale du mot, et déterminé d'après la nature et la mesure du délit matériel, d'après son aspect matériel ou externe, est la première tentative de l'esprit de justice pour arriver à une équitable distribution pénale. Il ne lui manque, pour être juste, que de se régler en même temps sur le point de vue subjectif ou formel du délit, sur toutes les circonstances spirituelles qui font de nous des agents moraux.

Le talion est tout à la fois trop juste, trop naturel, trop simple pour que les peuples grossiers ne l'adoptent pas ; mais il est en même temps trop difficile à bien établir pour qu'ils l'appliquent convenablement. Il faudrait donc être également surpris et de ne l'y pas rencontrer, et de le trouver toujours intelligent et toujours juste. La vengeance fait souvent dépasser les vraies bornes : on s'en tient à l'égalité brutale et matérielle.

Le talion paraît être le mode de pénalité le plus ordinaire parmi les sauvages de la Nouvelle-Zélande. La mort doit être payée par la mort, le sang par le sang, et le vol par le pillage. Ils sont plus rigoureux pour l'adultère, puisqu'il entraîne la peine de mort pour les deux coupables [1].

---

[1] Dumont-d'Urville, *Voyag.*, t. II, p. 424.

Les principaux chefs des îles Carolines jouissent d'une grande autorité, et exercent la justice pénale selon les principes les plus stricts du talion : œil pour œil, dent pour dent [1].

Selon Cantova, au contraire, on n'y punit les criminels ni par la prison, ni par des peines afflictives; on se contente de les exiler dans une autre île [2].

Chez les sauvages de la Nouvelle-Hollande, la loi du talion paraît être, à beaucoup d'égards, la règle générale que l'on suit pour la réparation des crimes et des offenses. Celui qui a tué ou seulement blessé un de ses compatriotes doit s'exposer, pendant un certain laps de temps, aux zagaies de l'offensé ou de ses parents, sans autre moyen de défense qu'un petit bouclier d'écorce durcie au feu, et long de deux pieds et demi. C'est quelquefois la veuve elle-même qui venge la mort de son mari sur quelque parente ou enfant du meurtrier [3].

Le système des peines *expressives* ou analogues au crime semble avoir généralement dominé la législation égyptienne. C'est ce qui explique le genre de mutilation que l'on faisait subir à l'auteur d'un viol. Celui qui révélait le secret de l'État avait la langue coupée. La fausse monnaie, l'altération des poids et mesures, le faux authentique et la contrefaçon des sceaux de l'État étaient punis de la mutilation des deux mains [4].

La loi mosaïque passe généralement pour avoir admis le talion avec la dernière rigueur. Mais cette rigueur, suivant Grotius, si elle était quelquefois excessive, était aussi parfois trop indulgente [5]. Première raison de penser que le talion n'était point littéralement entendu chez les Juifs. Puffendorf cite un grand nombre d'autorités à l'appui de cette opinion [6]. Le même publiciste fait remarquer l'impossibilité absolue, physique ou morale, d'appliquer toujours de la sorte le principe du talion [7].

---

[1] Kotzbue, *A Voyage of descovery* en 1815-1818.

[2] Cantova, *Lettres édif.*

[3] Freycinet, *Voy. aut. du monde*, t. II, p. 784. — Voir aussi *Voyage de* Coréal, t. I, p. 208; *Voyage de* J. de Lery, p. 272; *Hist. génér. des Voy.*, t. IV, p. 224, 325.

[4] Diod., LXVII. — V. l'*Hist. du droit criminel des peuples anciens* etc., par M. Alb. Du Boys, p. 20.

[5] *Le Droit de la guerre* etc., II, 26, § 31, 32, 33.

[6] *Droit de la nature* etc., VIII, 3, § 27.

[7] Goguet, *de l'Origine des lois* etc., pense bien différemment.

Les législateurs grecs étaient aussi partis du principe du talion [1]. On l'appelait même la loi de Rhadamante, à cause de sa sévérité [2].

Mais il est à croire qu'en Grèce comme à Rome, ce principe fut très restreint dans l'application.

La législation criminelle établie par Dracon était moins fondée sur le principe du talion que sur celui de la terreur à inspirer par la sévérité du châtiment. C'était le principe de l'utilité, abstraction faite de celui de la justice. Un autre défaut de cette législation, c'est qu'elle ne voyait que le côté absolu et uniforme de la défense, sans tenir compte du degré de dommage occasionné par le délit, comme aussi du degré de perversité, suivant la nature du crime.

La réforme de Solon fut donc un grand progrès [3]. Elle laisse subsister la peine de mort pour le meurtre prémédité, les empoisonnements, les incendies, les entreprises contre la démocratie, la haute trahison, la désertion à l'ennemi, la profanation des mystères et le sacrilège.

Du reste, Solon paraît avoir entendu le talion dans le sens de l'égalité proportionnelle, puisqu'il voulut qu'on crevât les deux yeux à celui qui priverait un borgne de la vue [4].

Le principe de la peine chez les Crétois, les Locriens et les Thuriens était aussi le talion. Les Crétois l'attribuaient à Rhadamante [5].

La loi des Douze Tables le consacra [6], mais seulement à défaut de la compensation ou d'une transaction pécuniaire. Ce genre de peine ne fut conservé que pour le cas d'accusation calomnieuse [7].

---

[1] Pausan., l. I, 28.

[2] Aristot., *Eth. ad Nicom.*, V, 8.

[3] Ce progrès eût été plus marqué si la peine n'avait pas été parfois héréditaire : que l'amende qui n'est pas payée par le père soit acquittée sur sa succession par le fils, cela se conçoit ; mais ce qui est moins juste, c'est que le fils la paie de ses deniers ou subisse la prison pour son père, si celui-ci n'a pu payer l'amende. Ce qui se conçoit moins encore, c'est que l'infamie passe du père aux enfants. (Isocr. *pour le fils d'Alcib.*; Plutarq., *Dix orateurs, Vie d'Antiph.*)

[4] Diog. Laert., *Vit. Solon*, § 9.

[5] Aristot., *Nicom.*, V, 8 ; — Diod., XII, § 17 ; — Heyne, op. ac., II, p. 38.

[6] Aulu-Gell., XX, 1. — V. dans Jac. Gothofredi, *Oper. jur.d.*, tabl. VII, et p. 69, 119.

[7] L. 10, Cod., *De calumniat.*

C'est surtout dans les sociétés constituées despotiquement que le talion se rencontre. Il y en a deux raisons : le mépris de la justice et des hommes, et une simplicité prompte et facile dans l'application [1].

Les despotes les plus laborieux sont obligés de faire souvent comme s'ils ne l'étaient pas, parce qu'ils ne peuvent suffire à leur tâche. Il en est de même de leurs visirs. Mahomet, en sa qualité de prince absolu, aurait peut-être encore admis le talion [2], alors même qu'il ne l'aurait pas trouvé tout établi déjà chez les Arabes. Il faut reconnaître, cependant, que presque tous les peuples soumis à l'islamisme ont suivi l'esprit plutôt que la lettre de cette partie de leur loi [3]. Chez les Maures d'Espagne, par exemple, les riches pouvaient même racheter avec de l'argent le sang qu'ils avaient versé, si les parents du mort y consentaient. Le calife lui-même n'aurait osé leur refuser la tête de son fils coupable d'homicide, s'ils s'étaient obstinés à la demander [4].

Les délits contre la personne, la liberté, étaient punis du talion par la loi des Wisigoths [5], mais avec faculté de composer et de racheter la peine à prix d'argent. La loi ne veut même pas qu'on rende la pareille pour un soufflet, un coup de poing, un coup de pied, un coup à la tête, de crainte, dit-elle, que la représaille ne soit excessive et dangereuse. Elle estime ensuite les coups de fouet que chacune de ces offenses peut mériter. Elle distingue encore suivant le mal occasionné, s'il a été délibéré ou non. Dans le dernier cas, on peut pour cent solidis racheter un œil arraché. Le reste de cette loi contient un si grand nombre de cas où la composition est forcée, qu'il est évident qu'elle n'admet le principe du talion qu'à regret toutes les fois qu'il s'agit d'offenses entre ingénus. Si c'est un esclave qui s'est rendu coupable envers un homme libre, si par exemple il lui a arraché les cheveux (*decalvaverit*), il doit être aban-

---

[1] Le despotisme est un composé d'impatience et de paresse, a dit un voyageur spirituel. (*La Russie en* 1839, par le marquis DE CUSTINE, t. I, p. 254.)

[2] *Coran*, ch. II et V.

[3] *Hist. du mahomét.*, p. 262, par MILLS, trad. de G. BUISSON.

[4] FLORIAN, *Précis historiq. sur les Maures.* Cf. *Livres sacrés de l'Orient*, par M. PAUTHIER, p. 520.

[5] *Legis Wisig.*, l. VI, tit. 4, l. 3, *Pro alapa vero, pugno vel calce, aut percussione in capite, prohibimus reddere talionem.*

donné à la discrétion de l'offensé. C'est encore une autre peine
pour l'affranchi qui se livre à de mauvais traitements envers
un ingénu, ou un ingénu envers un affranchi, comme aussi un
esclave envers un esclave, etc. Il faut faire entre les personnes
de différentes conditions toutes les combinaisons possibles,
pour pouvoir suivre les lois barbares dans ce labyrinthe de distinctions. Mais grâce à ces distinctions précisément, le talion
n'aurait pu, en tous cas, être appliqué qu'entre égaux. De là
un avantage et un inconvénient. Mais l'idée de proportion
dans l'application de la peine est à elle seule une conquête importante.

Le talion a été conservé dans certains pays à titre de privilège. C'est ainsi que les lois hongroises permettent le talion à
un clerc injustement accusé par un laïc, ainsi qu'aux fonctionnaires et aux magistrats dont les arrêtés ou les sentences sont
attaquées sans raison suffisante [1].

Le délit pour lequel il fut maintenu le plus longtemps, celui
à l'égard duquel l'application semble généralement facile et
juste, c'est le délit de calomnie en justice ou de fausse accusation. C'est principalement pour ce délit que le talion a été
maintenu dans les temps modernes en Lithuanie, en Russie et
en Pologne.

Si quelqu'un accusait un juif d'avoir tué un enfant chrétien
et qu'il ne pût pas prouver son dire par trois témoins, il subis-
sait la peine à laquelle le juif aurait été condamné [2].

Cette mesure n'est pas la seule de ce genre. La calomnie est
si odieuse, surtout quand elle se couvre du masque de l'hypocrisie religieuse et du zèle du bien public; elle est si dangereuse en même temps, lors particulièrement qu'elle peut
être écoutée avec faveur par le fanatisme ou la flatterie des
courtisans, qu'il est difficile de blâmer bien haut les législations
qui ont protégé l'innocence en appelant sur la tête des accusateurs calomnieux la peine qu'ils voulaient faire tomber injustement sur d'autres. L'édit de 1551 [3] portait que le dénonciateur

---

[1] MACIEIOWSKI, *Slavische* etc., t. IV, p. 276.

[2] *Ibid.*, 274.

[3] 27 juin, art. 31. — Théodoric, dans son célèbre édit, avait déjà re-
poussé et puni sévèrement les dénonciateurs calomnieux. Ses paroles sont
curieuses à connaître : « Is qui quasi sub specie utilitatis publicæ, ut sic
necessarie faciat, delator existit, quem tamen nos execrari omnino profi-

convaincu de calomnie serait puni de la peine du talion lorsque
la dénonciation aurait pour objet le crime d'hérésie (alors puni
de mort). Si le talion cessa d'être appliqué en pareil cas, ce
n'est pas par un motif d'humanité, mais parce que sa rigueur
empêchait bien des personnes de se rendre dénonciatrices [1].
Il ne fut plus conservé, sous l'ancien régime, que pour le crime
de lèse-majesté et pour faux témoignage [2]. Il semble que les
raisons qui l'avaient fait proscrire pour la fausse accusation en
matière d'hérésie auraient pu avoir le même effet pour l'accusation calomnieuse en matière de crime politique : il faut, pour
qu'il en ait été autrement, qu'on ait encore moins tenu à découvrir les coupables de lèse-majesté que les hérétiques [3].

Au commencement du XVIIe siècle, le talion était encore
assez répandu en Europe. A Lucerne, par exemple, il y était appliqué d'une manière impitoyable, même pour le cas d'homicide commis par suite de légitime défense. Il fallait payer de
sa tête, et si l'on s'exilait on ne pouvait rentrer qu'à la condition de faire sa paix avec les enfants ou les proches du défunt ;
le sénat lui-même aurait été impuissant pour faire rentrer
l'exilé à d'autres conditions [4].

Un autre exemple de talion bien singulier est fondé sur un
jeu de mots. Les bons Suisses avaient décidé dans leur diète
que ceux-là seraient condamnés à être noyés qui, munis de
bulles pontificales, voudraient se mettre en possession de bénéfices vacants, au préjudice des ecclésiastiques institués par les
évêques [5]. On conviendra que ces franchises valent bien les li-

---

temur, quamvis vel vera dicens legibus prohibeatur audiri ; tamen si ea, quæ
ad aures publicas detulerit, inter acta constitutus non potuerit adprobare,
flammis dabet absumi (art. 35). Occultis secretisque delationibus nihil credi
debet, sed eum qui aliquid defert, judicium venire convenit ; ut si quod
detulit non potuerit adprobare, capitali subjaceat ultioni (art. 50). »

[1] PAPON, l. XXIV, tit. 1, n° 3 ; — JULIUS CLARUS, Quæst., 81, n° 3 ; —
COQUILLE, Sur la coutume de Nevers, tit. I, art. 23.

[2] MORNAC, Ad leg. 1, D., De calumniatoribus.

[3] Ce n'est pas qu'on n'en ait abusé pour rappeler, au contraire, les inégalités établies par les préjugés et les institutions sociales ; mais précisément
parce que ces inégalités ne sont jamais plus choquantes que dans les peines,
elles ne sont jamais plus propres non plus à faire revivre le sentiment de
l'identité de la nature humaine.

[4] Helvetiorum Respublica, diversor. autor. etc., Lugd. Batav., 1627,
in-32, p. 374.

[5] «Curtisani, cum sacerdotibus ab ordinariis locorum delectis sæpe molesti

bertés de l'Eglise gallicane, pour la rigueur de l'exécution du moins.

Mais voici un autre exemple de talion par analogie, encore emprunté au même peuple, et qui a une base un peu plus sérieuse.

Celui qui se rendait coupable d'une mauvaise action en état d'ivresse était condamné non seulement à la peine méritée par le délit, mais encore à l'interdiction du vin pendant un an; au bout de ce temps le peuple, dans un réunion publique, lui en accordait de nouveau l'usage s'il méritait cette faveur. On était tenu d'empêcher les rixes dont on était témoin [1].

---

essent, et vacantia beneficia freti bullis pontificiis invaderent, communi consensu tredecim pagorum decretum est anno 1520, ut tales si pergant suum bullatum jus urgere, in vincula conjiciantur, et ni huic renuntieut, aquis submergentur : scilicet ut ita bullæ bullis eluantur. » (*Ibid.*, p. 320.)

[1] *Ibid.*

§ III.

De la composition.

De même que le talion est le premier pas vers la justice pénale, la composition est le premier degré de la conciliation et du pardon. Celui qui ne demande qu'un mal égal à ce qu'il a souffert se venge encore, mais déjà il limite sa passion dans le choix et la mesure de la peine qu'il veut faire endurer à celui qui l'a offensé. Celui qui consent à ce que le coupable rachète

par l'abandon de biens matériels la peine par lui méritée est
encore moins aveugle, moins implacable dans son ressentiment. Il peut être plus intéressé que celui qui se venge, mais
il est moins à craindre. La satisfaction qu'il exige ou dont il se
contente est, en tout cas, plus rationnelle que la vengeance,
puisque l'avantage qu'il trouve dans une réparation matérielle
est plus durable, plus utile et moins brutale que le plaisir de
la vengeance. Dans la vengeance personnelle il y a beaucoup
de l'animal. Dans le talion il y en a encore, mais déjà circonscrit par un sentiment tout humain, celui de la justice. Dans la
composition, où les biens paient pour le propriétaire, les choses
pour l'homme, il y a également une idée de justice, celle de la
satisfaction, et, de plus, une idée de spéculation et de prévoyance,
l'idée d'utilité.

Remarquons encore la différence qui distingue l'idée de justice dans le talion, de l'idée de justice qui accompagne celle de
composition. La première est une idée d'égalité, d'identité
même : c'est une idée mathématique ou de *justesse* appliquée
à une idée morale ou de *justice*. Il est juste que celui qui a fait
souffrir souffre à son tour. Voilà la notion la plus simple ou la
plus abstraite de cet ordre. Mais que doit-il souffrir? Justement,
précisément ce qu'il a fait endurer lui-même. Telle est la seconde idée, l'idée mathématique et physique à laquelle s'applique la première. Dans la composition, l'idée de justice
satisfactoire ne s'applique point, — excepté en matière de délit contre la propriété, — à un objet de même nature que la
matière même du délit, le préjudice causé. Elle s'applique à
une autre chose qui représente ce préjudice, qui en est censée
la compensation. Il y a donc ici une idée d'*équivalence,* au lieu
d'une idée d'identité ou d'égalité que nous avions tout à l'heure.
Or, l'idée d'équivalence est d'un ordre plus relevé que celle
d'identité; elle résulte de la comparaison de choses diverses, et
où l'esprit a déjà plus de peine à trouver quelque rapport, à
plus forte raison une unité de mesure. Cette difficulté serait à
elle seule une indice du progrès de la composition sur le talion.

Mais cet avantage n'est pas pur de tout inconvénient. En
effet, l'équivalence peut être si difficile à reconnaître, et c'est
ici le cas, que l'arbitraire seul est capable de l'établir. De là une
nouvelle source de difficultés et de contestations. Cependant,
par cela seul qu'on discute, qu'on débat le prix d'une blessure

par exemple, on veut s'entendre, on veut arriver à une solution qui écarte la vengeance, le talion même. De là plus que
jamais la nécessité d'une loi et d'un juge qui mettent les parties d'accord, et qui forcent l'une à donner ce qui est dû, ce
qui a été promis, et l'autre à s'en contenter.

Cette nécessité, qui est antérieure à la composition, qui se
fait déjà sentir sous le régime du talion, qui peut être un besoin
dans l'exercice même de la vengeance, donna naissance à une
rétribution de la part du coupable en faveur du pouvoir. Cette
rétribution prit le nom de *fredum*, et plus tard celui d'amende.

Elle représente aussi, suivant les uns, la peine destinée à
venger le trouble de l'ordre public, l'alarme jetée dans les populations, le mauvais exemple donné, etc. D'après cette dernière manière de concevoir l'amende, il y aurait dans tout délit privé un délit public également. Nous ne le contestons point;
mais nous avons peine à croire que ce motif ait été réellement
celui qui a le premier fait naître la peine pécuniaire dont nous
parlons. Il est plus vraisemblable que le pouvoir, obligé à des
dépenses considérables pour maintenir la paix, pour faire respecter ses décisions, aura d'abord pensé qu'il était juste de faire
payer ces moyens de sûreté publique par ceux qui les rendaient
nécessaires. Mais plus tard l'idée d'un délit public dans tout
délit privé aura été regardé comme le vrai motif de l'amende.

Quoi qu'il en soit, la composition proprement dite est moins
une peine dans le sens propre du mot que la réparation d'un
dommage, lors surtout qu'on admet qu'elle représente le talion,
que le talion n'est qu'une certaine mesure dans la vengeance,
et que la vengeance, dans le sens propre du mot, n'est point
permise à titre de peine, mais comme simple satisfaction personnelle, domestique ou publique. Mais ce qui prouve mieux
encore que la composition proprement dite n'avait aucun caractère pénal, c'est qu'elle avait également lieu dans les quasi-
délits [1]. Le *fredus* ou *fredum* n'était donc que l'accessoire dans
la composition, et non le principal [2].

---

[1] V. ROSSHIRT, *Gesch. und System des deutsch. Strafr.*, t. 1, p. 5.

[2] D'autres ont déjà fait remarquer une confusion dans le langage des lois
barbares qu'il importe de ne pas oublier : c'est que la loi des Burgondes
emploie le mot *mulcta* pour désigner le *fred,* tandis que la loi des Frisons
dit *mulcta* pour la composition payée à la partie adverse, et *freda* pour
l'amende payée au roi.

Mais voyons les faits :

La composition est fort ancienne : elle remonte au premier rachat de la peine par des objets matériels. Elle est possible, naturelle même partout où il y a possession quelconque d'une chose qui peut être utile à d'autres. Ne soyons donc pas étonnés de la retrouver dans Homère [1].

Le sauvage qui a irrité son compagnon de chasse peut lui proposer, pour apaiser sa vengeance, de lui céder son arc ou ses flèches.

Les lois d'Argos permettaient les transactions et les compositions pécuniaires [2]. Elles dessaisissaient peut-être le souverain du droit de punir, et permettaient au coupable de se libérer amiablement auprès de l'offensé de ce qu'il pouvait lui devoir ainsi qu'à la chose publique. L'effet moral est le même au fond, que le coupable satisfasse la chose publique, directement en payant une peine au souverain, ou indirectement en payant cette peine à celui dans la personne duquel seul, après tout, la république a reçu l'offense [3].

Mais quand la force publique n'est pas encore très puissante et que la passion de la vengeance bouillonne encore fortement dans les cœurs, tous les crimes ne sont pas rachetables. A Loango, un coupable a-t-il volé, il en est quitte pour une somme; a-t-il fait des dettes jusqu'à concurrence de la valeur d'un esclave, il le devient lui-même à défaut de paiement; a-t-il commis un adultère, il doit au mari outragé la valeur d'un esclave; a-t-il blessé jusqu'au sang, il donne un esclave, ou la la valeur, pour ne pas être vendu lui-même. Mais s'il a vendu par fraude un noir sur lequel il n'avait aucun droit, ou commis un homicide, il est mis en pièces sur-le-champ par la multitude, et son corps reste abandonné aux oiseaux de proie.

Le talion n'était décrété par la loi des Douze Tables qu'autant que la composition n'avait pas eu lieu [4]. Preuve encore que le talion n'était qu'un pis-aller comparé à la composition, et que ce dernier moyen de satisfaction était un progrès sur l'autre aux yeux du législateur.

---

[1] *Iliade*, IX, XVIII; *Odyss.*, VIII. — Discours d'Ajax à Achille; description du bouclier d'Achille; dialogue entre Neptune et Vulcain, en présence des embarras de Mars et de Vénus.

[2] APOLLOD., II, p. 32.

[3] *Mœurs des Germ.*, XXI.

[4] AULU-GELLE, XX, 1.

Mais c'est surtout chez les Germains [1] et les barbares qui nous en ont transmis les usages et les lois, que la satisfaction pénale connue sous le nom de composition a pris tout son développement naturel [2].

La composition ne fut pas d'abord obligatoire ; elle ne prit ce caractère que du jour où le pouvoir eut l'autorité suffisante pour contraindre à l'accepter, après avoir eu la pensée de la régler en principe et non pour chaque cas présenté par l'expérience. Le refus d'entrer en accommodement dut donc être facultatif d'abord. Par le fait que les législateurs barbares se voient dans la nécessité d'y contraindre [3], c'est que la faculté qu'ils ravissent existait d'abord. En tout cas, les Capitulaires de Charlemagne ne laissent aucun doute sur les volontés de ce prince à cet égard [4]. « Si quelqu'un ne veut pas recevoir pour l'offense qu'il a reçue, pour sa haine (*pro faida*), le prix fixé par les lois, qu'on nous le fasse amener, et nous l'enver-

---

[1] TACITE, *Mœurs des Germ.*, XXI.

[2] Elle règne aussi chez les Kabyles.— Voy. DAUMAS, op. cit., p. 196-197.

[3] V. *Loi des Saxons*, c. III, § 4. *Loi des Lombards*, l. I, tit. XXXIV, § 1 : « Si quis pro faida [c'est-à-dire, pro vindicta mortis, ou *inimicitia*, ou *grandi simultate,* suivant le Glossaire de Lindenborg dans ses *Leges barbar.*], pretium recipere noluerit, ad nos sit transmissus, et nos eum dirigamus ubi damnum minime facere possit. Simili modo etiam qui pro faida pretium solvere noluerit, nec justitiam inde facere, tunc ad nos sit transmissus, et in tali loco eum mittere volumus, ut majus damnum non crescat. » — Et encore, l. XXXVII, § 1 et 2 : « Si quis aliqua necessitate cogente homicidium commiserit, comes in cujus ministerio res perpetratur, compositionem solvere et faidam per sacramentum satisfacere faciat. Quod si una pars consentire ei ad hoc noluerit, aut ille qui homicidium commisit, aut is qui compositionem accipere debet; tunc comes illum, qui contumax fuerit, ad præsentiam nostram venire faciat, ut eum ad tempus quod nobis placuerit ibi castigatur, ut comiti suo inobediens esse ultra non audeat, et majus damnum inde non accrescat. » — Si, après s'être engagé par serment à ne pas pousser plus loin son ressentiment, la personne offensée ne gardait pas la paix promise après composition, la loi condamnait cette déloyauté au double de la composition acceptée. (Liv. I, tit. IX, § 8.) « Si homo occisus fuerit, liber aut servus et de ipso homicidio compositio facta fuerit, et pro amputanda inimicitia sacramenta præstita fuerint; et postea contigerit ut ille qui compositionem acceperit, revindicandi causa occiderit hominem de parte de qua compositionem acceperat, jubemus ut ipsam compositionem in duplum reddat, aut parentibus aut domino servi simili modo de plagis aut feritis, qui post compositionem acceptam revindicare tentaverit, ut in duplum quod accepit restituat : excepto si hominem occiderit, componat ut supra in integrum. » — Dispositions analogues dans la *Loi des Allemans*, tit. XLV, § 1 et 2.

[4] *Capitul.* ann. 779, c. 22.

rons en lieu où il ne pourra faire de mal à personne. Pareillement, si quelqu'un ne veut pas racheter la haine qu'on lui a
jurée, ni en faire justice, nous l'enverrons en lieu où il ne
pourra plus être l'occasion de nouveaux dommages » [1].
Lorsqu'après une composition difficile, mais arrangée par les
magistrats, l'un des ennemis réconciliés tuait l'autre, il devait
payer une composition et une amende, et, de plus, avoir la main
coupée [2].

M. Pardessus soutient que l'offenseur ne pouvait contraindre
l'offensé à recevoir une composition, et que si celui-ci la refusait, l'offenseur n'avait de ressource que dans l'expatriation [3].
Montesquieu avait pensé le contraire [4].

Il suffit pour concilier ces opinions de distinguer les peuples
et les temps. Montesquieu a raison s'il parle des pays et des
temps où la composition était complètement organisée; les lois
et les Capitulaires qui les reproduisent (nous venons de les citer)
ne laissent aucun doute à cet égard. Il est clair au point de vue
du raisonnement seul, qui a bien aussi son autorité, même en
histoire, que du moment où un législateur prend la peine de
faire des lois très circonstanciées au sujet de la composition,
qu'il en veut l'application, et que l'ordre public, la justice privée que tout souverain a mission de rendre, exige que cette
application ne dépende point du caprice ou du mauvais vouloir des particuliers.

Mais si l'on se reporte à des temps antérieurs, il est clair
aussi que la composition dut avoir lieu à l'amiable d'abord,
surtout en présence du talion érigé en droit pénal. Sous ce
régime, l'autorité n'avait pas le droit de contraindre l'offensé
à se contenter d'une offre quelconque de la part de l'offenseur;
il y aurait eu dans cette violence un démenti donné à la loi. Il
fallait donc, ou que l'offenseur se soumît aux exigences de l'offensé, ou qu'il subît le talion ou telle autre peine afflictive qui
était censée le représenter. Il était libre de choisir dans des temps
encore plus reculés, lorsque la composition fut réglée pour la
première fois par le pouvoir public; il est possible que le légis-

---

[1] V. aussi *Capit.*, ann. 802, c. 32.
[2] *Capit.*, liv. V, c. 247.
[3] *Loi salique*, p. 653 et suiv.
[4] *Esprit des Lois*, XXX, 19. — V. aussi MAULY, *Observations sur l'Hist.
de France*, I, 1.

lateur, par respect pour les usages reçus, ait laissé à l'offensé le droit d'opter entre la composition fixée et la peine du talion [1]. La loi des Frisons va même beaucoup plus loin, puisqu'elle permet la vengeance [2].

Ce ne fut très vraisemblablement qu'à une troisième époque que la composition fixée par la loi devint obligatoire des deux parts [3]; l'offensé ne dut plus pouvoir dire : «Eh bien, subissez le talion;» ni l'offenseur avoir le droit d'accepter cette alternative.

On se tromperait, cependant, si l'on croyait que le tarif de la composition fut universellement fixé parmi les barbares. Un usage qui venait de loin, et qui se maintint en Bohème jusqu'au XIVᵉ siècle, laissait au plaignant la faculté d'estimer les dommages-intérêts qui lui étaient dus, dans tous les cas où la peine était pécuniaire; le juge était seulement chargé de veiller à ce qu'elle ne fût pas trop forte, et même à fixer la peine pécuniaire du meurtre si les parties ne pouvaient en cela tomber d'accord. La faculté de racheter sa tête à prix d'argent ne fut d'abord accordée que pour les crimes sans préméditation; plus tard, elle s'étendit au cas de blessures mortelles [4].

Mais la composition dut être forcée du moment où le pouvoir se fut réservé une part dans les procès criminels, du moment où le *fredum* [5] (l'amende) fut établi. A quel titre parfaitement naturel, en effet, aurait-elle été perçue si la composition avait pu être refusée [6]? Sans doute elle n'est pas incompatible avec le régime du talion, nous l'avons nous-même reconnu ; elle est possible, je veux dire qu'elle peut être fondée

---

[1] LYSIAS, *De cæde Eratosth.* — Voir aussi l'auteur grec anonyme des *Questions de rhétor.*, c. 20.

[2] V. plus haut la note relative à ce point, p. 196.

[3] Cf. *Essai historique sur les lois*, p. 67 et 68.

[4] MACIEIOWSKI, op. cit., t. II, p. 141.

[5] Le fredum était, chez les Francs Saliens, du tiers du total fixé par la loi. (PARDESSUS, 12ᵉ *Dissertat.*)

[6] Cet intérêt du pouvoir à convertir la peine afflictive en peine pécuniaire a eu sa part d'influence dans l'adoucissement des usages en matière de pénalité. Chez les Cossyah, le châtiment de tous les crimes dépend en grande partie du radjah; toutes les amendes tombent entre ses mains. Ce qui fait que l'amende est un genre de punition d'un usage général pour toute espèce de méfait. La peine de mort est rarement infligée, et seulement dans les cas extrêmes. Alors le coupable est jeté dans un précipice, ou tué dans les broussailles. (*Beautés des voyages*, par DE CHANTAL, t. II, p. 332.)

en droit sous le régime de la vengeance ; mais elle est incomparablement plus naturelle sous celui de la composition, et de la composition forcée.

En tout cas, dès que la composition était convenue, le coupable, s'il livrait la_chose promise dans le temps voulu , était affranchi de toute poursuite. La paix était faite.

Une difficulté restait pourtant. Que décider, en effet, si le coupable était sans ressources, s'il n'avait pas de quoi payer la composition? La loi des Bavarois dit positivement que tant qu'un homme avait de quoi composer selon la loi, il pouvait le faire ; mais que s'il n'avait rien il devait se mettre en servitude, et donner par an, ou par mois, tout ce qu'il pouvait gagner à celui qu'il avait offensé, jusqu'à satisfaction entière [1]. L'esprit des autres lois barbares ressemble à celui-là , quoiqu'elles soient moins précises que celle des Bavarois [2].

Chez les Scandinaves , comme chez les Germains, comme chez les Slaves, comme partout, la vengeance personnelle fut la première manière de faire respecter les droits privés [3].

Plus tard, la composition prévint la guerre. Quand les deux parties ne parvenaient pas à s'entendre sur la composition, quand l'une refusait de l'accepter ou l'autre de la donner, l'offenseur n'avait de salut que dans la fuite. Telle est l'origine du bannissement, qui, dans le principe, était plutôt considéré comme un moyen de salut que comme une peine [4].

A l'apparition du christianisme, et avec les développements de la puissance royale, le tarif des amendes fut arrêté. Mais la guerre privée se fit encore quelquefois, surtout pour meurtre [5].

La composition et l'amende ne formaient en certains pays qu'une peine indivise où les parties intéressées prenaient une part chacune. En Danemark, par exemple, l'amende était divisée en trois parties. Le coupable, ses parents de la ligne pa-

---

[1] Tit. II, 4 et 5.

[2] V. CANCIANI, *Legg. barbar.*, cité ci-après.

[3] Dans les plus anciens temps, le meurtre était toujours suivi d'une guerre privée tendant à laver le sang par le sang. Il était honteux de se contenter d'une amende. (*Edda Sigurdarquida*, II, str. 15 ; *Brynhildarquida*, I, str. 35 ; *Vatnsdala (Saga)*, c. 23 ; *Heidarwigas* ; etc.)

[4] Cf. SAXE, p. 85, 199 ; ARNESEN, *Einl. z. Isl. Rechtsvf.*, 613-630.

[5] Pour l'influence du clergé au moyen des peines spirituelles, voir KNUD's (Canut ou Knut le Grand), *Geistliche Gesetze*, *Weltliche Gesetze*. — Voir KOLDERUP, op. cit., p. 34 et s.

ternelle et ses parents de la ligne maternelle en payaient
chacun un tiers. Le plus proche héritier du mort et ses parents
des deux lignes en prenaient chacun un tiers. On donnait ou
l'on prenait au plus proche degré le double du degré suivant.
Un pfennig était la plus petite part qu'on pût apporter. Les degrés s'estimaient suivant les mêmes principes que pour le droit
de succession. Cependant les femmes, et les enfants qui n'étaient
pas nés encore, étaient exceptés. L'amende était payable par
tiers tous les quatre mois. Elle devait être payée tout entière
dans l'intervalle d'un an. Souvent, outre l'amende, le coupable
convenait de payer aux parents du mort une *suramende* (*Ger-
sum*), soit à cause de la dignité du mort, soit par crainte de la
vengeance. Mais quand le coupable jurait avec des cojura-
teurs, sur la tombe du défunt, qu'il avait reçu de celui-ci des
blessures ou des coups à l'occasion du meurtre, l'amende se
trouvait diminuée d'autant. Si le coupable avait lui-même succombé, son plus proche parent pouvait faire cette réclamation.

Les amendes payées dans les villes étaient partagées entre le
plaignant, le roi et la ville.

Le clergé avait aussi part à l'amende lorsque sa paix (*Kir-
chenfriede*) avait été violée.

Quand le condamné se refusait à payer l'amende, le plaignant était autorisé à exécuter la sentence, suivant certaines
formalités qui étaient onéreuses. Si le condamné venait à commettre par sa résistance de nouveaux délits plus graves, il
pouvait être banni (*Friedlos*) [1].

Les législateurs anglo-normands imitèrent ceux des barbares dans la manière d'apprécier les délits et de les tarifer.

Une loi d'Henri Ier (XIIe siècle) énumère avec le plus grand
détail les espèces de blessures qu'on peut recevoir, et la compensation pour chacune d'elles. Elle explique avec soin les
fonctions des dents, leurs différentes espèces. Elle fait de même

---

[1] KOLDERUP, op, cit., § 25, etc. Il n'y avait plus de paix possible avec
lui, puisqu'il avait manqué à celle qu'il avait acceptée. (Cf. cependant
lois et capitulaires plus haut cités.) Ce manquement pouvait être coupable
à plus d'un titre, suivant le nombre des droits qui s'en trouvaient lésés, c'est-
à-dire suivant le nombre des parties qui étaient intervenues au contrat de
réconciliation, de composition ou de paix. On distinguait d'ailleurs plusieurs sortes de paix. Ce point d'histoire est traité avec étendue dans l'ouvrage de M. ALB. DU BOYS, t. II, p, 84-120.

pour les doigts : trente sous pour un pouce coupé, quinze sous pour l'index, douze sous pour le médius qu'elle appelle aussi *impudicus*, dix-sept sous pour l'annulaire (*vel medicinalis*), neuf sous pour l'auriculaire. Pourquoi donc le médius est-il plus maltraité que l'annulaire? N'est-il pas plus fort et plus nécessaire? Il y a là quelque préjugé secret. Ne serait-ce pas à cause de certaines fonctions qu'on lui suppose, et qui n'ont pas un caractère exclusivement chirurgical [1]? (Art. 93.)

Indépendamment de ces considérations générales sur la composition, nous croyons devoir l'examiner encore d'une manière spéciale sous les différents aspects suivants : la nature unique de la peine; — la fixation du *quantum* de cette peine; — la raison de ce *quantum*; — sa différence suivant les sexes, — suivant les conditions; — la destination de la composition; — le rapport des peines pour délits privés avec les peines pour délits politiques.

I.

De l'identité de nature dans les peines qui se résolvent en composition.

Si la peine doit, autant que possible, être basée sur une certaine analogie; si elle doit être diversifiée suivant la nature des délits; si cette diversité laisse plus de latitude au législateur et au juge; si elle est favorable à une plus entière rétribution de la justice criminelle; le choix d'un seul genre de peines, comme dans la loi salique, ne serait-il pas plutôt une imperfection qu'une qualité? Cette imperfection devient plus grave encore si elle a sa source dans le sentiment de l'intérêt plutôt que dans celui de la justice; si elle est moins la réparation d'un mal moral, son remède, qu'une occasion de s'enrichir, et si, par conséquent, le délit peut être moins regardé comme la lésion d'un droit que comme un titre à faire valoir contre le coupable. Il y a dans ce système de pénalité une espèce de trafic de la justice criminelle d'autant moins moral au fond, que le délit est tarifé avec une précision littérale et pharisaïque qui exclut la distinction nécessaire entre les fortunes des coupables.

Si la composition voulue et systématiquement déterminée

[1] HOUART, op. cit., t. 1, p. 369.

par la loi accuse un progrès intellectuel, à certains égards même un rapport moral, il faut convenir cependant que ce progrès moral a son côté contestable. Ne fait-il pas présumer avec une certaine vraisemblance que le coupable aime mieux payer de ses biens que de sa personne, et que celui qui a droit à la peine trouve plus d'avantage à se contenter d'un châtiment qui doit lui apporter du profit qu'à chercher sa satisfaction dans des douleurs ou des tourments qu'il méprise d'autant plus, sans en excepter la mort, qu'il est lui-même plus misérable? D'ailleurs, dans les sociétés où la force publique est faible encore, où la communauté est pauvre et peu en mesure de créer des maisons de détention, de correction, de préposer des hommes à la surveillance de ces établissements, d'y nourrir les condamnés, il ne reste plus que l'alternative ou d'un châtiment physique momentané et qui ne peut apporter qu'une satisfaction très passagère à celui qui le fait infliger, ou d'une peine qui, tout en étant très sensible à celui qui l'endure à cause de sa pauvreté même, devient très avantageuse à celui qui en profite par la même raison. La composition sera donc un progrès sur la vengeance, sur le talion, je le veux bien ; mais ce progrès s'opère de lui-même, par la force des choses, sans réflexion, par la suggestion des besoins et des intérêts. Dès lors il ne suppose pas dans les mœurs et la conscience publique toute l'amélioration qu'il semble indiquer d'abord.

La composition ne se rencontre pas chez les sauvages à titre de principe, de loi universelle systématisée ou appropriée aux différents cas, par la raison que le sauvage n'a pas toujours de quoi satisfaire son ennemi, qu'il n'y a pas d'autorité assez forte pour faire composer les parties, ni assez intelligente pour prévoir, régler et consigner par écrit les différents cas.

La composition est une sorte de règlement de compte entre un débiteur et un créancier, mais avec ce caractère particulier qu'elle substitue souvent une chose due à une autre. La nature de la dette en matière pénale est, pour les barbares, déterminée par la nature du délit ; il en est de même de la quantité de la chose due. Ces deux caractères sont ce qu'on appelle le talion dans toute sa simplicité apparente. Pour que cette dette puisse être convertie en une autre, il faut que le créancier y consente. De là une sorte de négociation qui peut aboutir à la composition, et qui n'est de part et d'autre qu'une compensation. On conçoit que le créancier ne veuille point commuer son titre, que le débiteur ne puisse payer autrement que de sa personne, ou qu'il trouve le rachat de sa peine trop dur. Alors les obligations et les droits primitifs subsistent.

La composition et le droit du talion plus ou moins modifié ont donc dû être et ont été en effet assez longtemps en présence ; il en a été ainsi tant que l'autorité publique n'a pas eu la pensée ou le pouvoir de faire de la composition une règle obligatoire, en s'investissant lui-même des droits de l'offensé dans l'estimation de l'offense et dans la poursuite de la peine en réparation. Il a dû s'emparer d'autant plus volontiers de ce rôle de conciliateur par voie d'autorité, qu'il y trouvait lui-même un avantage, puisqu'il se faisait payer son intervention. L'intérêt du souverain sert donc aussi à expliquer le passage de la composition libre à la composition forcée. L'ordre public n'y est pas non plus étranger, pas plus sans doute que l'humanité ; mais ces deux derniers motifs n'excluent point le premier.

II.

Du tarif des peines.

Dès qu'une fois le principe de la composition légale fut admis, il devint nécessaire de donner plus de précision à l'idée, en déterminant le *quantum* de la peine pour chaque délit. La chose était facile pour les attentats à la propriété, sauf l'exécution contre celui qui ne possédait rien ; mais la fixation de ce *quantum* était plus difficile dans les attentats contre les personnes. Combien vaut une injure, un outrage à la pudeur, un coup de poing, un coup de bâton, un coup d'épée, la perte d'un membre ou de la vie ? Ne sont-ce pas là des quantités hétérogènes sans commune mesure, sans rapport naturel appréciable ? De là une fixation ou tarif nécessairement arbitraire. Mais au moins tiendra-t-on compte de l'état de fortune de l'offensé, de celle de l'offensant ? Et comment graduer une échelle sur ce continu d'une manière exempte d'arbitraire ? — Au moins le juge aura-t-il la faculté de se mouvoir entre un maximum et un minimum, afin d'approprier d'avantage la peine au délit ? — Mais sur quelles bases fixera-t-on les termes extrêmes entre lesquels il pourra librement suivre les inspirations de sa conscience? Point de réponse à toutes ces questions. Le législateur opère d'une manière abstraite. La précision ne porte que sur la distinction entre une blessure et une autre ; elles sont estimées pour ainsi dire le compas à la main. Dans la loi des Frisons, qui est d'ailleurs des plus courtes, il y a cent soixante-quatre articles de détails sur les compositions. « C'est proprement, dit Fleury, un tarif de blessures, avec l'énumération de toutes les parties du corps humain, et même de celles que l'on eût dû se dispenser de nommer... Par exemple, on taxe en autant d'articles différents une main coupée, quatre doigts, trois doigts, un doigt. On distingue si c'est le pouce, l'index, et ainsi des autres ; même en chaque doigt, on distingue les jointures (phalanges). On observe si la partie a été tout à fait coupée, ou si elle tient encore ; et si c'est seulement une plaie, on en exprime la longueur, la largeur et la profondeur. On taxe en particulier le coup qui a fait tomber un os de la tête ; mais si cet os n'était pas une petite esquille du crâne, il fallait qu'il pût faire résonner un bouclier dans lequel on le jetait au travers d'un chemin de douze pas. Les injures par paroles sont taxées avec la même exactitude, et l'on y peut voir celles qui passaient alors pour offensantes. On ne s'aviserait point aujourd'hui d'exprimer certaines actions marquées en particulier dans ces lois. Il y est parlé de celui qui empêche un autre de passer dans un chemin, de celui qui dépouille une femme pour lui faire injure, de celui qui écorche un cheval, etc. » [1].

III.

Du quantum de la composition.

Il y avait ici plusieurs points de vue à considérer et à combiner.

Dès qu'on ne voulait faire qu'un prix pour tout le monde, il fallait le mettre à la portée de la fortune moyenne du peuple.

Et comme les peines devaient être graduées suivant les délits, il fallait distribuer ces délits sur une certaine échelle, sauf à mettre plusieurs d'entre eux sur un même degré. Or, cette

---

[1] Cf. Rip., tit. 70, De osse sup. viam son; L. Alaman, tit. 60 ; Longobard, tit. 105, De injur. fem.; L. salic., tit. 60.

distribution est souvent d'autant plus arbitraire qu'elle est plus minutieuse. Le point de vue du législateur peut être en désaccord avec les faits. La privation des mains est plus grande pour le manœuvre qui exerce son état debout, et surtout assis, que la privation de ses jambes. Un commissionnaire perd plus, au contraire, en perdant une jambe qu'en perdant un bras.

Ne fallait-il pas tenir compte aussi de la douleur propre à chaque genre de lésion, du degré dans les chances de guérison, de la longueur du traitement, du prix divers des médicaments, etc., etc., toutes choses que l'expérience seule pouvait faire connaître?

Déjà nous avons reproché à ce genre de peine de ne pas prendre en considération la misère ou l'aisance du blessé et celle du coupable. La position de famille, celle de célibataire ou de marié, de marié sans enfants ou avec enfants, etc., sont aussi des données qui ont leur valeur. Je ne reprocherais pas au législateur de les avoir omises, s'il n'avait pas entrepris de suppléer aux faits par une détermination anticipée tellement circonstanciée qu'elle devait pour ainsi dire faire du juge un simple géomètre, qui n'avait à se servir mathématiquement que de ses yeux, de ses instruments, et point de sa conscience ni de son jugement.

Il ne faut pas faire un trop grand mérite aux lois barbares d'avoir admis une échelle de composition très modérée. Si les peines avaient été trop fortes, elles n'auraient pu être appliquées; ou, si elles l'avaient été, les fortunes, les familles en auraient été bouleversées. Le même esprit de cupidité ou d'humanité qui les avait suggérées en avait inspiré la modération. Un peuple pauvre ne peut avoir de nombreuses pénalités pécuniaires sans les mettre au niveau de la fortune moyenne.

D'ailleurs, l'échelle de composition dut s'élever avec la fortune publique; autrement, les peines seraient devenues impuissantes et dérisoires. Rotharis le comprit lorsqu'il augmenta la composition de la coutume ancienne pour les blessures, afin, dit-il, que le blessé étant satisfait, les inimitiés pussent cesser [1].

---

[1] L. 1, tit. vii, § 15.

IV.

Différence de la composition suivant les sexes.

Si le législateur n'avait pas tenu compte de toutes les grandes circonstances qui doivent faire varier la peine d'un cas à l'autre, il en avait pourtant noté quelques-unes, entre autres celle du sexe. Faut-il dire, avec Ozanam [1], que cette considération était un reste de l'antique vénération des hommes du Nord, particulièrement des Germains, pour les femmes? ou bien ne serait-ce pas plutôt un sentiment de justice qui porte à être plus sévère pour la lâcheté qui s'oublie en maltraitant la faiblesse? Cette conjecture serait rendue vraisemblable si les enfants et les vieillards avaient partagé cette espèce de faveur. Le fait est que c'est la faiblesse des femmes qui est alléguée dans plusieurs de ces lois, et dès lors il y aurait eu vice de logique à ne pas étendre le même bénéfice aux enfants et aux vieillards, non moins faibles que des femmes.

D'autres de ces lois semblent avoir en perspective ce que la loi romaine appelait *fructus*, en parlant des petits des animaux domestiques et des esclaves. D'autres, enfin, n'ont vu dans la femme que ce qu'y voient les sauvages, un être inférieur à l'homme, une sorte d'instrument et d'esclave que la nature lui met entre les mains. Ces dernières lois devaient donc abaisser la composition pour les mauvais traitements subis par des femmes.

---

[1] « La loi de Suède, celles des Saxons, des Francs, des Alemans, des Bavarois, des Lombards, punissent d'une peine pécuniaire plus forte l'injure faite à la femme, parce qu'elle ne peut se protéger elle-même par les armes. La loi des Angles donnait un autre motif : « Qui feminam virginem nondum parientem occiderit, 600 solidos componat; si pariens erit, ter 600 solidos; si jam parere desiit, 600 solidos. » (*Lex Anglor. et Werinor.*, 10, 13.) Je trouve, ajoute Ozanam, à peu près les mêmes proportions, par conséquent le même motif, dans la loi salique, 28, et dans celle des Ripuaires, 12, 13, 14. Au contraire, la loi bavaroise invoque un principe moral, 3, 13 : « Quia femina cum armis se defendere nequiverit, duplicem compositionem accipiat. » La loi saxonne, 2, 2, punit du double l'outrage fait à une vierge. Cf. *Lex Alamann.*, 67, 68; Rotharis, 200, 202; Uplandsl., Manhelg., 29, 5. La *loi des Wisigoths*, VIII, 4, 16, est la seule qui attribue à la femme un moindre wehrgeld qu'à l'homme. » (*Les Germains avant le christianisme*, p. 101.)

V.

Différence de la composition suivant les conditions.

C'était aussi un être faible que le roturier et l'esclave, et qui aurait mérité la protection de la loi. Mais précisément parce que cette faiblesse tenait à une infériorité civile ou d'institution humaine, la loi qui l'avait faite, d'accord avec elle-même, loin de protéger l'esclave ou l'homme du peuple, l'humiliait encore en estimant les mauvais traitements qu'il pouvait subir au-dessous de ceux que l'affranchi, l'ingénu ou le roturier pouvait endurer.

A la vérité, d'après Tacite, les Germains n'avaient ni affranchis ni ingénus, distinction toute romaine, et que les empereurs eux-mêmes firent disparaître. Ils n'avaient même pas d'esclaves; ou plutôt, jusqu'à ce que les Romains leur fissent connaître par la conquête la véritable servitude, les Germains n'avaient d'autre esclavage que le colonat; et l'autorité des maîtres s'exerçait de deux manières : en imposant aux colons un tribut, et en les châtiant à discrétion [1].

Cette distinction de colons et de seigneurs et maîtres, principe du servage de la glèbe, était plus que suffisante pour en amener une autre dans le droit criminel.

Chez les peuples à esclaves proprement dits, ce n'est point l'esclave qui est indemnisé pour les attentats commis sur sa personne, ce n'est pas non plus sa famille, il ne s'appartient pas et n'a pas de famille : c'est son maître qui a droit à l'indemnité, et cette indemnité ne peut mériter le nom de composition à l'égard de l'esclave, pas plus que si le dommage éprouvé dans sa personne par son maître avait porté sur un animal ou sur une chose.

La féodalité, en faisant renaître la servitude et en conservant les peines pécuniaires pour les délits contre les personnes, admit des tarifs différents suivant la condition de l'offensé.

Un noble de rang supérieur qui entrait en colère dans la maison d'un homme de qualité (*standgenossen*) et le tuait, payait pour sa tête soixante marcs, dix au tribunal comme

[1] *Germanie*, XXV.

peine, et cinquante aux enfants du mort. Cette disposition vient du droit de la Petite-Pologne; le Statut de la Grande-Pologne, qui réduit cette peine capitale à la moitié, se fonde sur les principes de l'ancien droit silésien et polonais, qui ordonnait de payer une peine capitale tant pour les parents que pour les enfants. On payait de moins en moins, suivant que la condition du mort était de plus en plus basse : pour un tenancier la peine n'était que de quatre marcs au tribunal, six aux parents, un à son seigneur. Le Statut de la Grande-Pologne accordait trois marcs au seigneur et autant aux parents [1].

Si des roturiers avaient tué un noble, il fallait trois de leurs têtes pour payer celle du noble, suivant le droit de Lithuanie et de Masovie. D'autres coupables pouvaient se racheter en partie, d'autres perdaient la main [2].

En Lithuanie, en Pologne, la composition pour le meurtre a duré jusqu'en 1762; elle ne fut pleinement abolie qu'en 1768, même contre le noble qui avait tué un paysan. Toutefois, cette mesure fut en partie éludée, puisqu'on exigeait la déposition de six témoins contre un noble, et que trois de ces témoins devaient être de sa condition. L'impunité se trouvait ainsi assurée la plupart du temps au coupable [3].

En Angleterre on distinguait aussi suivant la dignité de l'offensé : si un comte avait été blessé à la tête, neuf vaches; si c'était son fils, six vaches; si le fils du than, trois vaches; si ses neveux, deux vaches et deux tiers d'une troisième. Mais si ce n'était que le sang d'un vilain qui eût coulé, c'était beaucoup moins [4].

---

[1] Macieiowski, *Slavische rechtsgeschichte* etc., t. II, p. 134.

[2] *Ibid.*, t. IV, p. 389.

[3] *Ibid.*, t. IV, p. 303.

[4] « Sanguis de capite comitis sunt, novem vaccæ.
Sanguis filii comitis, vel unius thani sunt, sex vaccæ.
Sanguis filii thani sunt, tres vaccæ.
De sanguine nepotis thani sunt duæ vaccæ, et duæ partes unius vaccæ.
De sanguine unius rustici extracto subtus anhelitum, est minor per tertiam partem in omnibus supradictis. » (Houart, op. cit., t. II, p. 265.)
Chez les Anglo-Saxons, dit Hallam, comme chez toutes les autres nations du Nord, la composition pour meurtre différait suivant la qualité des personnes. Moindre pour un esclave que pour les *thanes* et les *céorls* (les propriétaires et les cultivateurs), elle était différente encore suivant l'étendue de la propriété, et la qualité de Saxons conquérants des Bretons conquis.

En Espagne l'emprisonnement n'était pas le même pour le noble et pour le roturier, pour les femmes du peuple ou pour les femmes de qualité. Ces dernières n'étaient renfermées dans les prisons publiques que pour des délits fort graves; autrement on les déposait dans une maison de sûreté ou dans un couvent. Du reste, ce dernier genre de réclusion n'était déjà plus en usage du temps de Grégorio Lopez [1].

Le nouveau Code russe distingue deux séries de peines parallèles, suivant qu'elles atteignent les classes privilégiées ou celles qui ne le sont pas. Il y a généralement des accessoires aggravants pour les condamnés de la dernière catégorie, sous prétexte de rétablir l'égalité, attendu que les nobles perdent par les peines afflictives des avantages honorifiques, politiques ou de fortune que ne peuvent perdre ceux qui ne les possèdent pas. Nous croyons que c'est peut-être là une appréciation inutile de différences très réelles du reste, mais qui nous semblent suffisamment compensées par le plus haut degré de criminalité toujours ou presque toujours justement supposable dans les classes aisées, instruites et privilégiées; en sorte que si le noble se trouvait atteint plus fortement, c'est qu'il méritait de l'être [2].

VI.

Différence de la composition suivant les nationalités et les dignités.

L'orgueil barbare trouva dans son insolence une raison suffisante d'avoir deux poids et deux mesures, suivant que la composition aurait lieu au profit d'un Franc ou d'un Romain, d'un

---

Le céorl saxon et le céorl breton étaient libres sans doute, mais le premier appartenait à une race privilégiée et censée supérieure.

Du reste, ces dernières causes de distinction appartiennent au numéro suivant.

[1] ANT. FERN. PRIETO, *Historia del derecho real de España, en que se comprehende la noticia de algunas de las primitivas leges, y antiquisimas Costumbres de los Españoles : la del fuero antiguo de los godos, y las que se establecieron despices que comenzo la restauracion de esta monarquia, hasta los tempos del reg. D. Alonso el sabio, en que se instituyeron el fuero real y las siete partitas.* Su autor Don Antonio Fernandez Prieto y sotelo, abogado de los reales conjejos, y de los del colegio de Madrid. Madrid, 1821.

[2] M. DE THIS. V. *Revue de droit.*

vainqueur ou d'un vaincu. La loi des Bourguignons et celle des Wisigoths furent les seules impartiales [1].

Le Gaulois fut jugé homme vil; son sang fut estimé une fois moins que celui d'un Franc, et, dans tous les cas, on ne lui payait que la moitié de la composition fixée pour celui-ci [2]. Le courtisan, le seigneur, le propriétaire, etc., avaient aussi leur valeur distincte.

La qualité d'évêque mettait la personne qui en était revêtue au-dessus des nationaux et des dignitaires civils. Ainsi, tandis que la composition était de six cents solides pour un leude ou fidèle, elle était de neuf cents solides pour un évêque. Les degrés inférieurs de la hiérarchie ecclésiastique étaient taxés à proportion. Ainsi, le meurtre d'un diacre était tarifé à trois cents solides, celui d'un prêtre à six cents. La loi des Ripuaires avait une échelle plus élevée, mais analogue à celle de la loi salique : pour le meurtre d'un sous-diacre, quatre cents solides; pour celui d'un diacre, cinq cents; pour celui d'un prêtre ingénu, six cents; pour celui d'un évêque, neuf cents encore. La prééminence du clergé était donc bien établie, abstraction faite, en ce qui concernait ses membres, de leur origine nationale.

Les nations barbares, tout en s'estimant davantage chacune, avaient aussi plus de considération les unes pour les autres que pour les Romains ou les Gaulois, parce que les barbares se regardaient comme frères, comme sortis d'une souche commune. On peut voir dans leurs lois la preuve de tout ce que nous venons d'avancer [3].

---

[1] MONTESQ., *Esprit des Lois*, XXVIII, 3.

[2] MABLY, *Observat. sur l'Hist. de France*, l. 1, 1.

[3] Différence de composition suivant les origines nationales, d'après la loi salique : « Si quis ingenuum Francum aut hominem barbarum occiderit qui lege salica vivit, sol. 200, culpabilis judicetur. Si quis eum occiderit qui in Truste dominica est, sol. 600, culpabilis judicetur. Si quis Romanum hominem convivum regis occiderit, sol. 300, culpabilis judicetur. Si Romanus homo possessor, id est, qui res in pago ubi commanet proprias possidet, occisus fuerit, is eum occidisse convincitur, sol. 100, culpabilis judicetur. Si quis Romanum tributarium occiderit, sol. 45, culp. judicetur. (*Leg. sal.*, tit. 43.) Si Romanus homo Francum expoliaverit, sol. 62, culp., etc. Si vero Francus Romanum expoliaverit, sol. 30, culp., etc. (*Ibid.*, tit. 15.) Si Romanus Francum ligaverit sine causa, sol. 30, etc. Si autem Francus Romanum, sol. 15. » (*Ibid.*, tit. 34, etc.) Mêmes proportions établies par les lois ripuaires entre les Français et les Gaulois.

Différence entre les clercs et les laïcs. On a vu que le meurtre d'un

VII.

Comment se partageait la composition.

C'était un principe que ceux qui devaient hériter du défunt devaient le défendre, le venger. C'était donc à eux que la composition appartenait.

La loi salique ordonne que si un père est tué, ses enfants recueilleront la moitié de la composition, et que ses parents les plus proches, tant du côté paternel que du côté maternel, partageront l'autre moitié. Cette seconde disposition de la loi semble avoir été motivée par la crainte ou qu'un parricide ne restât impuni, ou que le meurtre d'un père [1] ne fût pas recherché assez activement si le soin n'en était remis qu'à ses enfants.

« Si quelqu'un a tué un ingénu, dit une loi de Childebert, et que la chose ait été prouvée, il doit composer avec les parents suivant la loi. La moitié de la composition appartient au fils. De l'autre moitié ils prendront encore la moitié, de telle sorte qu'il ne reste plus que le quart. Quant à ce quart, il est dû aux proches parents, trois du côté paternel et trois du côté maternel. Si la mère ne vit plus, la moitié de la composition appartiendra toujours aux parents, trois du côté paternel et trois du côté maternel » [2].

« Cette participation des parents paternels et maternels à la

---

leude ou fidèle n'était compensé que par 600 sol., etc., d'après la loi salique. Voici le texte relatif à la compensation du meurtre commis sur la personne des ecclésiastiques : « Si quis diaconum interfecerit, sol. 300, etc. Si quis presbyterum interfercerit, etc., sol. 600. Si quis episcopum, sol. 900, etc. » (*Leg. sal.*, tit. 58.) On connaît déjà les compensations analogues, mais plus fortes, excepté pour les évêques, portées par la loi des Ripuaires (tit. 36).

Différence en faveur des peuples d'origine germanique : « Si quis Ripuarius advenam Francum interfecerit, 200 sol., etc. Si advenam Burgundionem interfecerit, 160 sol., etc. Si interfecerit advenam Romanum, 100 sol., etc. Si interfecerit advenam Alamannum seu Fresionem, vel Bajuvarium aut Saxonem, 160 sol., culpabilis judicetur. (*Lex Rip.*, tit. 36.)

[1] Commis par des hommes libres; car les esclaves ne participaient pas à cette faveur de payer pécuniairement une dette morale. La raison en est simple, ils ne possédaient rien.

[2] CHILDEB., *Reg. capit. ad leg. salic.*, op. Pertz, t. IV, p. 6.

composition due pour le meurtre de leur proche avait lieu non pas seulement à défaut d'héritiers descendants et légitimes, mais concurremment avec eux, comme dans la question de partage. Cela tient, d'un côté, aux principes généraux qui réglaient les rapports domestiques des divers membres de la famille ; d'un autre côté, à l'obligation imposée à tous et à chacun de poursuivre la vengeance légale contre le meurtrier. Cette obligation n'était pas particulière au fils du défunt, comme on l'a cru quelquefois ; elle était commune à tous les mâles qui étaient compris dans les limites de la parenté légale, et qui, à ce titre, avaient des droits à la succession et au partage du *Wehrgeld*. Nous disons à tous les mâles, car en ceci il n'est pas question des filles, et nous verrons tout à l'heure quelle était leur place dans l'ensemble de ce système. Dans le cas spécial qui nous occupe, elles étaient exclues parce que la faiblesse de leur sexe les rendait inhabiles à poursuivre la *faida* les armes à la main, car la composition appartenait de préférence à ceux qui pouvaient y forcer le coupable par le *défi...*

« L'obligation de poursuivre la *faida* et le droit de participer au bénéfice de la *composition* étaient deux choses inséparables ; à tel point que celui qui se dispensait de l'une renonçait par cela même à l'autre. Cet état de choses est déjà décrit dans Tacite (*Germ.*, 21). On perdait donc ses droits à la succession du proche dont on ne vengeait pas la mort » [1].

Cette solidarité des membres d'une même famille dans la vengeance comme dans la défense (*cojuratores*) étendait les inimitiés, à tel point que celui qui avait un meurtre à venger ne se bornait pas à faire tomber la tête du coupable. Du temps de Beaumanoir [2], le vengeur du sang allait encore de nuit surprendre les parents du meurtrier et les exterminait, alors même qu'ils auraient ignoré le crime ; ce qui détermina Philippe-Auguste à porter l'ordonnance connue sous le nom de *Quarantaine-le-Roi*, en vertu de laquelle tout parent d'un meurtrier qui n'aurait pas été présent à la perpétration du crime ne pouvait être attaqué avant quarante jours depuis la consommation du meurtre. Cette ordonnance fut renouvelée par saint Louis (1245), et confirmée par le roi Jean (1353).

---

[1] Lehuerou, *Hist. des institut.* etc., t. II, p. 62 et 63.
[2] *Coutume du Beauvoisis.* cap. 60.

Une mesure analogue se retrouve dans la seconde période du droit danois : Waldemar II publia pour la Schonie une ordonnance par laquelle l'amende ne devait être payée que par le seul coupable ; mais cette ordonnance ne resta pas longtemps en vigueur, tant étaient puissantes les habitudes de vengeance [1].

C'était à quelques égards satisfaire à ce besoin que de soustraire un certain nombre de délits, les plus graves, à la composition. Ces délits prenaient en Danemark le nom générique d'*obodemaal*, d'*irrachetables*. Ces délits étaient, du IXe au XIe siècle : le vol, le faux, le meurtre, l'incendie avec intention d'y faire périr quelqu'un (*mordbrand*), et la trahison envers le pays [2].

Depuis le XIe siècle jusqu'au XIIIe au moins, les délits déclarés par la loi irrachetables deviennent plus nombreux et sont plus nettement déterminés encore. Ce sont :

1° L'*homicide* dans quatre cas ; quand il était commis : 1° sur le maître de la maison ou sur ceux qui vivaient en communauté avec lui sous son propre toit ; 2° devant un tribunal siégeant ; 3° à l'église ; 4° sur celui qui avait déjà payé une amende, ou acquiescé à un accommodement. Waldemar de Seeland n'en compte que trois, parce qu'il ne fait qu'un seul cas du premier et du troisième : l'église est la maison de tout chrétien ;

2° La *trahison envers le pays ;*

3° L'*incendie*, avec intention d'y faire périr quelqu'un. Celui qui était pris sur le fait était brûlé ou roué ;

4° Le *vol*, quand le voleur était pris *sur le fait* et que la chose volée *valait un demi-marc ;*

5° Le *vol avec assassinat ;*

6° Le *vol sacrilège ;*

7° Le *meurtre dans une province où se trouvait le roi ;*

8° Le *viol* sur la personne de la fille ou de la sœur d'un propriétaire libre (*bondes*), ou de toute autre femme noble ;

9° Le *meurtre* sur un homme qui n'était pas encore accusé ni

---

[1] Kolderup, op. cit., p. 131.

[2] V. dans les lois de Knud ou Canut les peines contre le vol, c. 27 ; contre le faux, ch. 8 ; contre l'effraction (*husbrec*), l'incendie, le vol à main armée, le meurtre et la trahison envers le seigneur (*Hlafordsvic*), c. 61.

poursuivi [1] devant un tribunal...., ou le jour de Noël, de Saint-Laurent, de la Toussaint, de la Chandeleur, ou un dimanche quelconque de l'année [2].

Robert Ier, roi d'Ecosse (1306-1329), introduisit la même exception pour le meurtre, le brigandage et quelques autres délits contre les personnes [3].

VIII.

Rapport des délits privés et des délits publics dans la composition.

Nous avons vu que les délits privés étaient tous soumis à la composition par la loi salique, mais que d'autres législations du moyen âge, particulièrement celles de Danemark et d'E-cosse, y mirent des exceptions. Ce qui dit assez qu'avant cette époque la composition était de droit pour tous les cas.

On a remarqué avec raison que les crimes commis contre la tranquillité publique étaient passibles, au contraire, d'une peine corporelle; mais ils étaient peu nombreux. Passer à l'en-nemi, trahir sa patrie, donner asile et protection aux con-damnés à mort, se révolter contre le chef de l'armée en temps de guerre, fuir devant l'ennemi, pénétrer sans autorisation et les armes à la main dans la demeure royale, étaient des actes punis de mort, ainsi que l'homicide du maître par l'esclave, ou du mari par sa femme, et l'adultère. Les faux-monnayeurs et les faussaires avaient le poing coupé. Les voleurs étaient condamnés à la prison et privés pour toujours de la liberté s'ils ne pouvaient indemniser la personne volée [4]. Cette profonde dif-férence entre les peines réservées aux délits privés et celles qui atteignaient les délits politiques inspirent à Carmignani les ré-flexions suivantes : « Au milieu de la barbarie du moyen âge,

---

[1] « Einem unverklagten mann zu toedten, ehe er vor Gericht vervolgt ist.... »

[2] Voy. KOLDERUP, etc., op. cit., § 68, p. 35, 36 et 125. Cf. en général sur la composition et l'amende, M. ALB. DU BOYS, ouv. cité, t. II, p. 140-183.

[3] « Statutum ut quod si aliquis ab hac hora, in antea, de quacumque conditione fuerit, sit convictus, vel attyntus de homicido, rapina, aut aliis delictis, tangentibus vitam et membra, communis justitia fiat de eo sine racheto. » (HOUART, t. III, p. 600.) Cf. ce qui a été dit précédemment sur les habitudes de vengeance en France, en Danemark et en Ecosse.

[4] CANCIANI, *Roth. leg.*, c. 3-7, 13, 36, 204, 214.

les peines afflictives, sévères, atroces dans l'ordre politique, disparurent presque entièrement dans l'ordre civil, en conséquence du principe de la composition. Il serait curieux de savoir pourquoi la sévérité des peines était regardée comme si utile au maintien du pouvoir politique, tandis qu'on l'appréciait si peu dans l'ordre civil, sans lequel cependant l'ordre politique reste isolé comme Eole dans la caverne des vents » [1].

Si nous osions répondre à la question soulevée par l'illustre criminaliste italien, nous dirions que la raison de cette différence tient à plusieurs causes :

1° Il n'y avait pas à craindre de voir la guerre s'établir entre l'Etat et les particuliers par suite de la vengeance personnelle exercée par le pouvoir contre les crimes politiques, danger imminent, certain dans le cas de la vengeance privée ou du talion.

2° L'Etat tenait plus que les particuliers à cette influence de la peine qu'on appelle l'intimidation, et peut-être aussi à la satisfaction de se défaire de ses ennemis.

3° Il pouvait plus sûrement et plus impunément arriver à ce but que les simples individus.

4° Peut-être aussi tenait-il moins à s'enrichir qu'à punir.

5° Enfin, il s'enrichissait en punissant, puisque les crimes de ce genre étaient généralement frappés de peines emportant confiscation.

Tout était donc profit pour l'Etat en suivant dans la répression des délits politiques un système opposé à celui que l'intérêt des individus, l'intérêt public et la force des choses avaient établi pour la répression des délits privés.

---

[1] *Teor. dell. legg. della sicurrezza locale*, t. IV, p. 286.

§ IV.

De la diversité des peines suivant la diversité des délits. — Période de l'analogie
ou de la réciprocité.

SOMMAIRE.

1. Grande diversité des peines dans l'antique Orient.— Cette diversité n'est
un effet de la raison et de l'équité qu'en Grèce, surtout à Athènes.
2. Quelques caractères de la sagesse des lois pénales de la Grèce.
3. Les Romains l'imitent en partie.
4. L'esprit de cette législation pénale gréco-romaine a passé dans les lois
des peuples modernes.
5. Le droit canon, le droit coutumier, le droit féodal même n'y demeurent
pas étrangers.

On retrouve dans l'antique Orient une très grande diversité
dans les peines; mais elles ont le double tort d'être le fruit d'une
imagination évidemment inspirée par la vengeance ou par
l'égalité brutale et sauvage du talion le plus grossier. Ce
n'est qu'en Grèce, à Athènes surtout, qu'on trouve pour la
première fois les peines soumises dans leur choix et leur application à des principes d'équité. Le supplice oriental y perd considérablement de cette recherche cruelle qui caractérise la
première période de la civilisation, recherche à l'égard de
laquelle le talion, qui distingue les lois criminelles des anciens peuples orientaux les plus avancés, est un immense progrès déjà.

Les peines sont simples, naturelles, et aussi variées déjà que
le comporte la diversité des biens dans la privation desquels
l'homme peut être douloureusement atteint. Privation de la vie
naturelle, de la vie politique ou civile, des biens, de la liberté,
etc. : telle est la base du choix des peines. Elles sont, de plus, graduées dans leur application suivant la gravité des délits, et
l'arbitraire du juge est plus ou moins circonscrit. Le pouvoir
exécutif n'est pas en même temps législatif; en appliquant la
loi il n'a pas le droit de la créer, ni le droit de l'appliquer en
la créant.

Rome emprunta à la Grèce sa législation criminelle comme

ses autres institutions, mais en l'appropriant à son génie. Elle
la modifia ensuite d'après ses mœurs et ses progrès. Le talion,
qui avait passé dans la loi des Douze Tables par le canal de la
Grèce, qui le tehait elle-même de l'Orient, fut rarement appliqué. Il était permis de s'en racheter [1]. Les autres peines étaient
plus en harmonie avec les idées et les mœurs des Romains.

Il est inutile de faire voir en détail l'influence du système
de pénalité gréco-romain sur les législations modernes. Notre
civilisation européenne est toute romaine dans son principe ; le
fond en a été momentanément altéré par les Barbares et le régime féodal, mais à la renaissance la civilisation ancienne a
repris la juste influence qui lui revenait. On verra d'ailleurs,
lorsque nous étudierons les différentes peines affectées suivant
les temps et les lieux aux délits divers, que les peuples modernes sortent à peine de la tutelle du droit romain ; que
cette tutelle s'est constamment exercée en Europe depuis la
conquête, et que les Gaulois, les Francs, etc., ont pris des
Romains leurs lois pénales. On sait que les Barbares ont respecté, après leur invasion, les institutions civiles des peuples
vaincus, et que le droit romain n'a pas cessé de régner plus
ou moins largement sur l'Europe méridionale au moyen âge.

Le droit canon, en mêlant son influence à celle du droit romain, loin de la détruire ou de l'absorber, l'a subie plus d'une
fois. Le droit canon est encore du droit romain, mais du droit
romain modifié par le christianisme ou plutôt par la papauté.

Les coutumes n'ont pas non plus marché dans des voies tellement originales, que le droit romain ne s'y soit profondément
mêlé : ce droit était la coutume des pays qui n'en avaient pas
d'autre, et modifia souvent les coutumes dont l'origine lui était
étrangère. C'est ainsi, par exemple, que le *Miroir de Souabe*
et le *Droit impérial* ne sont que le droit coutumier germanique connu sous le nom de *Miroir de Saxe*, auquel s'était
mêlé depuis le XVᵉ siècle une forte dose de droit romain et de
droit canon. Le droit barbare de la composition pénétra aussi
dans plusieurs coutumes ; l'amende, qui en faisait partie, était à
elle seule une forte raison pour qu'il fût adopté et maintenu.

Saint Louis cite assez souvent les lois romaines dans ses
Etablissements, et Pierre des Fontaines en fait un usage en-

---

[1] *Gell.,, XX, 1.*

core plus fréquent dans son Conseil. Dans une ordonnance du 1er avril 1315, il est déjà parlé du crime de lèse majesté. Sous Philippe le Bel on voit plusieurs pièces où se trouve l'expression de *lésion de la majesté royale*. C'est aussi aux lois romaines que nous devons, indirectement au moins, l'usage de la question.

Ce n'est pas d'ailleurs en droit criminel que les coutumes se distinguent par l'originalité et la variété. C'est à peine si l'on s'en est occupé à ce point de vue, tant elles s'écartent peu du droit classique universel des temps modernes, je veux dire du droit romain modifié par le droit canon et par l'arbitraire que laisse au juge la loi et le souverain. Nous n'entendons parler ici que des dispositions pénales et non de la procédure.

L'époque où le droit criminel présente le plus de bizarreries en Europe, où il semblerait avoir un caractère plus original, est celle de la féodalité. Mais les justices seigneuriales avaient peu de coutumes criminelles, par cela seul que la justice était rendue arbitrairement par le seigneur ou en son nom. Une seule circonstance tendait à donner et à conserver à cette justice un caractère un peu équitable et permanent, c'était le grand principe de n'être jugé que par ses pairs. Mais ce principe ne regardait ni les manants ni les vilains, que rien ne protégeait.

§ V.

De la pénalité modifiée par la charité et les progrès de la philosophie.

C'est du siècle dernier que date très sensiblement cette tendance nouvelle dans le choix et l'application des peines. Les premiers germes en sont beaucoup plus haut sans doute ; mais leur influence ne s'est exercée largement que depuis un siècle. De nos jours cet esprit pénètre de plus en plus profondément dans les codes criminels : c'est la peine de mort abolie en matière politique, en matière civile même ; c'est la peine en général devenue simple pénitence ; c'est la détention correctionnelle des adolescents convertie en système d'éducation. Le pénitencier même n'est encore qu'un moyen pour obtenir la réforme d'une éducation mauvaise, ou le complément d'une éducation imparfaite. Partout, à la Roquette comme à l'établissement de Mettray, dans nos prisons et nos bagnes mêmes comme aux pénitenciers américains, le détenu est l'objet d'une sollicitude plus ou moins compatissante. La société n'a plus de ces rigueurs systématiques qui respirent encore la colère et la vengeance; ses agents peuvent manquer à leur mission, tromper son attente, mais ils ne sont plus des bourreaux. La peine de mort devient de plus en plus rares là même où elle est maintenue, et la société qui l'inflige en gémit, en rougit presque. Une peine qui a besoin d'être cachée parce qu'elle commence à révolter la conscience publique est une peine moralement abrogée. Telle est l'opinion, telle est la tendance du siècle.

Et cependant cette tendance et cette opinion ne peuvent être accusées d'une sympathie qui ressemblerait à de la complicité. Non, le mal moral, le crime reste ce qu'il est; le sens du juste n'est point perverti; mais celui de l'indulgence, de la générosité, de la pitié enfin, s'est développé au point de réduire beaucoup l'échelle de la pénalité. En d'autres termes, les mœurs générales se sont considérablement adoucies. Cette douceur ne profitera pas seulement aux coupables; par le fait qu'elle est universel, qu'elle est partagée par la population même où le crime se montre le plus fréquemment, elle sera un bénéfice encore pour cette autre partie du peuple qui est le plus ordinairement victime des attentats. Cette tendance est donc un progrès incontestable sur les phases précédentes du droit criminel.

CHAPITRE V.

Des influences diverses qui modifient les lois criminelles.

SOMMAIRE.

1. On ne peut les compter toutes.
2. Les principales.

Nous ne prétendons pas les assigner toutes. Il en est d'accidentelles qu'on ne peut ni prévoir ni énumérer. Elles motivent des mesures temporaires ou tellement spéciales, qu'il est d'ailleurs inutile de s'en occuper dans un travail qui a un caractère essentiellement général. Il en est d'autres qui peuvent tenir à des circonstances permanentes, telles que le climat, les produits du sol, etc., et qui n'ont pas non plus un intérêt théorique très prononcé. En général, les circonstances étrangères à la volonté humaine intéressent moins que celles qui en dépendent. Il est vrai que les lois inspirées par des circonstances fatales ont encore leur côté libre, et qu'à cet égard elles ne sont pas indignes de notre attention.

Toutefois, obligé que nous sommes de nous borner, nous ne nous arrêterons qu'aux influences les plus puissantes et les plus communes. Ces influences tiennent à la race, à la civilisation ; aux institutions politiques, civiles et réligieuses ; aux relations avec les peuples voisins ; enfin, à la combinaison de toutes ces influences réunies.

§ I.

Influence des races.

SOMMAIRE.

1. Le nombre des races n'est pas rigoureusement déterminé.
2. Trois principales.
3. Cinq grandes divisions de la caucasique.
4. Leurs rameaux.
5. Supériorité de la race caucasique par ses mœurs et ses lois comme par son intelligence.
6. Infériorité intellectuelle de la race noire à l'égard de la race mongole. — Si sa supériorité morale est aussi certaine. — La branche malaise.
7. Ce qui fait l'infériorité de certaines branches de la race caucasique. — Part du climat.
8. La pélasgique obtient, sans contredit, le premier rang parmi les branches caucasiques.
9. Les institutions politiques et religieuses, loin de rendre raison de ces différences dans la même race, supposent elles-mêmes une différence originelle ou de constitution et peut-être de climat.
10. Exception en faveur du rameau germanique. — Comment elle s'explique.
11. La branche sémitique, — ses lois cruelles. — Exceptions.
12. La scythique plus spontanément mais moins systématiquement cruelle que la sémitique.
13. Conclusion.

Les naturalistes ne sont pas d'accord sur le nombre des races humaines : les uns, tels que Blumenbach et Lawrence, en admettent cinq : la caucasique, la mongolique, la noire, l'africaine et la malaise ; les autres, tels que Cuvier, Lacépède, Linck, Schlosser, etc., n'en admettent que trois : l'européo-arabe où caucasique, la mongolique, la noire ou éthiopienne. Nous nous tiendrons à cette dernière division comme à la plus simple, sauf à distinguer les branches naturelles dans chacune des trois grandes races.

Ainsi, la race caucasique présente cinq grandes divisions ou branches : l'arménienne, l'indo-persane, la sémitique ou araméenne, la pélasgique et la scythique.

La branche arménienne s'étend à l'ouest de la mer Caspienne à travers les montagnes de l'Arménie, et à l'est dans les stériles régions qu'occupent plus tard les Parthes.

La branche indo-persane s'étendait au sud depuis la mer Caspienne, en suivant la chaîne des montagnes jusqu'à la Bactriane au nord (Imaüs), et à l'est à travers la Perse orientale jusqu'aux Indes. Son foyer principal était les montagnes, d'où le Sihon (Iaxarte) et l'Amu-Darja (l'Oxus) prennent leur source, jusqu'au Paropamisus et à l'Imaüs occidental, jusqu'à Samarkand, Buchara, Chiva. Cette branche de la race caucasique est vraisemblablement parente de la branhce germanique, plus jeune qu'elle, qui ne commence son rôle que plus tard dans l'histoire. On n'est pas aussi sûr qu'elle soit aussi proche parente de la branche celtique, plus ancienne que la germanique, et qui devint puissante dans tout l'ouest de l'Europe. On est également incertain si elle poussa des rejetons dans la Thrace, la Macédoine et l'Asie Mineure, où elle aurait fondé un établissement considérable.

La branche sémitique se dirigea vers le sud, s'étendit sur l'Euphrate et le Tigre; fonda de bonne heure des royaumes en Assyrie, en Babylonie et en Médie d'un côté, en Phénicie, en Palestine et en Syrie d'un autre côté, et se mêla vraisemblablement d'une part aux Egyptiens (à la caste sacerdotale?), et d'autre part à la race éthiopienne en traversant le détroit de Bab-el-Mandeb.

La branche pélasgique s'étendit plutôt à l'ouest, et fonda ses principaux établissements dans l'Asie antérieure (Phrygie?), d'où, en se mêlant à la branche sémitique (Phéniciens), elle poussa ses rameaux sur terre et sur mer en Europe, dans les îles de la mer Egée, de la Méditerranée, en Thrace, en Grèce, en Italie.

La branche scythique, la dernière de la race caucasique, comprend les Tatares ou Turcs, s'établit dans des steppes en harmonie avec la vie nomade, entre la mer Caspienne, le Volga et le Danube ; s'y mêla, ici et en d'autre lieux, avec la race mongole, et donna ainsi naissance à plusieurs variétés, aux Finlandais, aux Magyars ou Hongrois, et aux divers peuples de la Sibérie.

La race mongole s'étend à l'est de l'Asie, et comprend la Chine, l'Inde orientale, le Thibet et le Japon. Sa branche nomade, les Kalmouks, jointe à la branche scythique, a fait de fréquentes invasions armées dans l'ouest. On peut aussi regarder les habitants du nord de l'Amérique, en Europe les Finnois, les Lapons, les Groënlandais, comme des branches de la race mongole.

La race éthiopienne occupe la partie centrale et méridionale de l'Afrique, à partir des montagnes de la Lune, et se mêle, dans la Nubie et les contrées voisines, à la race sémitico-caucasique représentée par les Arabes. Elle se trouve, du reste, circonscrite dans son pays originel, à moins que nous ne regardions la longue branche malaise, qui s'étend sur Malaca, sur les îles de l'Inde orientale, l'Australie, ainsi que sur l'Inde orientale, comme en étant un développement [1].

Il n'y a sans doute aucune témérité à dire que les trois grandes races humaines ne sont pas également civilisables, puisqu'elles ne sont pas également civilisées. Mais il serait déjà plus hasardeux d'affirmer que leurs lois ou leurs coutumes pénales sont d'autant plus sévères que ces races sont elles-mêmes plus barbares, et que cette sévérité de plus en plus grande est la conséquence d'une perversité de plus en plus profonde.

Cependant on peut dire, sans manquer à la vraisemblance, que la race caucasique est supérieure en moralité à la race noire et à la race mongole. Peut-on maintenant mettre la race mongole au-dessous de la race noire? Pour l'intelligence, aucun peuple noir n'est parvenu aussi haut que le peuple chinois. La race mongole serait donc supérieure. Elle le serait sans doute encore si l'on comparait la moralité de l'une et de l'autre. Mais si l'on fait descendre la branche malaise de la race mongole, et qu'on la compare à la race éthiopienne, nul doute que l'avantage ne reste à cette dernière. Si, au contraire, on re-

---

[1] V. G. Graff., *Abriss. des alt. Getchich. des Orients*, in-8° ; Mainz, 1829, p. 1-4.

garde la branche malaise comme provenant de l'éthiopienne, ce rejeton sera au-dessous de la branche mère. Si elle est un produit de la mongole greffée sur la noire, les sujets valaient mieux que la greffe. La branche malaise est la moins civilisée, la plus féroce et la plus cruelle.

Dans la race caucasique, les branches se ressemblent d'autant moins qu'elles sont plus éloignées du tronc et plus altérées par leur mélange avec d'autres incontestablement inférieures. Et déjà la branche orientale ou asiatique est moins morale et plus cruelle que l'occidentale, celle du midi plus que celle du nord : ce serait donc ici la part du climat.

En comparant entre elles les différentes branches de la race caucasique, et d'abord sans sortir des temps anciens, on trouve que les deux branches purement asiatiques, l'indo-persane et l'araméenne ou sémitique, ont des lois ou des usages criminels bien plus barbares que les branches arménienne, scythique, et pélasgique surtout. On pourrait croire que la différence tient aux institutions politiques et religieuses. L'Inde et la Perse étaient constituées despotiquement, et la Grèce s'était mise de bonne heure en république. La religion indienne et la persane, tenant beaucoup plus du panthéisme et de l'astrolâtrie que la religion grecque, leurs dieux approchaient moins de l'homme, en avaient moins les qualités, étaient des êtres moins moraux. Par conséquent les religions de l'Inde et de la Perse avaient moins d'influence morale que l'idolâtrie grecque. Il est vrai que des dieux sans vertus, non humains, étaient aussi des dieux sans défauts. Mais l'homme, tout en donnant ses vices aux dieux, leur départ plus largement encore ses vertus. D'ailleurs, les vices des divinités païennes étaient moins encore des vices que des actes arbitraires de leur toute-puissance ; les dieux étaient naturellement au-dessus des lois destinées à régir les mortels.

Hâtons-nous de le dire cependant : toutes les influences tirées de la constitution intérieure d'un peuple, de ses institutions diverses, de ses croyances, de sa civilisation propre, les influences mêmes qu'il subit du dehors ne sont en réalité que des causes secondes ; la race, ses dispositions et ses aptitudes natives, telle est la cause vraiment première et qui, bien connue, rendrait raison de toutes les autres. Mais il est fort difficile, impossible peut-être, de pénétrer le caractère distinctif des aces à ce point, d'y faire voir les effets dans leurs causes. Cette supériorité intellectuelle et morale des branches pélasgique et indo-persane sur les autres branches de la race caucasique s'est conservée jusqu'à nos jours. Une seule exception se présente en faveur de la branche germanique; mais cette exception s'explique par l'influence de la branche gréco-romaine, dont elle a subi la civilisation. La branche araméenne ou sémitique, dont les Israélites sont la plus importante manifestation dans l'histoire des progrès de l'humanité, n'a trouvé son développement rapide que dans le contact et sous l'influence de la civilisation gréco-romaine. Dans son germe même, le christianisme doit peut-être plus qu'on ne pense à la Grèce par les Esséniens et les Thérapeutes, et plus tard par le platonisme et le péripatétisme.

- La branche sémitique purement orientale se distingue par l'horreur de ses supplices et par leur nombre [1]. L'antique Egypte brille, au contraire, par une rare sagesse dans ses lois pénales : l'administration gratuite de la justice, la composition des tribunaux, la manière simple et solennelle cependant dont les juges voulaient que les procès fussent plaidés en leur présence, la suppression de la peine de mort, etc. Ces institutions égyptiennes ne furent pas sans influence sur celles des Israélites et des Pélasges, sur celles d'Athènes même. L'Aréopage en conserva des traditions non douteuses.

Malgré la peinture flatteuse que Justin nous a laissée des anciens Scythes [2], ils ne jouissent généralement point d'une réputation égale à celle des anciens Germains. Ces barbares du Nord se nourrissaient de chair humaine, et sacrifiaient des hommes à leurs divinités monstrueuses. Les anthropophages, qui habitaient la contrée connue aujourd'hui sous le nom de Grande-Lithuanie, ne connaissaient, disent les historiens, ni loi ni justice. Tous les Scythes, tous les Sarmates même, n'étaient pas aussi barbares. Mais les invasions des Goths et des Huns aux IVe et Ve siècles, celle des Hongrois au Xe, et plus tard les dévastations et les conquêtes des Mongols et des Tatars en Europe n'étaient pas propres à corriger l'opinion que les anciens Scythes avaient laissée de leurs mœurs grossières et de leur férocité.

---

[1] On peut en voir l'énumération et la description dans l'*Histoire des législations*, par PASTORET.

[2] JUSTIN., *Hist.*, lib. II, 2.

Il reste donc établi que la branche pélasgique et après elle, peut-être, la branche indo-persane sont celles de la race caucasique où les mœurs furent le plus douces et les peines le plus modérées. Aujourd'hui même, si l'on comparaît les peuples qui représentent ces deux origines, c'est-à-dire, d'une part, tous les peuples du centre, du midi et d'une partie de l'ouest de l'Europe, avec ceux du nord et de l'est de l'Europe encore, avec ceux du nord de l'Asie, on trouverait une différence analogue. La race mongole le cède peu à la branche scythe. Il est difficile de concevoir des mœurs plus dures, des lois pénales plus terribles que celles qui règnent encore au Japon. Mais cette race présente d'assez grandes différences dans ses variétés. Ainsi les Chinois, malgré leur immense population et leur extrême misère, sont loin d'être aussi féroces que les Japonais. Les anciens habitants du nord de l'Amérique, qui sont censés provenir de la même origine, étaient plus sauvages sans doute, mais pas plus cruels. Si les anciens Mexicains pouvaient être regardés comme issus de la même race, ils la représentaient d'une manière plus avantageuse. Quoi qu'il en soit, tout l'extrême nord de l'Europe et de l'Asie se ressent encore des mœurs primitives des Scythes et des Mongols. Ainsi, les habitants de la Finlande, d'origine finnoise, passent aujourd'hui même pour aimer beaucoup trop la vengeance, et cette opinion est malheureusement confirmée par le grand nombre d'assassinats qui se commettent dans les campagnes ; mais elle est en même temps affaiblie par l'observation que ces crimes tiennent à la haine nationale du paysan finnois contre le cultivateur suédois [1].

On pourrait faire des rapprochements plus frappants encore entre les Russes, les Mongols et les Chinois ; mais ce parallèle sort de notre objet. Nous nous contenterons d'appeler l'attention du lecteur sur les analogies profondes qui existent entre les lois criminelles des deux pays : de part et d'autre ces lois sont plus avancées que les mœurs, parce que les lettrés de deux pays, qui ont fait ces codes, sont d'une autre civilisation que la masse du peuple. Ici comme là, les peines politiques sentent le despotisme. Des deux côtés, la fustigation joue un très grand rôle, etc., etc.

Quant à la race éthiopienne, elle semble être moins portée

_____

[1] MALTE-BRUN, *Géogr. univ.*, t. III, p. 512.

à la vengeance que la race mongole ; mais elle n'a pas la même intelligence en général. Un sentiment supérieur de la justice semble limiter la vengeance parmi les nègres. Nous verrons chez eux des institutions qui feraient honneur à des peuples moins bas placés dans l'opinion générale. Mais dans cette race comme dans les deux autres il y a des degrés considérables de peuple à peuple, de pays à pays. Ce sont ces degrés qui constituent l'échelle de la civilisation.

§ II.

Influence de la civilisation en général sur les lois pénales.

SOMMAIRE.

1. Eléments divers de la civilisation.
2. Leurs combinaisons ; proportions diverses.
3. Différents degrés de civilisation.
4. Trois principaux degrés.
5. Ce qui caractérise chacun d'eux, suivant Malte-Brun.
6. Ces caractères ne peuvent rien avoir de rigoureux. — Observations sur ce sujet.
7. Quelques traits saillants des nations barbares.
8. De la pénalité dans l'état sauvage. — S'il y a un droit pénal proprement dit dans cet état de société informe. — Ce que peut être un pareil droit.
9. De la pénalité dans l'état de barbarie : — simplicité excessive d'une part, et variété, subtilité de l'autre. — Lois pénales plutôt que civiles ; — délits contre les personnes plutôt que contre les choses.
10. L'accroissement des délits réprimés par les lois, la plus grande sévérité des peines, compatibles en beaucoup de cas avec un degré supérieur de civilisation. — Preuves tirées du droit danois, du droit des Francs.
11. De la pénalité dans l'état de civilisation proprement dite. — Ce qui caractérise la période de civilisation, par opposition aux deux autres périodes.
12. Echelle psychologique de la civilisation.
13. Civilisation orientale. — Montesquieu critiqué.
14. Civilisation occidentale ou gréco-romaine.
15. Principales dispositions pénales chez les Grecs, — chez les Romains.
16. La loi et le droit prétorien. — L'immobilité et le progrès. — Esprit analogue en Angleterre.
17. Meilleure manière encore d'apprécier l'influence de la civilisation sur la pénalité.

La civilisation se manifeste aussi, se manifeste surtout par la nature des lois pénales. Il s'agit donc ici des autres éléments de la civilisation et de leur influence sur le droit criminel. Ces éléments sont l'industrie, le commerce, les sciences, les arts et les lettres, la politique, la religion et la philosophie. Plus toutes ces expressions de l'activité et du génie de l'homme sont développées, plus elles approchent de l'idéal, plus aussi les mœurs sont polies, plus les lois criminelles sont douces.

Tous ces éléments de la civilisation peuvent être combinés dans des proportions diverses; mais ils se tiennent assez étroitement pour qu'il soit difficile, impossible peut-être, que l'un soit en très grande disproportion avec les autres. Nous n'aurons donc pas à nous occuper des nuances et des résultats divers qu'elles peuvent amener; il ne s'agit d'ailleurs, ici, que de considérations fort générales.

Mais toutes ces choses réunies forment, dans les degrés divers de leur développement harmonique, les différents degrés de civilisation. Ces degrés, on le comprend, sont indéfinis, et ne se distinguent qu'à la condition de les prendre par masses et de chercher pour chacune d'elles quelque grand caractère qui en soit l'expression.

On reconnaît généralement trois principaux degrés de civilisation : le degré inférieur ou l'état sauvage, le second degré ou l'état barbare, le degré supérieur ou de civilisation. Mais que de différences entre la civilisation d'un peuple et celle d'un autre, entre les diverses périodes de la civilisation d'un même peuple, entre deux peuples également appelés barbares, et même entre des tribus sauvages de races et de pays divers! Les détails sont impossibles. Nous nous en tiendrons donc aux caractères les plus généralement admis, sachant bien qu'ils ne sont absolus que dans les mots, et qu'en réalité ils ont eux-mêmes leurs nuances, leurs degrés, leurs rapports plus ou moins en harmonie avec tous les éléments constitutifs de la civilisation. Nous saurons également que l'homme civilisé, et quand je dis l'homme je pourrais dire tout aussi bien une nation, est encore barbare, sauvage peut-être par quelque côté, de même que le barbare est déjà civilisé en partie, le sauvage déjà barbare, que chez tous il y a déjà tout l'homme, et rien au-delà. Mais il est de plus en plus développé du sauvage à l'homme le plus policé : différence toute de degré ou de quantité, nullement de nature ou de qualité.

Malte-Brun caractérise comme il suit les trois principaux degrés de civilisation :

« Les sauvages sont ceux qui ne connaissent point l'art d'é-
crire ou de fixer leurs pensées par des signes équivalant à
l'écriture. Leurs idées mobiles ne s'attachent qu'aux choses qui
frappent leurs sens: ils aiment à se parer d'une manière qui
nous semble ridicule ; ils s'adonnent aux exercices du corps
et nous y surpassent infiniment. Leur industrie se borne ordinairement à un peu de jardinage, à la pêche et à la chasse. Cependant quelques-uns font des ouvrages très jolis et ont même
des habitations commodes et élégantes.

« La classe des barbares ou demi-civilisés comprend tout
peuple qui, par l'écriture, par des lois écrites, par une religion extérieure et cérémonielle, par un système militaire plus
stable, s'est éloigné de l'état sauvage. Mais les connaissances
qu'un tel peuple possède ne sont encore qu'un amas irrégulier
d'observations incohérentes ; ses arts sont exercés par routine ;
sa politique se borne à la défense momentanée de ses frontières
ou à des invasions sans plan. En général, il ne fait que des
progrès lents et incertains, parce que, même en marchant vers
la civilisation, il n'a encore aucune idée de ce sublime but de
l'existence du genre humain.

« Un peuple civilisé est celui qui a rangé ses connaissances
en forme de *sciences* ; qui ennoblit ses arts mécaniques jusqu'à
en faire des beaux-arts ; qui, pour l'expression de ses sentiments, a créé les belles-lettres ; un peuple qui a un système
fixe de législation, de politique et de guerre calculé non seulement pour le moment, mais pour les siècles à venir ; un
peuple chez qui la religion, dégagée des superstitions, n'a que
la morale pour but ; un peuple, enfin, qui se soumet au droit
de la nature et des gens, en se regardant en temps de paix
comme l'ami de toute autre nation, et respectant même en
temps de guerre les propriétés des citoyens armés » [1].

Rien ne serait plus facile que de chicaner sur ces caractères.
Nous aimons mieux les donner pour ce qu'ils valent, sauf à
nous abstenir de tenter une meilleure caractéristique. Puisqu'on
ne peut rien dire que de vague et d'incomplet, attendu que rien
rien n'est déterminé nettement, rigoureusement par la nature
des choses, nous n'essaierons pas de sortir de ce vague, crainte
de sortir par là même jusqu'à un certain point de la réalité

[1] *Géogr. univ.*, I, 587 et 588.

ou de la vérité. Il nous suffira qu'un peuple soit généralement regardé comme sauvage, un autre comme barbare, un troisième comme civilisé, pour que nous puissions nous-même le regarder de la sorte. L'usage, telle sera notre règle en ce point.

Disons cependant qu'il n'y aurait peut-être pas un seul peuple au monde qui pût passer pour civilisé, s'il fallait prendre à la rigueur les caractères de la civilisation tels qu'ils sont donnés par l'illustre géographe. Nous n'en donnerons qu'une raison : une religion serait essentiellement exempte de superstition, que le peuple qui la pratique ne manquerait pas d'y en introduire. « Toutes les religions, dit de Maistre, poussent des mythes. » Mais il y a cette différence que les unes en poussent plus que d'autres, et de plus absurdes. Celles qui prêtent le moins à la superstition et au fanatisme sont les plus parfaites, quelque mal entendues qu'elles puissent-être d'ailleurs par la classe ignorante de ceux qui les professent.

Ne nous y trompons pas, d'ailleurs, c'est par la partie intelligente d'une nation qu'il faut juger de sa civilisation, surtout quand cette partie est considérable et puissante. Autrement, il suffirait de descendre assez bas pour retrouver toujours la barbarie au sein des peuples les plus civilisés.

Il est certain cependant qu'une nation doit passer pour plus civilisée qu'une autre, si la masse de sa population celle qui fait sa vie et sa force, est généralement plus éclairée, alors même qu'elle compterait moins de sommités scientifiques, littéraires, artistiques, etc.

Disons encore que les barbares tiennent le milieu entre les sauvages et les peuples civilisés : ils ont déjà des coutumes, mais elles ne sont pas toujours écrites ; ils pêchent et chassent encore, mais ils nourrissent déjà des troupeaux et commencent à cultiver la terre ; plus religieux que les sauvages, ils ne sont pas moins superstitieux, et d'une superstition plus terrible. Le théisme du sauvage est un naturalisme indéterminé, des espérances et des craintes sans objet précis, sans institutions religieuses pour apaiser la Divinité ou se la rendre favorable, sans sacerdoce comme sans culte public. Les barbares, au contraire, sont généralement gouvernés par des prêtres ; l'idée religieuse semble être le premier frein qui sert à discipliner l'homme, à le soumettre à une autorité humaine au nom d'une autorité divine.

Les Alains dont nous parle Ammien Marcellin étaient donc plutôt des sauvages. Ils en avaient la férocité. Comme eux, ils mettaient leur gloire dans la force physique, dans le mépris de la mort, et leur bonheur dans cette espèce d'homicide plus ou moins juste qu'on appelle la guerre. Comme eux, ils se faisaient des trophées avec les restes mutilés et sanglants de leurs ennemis [1].

Au contraire, les Gaulois, tels que nous les représente Jules César, étaient plutôt des barbares que des sauvages. Une théocratie de fer les gouvernait : « Les arrêts des druides, interprètes de toute loi divine et humaine, étaient sans appels. Malheur à celui qui les méconnaissait. Son exclusion des choses saintes était prononcée; il était signalé à l'horreur publique comme un sacrilège et un infâme; ses proches l'abandonnaient; sa seule présence eût communiqué le mal contagieux qu'il traînait à sa suite; on pouvait impunément le dépouiller, le frapper, le tuer, car il n'existait plus pour lui ni pitié ni justice. Aucune considération, aucun rang ne garantissait contre les atteintes de l'excommunication. Tant que cette arme subsista toute-puissante dans la main des druides, leur empire n'eut pas de bornes, et les écrivains étrangers purent dire que les rois de la Gaule, sur leurs sièges dorés, au milieu de toutes les pompes de leur magnificence, n'étaient que les ministres et les serviteurs de leurs prêtres » [2].

---

[1] « Judicatur ibi beatus, qui in prælio profuderit animam : Senescentes enim et fortuitis mortibus mundo digressos, ut degeneres et ignavos conviciis atrocibus insectantur ; nec quidquam est quod elatius jactent quam homine quolibet occiso, proque exuviis gloriosis, interfectorum avulsis capitibus detractos pelles pro phaleris jumentis accommoda bellatoriis. Nec templum apud eos visitur, aut delubrum, etc. » (AMM.-MARCELL., XXXVL, 2.)

[2] CÆSAR., de Bell. Gall., VI, 13, DIO. CHRYSOS., Orat., 49, dans l'Hist. des Gaulois, par M. AMEDEE THIERRY, t. II, p. 107. Voici une peinture analogue des mœurs gauloises par Klimrath : « C'est par les druides qu'étaient jugées les causes capitales. La peine de mort et tous les supplices les plus cruels étaient prodigués; les coupables condamnés à mort étaient réservés souvent pendant plusieurs années pour servir aux sacrifices humains qu'autorisait le druidisme. Les autres peines étaient la mutilation, la confiscation, le bannissement, l'excommunication, l'amende, etc. Aspirer à la tyrannie, passer à l'ennemi, divulguer les affaires publiques ou répandre de fausses rumeurs étaient des crimes sévèrement réprimés; le sacrilège et la désobéissance aux injonctions des druides ne l'étaient pas moins. Le vol, le brigandage, le meurtre étaient punis de mort. Toutefois l'usage autorisait les duels, les rixes sanglantes, l'homicide commis du consentement de la vic-

Un autre trait des nations barbares, lorsqu'elles ont renoncé à la vengeance personnelle, c'est d'être processives, de se quereller sur toutes choses et à tout propos. Cet esprit d'intolérance, ce besoin de récriminer sur tout, de ne passer sur rien, est un reste de cette susceptibilité sauvage qui croit voir un danger, un acte d'hostilité dans tout ce qui se fait autour de lui et qui le touche. Point de sentiment d'union, d'esprit d'abnégation et de dévoûment. A la place de ces nobles sentiments règne l'égoïsme le plus prononcé, et avec lui un antagonisme toujours prêt à se soulever. Ces dispositions de l'âme ont leur explication et jusqu'à un certain point leur excuse dans la faiblesse et la crainte. Il semble que la générosité ne puisse appartenir qu'à la force. Comment, en effet, la faiblesse pourrait-elle pardonner? Ne faut-il pas pouvoir punir pour être clément? Or, l'individu abandonné à ses propres forces n'est jamais en sûreté. Il en est de même des familles vis-à-vis des familles : la plus puissante peut succomber par l'astuce de la plus faible. C'est surtout dans cet état d'isolement plus ou moins prononcé qu'on est convaincu qu'il n'y a pas de petit ennemi. Aussi retrouvons-nous dans les pays où la civilisation n'a pu faire pénétrer encore l'esprit de solidarité, et par conséquent l'esprit vraiment social, ces traces de *sauvagerie* ou de barbarie. C'est la vengeance du sang, la vengeance héréditaire ou domestique, qui est déjà un progrès sur la vengeance personnelle comme chez les Ossètes [1] ; c'est encore cette même vengeance héréditaire, mais déjà tempérée par une justice civile, et réunie à la passion des querelles judiciaires, comme chez les Yakoutes [2].

Il y a peu de différence entre les mœurs des peuples sau-

time, et les sacrifices humains : pour ces derniers on employait de préférence des coupables, mais à leur défaut on en venait aux innocents, aux prisonniers de guerre, aux esclaves, aux clients, qui, dans les temps les plus reculés du moins, étaient immolés sur la tombe de leur patron ou de leur maître. Des peines légères étaient infligées au jeune homme dont l'embonpoint dépassait la mesure d'une certaine ceinture, et à celui qui troublait obstinément et à plusieurs reprises le silence dans les assemblées publiques » (*).

[1] FAUGÈRE, *Cabinet de lect.*, 30 décembre 1837.

[2] KOZMINE et MATIOUCHKINE, *Voyage parmi les peuples de la Russie asiatique*, etc., trad. fr. par le prince Emm. Galitzin ; 2 vol. in-8°, Paris, 1843.

(*) KLIMRATH, *Trav. sur l'Hist.*, etc., t. I, p. 194-196. Il s'appuie sur César, Diodore de Sicile, Strabon et Posidon (apud Athen.)

vages et barbares qui vivent à côté de la civilisation moderne, et les mœurs des peuples primitifs ou des peuples anciens dont l'histoire nous a conservé le souvenir, tels que les Scythes et les Germains. Déjà M. Guizot en a fait la remarque et a prouvé la justesse de cette observation, en rapprochant ce que Tacite nous dit des Germains de ce que les voyageurs nous rapportent des différents peuples que la civilisation n'a pas encore transformés [1].

Il suffit, d'un autre côté, de rapprocher la législation barbare, même avec les modifications qu'elle a reçues de l'esprit chrétien et des rois ou empereurs qui l'ont fait rédiger, de la peinture des mœurs des Germains par Tacite, pour être frappé de la similitude encore, quoique à un moindre degré peut-être. Sans doute Tacite laisse beaucoup trop à désirer sur les coutumes judiciaires des Germains; mais si l'on fait attention que ces peuples presque nomades menaient une vie simple sans être tempérante, que les querelles étaient fréquentes et pleines d'une violence cruelle, que le courage physique était leur première vertu, la liberté leur premier besoin; que leur ignorance laissait un vaste champ à la superstition; que leurs prêtres, sans avoir la même autorité que les druides chez les Gaulois, jouissaient néanmoins d'un très grand ascendant : il sera facile de comprendre que les barbares qui en descendaient durent avoir des coutumes, des lois pénales en harmonie avec la simplicité grossière de ces mœurs; que les lois pénales relatives aux délits contre les personnes devaient être les plus nombreuses; que la vengeance n'avait dû céder qu'à l'intérêt; qu'elle avait même dû se transformer plutôt que disparaître, et que le combat judiciaire n'était pas moins dans les mœurs des Germains que les *conjuratores* [2]. Le caractère national explique le premier de ces usages; l'esprit de famille et de tribu rend compte du second : les affinités du sang sont d'autant plus étroites que les liens sociaux ou politiques sont plus faibles.

---

[1] *Histoire de la civilis. en France*, t. I, p. 215 et suiv.; Cf. ROGGE, *Ueber das Gerichtwesen der Germanen.*

[2] Voir sur cette institution, dont il a été question déjà et dont il sera question encore, STRUVIUS, *Historia juris*, cap. IX, § 10, p. 760, 762, nº 1 ; DUBOYS, *Hist. du droit crim.*, t. II, p. 216, 523. Il en sera parlé aussi dans le tome II du présent ouvrage.

I.

De la pénalité dans l'état sauvage.

Il n'y a point de droit criminel écrit ni même convenu chez les sauvages proprement dits. Il n'y a que des usages ou plutôt des habitudes. Ces habitudes, par cela qu'elles ne sont que des habitudes, n'ont aucun caractère juridique. Elles peuvent donc varier non seulement d'une tribu à l'autre, mais encore d'une génération à l'autre dans la même tribu, d'un chef à son successeur, et dans un seul et même chef, suivant son caprice et son humeur du moment. A plus forte raison en est-il ainsi chez les sauvages à l'état de famille, et, s'il est possible, à l'état d'isolement. Dans cet état d'abaissement, la notion de droit, de justice, est moins une idée claire et une règle qu'un sentiment vague, mêlé à la passion de la vengeance, et comme étouffé par elle. La colère, la crainte, l'envie, la cupidité, viennent s'ajouter encore au ressentiment de l'injure reçue, et contribuent à l'exaspérer, à étouffer toute réflexion propre à dégager la notion de justice pénale dans le choix et la mesure de la peine. Le sentiment de cette justice existe bien déjà; mais l'idée de la mesure n'apparaît pas encore.

La faiblesse de la situation ne permet guère de varier la peine : on inflige celle qui est la plus facile, la plus sûre, la moins périlleuse. De là une simplicité, une uniformité extrêmes : les mauvais traitements pour les cas les moins graves, et si l'on a pas à redouter une représaille sérieuse; la mort pour les offenses plus irritantes, ou pour celles qu'on ne pourrait punir autrement sans s'exposer davantage.

Un genre de peine fort usité encore chez certaines peuplades, c'est une sorte d'excommunication. Il est même digne de remarque que le bannissement est la peine unique chez certains peuples. Les Palaos (île Falupet, Polynésie) ne recourent ni aux peines afflictives ni à la prison contre leurs plus grands criminels; ils se bornent à les envoyer dans une autre île [1].

---

[1] *Histoire des navig. aux terres australes*, t. II, p. 484.

Du reste, le catalogue des délits chez les sauvages est naturellement peu étendu : c'est la compétition dans l'appropriation, compétition qui amène les voies de fait; c'est le vol des objets appropriés; enfin, c'est le meurtre par suite des deux précédentes offenses. Les autres outrages pourraient d'autant plus aisément se rattacher à l'un de ces trois chefs, que le mariage et la paternité ne sont encore, dans cet état, que la situation d'un propriétaire qui peut être lésé dans sa chose, dans sa femme ou dans son enfant.

Les preuves de tout ceci résulteront de l'étude particulière que nous ferons plus tard de chaque espèce de délit. Cette observation s'applique également aux réflexions suivantes sur les deux autres phases de la civilisation.

II.

De la pénalité dans l'état de barbarie.

Les barbares, déjà constitués en corps de nations, mais pas encore régis par un despotisme profondément organisé, commencent à avoir quelque chose de l'ordre et de la discipline des peuples civilisés, en même temps qu'ils conservent beaucoup encore de l'humeur impatiente et indisciplinée des sauvages. Ils jouissent de la liberté par indépendance, autant ou plus que par soumission aux lois et à l'autorité du prince. Cette autorité est rarement bien établie. Elle oscille entre l'amour et la haine, va du mépris à l'admiration, et peut à chaque instant périr par sa faiblesse ou par sa dureté. Elle a besoin, pour durer, d'être soutenue par quelque sentiment basé sur un mérite supérieur dans la personne du chef, que ce mérite tienne de l'esprit, du cœur ou du caractère. Les hommes qui ne sont pas assez civilisés pour obéir aux idées ne cèdent qu'au sentiment inspiré par la grandeur. Et cette grandeur qui les frappe est toujours pour eux une supériorité naturelle, une force.

Trop pleins déjà du sentiment de l'égalité pour obéir à une supériorité de convention, il leur faut des supériorités réelles pour les contenir.

C'est à cet esprit d'égalité qu'ils sont redevables en partie du principe de leur législation, le talion. Les besoins, la cupidité viennent le modifier ensuite.

C'étaient encore des barbares que ces Romains régis par leurs Douze Tables, où le talion se retrouve à côté de la composition, où la transaction s'étendait jusqu'au vol.

Le caractère et le petit nombre des lois pénales des Douze Tables en fait plutôt des principes qu'une législation criminelle proprement dite. Il y a là plus d'esprit de généralisation et moins de détails que dans la plupart des lois barbares. Est-ce sagesse ou impuissance; est-ce simplicité systématique et réfléchie, ou simplicité par défaut de précision? C'est ce qui ne peut guère être mis en doute : il y a dans ces lois une telle majesté, qu'il n'est pas permis de penser que le législateur n'ait été concis à ce point que parce qu'il a voulu l'être. Le reste était l'affaire des jurisconsultes. Les barbares des temps suivants ont moins compté sur les magistrats : ils ont voulu rendre les fonctions de juge faciles, afin qu'elles pussent être remplies par tout le monde, et surtout prévenir l'arbitraire.

Toutefois, l'imagination de ces barbares, ne devançant point les faits, ne brille que dans les détails des circonstances et non dans ceux de la variété des délits. Ils procèdent en cela comme les rédacteurs des Douze Tables. Moins les liens sociaux sont nombreux, moins ils sont serrés, moins nombreux sont aussi les points par lesquels se touchent et se froissent les intérêts et les droits.

Ces lois sont d'abord presque entièrement pénales; elles prennent plus tard un caractère civil. Et parmi les lois pénales des premiers temps, celles qui sont destinées à protéger les personnes sont d'abord plus nombreuses que celles qui ont pour but de protéger les choses. La raison de cette double différence dans le développement des lois pénales est simple. L'état des personnes n'est d'abord qu'une affaire de famille, et les rapports de famille à famille une affaire de libre relation où la loi n'intervient comme régulatrice que pour prévenir des délits qu'elle s'est longtemps bornée à punir. De même, lorsque les richesses ne consistent guère que dans un petit nombre d'objets mobiliers qu'on possède, lors surtout que la propriété du sol n'est pas encore définitivement constituée, lors enfin que l'industrie et le commerce n'ont pas encore donné aux productions spontanées de la nature un essor et une valeur considérables, tout attentat contre les choses n'est, la plupart du temps, qu'un attentat contre les personnes, une dépossession, une violence.

Plus ces caractères des lois primitives vont s'effaçant dans les législations, surtout chez des peuples sortis d'une même souche, plus la barbarie elle-même disparaît devant la civilisation. Ce phénomène est sensible dans la comparaison des lois saliques avec celles des Bavarois, des Ripuaires, des Bourguignons, des Wisigoths et des Lombards; on sent que la civilisation marche des unes aux autres. M. Guizot a remarqué que les délits prévus par la loi salique se rapportent presque tous à deux chefs, le vol et la violence. Ce sont là les deux principaux droits reconnus chez tous les hommes, celui de la propriété et celui de la personnalité physique. La loi salique distingue les différentes espèces de vols, suivant la nature de leur objet. Les circonstances de sexe, d'âge, de lieu, de temps, de valeur sont prises en considération dans l'appréciation du délit et l'estimation de la peine.

Les délits contre les personnes sont principalement ceux qui supposent le plus de férocité ou de grossièreté dans les mœurs, la mutilation et le viol. Les variétés en sont décrites avec scrupule.

La loi ripuaire ressemble beaucoup à la loi salique; elle est plus pénale que civile; elle s'attache surtout à deux sortes de délits, le vol et la violence; les délits contre les personnes semblent plus préoccuper le législateur que les délits contre les propriétés. La composition y joue le même rôle que dans la loi salique : le tarif des peines est à peu près le même dans les deux lois; seulement, la loi salique l'énonce en deniers et en sous, au lieu que la loi ripuaire ne l'énonce qu'en sous. La première est entrée dans plus de détails sur les délits passibles d'amendes, la seconde s'occupe davantage de procédure; l'une est plutôt la loi du peuple : elle lui apprend comment il doit transiger et procéder en justice; l'autre est plutôt la loi du juge : elle lui donne jusqu'à la formule de ses sentences, ne lui laissant d'autre soin que de constater l'existence et la nature du délit.

La loi des Bourguignons a déjà un caractère plus civil que les deux précédentes, puisque, sur trois cent cinquante-quatre articles qu'elle renferme, il n'y en a que cent quatre-vingt-deux de droit pénal : c'est encore un peu plus de la moitié. Mais dans la loi salique, trois cent quarante-trois articles sont consacrés au droit criminel, et soixante-cinq seulement à d'autres objets ; dans la loi ripuaire, qui compte deux cent vingt-quatre ou deux cent soixante-dix-sept articles, suivant les divers modes de distribution, cent soixante-quatre ont le droit pénal pour objet.

Ce n'est pas là le seul caractère distinctif entre la loi Gombette et les deux précédentes : il n'y est plus question, comme dans celles-ci, de la diversité des conditions légales entre hommes de races différentes ; en matière civile ou criminelle, offensés ou offenseurs sont placés sur le pied de l'égalité. De plus, si la composition se retrouve encore dans la loi bourguignonne, elle a cessé d'être la seule peine : les châtiments corporels, les peines morales ou infamantes mêmes y prennent place, L'esprit d'invention bizarre et cruel du moyen âge s'y trahit déjà ; les délits y sont plus variés, en même temps que les espèces contre les personnes se trouvent réduites.

Si de la loi des Bourguignons on passe à celle des Wisigoths, on trouve encore un progrès notable : on remarque surtout qu'elle est l'œuvre de l'Eglise, celle des conciles de Tolède, véritables assemblées nationales de la monarchie espagnole, suivant la remarque de l'illustre historien de la civilisation en France et en Europe. Plus intelligente des faiblesses de l'humanité, plus habile à démêler les rapports sociaux, plus préoccupée du point de vue moral et religieux, plus pénétrée de la solidarité humaine, l'Eglise dut inspirer des lois plus douces, plus intelligentes, plus sociales, plus d'accord avec la morale et la religion, plus égalitaires. Mais aussi les péchés et les vices, les fautes contre l'autorité religieuse y durent obtenir une plus grande place.

Il ne faut pas s'étonner de voir les peines se multiplier et devenir peut-être plus sévères chez les peuples allemands en passant de la barbarie à la civilisation. Ce phénomène ne leur est pas propre. Il est permis de penser même qu'il est universel. La justice, en prenant conscience d'elle-même, devient plus attentive, plus scrupuleuse. Elle laissera passer moins de délits sans les châtier, et ses peines prendront un caractère de variété et de sévérité qu'elles n'avaient pas lorsque le législateur distinguait moins, cherchait moins le juste rapport entre la peine et le délit. Aussi, quelle différence entre la simplicité relative des lois barbares et la multiplicité de celles qui leur ont succédé au moyen âge et jusqu'au XVIIIe siècle ! Nous retrouvons ici les amendes et les peines corporelles, mais jamais ensemble, circonstance digne de remarque, et qui était déjà un principe chez les Athéniens.

Ces peines sont énumérées comme il suit par Grimm dans ses *Antiquités du droit germanique* [1] :

A. Peine de mort :

1. *Pendaison.* La vieille poésie allemande est fort riche en expressions imagées pour désigner ce genre de mort. On pendait aux arbres, mais pas au premier venu : *an einen dürren Baum und an keinen grünen.* (*Reutters Kriegsordn.*, p. 74, 75.) On voilait la tête du coupable. Une aggravation de peine consistait à pendre le condamné entre deux chiens ou deux loups. (GRIMM, p. 685.) La coutume s'en conserva pour les juifs jusqu'aux XIVe et XVe siècles.

La loi des Lombards ordonnait que le coupable fût pendu sur la tombe de sa victime. (*Roth.*, 373.)

Les femmes n'étaient pas pendues : elles étaient brûlées, noyées, etc.

La pendaison était plus ignominieuse et plus rigoureuse que la décollation. Le voleur de nuit était pendu ; celui de jour décapité.

2. La *roue.* Le corps du coupable, brisé par une roue, entrelacé dans les rayons, était ensuite élevé en l'air sur la roue au moyen d'un pieu.

3. La *décollation.* Avec la hache et le marteau (comme on casse le sucre).

4. L'*éviscération* (*exenterare, ausdœrmen, étriper*) pour les écorceurs d'arbres et les voleurs de charrues.

5. *Couper de la chair* sur la poitrine. Peine du débiteur de mauvaise foi. Cf. une loi bourguignonne pour le vol de faucons : « Si quis acceptorem alienum involare præsumpserit, aut *sex uncias carnis acceptor ipsi super testones (pectus) comedat,* aut certe si noluerit sex solidos illi cujus acceptor est cogatur exsolvere » (tit. 11). (GRIMM, p. 690.)

6. Supplice des *pieux* (*Pfaehlen*). On attachait le coupable à

---

[1] *Deutsche Rechts Alterthümer.*

un poteau et on le tuait à coups de pieux. Supplice du voleur de chevaux, du viol, de l'infanticide. Dans le cas de viol, un pieu en chêne, aiguisé par le bout, était placé sur la poitrine du coupable ; la victime frappait les trois premiers coups, le bourreau les autres. Une ordonnance de 1554 porte que l'infanticide, enterrée vivante, aura le cœur traversé d'un pieu. Même supplice pour les sorcières. (*Ibid.*, p. 691.)

7. *Écartellement.* Supplice infligé au traître Gannelon par Charlemagne.

8. Etre *foulé aux pieds des chevaux.*

9. *Lapidation.*

10. Etre *enseveli vivant.* C'était le supplice des femmes dans les cas où les hommes étaient pendus ou roués. Il a subsisté jusque fort avant dans le moyen âge. Hans Sachs en rapporte même un exemple dans le XVIe siècle. Chez les Ditmarses, la fille qui s'était laissé séduire était enterrée vivante. Dans certaines coutumes de France, le meurtrier était enterré vivant sous le corps de sa victime. (V. *Chartam comitis Bigorensis,* an. 1238 ; Ducange, 6, 319.) A Zurich, en 1489, deux hommes furent *murés* (cingemauert) ; on laissa une ouverture pour leur passer des aliments. (J. de Muller, t. V, p. 403.)

Un supplice analogue était anciennement infligé aux lâches : où les ensevelissait dans la boue, on les noyait dans un bourbier avec une claie d'épines sur le dos. (V. Tacit., *Germ.,* c. 12.) C'était aussi le supplice de la femme qui répudiait (*dimiserit*) son mari (*Lex Burg.,* 34, 1.) Reste à savoir comment se concilie avec cette culpabilité le droit de répudiation ou de renvoi d'un mari par sa femme. Il y a là une difficulté dont la solution nous échappe.

11. Etre *précipité d'un rocher.* Supplice que le comte Dietrich fit subir à l'évêque de Trèves.

12. Etre *noyé.* Supplice particulier aux femmes et aux sorcières. Une glose du Sachsenspiegel porte que le parricide doit être jeté à l'eau dans un sac avec un chien, un singe, un coq et une vipère. Cet emprunt fait au droit romain n'est pas le seul. En 1734, en Saxe, une femme coupable d'infanticide fut encore noyée dans un sac avec un chien, un chat et un serpent.

13. Etre *brûlé.* La loi des Wisigoths condamne au bûcher l'esclave qui a commis un adultère avec une femme libre. Même peine pour vol dans un tombeau.

Au moyen âge, le feu était le supplice de l'adultère. Tristan dut être roué, Iseult brûlée. C'était aussi la peine des hérétiques, des sorciers et des empoisonneurs.

On faisait bouillir les hérétiques, « afin, disait-on, que le diable ne se fît pas mal aux dents. »

A une époque plus reculée, on les étouffaient dans un bain de vapeur.

14. Etre *livré aux bêtes*. Supplice dont on ne trouve point d'exemple dans le droit allemand, mais bien dans les Sagas du Nord.

B. Peines corporelles n'entraînant pas la mort :

Avoir *les cheveux coupés*. Peine infamante.

Etre *flagellé*.

Avoir *la peau de la tête enlevée* (décalvation) [1].

Le *pied et la main coupés*, — ou le nez, — ou les oreilles, — ou les lèvres, — ou la langue.

Etre *privé d'un œil*, — avoir les *yeux arrachés*.

Les *joues traversées par un fer chaud*.

Les *dents brisées*.

Etre *enchaîné*.

C. Peines infamantes (*Ehrenstrafen*, p. 711, 199) :

Le *blâme*.

La *rétractation*.

Un *traitement ignominieux* (cheveux, habits coupés).

Interdiction des armes, dégradation militaire.

Procession symbolique.

Porter à la main des verges ou des balais, un *chien*, une *selle* (punition des nobles), un *siége* (punition des clercs), une *roue de charrue* (punition des vilains). Les femmes portaient des pierres [2].

La *promenade sur un âne*, à rebours, la queue de l'animal en guise de bride, pour la femme qui avait battu son mari.

Enlèvement du toit de la maison.

Etre *enduit de poix* et roulé dans la plume.

Le *pilori* et le *carcan*.

---

[1] Peine analogue à la coutume de certains sauvages, de scalper leurs ennemis terrassés, mais par un autre motif. Cf. DUBOYS, *Hist. du dr. crim.*, t. II, p. 541.

[2] Cf. STRUVIUS, *Histor. jur.* χυνοφορια *Germandrum.*, c. IX, § 11, p. 736-738.

La *berne* (esp. *mantear*).

Perte du banc à l'église, relégation dans un coin, à la porte.

Etre *enseveli sans honneurs* dans un carrefour.

D. Perte des droits de cité (*Landrechts*) :

Servage (*Herabwürdigung des freien zum Knecht*).

Destruction de la maison : le toit enlevé, la porte enfoncée, le puits comblé, etc.

Interdiction civile (*gemeine Landrecht genommen*).

Proscription.

Les femmes n'étaient pas bannies.

Nous retrouvons le même fait chez les Francs, et Mably leur en fait un mérite. « Renonçons, dit cet historien philosophe, à cette humanité cruelle qui les enhardissait au mal : ils infligèrent la peine de mort contre l'inceste, le vol et le meurtre, qui, jusque là, n'avaient été punis que par l'exil, ou dont on se rachetait par une composition... Ils portèrent la sévérité aussi loin que leurs pères avaient poussé l'indulgence ; et, faute de proportionner les châtiments à la nature des délits, ils firent souvent des lois absurdes, tyranniques, et par conséquent impraticables » [1].

Au XVIe siècle, la législation danoise se crut dans la nécessité de se montrer plus sévère à l'égard de certains délits, et de sévir contre d'autres qu'elle n'avait pas prévus jusque là. En conséquence de cette sévérité plus grande, sont punis de mort : l'homicide avec préméditation par un roturier, le viol, l'impureté (*Hurerei*) à la seconde récidive. Les méfaits involontaires (*vaadesgjerninger*) ne sont pas punis en général, excepté l'incendie. On paie une amende aux parents du mort, si l'on a tué en se défendant (*nothwehr*). Certains délits que ne prévoyaient pas les anciennes lois sont alors sévèrement réprimés : tels sont la prévarication, l'altération des livres de justice, le faux témoignage [2].

Dans la période suivante, le législateur danois étend encore, et avec raison, la liste des délits : ainsi sont punis pour la première fois l'inceste, l'accouchement tenu secret, l'exposition des enfants, la fausse reconnaissance de père ou de mère, l'étouffement d'un enfant. Les peines portées contre le libertinage sont

---

[1] *Observat. sur l'Hist. de France*, I, 3.

[2] KOLDERUP, op. cit., § 145, p. 291.

augmentées, celles contre le vol adoucies. Le travail dans une maison de force est une peine fort en usage [1].

III.

De la pénalité dans l'état de civilisation proprement dite.

La civilisation se compose d'un grand nombre d'éléments ; mais ces éléments se combinent dans des proportions diverses, et ne sont eux-mêmes que des produits de nos facultés. Suivant donc que la prédominance appartient à telle ou telle de ces facultés, la civilisation a tel ou tel caractère, s'élève à tel ou tel degré. Suivant que l'imagination, le sentiment, l'entendement ou la raison joue le principal rôle chez un peuple donné et à une époque déterminée, la poésie, la religion, la science ou la philosophie caractérise ce peuple et cette époque. La période sauvage est encore dominée par les sens ; la période barbare s'en dégage et passe sous l'empire de l'imagination. Mais cette faculté règne pleinement au début de la civilisation, et réveille ce sentiment religieux qui caractérise le spiritualisme. La religion, à beaucoup d'égards, et chez la plupart des peuples, n'est encore que de la poésie, mais une poésie qui sort de la sphère des choses sensibles. Un tour d'esprit plus ferme s'attache ensuite aux rapports naturels des choses, à leurs influences respectives. De là les sciences. Mais à leur début, et longtemps après, elles sont encore entachées de mysticisme. L'alchimie et l'astrologie ont précédé la chimie et l'astronomie. Et cependant les astrologues et les alchimistes étaient déjà en possession d'un grand nombre de faits bien observés, auxquels ils appliquaient le calcul. La science des nombres elle-même a été longtemps infectée de mysticisme. Depuis Pythagore jusqu'à Galilée, les esprits les plus vigoureux même n'ont pu s'affranchir complètement de ce genre de superstition. L'usage critique d'une raison ferme et juste était seul capable de purger la science, la religion, la poésie elle-même de toute conception absurde. Or, cet usage de la raison c'est ce que nous appelons philosophie.

---

[1] KOLDERUP, op. cit., § 174.

Il est facile de voir maintenant la place de chaque peuple sur l'échelle de la civilisation. La Grèce antique appartient, depuis les temps barbares, à la période poétique ou d'imagination. L'Orient, par la poésie encore, mais surtout à cause de ses théocraties, l'Orient, avec sa pensée religieuse, principe de toutes ses autres pensées, appartient à la seconde période de la civilisation. Grâce à l'immobilité naturelle, à l'esprit religieux, l'Orient est généralement resté au degré où, depuis des siècles, une théocratie toute-puissante l'avait placé. Il peut changer de religion, de religion poétique, mais il n'en peut sortir. Il peut passer du panthéisme au bouddhisme, du sabéisme à l'islamisme, mais bien plus difficilement de ces cultes, dont l'objet est fourni par les sens ou l'imagination, au culte d'un être de raison, du vrai Dieu. La Grèce, avec son idolâtrie, avec ses hommes-dieux ou ses dieux-hommes, eut moins de peine à se dégager du sentiment pour passer à la science. Pythagore et Thalès n'étaient pas moins hommes d'entendement et de raison que d'imagination et de sentiment. Leurs successeurs firent plus encore, et grâce à leur infatigable curiosité, à cet esprit d'audacieuse investigation que rien ne rebute et n'arrête, les poètes, les prêtres eux-mêmes devinrent philosophes. Euripide profita des leçons d'Anaxagore et de Socrate, et Plutarque écrivit contre la superstition.

Cette diversité d'esprit explique celle des législations criminelles de l'Orient et de la Grèce. L'Orient se distingue en général, avons-nous dit, par l'esprit religieux ; dans la religion par le dogme plus que par la morale ; dans la morale par les pratiques cérémonielles plutôt que par celle des vrais devoirs ; dans les devoirs par ceux qui ont l'agent pour but plutôt que par les devoirs sociaux. Tout s'y rattache à l'infini, et l'individu ne se préoccupe guère que de lui-même et dans ses rapports avec l'infini ou le divin ; tout le reste, qui est fini, qui n'est et ne vit que par l'infini et pour l'infini, est presque sans valeur ; il faut que la personnalité propre soit aussi forte qu'elle l'est naturellement pour qu'elle compte en face de l'infini ; encore compte-t-elle plus par instinct que par principe. C'est ainsi que l'exaltation excessive de l'idée et du sentiment religieux conduit au mépris de l'humanité, à l'oubli de soi-même ou au fanatisme. De là le caractère tout à la fois religieux et terrible de la plupart des législations criminelles de l'Orient. Nous en

verrons la preuve lorsque nous traiterons des différentes espèces de peines. On peut remarquer dès maintenant que le peuple
de l'Orient le moins superstitieux, à tel point que ses lettrés ont
passé longtemps pour athées aux yeux des missionnaires européens, les Chinois, est de tous celui dont les lois criminelles ont
le plus de rapport avec celles de l'Occident par leur esprit de
justice et de douceur. Il n'en faut excepter que certaines peines
d'un caractère barbare encore, celles contre l'adultère par
exemple.

L'empereur Yao, environ 2,400 ans avant J.-C., avait établi dix grands tribunaux. Chun, son successeur, en ajouta de
subalternes ; il spécifia les délits, et détermina les châtiments
qui leur seraient réservés.

Il n'admit la composition que pour les fautes légères. Ce qui
ferait croire qu'avant lui elle recevait une bien plus grande
extension. Il défendit toute indulgence envers ceux qu'on avait
essayé vainement de ramener à la vertu, ou qui étaient assez
lâches ou assez pervers pour abuser de leur force ou de leur
crédit et de l'autorité.

Cette législation ne semble pas avoir été d'une grande sévérité : le Chou-King nomme le fouet et l'exil comme la peine
ordinaire des délits de second ordre [1].

Aujourd'hui le fouet et le bannissement sont encore les deux
principales peines en Chine. C'est toujours le même esprit sous
des formes diverses et beaucoup plus multipliées.

La législation pénale actuelle de la Chine tient donc, par son
esprit, à celle des temps les plus anciens, en même temps
qu'elle révèle, par ses nombreux détails, une époque bien postérieure. Par le premier de ces caractères elle appartient aux
temps primitifs ; par le second, aux temps barbares et despotiques.

Au XVIe siècle, les lois pénales de la Chine, le traitement
qu'on faisait subir aux détenus et aux condamnés, semblent
avoir été plus sévères qu'aujourd'hui et dans les anciens temps ;
mais elles n'étaient pas plus barbares que les usages analogues
de l'Europe. Voici comment en parle un voyageur contemporain : « Les Chinois ont de très vastes prisons qui donnent sur

---

[1] PASTORET, Zor., Conf. et Mah.; — DUHALDE, t. I, p. 287; t. II, p. 24
de sa Description de la Chine.

de superbes jardins, avec des fontaines. Les détenus qui ne sont pas condamnés à mort peuvent s'y promener sous bonne garde. Si des circonstances inattendues ne permettent pas d'exécuter sur-le-champ les condamnés à mort, ils se promènent dans la prison, portant devant eux une table de bois blanc où leur condamnation est écrite. La nuit, on les enchaîne par les pieds, les mains liées derrière le dos et couchés par terre sur le ventre; ou bien ils ont les mains et les pieds pris entre deux morceaux de bois échancrés, et dont une moitié se rabat sur l'autre et s'y cadenasse; quatre barres de fer sont ensuite passées sur leur corps étendu et couché. Ces barres sont retenues à chaque extrémité par des anneaux qui tiennent au sol. Les malheureux passent la nuit dans cet état. C'est le supplice du *pressoir* » [1].

Les Japonais, de même race que les Chinois, mais aussi superstitieux que les Chinois le sont peu, du moins dans les classes instruites, infectés bien plus profondément des idées panthéistes réformées par Bouddha, sont beaucoup plus cruels dans leurs mœurs et leurs lois. Déplorable cercle vicieux, suivant l'auteur de l'*Esprit des Lois*, puisque l'atrocité des peines engendre la férocité des mœurs. Au surplus, les voyageurs ne sont pas entièrement d'accord en ce point.

Selon Thunberg, les lois du Japon sont en petit nombre, mais on les exécute à la rigueur sans aucun égard pour les personnes; toutefois les amendes pécuniaires sont des grâces accordées aux coupables qui ont de la fortune. De simples délits sont punis de mort, mais la sentence doit être signée par le Conseil privé de l'empereur. L'éducation morale des enfants étant un devoir politique, les parents répondent des crimes de ceux dont ils auraient dû corriger les vices naissants [2].

Suivant le Hollandais Varénius, les peines, au XVIIe siècle, portaient au Japon le caractère de la plus grande cruauté. Hacher en pièces un coupable, lui ouvrir le ventre à coups de couteau, le suspendre au moyen de crocs de fer enfoncés dans les côtes, le faire cuire dans l'huile bouillante : voilà les punitions les plus communes. Les grands avaient le privilège de se couper le ventre de leur propre main. Valentyn dépeint aussi

[1] Thunberg, t. IV, p. 64 et 72.
[2] *Ibid.*

la législation du Japon comme féroce et sanguinaire. Chaque citoyen est responsable des délits commis par son voisin ; des familles, des villages entiers sont livrés aux derniers supplices pour expier la faute d'un seul.

D'après Van Overmeer Fisscher, qui a résidé au Japon de 1820 à 1829, le gouvernement japonais est absolu, mais sans être arbitraire. Les lois sont sévères, il est vrai ; mais chacun les connaît, chacun sait ce qu'elles permettent et ce qu'elles défendent ; et comme personne ne peut les éluder ; comme le sujet le plus puissant ne peut, par des actions illégales intimider un inférieur et le forcer de se plier à ses désirs ; comme ces lois, malgré leurs imperfections, ont l'avantage d'être strictement exécutées, celui qui se conduit bien n'a pas de motifs pour les craindre [1].

Montesquieu attribue l'excessive rigueur des lois pénales du Japon, leur implacabilité, à l'absence d'une croyance religieuse à une vie future. Cette observation peut être fondée à certains égards ; mais elle manque de nécessité logique et de justesse sous d'autres rapports. Pourquoi les Chinois, qui ne croient guère plus à la vie future que les Japonais, ont-ils des lois criminelles incomparablement plus douces que celles des Japonais, que celles même de la plupart des peuples théocratiques ? Est-il vrai, d'ailleurs, que les croyances panthéistes de l'Inde, qui font logiquement disparaître la personnalité humaine par l'absorption dans l'infini, ne soient pas pires encore que l'absence de tout dogme à l'égard de la vie future, puisque c'est le dogme même de notre anéantissement ? Et cependant les anciennes lois pénales de l'Inde étaient moins sévères que celles du Japon. Ajoutons que les bouddhistes de l'Inde ne croient ni plus ni moins à la vie future que les bouddhistes du Japon. Sans doute ils sont en minorité si on les compare aux sectateurs de Brahma ; mais cette minorité même est sans importance.

Les Birmans, qui font partie du peuple indien, qui en ont les croyances relatives à la vie future, celle de la métempsycose, par exemple, ont des lois pénales d'une extrême rigueur : l'emprisonnement, l'esclavage, le fouet sont les châtiments les plus doux. Les condamnations à mort se renou-

[1] MALTE-BRUN, t. VII, p. 220.

vellent fréquemment, et le genre de supplice varie selon le
caprice du juge. Dans quelques localités, le crucifiement et le
plomb fondu versé dans la bouche sont les châtiments employés. Dans d'autres, le condamné, transpercé d'un pieu, est
cloué sur les bords de l'Iraouaddy, de manière à ce qu'il soit
noyé à la marée montante. Viennent ensuite la détroncation,
l'exposition aux bêtes féroces, le bûcher, en un mot, tous les
genres de tortures que la cruauté la plus raffinée peut inven-
ter..... Les condamnés, au reste, se montrent fermes et coura-
geux jusqu'au dernier moment, et l'on cite un déserteur qui
mangeait une banane pendant que le bourreau lui déchirait les
entrailles..... Presque toutes les espèces de crimes qu'on peut
commettre sont prévus par la jurisprudence des Birmans; un
grand nombre de jugements précédemment rendus sont an-
nexés à chaque article. On y trouve les jugements par épreuves
et par imprécations [1].

D'un autre côté, un peuple de même race encore que le peuple japonais, et qui partage peut-être ses croyances, possède
une législation pénale qui, tout en se rapprochant beaucoup
de celle du Japon, n'est déjà pas plus cruelle que celle des
Birmans; nous voulons parler des Mongols. Depuis 1620 ils
ont un Code complet de lois signé de quarante-quatre princes
et chefs, et dans lequel la plupart des délits sont punis par des
amendes; les actions utiles au public sont récompensées. Celui
qui refuse du lait à un voyageur est puni de l'amende d'un
mouton. On admet les épreuves par le feu, et les serments par
lesquels un supérieur garantit l'innocence d'un inférieur; institutions analogues aux *cojurations* du moyen âge en Europe.
Les peines sont en général cruelles envers le peuple et peu sévères pour les nobles : ainsi, l'homme de qualité qui commet
un meurtre avec préméditation n'est condamné qu'à une
forte amende, par exemple à la perte d'une année d'appointe-
ments et à quatre-vingt-une têtes de bétail, dont les deux
tiers sont pour la famille du défunt et un tiers pour le chef de
la tribu à laquelle il appartient, tandis qu'un esclave qui tue
son maître est coupé tout vivant par morceaux. Celui qui tue
sa femme est condamné à être étranglé [2].

---

[1] Symes, *Embassy* etc., t. III, p. 93.

[2] *Mémoires sur la Mongolie*, par le P. Hyacinthe Bitchourine, 2 vol.
in-8° (russe). — Dans Malte-Brun, *Géogr. univ.*, VII, p, 102.

L'influence d'une religion qui enseigne une vie à venir déterminée d'après la moralité en ce monde peut avoir des effets salutaires sans doute, mais ces effets peuvent être compensés et au-delà par d'autres croyances funestes et par les intérêts qui les ont dictées. C'est ainsi que les brahmes, tout en proclamant une sorte de vie future, enseignent aussi la différence des castes, et pèsent de tout le poids de l'orgueil, de la cupidité et de la superstition sur les immenses populations qu'ils dirigent. Les lois pénales sorties de cette pensée religieuse sont d'une extrême rigueur, d'une injustice révoltante toutes les fois qu'il s'agit des intérêts de la caste sacerdotale ou de tout ce qui sert de base à son pouvoir ; ce qui n'empêche point qu'il ne s'y mêle d'excellentes maximes toutes les fois que l'intérêt brahmanique n'est point en jeu. C'est ainsi, par exemple, que Manou, dans ses lois, permet, prescrit même de pardonner aux faibles et aux malheureux. Nous y lisons encore qu'autant la peine est moralement utile au coupable, moins du reste en ce qu'elle le corrige qu'en ce qu'elle le purifie du mal passé, puisqu'elle est essentiellement expiatoire, autant une peine injustement infligée est funeste à ceux qui se rendent directement ou indirectement responsables de cette iniquité. La renommée pendant la vie, la gloire et la félicité après la mort sont perdues pour le juge prévaricateur. L'injustice d'un jugement retombe pour un quart sur la partie qui l'obtient, pour un autre quart sur les faux témoins, pour un troisième quart sur le tribunal qui le rend, enfin pour le dernier quart sur le roi.

L'esprit occidental, beaucoup moins mystique, par conséquent bien plus net, plus positif, plus scientifique, en d'autres termes plus marqué au coin de l'entendement et de la raison qu'à celui de l'imagination et du sentiment, se montre avec sa supériorité dans les lois pénales comme dans tout le reste. En ce point la civilisation de l'Occident est si élevée au-dessus de celle de l'Orient, que cette dernière, à très peu d'exceptions près, paraît plutôt mériter le nom de barbarie. Et, chose remarquable, quoique le sentiment et l'imagination soient le principe des écarts de l'Orient, la civilisation occidentale montre plus d'imagination et de sentiment que la civilisation orientale. Comparez la mythologie et l'art grecs avec l'art et la mythologie de l'Inde, par exemple ; la législation pénale de Solon avec celle

de Manou : quelle différence toute au profit de la Grèce! Mais
reconnaissons que cette différence tient cependant moins, quant
à l'imagination, à la matière qu'à la forme. De part et d'autre
même invention peut-être; mais incomparablement plus de
naturel, de goût, de fini, d'art en un mot, du côté de la Grèce.
Quant au sentiment, plus de justesse, de vérité, de naturel ou
de bon sens dans son développement et son objet. Ne soyons
donc point surpris de retrouver des différences analogues dans
la législation criminelle, différences qui seront rendues plus
sensibles encore par tout ce qui doit suivre : ici elles ne sont
qu'indiquées. Ne soyons pas étonnés davantage que l'esprit des
lois pénales d'Athènes et de Rome soit arrivé jusqu'à nous; en
ce point comme en tout le reste notre civilisation vient de loin,
elle vient de Rome et d'Athènes.

En Grèce, la pénalité prend le caractère de diversité, d'analogie et de mesure qui sépare la civilisation de la barbarie et
de la sauvagerie. Chez les Athéniens, les principales peines
étaient l'amende, l'infamie, l'esclavage, la marque, l'exposition, la détention ou les entraves, le bannissement à perpétuité,
l'ostracisme et la mort. On distinguait trois degrés d'infamie : le
premier emportait la perte de certains droits politiques; le second la perte totale, mais temporaire, de ces mêmes droits, ainsi
que la confiscation des biens; le troisième celle des droits civils
et religieux.

Cette dernière peine s'étendait aux enfants et à la postérité
entière. L'esclavage ne pouvait atteindre que les ἄτιμοι et les
μέτοικοι (c'est-à-dire les infâmes et les exilés ou étrangers)
et les esclaves affranchis. La marque était imprimée avec un
fer chaud sur le front ou sur les mains des esclaves fugitifs ou
des malfaiteurs. La détention était perpétuelle ou temporaire;
quelquefois une caution en dispensait. On comptait trois sortes de prisons : l'une n'avait d'autre destination que de s'assurer des détenus; les deux autres étaient des lieux de correction ou de peines de différents degrés. Les entraves étaient de
formes diverses, suivant la partie du corps par laquelle elles
étaient destinées à contenir les condamnés : il y en avait pour
le cou, pour les mains, pour les pieds, et d'autres pour toutes
ces parties à la fois. La plupart étaient de bois. On ne pouvait
recueillir un proscrit sans encourir la même peine que lui. La
peine capitale avait lieu par décollation, par strangulation,

par le poison, la croix, le feu, l'eau, le bâton, les pierres, le gouffre et le précipice.

La pénalité grecque s'améliora encore en passant d'Athènes à Rome. Il suffit, pour n'en pas douter, de rapprocher les deux systèmes de pénalité. Nous venons de voir celui d'Athènes.

L'interdiction du feu et de l'eau ou l'exil indirect; la déportation et la relégation ou l'exil direct substitué par Auguste à l'interdiction du feu et de l'eau; l'esclavage; la confiscation comme peine accessoire de la peine capitale, de l'exil, de la déportation, de la servitude légale, mais tempérée cependant en faveur de la famille du condamné; la peine capitale par strangulation, par décollation, par l'eau, par le précipitement, l'amende, la détention, la flagellation (*virgis, flagellis*), la bastonnade (*fustibus*), l'infamie : telles étaient les principales peines usitées chez les Romains. Nous ne parlerons pas de celles qui étaient propres à la censure et à la discipline militaire, ni de celles qui ne s'infligeaient qu'aux esclaves, pas plus que des châtiments arbitraires que le père de famille pouvait faire subir à tous ceux qui étaient soumis à son autorité trop long-temps absolue.

Une particularité remarquable dans les lois pénales de certains peuples, c'est que l'usage, la jurisprudence, tantôt aggrave, tantôt adoucit la peine portée par la loi, suivant que des institutions pires ou meilleures succèdent à d'autres, mais sans qu'elles osent toucher aux lois anciennes. Chose bizarre ! le pouvoir croit plus prudent de violer les lois que d'en entreprendre la réforme. C'est ce qui arrive lorsqu'il peut les violer seul et qu'il lui faudrait le concours du peuple pour les abroger. Le peuple peut tenir à des lois mauvaises non parce qu'elles sont mauvaises, mais parce qu'elles sont. Le pouvoir lui-même, tout en les laissant sommeiller, n'est point fâché de pouvoir aisément les faire revivre. Il sait, d'ailleurs, que les changements subits apportés aux lois sortent les esprits de l'immobilité, et leur impriment un besoin de changement qui pourrait s'étendre jusqu'aux établissements les plus respectables. Les hommes d'Etat redoutent singulièrement cette passion de la nouveauté, qui peut devenir une fureur, et qui affaiblit toujours le respect des peuples pour l'autorité.

Dans les temps anciens, Rome est surtout remarquable par son respect pour les vieilles lois en même temps que par son adresse à satisfaire l'équité ou les besoins nouveaux. C'est ainsi que le préteur avait la faculté de créer des exceptions pour ramener la pratique à l'équité, tout en laissant subsister la loi positive qui la méconnaissait.

Dans les temps modernes, l'Angleterre est peut-être de tous les peuples celui où le mouvement procède avec le plus de mesure, avec le plus de ménagement pour l'ancien état de choses : la jurisprudence, ou le pouvoir exécutif, joue le même rôle que les édits du préteur à Rome. C'est pour cette raison que la législation pénale semble avoir fait si peu de progrès en Angleterre. Elle est encore encombrée de dispositions qui ne sont que l'expression violente et par trop absurde aujourd'hui de l'intolérance de l'*Église établie* [1]. Des délits de peu de gravité, ceux de la chasse par exemple ; d'autres délits qui ont aussi leur source dans le système féodal ; la nomenclature étendue des crimes de haute trahison et de félonie imaginés par des despotes ombrageux, respirent un génie barbare. Les peines en sont d'une rigueur outrée ; la mort est prodiguée, la flagellation dispensée sans choix et sans mesure, à tel point, dit Rossi, qu'en lisant les Statuts de Georges IV (1827), « on croit presque « approcher d'une plantation de sucre ; on entend claquer les « fouets » [2]. Les mutilations, les marques, l'arbitraire laissé au juge en même temps que le législateur multiplie les distinctions et les espèces, tous ces défauts et beaucoup d'autres dépareraient singulièrement les institutions d'un peuple très civilisé du reste, si la jurisprudence ou le pouvoir exécutif ne possédaient pas le moyen de laisser sommeiller des lois si peu en harmonie avec les idées et les mœurs. Il est fâcheux seulement que ce sommeil ne soit pas celui de la mort. Mais ces nombreux défauts, d'ailleurs communs aux autres législations du dernier siècle, étaient rachetés par une institution précieuse, celle du jury. La procédure criminelle de l'Angleterre, le système accusatoire devant un jury, devant le pays, a permis d'attendre les réformes de 1827, de 1833, de 1837, etc. La nécessité de réformes plus complètes se fait sentir encore, et ce vœu ne peut manquer d'être écouté.

Par cela seul que la civilisation comprend plusieurs éléments,

[1] Rossi, op. cit., t. I, p. 50-51.
[2] *Ibid.*, p. 53.

la meilleure manière d'étudier son influence sur le droit criminel, de faire voir comment les progrès de ce droit coïncident avec les progrès des autres institutions humaines et en sont des effets partiels, c'est de montrer que le droit criminel en a réellement subi l'influence. Nous bornerons cette étude aux points capitaux.

§ III.

De l'influence des institutions religieuses, politiques, civiles, de l'industrie, des sciences, des arts, des lettres, de la philosophie, sur la pénalité.

SOMMAIRE.

I.

Les religions.

Déjà nous avons parlé de l'influence des religions à propos de l'opinion de Montesquieu sur les lois pénales du Japon. Tout en reconnaissant l'influence de la religion sur les mœurs et les lois, tout en admettant qu'une religion qui enseigne une vie future déterminée d'après la moralité de la vie présente est une garantie pour les mœurs, un auxiliaire pour le législateur, nous avons en même temps reconnu qu'à d'autres égards une religion fausse d'ailleurs pouvait être très pernicieuse, et faire, d'autre part, plus de mal qu'elle ne procure de bien par l'influence du peu de vérité qu'elle renferme, lors surtout que cette vérité se trouve encore infectée d'erreur et d'absurdité. Une religion terrible, fanatique, homicide, qui porte aux sacrifices humains, sous une forme ou sous une autre, comme celle des Phéniciens, fait naître des sentiments sombres et cruels, rend les mœurs dures et féroces, et porte le législateur à décréter des peines horribles. Les peuples du naturel le plus doux peuvent être ainsi corrompus et pervertis par des croyances qui, loin de développer et de fortifier le sens moral, le dénaturent et le dépravent. Une fois l'esprit et le cœur humain sortis de leurs voies par une religion fausse, ils éprouvent une peine infinie à y rentrer. C'est ce qui est arrivé chez les deux peuples peut-être les plus doux de la terre, les Péruviens et les Indiens. Il y a deux raisons pour que la pénalité soit excessive sous le régime théocratique : d'une part, le penchant du prêtre à regarder toute offense contre sa personne, ses droits, ses privilèges, son autorité comme un délit religieux, et tout délit religieux comme une sorte d'impiété et de sacrilège, comme un crime envers sa Divinité ; d'un autre côté, le caractère naturellement despotique de tout pouvoir sacerdotal, parce qu'un semblable pouvoir est toujours réputé divin, et que l'autorité divine ne peut être ni contrôlée ni partagée par les hommes. Si le pouvoir n'est pas visiblement entre les mains du prêtre, mais que le prêtre l'inspire et le dirige, il n'est que plus dangereux à beaucoup d'égards, puisque le pouvoir sacerdotal n'a que la part de solidarité qu'il lui plaît, et qu'il peut faire entreprendre dans ses intérêts, au pouvoir civil, ce qu'il n'aurait peut-être jamais osé faire par lui-même. Alors encore le despotisme est son allié naturel, parce qu'il le fait agir à son profit, sans contrôle comme sans partage. Il n'aurait pas cette facilité avec un pouvoir public collectif, national, représentatif, dont tous les actes seraient soumis à l'examen libre de l'opinion publique. Ces faits sont tellement dans la nature des choses, que c'est à peine s'ils ont besoin d'être prouvés par l'histoire. Donnons-en néanmoins quelques exemples.

Le gouvernement absolu des Incas qui passaient pour descendre du soleil, divinité principale du Pérou se rattachait tellement aux dogmes religieux des Péruviens, que tout délit commis était considéré comme une transgression des lois humaines et comme une offense directe envers la Divinité. Avec de semblables idées, les règles de la législation étaient simples et la pénalité sévère. La rigueur en était le principe dominant; les fautes légères et les plus grands crimes étaient punis de la même peine, et dans presque tous les cas c'était la mort. Mais en même temps on ne faisait jamais tomber sur les enfants la peine du crime commis par les pères; ils conservaient leurs biens et leurs dignités [1].

Dans l'Inde, la justice n'est guère mieux rendue aujourd'hui que du temps de Manou; les juges sont peut-être moins bien choisis : ce sont, au lieu de brahmes, des collecteurs d'impôts, assistés de quelques-uns des principaux habitants. Nulle part, excepté dans les pays soumis à la juridiction anglaise, dont nous ne parlons point, nulle part des tribunaux régulièrement organisés; point de lois de procédure écrites et constantes; des peines arbitrairement infligées, et qui ne sont pas plus douces pour autant; une vénalité générale dans les juges; une célérité excessive dans les formes; le parjure regardé comme une bagatelle; l'absurdité ou la supercherie des épreuves mise à la place d'une instruction régulière; les délits les plus graves punis avec moins de sévérité, quand toutefois ils le sont, que les prétendus sacrilèges commis envers les animaux sacrés; la superstition la plus aveugle jointe à l'irréligion la plus déplorable, par suite des idées les plus fausses sur Dieu et sur la morale; l'orgueil des castes sans pitié pour ce qu'elle croit être une atteinte à son rang; la mollesse poussée jusqu'à l'inertie, et trouvant ses délices dans le désœuvrement forcé de la prison; la nécessité, par conséquent, de remplacer cette peine par des tortures; une patience opiniâtre qui souvent lasse la persévérance du bourreau ou de la vengeance; une telle indifférence pour la vie, par suite des privations qui l'accompagnent chez ce peuple habitué au despotisme des castes et des princes, que la mort ne peut effrayer qu'à la condition d'être convertie en un long supplice : Voilà, en peu de mots, les caractères de la justice criminelle telle qu'elle est de nos jours administrée et reçue par les populations encore idolâtres de l'Inde [2].

Déjà dans les lois de Manou les délits religieux sont les plus

---

[1] *Conquête du Pérou*, par HENRI LEBRUN, p. 26. — V. aussi les *Incas*, par MARMONTEL.

[2] V. *Mœurs, institutions et cérémonies des peuples de l'Inde*, par l'abbé DUBOIS, t. II, p. 455-474, 546-554.

grands de tous, et de ce nombre sont ceux qui blessent les intérêts des brahmes. Les privilèges et l'impunité sont garantis
à cette caste.

Le brahme est au-dessus du magistrat et du guerrier, sans
doute; mais cette supériorité est disproportionnée, sans mesure,
dans la législation pénale : « Que le roi se garde bien, est-il
« dit, de tuer un brahmane, quand même ce brahmane aurait
« commis tous les crimes possibles; qu'il le bannisse du
« royaume en lui laissant tous ses biens, et sans lui faire le
« moindre mal... Une tonsure ignominieuse est ordonnée au
« lieu de la peine capitale pour un brahmane adultère, dans
« le cas où la punition serait la mort pour les hommes des au-
« tres classes... Si un homme de la dernière classe a l'impu-
« dence de donner des avis aux brahmanes relativement à
« leurs devoirs, que le roi lui fasse verser de l'huile bouillante
« dans la bouche et dans l'oreille... S'il crache avec insolence
« sur un brahmane, que le roi lui fasse couper les deux
« lèvres » [1].

Sans avoir les mêmes défauts, la législation criminelle des
Hébreux est, avant tout, religieuse : le crime par excellence,
celui qui est recherché sous toutes ses formes, poursuivi avec
le plus de rigueur, c'est le manquement à la religion, surtout
l'idolâtrie. Les relations avec les étrangers idolâtres, lors surtout qu'elles étaient de nature à séduire le cœur et l'esprit,
devenaient un crime capital aux yeux d'un législateur qui
tenait par-dessus tout à la pureté des croyances.

Depuis les premiers empereurs chrétiens jusqu'à nos jours,
l'influence de la religion chrétienne a laissé des traces profondes partout où elle a régné comme religion de l'Etat. L'influence du christianisme dans les lois a été de deux sortes :
quant à la justice sociale, elle a contribué à la rendre plus régulière, plus équitable et plus humaine ; quant à la partie religieuse et morale de la vie pratique, elle l'a fait entrer trop
avant dans les lois civiles, et a sévi avec une rigueur extrême
contre des fautes qui souvent n'avaient tout au plus ce caractère qu'au point de vue disciplinaire de l'Eglise, c'est-à-dire qui
n'étaient pas même des fautes morales, loin d'être des délits.

---

[1] *Lois de Manou*, VIII, 379, 380, 292, 282; v., de plus, VIII, 366, 376-
385, 235-237, 241-243, 248, 278, 334, 335.

La théocratie mosaïque, avec son rigorisme moral, a pénétré par cette voie dans l'empire d'Orient, dans celui d'Occident, et par suite dans toutes les législations modernes.

Ces abus ne sont point de l'essence du christianisme, bien au contraire : ils sont le fruit de l'ignorance des temps, des passions humaines, des formes diverses du christianisme, formes que nous distinguons toujours de son essence.

Mais nulle part peut-être l'influence abusive de l'une de ces formes n'est plus visible que dans l'ouvrage d'ailleurs très méthodique et très estimable d'André Hornes, le *Mirror des justices* (Miroir des juges). Cet écrivain du XIII⁰ siècle, ayant à classer les délits, et ne mettant aucune différence entre les délits et les péchés, prend la classification des casuistes en péchés mortels et en péchés véniels. Passant aux peines, il ne manque pas, toujours attaché fidèlement aux décisions des casuistes, de déclarer dignes de mort tous ceux qu'ils regardent comme mortels; les autres délits réputés véniels par ces mêmes guides sont par lui déclarés passibles d'autres peines.

En voyant cette imitation abusive, et sachant que des théologiens ne reconnaissent que des péchés mortels en matière de foi et de chasteté, on tremble en pensant que des législateurs peuvent poursuivre avec la dernière rigueur des actes du ressort exclusif de la conscience individuelle. On comprendra mieux, en lisant ce naïf auteur, l'extrême danger de la confusion dont nous parlons, confusion qui n'est que la conséquence de l'influence des idées religieuses en droit criminel :

« Del pesché est bref division, car est solon que ceo que affert as peines mortelle ou venielle.

« Les mortels sont ceux : le crime de majesty, fausonnery, traison, arson, homicide, larceny, hamsockne (asile violé).

« Crime de majesty... vers le roy de ciel en trois maneres : per heresy, venery (divination), sodomy.

« Vers le roy de la terre en trois maneres : per ceux qui occisent le roy;... per ceux que luy dishéritent del royalme;... per ceux avowterors (adultères) que espargissent le femme le roy. »

Viennent ensuite les subdivisions des crimes de lèse-majesté divine et de lèse-majesté humaine. Rien n'y est négligé. C'est un traité très méthodique de tous les délits du genre. Ainsi, pour la divination, on énumère la pyromancie, l'aéromancie, l'hydromancie, la géomancie, la nécromancie, l'augurie, les *divinors en sorts, en songes, en versets de psalmes, en porter evangelies et charmes à leurs cols, en esterniers* (par l'éternument), etc., etc.

« Les paines sont... corporelles et pecunielles. Des mortelles se font ascuns per perte des testes, ascuns per longe traine (être traîné par terre dans un long espace), ascuns per pendre, ascuns per arson, ascuns per vif enfoir, ascuns per sault de felasie (jet du haut en bas d'une falaise) ou de autre lieu perilous, et ascuns per voyes (en place publique), et ascuns autrement solon que auncient priviledges ou usages.

« Les peschés qui demandent mortelle paine sont les peschés mortels.

« Des venialles paines, ascuns ceo font per perdre member;... ascuns per perte de pouce ;... ascuns per couper de langues ;... ascuns per plage ; ascuns per imprisonment ; — ascuns per perte de touds biens moveables et nient moveables ;... ascuns per exil, et abjuration (bannissement) de la christieneté, ou del réalme, ou de la ville, etc. » [1].

Nous ne citerons plus qu'un exemple, ce sont les codes criminels des peuples catholiques qui' admettent encore une religion d'Etat : ceux de Portugal, d'Espagne, de Naples, de la Sardaigne avant Charles-Albert, etc. Il va sans dire que le Code des Etats pontificaux a conservé plus qu'aucun autre l'esprit ancien, par la double raison que c'est l'esprit du spirituel, en tant que conservateur du moins, et que les Etats de l'Eglise ont moins subi l'influence de la domination et de la civilisation étrangère que les autres parties de la Péninsule italique [2]. Mais ce qu'il y a de plus déplorable peut-être, c'est l'arbitraire laissé aux autorités judiciaires des différentes localités.

Attendons cependant, attendons : Pie IX a promis une réforme des lois criminelles ; sans doute il tiendra largement la promesse de la constitution de 1816.

---

[1] C. IV, sect. 12 ; HOUART, t. IV, 493-495, 651 ; *Traité sur les coutumes anglo-normandes*, 4 v. in-4°, Paris, 1776.

[2] Déjà cependant Léon XII, par un *motu proprio* de 1827, adoucit quelques-unes des anciennes dispositions pénales.

II.

Les institutions politiques.

Nous n'avons rien de plus à dire sur ce sujet que ce qu'on lit dans l'*Esprit des Lois* [1], à savoir, que les peines sont d'autant plus sévères que la liberté est plus restreinte, sans doute parce que les mœurs se corrompent en raison du degré de despotisme. A Rome, les lois royales sont plus cruelles que celles de la république. La raison n'en est pas dans la seule grossièreté des premiers Romains, dans la nécessité de conduire par des lois de fer ce ramassis de fugitifs, d'esclaves et de brigands; elle tient à l'esprit du despotisme. Et si les lois des décemvirs sont peu dignes de la république, si elles sont en retard sur les mœurs publiques, ainsi que nous l'avons remarqué déjà, c'est peut-être que ces lois renfermaient une pensée de tyrannie. C'est du moins l'opinion de Montesquieu.

Quoi qu'il en soit, ces lois sommeillèrent dans ce qu'elles avaient de plus rigoureux après l'expulsion des décemvirs; elles furent même indirectement abrogées par la loi Porcia. La tyrannie et la cruauté reparurent dans les lois avec l'empire. C'est dans cette période qu'on imagina d'exposer les coupables aux bêtes féroces, de les brûler vifs. On inventa les travaux publics, les mines, les combats contre les bêtes féroces, les combats d'homme à homme jusqu'à ce que mort s'ensuivît, le crucifiement pour les esclaves, le supplice particulier réservé aux parricides.

On fit mieux, on imagina de nouveaux crimes, surtout des crimes contre le prince; la liste en fut longue, la prévention et la preuve faciles. Ce qui fait dire à un historien philosophe que les crimes de ce genre étaient ceux des innocents.

Le régime impérial se distingue en général par l'arbitraire dans la procédure, par l'extension indéfinie donnée aux délits de majesté, par la sévérité des peines destinées à les réprimer, enfin par l'extension donnée à la confiscation.

Au moyen âge, les républiques italiennes, en perdant leur liberté, perdirent une partie de leurs institutions propres; le

[1] L. VI, c. 9-15, 20.

régime de la féodalité ou celui des monarchies absolues remplaça le régime des républiques aristocratiques ou démocratiques [1]. Ce fut un profit pour les unes et une perte pour les autres. Les Etats italiens, en subissant la domination étrangère de l'Allemagne, de la France, de l'Espagne, en subirent aussi les lois. Mais au XVIII° siècle, les publicistes ultramontains se montrèrent les dignes émules des philosophes français. On n'a peut-être jamais relevé avec plus de chaleur les abus de la justice féodale des barons italiens que ne l'a fait Filangieri dans sa *Science de la législation*. Il prépara, comme ministre et comme écrivain, de concert avec Beccaria, l'esprit de ses compatriotes à recevoir plus tard le Code français de 1810. Ce code, il est vrai, n'a pas été conservé tout entier ; mais il a laissé des traces profondes, indélébiles.

En jetant les yeux sur les lois espagnoles, on croit lire encore les constitutions des empereurs romains ou les lois des Vandales, des Snèves, des Alains, des Wisigoths et des Arabes. Elles interdisent certaines peines que l'usage tendait à maintenir, et qui respirent les unes des mœurs sauvages, d'autres le fanatisme religieux, d'autres les fantaisies d'un despote ou la soif de sang d'une populace abrutie. C'est ainsi qu'on y défend de livrer le coupable à l'offensé ; de le faire périr dans les flammes, à moins qu'il ne soit juif ; de le livrer aux bêtes (*a las bestias bravas*), etc. Du reste, on y trouve comme peines permises, la hart, la garrotte (la strangulation par tourniquet), la mutilation, les mines, les galères, l'exil, la prison, les travaux publics (*obras publicas*), l'infamie, la honte (*vergüenza*), le fouet [2].

Malgré le morcellement de l'empire espagnol et les lois particulières à chaque province, on retrouve dans ce pays trois monuments de législation générale, les *Forum judicum* (Fuero juzgo) [3], les *Sept parties* (las Siete partidas), la *Codification des lois* (la Recopilacion de las leges). Le premier est du VII° siècle, et appartient aux rois goths Chindaswent, Erwig

---

[1] CONTARENI, *de Rep. venet.;* dans HALLAM, *l'Europe au moyen âge*, II, p. 152 et 153.

[2] Dʳ D. JOAQUIN MARIA PALACIOS, *Institutiones del derecho civil de Castilla, que escribieron los doctores* ASSO Y MANUEL, *emendos per il doctor*, etc., in-4°, Madrid, 1806.

[3] V. sur le *Forum judicum*, l'*Hist. du droit crim.* par M. DUBOYS, t. II, p. 521, 535.

et Egica; le second est l'œuvre d'Alphonse le Sage, au XIIIe siècle; le troisième appartient à Charles V, et comprend la fameuse Constitution criminelle. Ces trois législations représentent successivement la barbarie, la féodalité et la monarchie absolue. L'Espagne n'a pu sortir encore de cette dernière phase de la civilisation; mais chacune de ses révolutions politiques amène naturellement une nouvelle réforme dans les lois criminelles. C'est ce qui est arrivé en 1814, 1825, 1834 et 1837. Nous espérons que celle de 1854 ne sera pas complètement stérile à cet égard.

·Des tentatives analogues sont sorties des mêmes situations en Portugal en 1835-1837 [1].

Partout où l'esprit libéral n'a pas soufflé assez fort pour substituer aux vieilles monarchies absolues des monarchies constitutionnelles ou des républiques, les lois pénales sont restées dans leur ancienne barbarie. Donnons-en quelques exemples.

La Suède en était encore, en 1809, à ses lois criminelles de 1734. La nouvelle Constitution exigea une réforme dans les lois pénales, surtout dans la procédure criminelle. Une nouvelle révision a eu lieu en 1834. Cette réforme aurait pu être plus profonde encore. Les peines usitées en Suède sont : 1° celle de mort, exécutée par la suspension ou la décapitation; 2° le fouet pour les hommes, et les verges pour les femmes; 3° la prison, au pain et à l'eau, pendant vingt-huit jours de suite; 4° la prison avec travaux forcés, de six mois à dix ans; 5° la détention; 6° la perte de l'honneur; 7° l'exposition publique; 8° l'amende honorable dans une église; 9° l'amende pécuniaire; 10° le bannissement. Le Code pénal suédois a été révisé en 1834. L'emprisonnement y est divisé en trois degrés : la prison simple, la réclusion isolée, la détention au pain et à l'eau.

Le Code de Christian V, de 1687, considérablement modifié par des lois postérieures, a dû faire place en Norwège, depuis la réunion de ce pays à la Suède, à la législation pénale suédoise.

Le Danemark, qui n'a pas eu le même sort, a gardé le Code

---

[1] V. M. ORTOLAN, *Cours de législat. pén., introd. hist. et introd. phil.*, p. 98 et 47.

de Christian V. Cependant, là comme ailleurs l'esprit nouveau s'agite, l'établissement des Etats provinciaux par la Charte de 1834 a été accompagné de promesses de réformes en matière de droit pénal, et déjà quelques-unes, qui avaient été sollicitées par les Etats, ont été obtenues.

La même différence s'observe entre les Codes criminels de l'Allemagne, suivant qu'ils ont été discutés et votés par des assemblées législatives ou qu'ils sont l'œuvre de jurisconsultes investis de la confiance du pouvoir royal, et attachés à ses destinées. C'est ainsi qu'une fausse idée sur les bases de la peine, celle de l'intimidation considérée comme but principal de la pénalité, avait d'abord présidé à la rédaction du Code de Bavière en 1813. De là le caractère de sévérité excessive qui le distinguait alors; de là aussi la nécessité, sentie plus tard, de le refondre, les divers projets qui en sont résultés, et qui, tout en échouant sous le régime absolutiste, ont servi dans des monarchies plus libéralement constituées, la Saxe et le Wurtemberg, à faire des Codes criminels bien supérieurs aux anciens. Les Codes de Saxe et de Wurtemberg, dont l'un est de 1838 et l'autre de 1839, marquent une ère nouvelle; ils furent discutés par des Chambres constitutionnelles, et reçurent l'empreinte des sentiments généraux. Une large part fut faite aux circonstances des faits incriminés et par conséquent à l'appréciation du juge. L'esprit de système, l'esprit scientifique, y a moins de part que dans le Code bavarois; mais ses dispositions eurent un caractère plus d'accord avec le caractère, les mœurs et les besoins du pays, avec la nature concrète des faits qui constituent la vie morale d'une nation. Le cercle des délits y est plus restreint; les tentatives n'y sont punies que lorsqu'elles ont été suivies d'un commencement d'exécution; les peines y sont bien moins sévères que dans le Code de Bavière. La mort n'y est prononcée que contre le crime de haute trahison, le meurtre, les cas les plus graves d'incendie et le pillage. La détention à vie y est rare et jamais absolue, le juge ayant la faculté de la prononcer ou de la commuer contre un emprisonnement à temps dans une maison de force, lequel ne peut cependant pas excéder la durée de quatorze ans. Partout l'échelle de la pénalité est bien proportionnée; le juge a le droit de l'abaisser, même au-dessous du minimum, quand il existe des circonstances atténuantes.

Le Code badois, élaboré en 1839, est également sorti des

discussions de Chambres législatives ; il a un caractère de mansuétude encore plus prononcé que les précédents. Aucune autre peine que celle de mort n'y est prononcée d'une manière absolue ; toutes les autres étant divisibles de leur nature, on a laissé aux juges la faculté de les proportionner au degré de culpabilité. La peine capitale elle-même n'est pas prononcée aveuglément par la loi ; elle est remplacée par celle d'une détention à perpétuité ou à temps dans une maison de force, si, par exemple, la préméditation du meurtre n'est pas imputable. La peine de mort ne peut être prononcée contre un mineur qui n'a pas encore atteint dix-huit ans [1].

Malgré l'influence que les travaux préparatoires du Code pénal de Bavière ont exercée sur celui de Hanôvre, ce dernier est cependant bien plus dur, et cela parce que l'échelle de la pénalité n'est pas la même. Ce code, qui est de 1840, est loin d'avoir les mêmes mérites que ceux de Saxe et de Wurtemberg : à côté de dispositions en harmonie avec l'esprit du temps, s'en trouvent d'autres qui sont dignes d'une époque reculée. Nous n'en donnerons qu'un exemple : la peine de mort y est prodiguée ; elle est décernée contre quatorze genres de délits [2]. Il ne faut pas s'étonner si pour ceux de ces délits réputés les plus graves elle est accompagnée de circonstances barbares. La plus grande sévérité est déployée contre les délits politiques ou crimes d'Etat. Du reste, ce code laisse aussi une assez grande latitude à l'appréciation du juge [3].

[1] Les peines du Code badois sont : 1º la mort ; 2º la réclusion à perpétuité ou à temps dans une maison de force ; 3º la destitution des fonctions ou des emplois ; 4º la détention dans une maison de travail ou dans une forteresse ; 5º l'emprisonnement ; 6º la démission forcée ; 7º la privation de certains droits appartenant à tout citoyen, particulièrement d'exercer publiquement une profession indépendante ; 8º l'amende ; 9º la confiscation d'objets spéciaux ; 10º la réprimande.

[2] Nouvelle preuve qu'il ne faut pas juger de la douceur ou de la sévérité d'une législation criminelle par la nature des peines seulement, mais aussi par l'application qui en est faite. Le Code de Hanôvre distingue les peines en deux catégories, les criminelles et les correctionnelles. Les premières sont : la mort, les fers, la réclusion, la destitution. Les secondes comprennent : le travail dans une maison de correction, la détention, la révocation ou démission forcée, la rétractation et l'amende honorable en présence des tribunaux réunis, la réprimande et l'amende. Rien de barbare dans le choix de ces peines.

[3] V. MITTERMAÏER, de la Législation pénale en Allemagne; Revue de législation. t. XIV, p. 5 et suiv.: WARNKOENIG, juristische Encyclopœdie.

Mais l'exemple le plus frappant de l'immobile sévérité du despotisme, de sa répugnance à régner par l'affection, de son penchant à sacrifier la justice à la force, l'amour à la haine, c'est le Code pénal du royaume de Sardaigne. Ce n'est qu'avec une peine infinie que l'esprit des temps modernes y a pénétré; encore a-t-il fallu que les vœux de la nation en fissent une nécessité. Si le Piémont n'avait pas été aux portes de la France; si, malgré toutes les précautions imaginables, le souffle de la liberté n'avait pas visité les sujets de ce petit royaume, il serait encore régi par les lois féodales et barbares. Indépendamment du droit romain et du droit canonique, qui étaient en vigueur dans les États sardes avant les mouvements réformateurs des derniers temps, la Savoie avait aussi ses statuts, qui remontaient, les premiers au XIVe siècle, et qui furent l'œuvre d'Amédée VIII; les seconds à la régente Yolande de France. Mais son principal Code criminel est celui de Victor-Amédée, appelé *Code Victorien*, et publié en 1723. Ce code, légèrement modifié par Charles-Emmanuel III en 1770, fut remplacé par le Code pénal français pendant l'Empire. En 1814, la maison de Savoie rentrant en possession de ses États, y rapporta ses anciennes lois, les étendit au duché de Gênes, fit partout table rase des institutions françaises, et voulut en détruire jusqu'à l'esprit. Le Code de 1723, remis en vigueur en 1815, n'est ni meilleur ni pire que tous les autres codes de l'ancien régime : l'esprit de l'un c'est l'esprit de tous; ils se ressemblent même très souvent jusqu'à la lettre. Il est juste, du reste, de dire que le pays qui a gardé le plus longtemps ces traditions barbares en supporte le dernier la responsabilité. C'est pour cette raison que nous en dirons ici quelques mots une fois pour toutes.

Le motif principal de la peine, sinon l'unique, était l'intimidation; pour l'obtenir plus sûrement, on recherchait l'horreur par le supplice. La peine était d'ailleurs appelée, et pouvait l'être dans le sens propre du mot, la vengeance publique. La mort avec tous les accessoires propres à la convertir en affreux supplice; la mort prodiguée, la mort suivie de traitements ignominieux, comme si la vengeance n'avait pu se

etc., 1853, p. 285 et 349, 515, 523-528, 541-544, pour le dernier état de la science et de la législation criminelles en Allemagne jusqu'à l'époque où l'auteur écrivait.

repaître assez des souffrances infligées durant la vie ; la mutilation ; la marque ; les traits de corde ; la fustigation en public,
appliquée surtout aux femmes ; l'inégalité aristocratique dans
l'application des peines ; la solidarité du châtiment étendue
jusqu'à l'innocence ; la faculté laissée au juge de choisir arbitrairement la peine, depuis l'amende jusqu'à la mort ; le ridicule mêlé à la brutalité ; la confiscation générale des biens :
telles étaient les principales peines du Code sarde il y a quelques années encore.

Si ces peines avaient été classées et appliquées avec une certaine proportion aux délits, l'échelle en aurait encore été trop
forte mais elles péchaient peut-être plus par un rapport vicieux
avec les délits qu'elles étaient destinées à réprimer qu'entre
elles-mêmes. Ainsi, le port d'armes prohibées était puni des
galères à temps ; la réunion de plus de cinq personnes avec
de telles armes, punie des galères à perpétuité ! la peine du
proscrit était encourue par celui qui le secourait ! Sa tête était
mise à prix, et l'impunité du meurtre, eût-il été exécuté par la
plus noire vengeance, au prix même de l'or, au prix de l'impunité d'un crime qu'on aurait commis auparavant, était assurée. La dénonciation d'un gendre, d'un frère, d'un père, d'un
fils, de soi-même encouragée par un semblable motif ; les juifs,
les bohémiens traqués sans miséricorde, sans qu'il fût permis
à personne de leur donner ni pain, ni vêtements, ni asile ; le
duel puni de mort et de confiscation ; l'amende, les traits de
corde, la mort même réservée comme sanction civile des prescriptions religieuses (de l'observation des dimanches et fêtes,
de la fête de saint Maurice, de celle de l'Immaculée Conception, de celle du saint Suaire, de la Nativité), de l'observance du
Carême, de l'accomplissement du devoir pascal, de la défense
de jurer, de blasphémer, de tracer le signe de la croix dans
les endroits où il pourrait être foulé aux pieds : voilà une partie
des dispositions pénales qui sont le plus éloignées de nos idées
et de nos mœurs, et qui étaient encore naguère dans les idées et
les sentiments d'un peuple ou d'un souverain du XIXᵉ siècle,
et dans un pays dont le territoire, possédé pendant plus de dix
ans par la France, confiné à cet empire !

La procédure criminelle, on le pense bien, devait être en
harmonie avec de semblables lois pénales : aussi trouve-t-on à
côté de ces lois barbares le système inquisitorial, la torture

contre les témoins mêmes, et pouvant être réitérée contre l'accusé jusqu'à quatre fois !

Le Code Victorien, légèrement modifié en 1770 et par quelques édits postérieurs, a régi les Etats sardes jusqu'en 1831. A cette époque, Charles-Albert, en montant sur le trône, opéra déjà de profondes modifications dans les lois criminelles du pays; en 1839, il donna enfin un nouveau Code pour les Etats de terre ferme; la Sardaigne proprement dite resta soumise à l'ancien régime. Ce nouveau Code tient encore de l'ancien, un peu plus de celui de l'Autriche, et beaucoup plus de celui de la France.

Comme dans presque tous les codes italiens, les délits contre le respect dû à la religion de l'Etat y occupent encore une large place; c'est par là surtout qu'il se rattache aux anciennes *Leggi e costituzzioni* de 1721. L'obligation de révéler les crimes de lèse-majesté, les attentats aux mœurs soigneusement énumérés et punis, caractérisent aussi dans le sens du passé cette législation nouvelle [1].

Du reste, tous les codes italiens présentent les même vices, à des degrés divers. Le Code du duché de Modène punit le blasphème par des amendes, par le fouet, et même par les galères. Le cadavre d'un suicidé est condamné, par un jugement formel, à la peine du gibet; le libelliste peut être privé de ses biens et de la vie même. Le Code de Parme est souillé par une peine excessive contre le sacrilège [2].

III.

Les institutions civiles.

Il est certain que si l'état des personnes est réglé comme il doit l'être civilement; si la femme n'est pas traitée en esclave comme chez les peuples sauvages; si l'enfant n'est pas regardé, lui aussi, comme la chose du père; si la religion, et la loi civile d'après elle, ne sépare pas les hommes en castes diverses, si elle leur reconnaît au contraire la même origine; si

---

[1] V. sur cette partie de l'histoire du droit pénal, deux excellents articles de M. ORTOLAN, *Rev. étr. et franç. de législat.*, etc., t. VIII, mai 1840.

[2] V. *Traité de droit pénal*, par ROSSI, t. I, p. 66 et suiv.

les étrangers ne sont ni des barbares ni des ennemis pour les nationaux, comme ils l'étaient pour les Grecs et les Romains; si les peuples conquis, quels que soient leur origine et leur civilisation, ne sont pas mis au-dessous des vainqueurs, comme les Romains et les Gaulois par les Francs, comme les Anglo-Saxons par les Normands, la loi pénale aura un caractère d'égalité qui sera déjà de la justice. Je dis plus : elle aura une mansuétude qu'autrement elle ne connaît pas, puisqu'elle tend au contraire à maintenir une inégalité oppressive. Avec les préjugés d'inégalité de nature, de caste, etc., le principe supérieur de ne pas faire aux autres ce que nous ne voudrions pas qu'il nous fût fait perd jusqu'à un certain point son sens et sa valeur; l'application en devient impossible. Prenons seulement l'esclavage pour exemple. L'esclave n'étant pas considéré comme une personne civile, pouvait, dès lors, être traité par ses maîtres comme un animal; c'est-à-dire qu'il n'y avait logiquement aucune rigueur qui fût interdite à son égard. Si les lois s'en occupèrent au point de vue criminel, si elles lui rendirent sa personnalité morale, ce fut surtout pour le frapper plus rudement. Il était passible de l'action privée et de l'action publique.

Le dernier et le plus complet historien de l'esclavage, M. Wallon, parle comme il suit de ce singulier hommage rendu à la personnalité morale de l'esclave par des législations qui n'avaient vu en lui, jusque là, qu'une simple chose : « Cette intelligence et cette conscience de ses actes, qu'on lui reconnaissait en ratifiant ses négociations au profit de son maître, on lui en demandait compte dans ses rapports avec la société; et l'assentiment du maître ne suffit jamais pour l'autoriser au crime. S'il le faisait à son insu, le maître pouvait toujours se libérer, quant à lui, envers la société, en livrant le coupable; mais l'esclave n'en tombait pas moins sous le coup de la loi [1], et il comparaissait devant elle sans aucune des garanties que le citoyen trouvait dans les institutions de Rome. Pour lui, point de recours au tribun avant le jugement [2]; comme juges, souvent les magistrats chargés du soin des exécutions

[1] L. 20 (Alfenus), D., XLIV, VII, *De obligat.*
[2] SENEC., *Controv.*, III, IX, cité par BURIGNY, *Mém. de l'Académie des inscriptions*, t. XXXV, p. 336.

capitales (*triumviri capitales*) [1] ; et point d'appel après la sentence : si le maître ou quelqu'autre ne le prend en pitié, il est livré au supplice sans nouvel examen [2]. La pénalité à son égard prend aussi un degré de plus de rigueur [3]. Ce qui vaut à l'homme libre la peine du bâton, vaudra à l'esclave celle du fouet; si l'homme libre est condamné aux travaux accessoires des mines *in opus metallicorum*, l'esclave sera rendu à son maître à la condition de servir enchaîné. L'esclave et l'homme libre seront à peu près confondus dans cette peine des travaux à perpétuité qui enlève l'un à son maître et l'autre à la liberté, pour les faire tous les deux esclaves de la peine : les travaux publics, les mines, les carrières, les jeux du cirque. Mais s'ils doivent être mis à mort, la distinction des deux origines reparaîtra : le glaive pour l'homme libre, la hache pour l'esclave; pour l'homme libre le précipice, pour l'esclave le gibet et la croix » [4].

IV.

L'industrie, les sciences, les arts, les lettres, la philosophie.

C'est là la plus belle fleur de la civilisation, celle qui a le plus d'éclat. Son influence sur tous les autres éléments de la civilisation, sur le droit criminel en particulier, est incontestable. Les anciens l'avaient parfaitement compris déjà, et parfaitement rendu dans leurs admirables conceptions d'Orphée, d'Amphion, etc. N'ont-ils pas appelé humaines par excellence les lettres, comme si elles étaient, plus que tout le reste, l'expression des hautes facultés qui distinguent l'homme des autres créatures? Je n'insiste point : tout a été dit; ou s'il reste quelque chose à dire, c'est inutile pour l'établissement des

---

[1] On les voit tour à tour remplir ces deux fonctions : présidents des exécutions criminelles (SALLUST., *Catil.*, 55, etc.), et juges des hommes de basse condition (CICER., *pro Cluentio*, 13).—Cf. AULU-GELLE, III, 3, à propos de Nævius, et la note.

[2] Le préteur adoucira encore sur ce point la rigueur du droit strict. L. 15 (Marcien), D., XLIX, 1, *A quibus appellari non licet*.

[3] L. 28, § 16 (Callistrate); Cf. l. 16, § 3 (Cl. Saturninus), D., LXVIII, XIX, *De pœnis*.

[4] L. 8 (Ulp.); l. 10 (Macer), D., XLVIII, XIX. — V. *Histoire de l'esclavage dans l'antiquité*, par M. WALLON, part. II, chap. V, p. 200.

principes dont nous avons besoin en ce moment : il suffit de les rappeler. Notre objet n'est pas de les développer, mais de prouver qu'ils embrassent le droit criminel comme tout le reste, plus que tout le reste peut-être.

Mais c'est particulièrement l'esprit philosophique qui résume la civilisation, à cause de son caractère critique et de sa généralité universelle. C'est l'esprit philosophique du XVIIIᵉ siècle qui a provoqué toutes les réformes depuis accomplies sur toute la surface de l'Europe. Les souverains les plus attachés à l'ancien régime, les plus hostiles à l'esprit d'égalité, de libéralisme, de mansuétude et de philanthropie qui présidait à ces changements n'ont pu résister. Ils ont dû, malgré leur haine pour les idées nouvelles, malgré leur instinct de conservation et d'immobilité, malgré leur sympathie presque aussi secrète que profonde pour des monstruosités légales, ils ont dû céder et renverser de leurs propres mains un édifice qui aurait pu s'écrouler sur eux et les ensevelir dans ses ruines s'ils s'étaient obstinés à n'y rien changer. Citons enfin des exemples. Nous ne sommes embarrassé que du choix. La Russie est peut-être le plus frappant ; mais comme elle doit plus à l'imitation qu'à la spontanéité à cet égard, nous la réservons pour une autre série d'idées.

Nous citerons avant tout la France, qui, l'une des premières, a réformé ses lois pénales en même temps qu'elle réformait ses lois politiques et civiles. Son exemple a gagné le reste du monde, comme l'esprit de sa révolution doit faire le tour du globe. Son influence réformatrice s'est d'abord étendue aux peuples qu'elle avait momentanément soumis. D'autres ont ensuite pris d'eux-mêmes ce qu'ils ont jugé de meilleur dans ses lois criminelles. Il en est, enfin, qui l'ont dépassée. Laissons faire pour le moment aux réformes imposées par notre domination ; nous y reviendrons bientôt avec plus d'opportunité. Ne parlons même point des changements peu sensibles, successifs et lents qui se sont opérés depuis 1810 jusqu'à nos jours : arrivons immédiatement à quelques exemples décisifs.

Nous les trouvons surtout dans les pays où la philosophie exerce le plus largement son influence. Ce n'est point dans les deux péninsules de notre Europe méridionale qu'il faut les chercher, mais au sein de cette nation germanique si digne de la liberté ; mais dans cette jeune Amérique dont les institutions libérales n'ont rien fait perdre à l'influence de l'esprit chrétien, ni l'esprit chrétien rien enlevé du droit de philosopher.

Si l'Autriche n'avait pas eu son Joseph II, son Léopold II, aurait-elle eu son Code pénal de 1803? Ce dernier, déjà souverain en Toscane avant de régner en Autriche, avait amélioré les lois criminelles de son grand-duché. Ses réformes précédèrent celles de Louis XVI (déclaration de 1780), et surpassèrent celles de Catherine II. Le Code pénal autrichien dut s'en ressentir. Il respire, en effet, à un très haut degré l'esprit d'équité et de modération qui animait les criminalistes philosophes du dernier siècle. Quoiqu'il ait pour but d'abolir tout ce qu'il y avait encore de prématuré et de peu en harmonie avec la constitution de la monarchie autrichienne dans le Code de Joseph II, il n'a cependant pas pu se dépouiller entièrement du caractère de mansuétude qui distinguait si éminemment l'œuvre de ce philosophe couronné. Ce code fut amélioré en 1852; mais en 1853 il a subi une modification rétrograde : c'est ainsi que le jury y a été supprimé, comme dans celui de Saxe. On vante cependant beaucoup le Code de procédure [1].

A une époque bien plus rapprochée de nous, et grâce à la même influence, le Code pénal d'un petit pays est l'un des moins imparfaits qui existent. Je veux parler du Code pénal du duché de Brunswick, publié en 1840. Il se recommande par sa simplicité et sa brièveté. La haute trahison et le meurtre y sont seuls punis de mort, encore pas d'une manière absolue. Une plus grande part encore y est faite à l'arbitraire du juge. Point d'imputabilité en matière criminelle avant l'âge de quatorze ans; la peine capitale n'y peut atteindre un accusé qui aurait moins de vingt-un ans. S'il se rencontre un tel concours de circonstances atténuantes que même la moindre peine portée par la loi semble être en disproportion avec le délit, le juge est autorisé à prononcer une peine au-dessous du minimum de celle statuée par la loi. Ici donc se trouve appliquée la théorie que nous avons établie dans la première partie de ce travail, de ne s'arrêter qu'au fait, sans se laisser imposer par les dénominations.

Le Code général publié en 1794 par Frédéric-Guillaume a

---

[1] WARNKOENIG, op. cit., p. 544.

régi la Prusse jusqu'en 1845, sauf quelques modifications, surtout pour les provinces rhénanes, accoutumées à la loi française. En 1836, le projet d'un nouveau Code pénal fut communiqué aux tribunaux; ce projet a fini par devenir le Code
publié en 1845. Des emprunts ont été faits aux Codes de Saxe,
des grands-duchés de Hesse et de Wurtemberg. Le Code prus-
sien est supérieur au Code français en plusieurs points, notamment dans des dispositions relatives aux travaux forcés, à la
détention, à la réclusion, à la tentative, à la complicité, à l'imputabilité, aux circonstances aggravantes ou atténuantes, à
l'amende, aux peines infamantes, à la compensabilité de certaines peines ou à leur choix par le juge, à la prescription.
Mais il lui est inférieur à d'autres égards, et ces défauts tiennent à la constitution monarchico-féodale du pays [1]. Croirait-on
que, revu en 1851, il contient encore une rubrique spéciale
pour les délits contre la religion et les mœurs, une disposition
très sévère contre le sacrilège, et même contre le blasphème [2] !

Le Code pénal du grand-duché de Bade a été promulgué le
6 mars 1846. La base de ce Code est l'ordonnance criminelle
de Charles-Quint (1532); mais elle a subi de si profondes modifications, que l'esprit, on peut le dire, n'en est plus le même [3].
La position particulière du pays de Bade, sa législation pénale
antérieure, n'a pas permis de supprimer les peines affectées
aux délits contre la pudeur, contre la religion, contre la personne du prince et le crime de haute trahison. La peine de
mort n'a pas paru trop sévère à l'égard de l'attentat contre
la personne du prince et le crime de haute trahison.

Les principes philosophiques qui ont dirigé les rédacteurs de
ce code pénal sont, du reste, les suivants :

1° Prévenir les délits par l'intimidation ;

2° Ne punir que les actions qui lèsent les droits d'autrui,
soit la société, soit les particuliers ;

3° Ne punir l'action incriminée qu'autant que le fait est imputable, c'est-à-dire que l'agent a commis l'acte (positif ou négatif)

---

[1] Voir une analyse critique de ce Code par M. BERGSON, dans la *Revue de
droit fr. et étr.*, t. II, p. 43.

[2] WALTER (FERD.), *Juristische Encycl.*, p. 316, 317, Bonn, 1856.

[3] Voir, à ce sujet, l'ouvrage de M. MITTERMAÏER, intitulé *la Législation
pénale dans son progrès*, analyse donnée par M. Rauter dans la *Revue du
droit*.

dans une intention criminelle ou avec la volonté de se satisfaire, sans égard à la manière dont la loi pourrait envisager son action ;

4° Etablir la loi pénale comme un moyen de garantir la société des entreprises des méchants ;

5° Renforcer dans le peuple, par l'intimidation, les motifs de se conformer à la loi et à la morale ;

6° Eviter dans la punition des actions l'arbitraire du juge, soit en déterminant les différentes actions pénales, soit en fixant les peines à infliger ;

7° Choisir des peines avouées par la justice et la prudence politique ;

8° Ne choisir que des peines divisibles, excepté celle de mort, qu'on espère abolir un jour ;

9° Les peines perpétuelles n'ont été maintenues que pour conserver une certaine proportion entre elles.

Les travaux forcés maintenus.

Les peines édictées contre les crimes s'appellent peines afflictives (*peinliche-Strafen*) ; elles emportent l'infamie (privation de l'honneur social).

Les autres peines, dites peines civiles (*bürgesliche-Strafen*), n'ont pas cette conséquence. Ce sont celles de la maison de travail (*Arbeitshaus*) et celles du simple emprisonnement (*Gefangnisstrafe*).

Le juge a le choix entre le maximum et le minimum dans les peines temporaires ; il peut descendre d'un degré au-dessous des peines perpétuelles, et un degré au-dessous de la peine temporaire décrétée comme régulièrement applicable.

La loi fixe le minimum des peines temporaires plus bas que le maximum de la peine inférieure qui suit immédiatement.

Les peines accessoires qui ne peuvent être ajoutées qu'aux peines temporaires sont :

L'isolement, qui ne peut durer sans interruption plus de deux mois ;

La détention dans une cellule obscure ;

La nourriture réduite au pain et à l'eau ; la réduction de la nourriture, réduction qui ne peut durer plus de sept jours ;

Les chaînes pour une durée de moins de quatre semaines.

Deux ou plusieurs de ces aggravations peuvent être réunies.

La peine de la détention dans une forteresse ne peut être aggravée que par l'isolement.

Le Code pénal de Bavière, à peu près contemporain du nôtre, conçu d'ensemble par un criminaliste célèbre, Feuerbach, présente cette particularité, entre autres, qu'il n'admet pas les peines infamantes. Suivant M. Bonneville, qui en fait une étude spéciale [1], ce code avec ses dernières améliorations serait tout à la fois plus préventif, plus humain, plus répressif et plus moral encore que le nôtre; il parlerait mieux à l'intelligence et au cœur des populations; il ferait une plus large part à l'amendement et au repentir. Il faut bien qu'il se recommande à un degré supérieur, puisqu'il a été adopté par les duchés d'Oldenbourg, de Saxe-Weimar, par les royaumes de Wurtemberg, de Suède, de Grèce, et par les cantons suisses de Saint-Gall, de Zurich, etc. Il est difficile de ne pas reconnaître que c'est un mérite absolu et relatif tout à la fois dans le Code de Bavière, de punir moins la tentative que le crime, moins la complicité que l'attentat principal; de punir de la même peine l'adultère dans le mari et dans la femme [1]; de ne pas punir du tout l'évasion, même avec bris de prison; de ne frapper l'infanticide que de la détention dans une maison de force pendant un temps indéterminé, et, en général, d'avoir un système de peines d'une douceur plus marquée que le nôtre.

Le Nouveau-Monde ne pouvait pas rester en arrière de l'ancien pour la législation criminelle. Aussi, de toutes parts ce sont des révisions des anciens codes, ou des codes nouveaux dont la rédaction est confiée à des hommes d'une expérience et d'un savoir éprouvés. Tout le monde a entendu parler de M. Liwingston, chargé, en 1820 et 1821, par le Sénat et la Chambre des représentants de la Louisiane, de préparer un code de lois pénales. Ce code, fruit d'une haute sagesse, est l'un des moins imparfaits qui existent. Il est également remarquable par la simplicité du système de pénalité, et par la manière dans toutes les espèces de délits sont atteintes. Ce système se compose seulement : 1° d'amendes, 2° de simple emprisonnement, 3° de la privation temporaire des droits civils, 4° de la privation perpétuelle des mêmes droits, 5° de la même peine encore, plus l'emprisonnement laborieux temporaire, 6° de la réclusion ou emprisonnement solitaire, 7° de l'emprisonnement laborieux perpétuel.

[1] Rev. critiq. de législ., 1852, p. 623.

M. Liwingston a été chargé d'une semblable mission pour le territoire immédiatement soumis à l'autorité du Congrès.

En 1829, révision des Statuts de New-York et de New-Jersey.

En 1833, révision des lois pénales de Massachusetts, et Code pénal promulgué en Géorgie.

En 1834, la république de Guatimala adopte le projet de Code de M. Liwingston sur la discipline des prisons.

En 1830, le Brésil publie un code pénal qui est un modèle de sévère concision. Ce code, en faisant des emprunts à celui de la France, l'a corrigé en plusieurs points, notamment en ce qui regarde la tentative, la complicité, la responsabilité de l'imprimeur dans les délits de presse, la peine capitale, l'exil, les amendes, les réparations civiles.

Il ne contient pas d'autre classification des peines que celle des délits. La plupart ont trois degrés, selon que les circonstances aggravantes ou atténuantes prédominent ou se balancent [1].

Le reste de l'Amérique méridionale, quoique animé d'un esprit fort peu philosophique, n'a pu résister au mouvement de l'Amérique du nord; mais ce mouvement ne s'est exercé que sur les Etats les plus disposés à l'éprouver, telle que la république de Bolivia [2].

---

[1] Voir les *Observations* de M. FOUCHER, en tête de sa traduction du Code brésilien.

[2] Le Code bolivien admet trois sortes de peines : les corporelles, les non corporelles et les pécuniaires. Les premières sont au nombre de onze : 1° la mort, 2° les travaux de quatorze ans, 3° la déportation, 4° le bannissement ou l'expulsion à perpétuité du territoire, 5° le préside, 6° les travaux publics, 7° la réclusion dans une maison de travail, 8° la vue d'une exécution capitale, 9° la prison dans une forteresse, 10° le confinement dans un lieu ou un district déterminé, 11° le bannissement à perpétuité d'un lieu ou d'un district déterminé.

Les peines non corporelles sont au nombre de treize : 1° la déclaration d'infamie, et la perte de la qualité de Bolivien ou de la confiance nationale ; 2° l'incapacité légale d'exercer un emploi, une profession, une charge publique; 3° la privation de l'emploi, des honneurs, de la profession ou de la charge publique; 4° la suspension des mêmes emplois et honneurs; 5° l'arrestation infligée comme châtiment, et déclarée peine non corporelle quant aux effets civils, mais seulement répression correctionnelle; 6° la soumission à la surveillance spéciale des autorités; 7° l'obligation de donner caution de bonne conduite; 8° la rétractation; 9° la satisfaction; 10° l'avertissement judiciaire; 11° la répression judiciaire;

§ IV.

Un peuple qui en soumet un autre cherche volontiers à lui
faire oublier son ancienne nationalité. Or, rien ne rappelle
mieux l'indépendance dont on a joui que les lois qu'on s'était
données dans la liberté, ou qu'on avait reçues d'un prince
sinon libéral, du moins assez ami de ses propres intérêts pour
ne pas se mettre, par ses lois, en contradiction avec l'esprit et
les mœurs du pays. Il existe des exemples du contraire; mais
nous n'avons pas à nous en occuper, d'autant moins qu'à la
longue la fusion finit toujours par s'établir, soit que les vaincus
adoptent les lois des vainqueurs ou réciproquement, soit qu'il
s'opère dans des proportions diverses des concessions et des
emprunts.

La première manière de changer les lois d'une nation, c'est-
à-dire en imposant au vaincu la loi du vainqueur, est d'autant
plus périlleuse que la civilisation est plus différente d'un
peuple à l'autre. Mais si elle est à peu près la même, si les
différences ne sont que des contrariétés pour les habitudes du
vaincu, et non des violences faites à sa conscience, à sa foi, le
changement qu'on lui fait subir peut être d'une excellente politique, d'une haute importance administrative. Il y a moins

12° la lecture publique de la sentence; 13° la correction dans une maison
à ce destinée pour les femmes et les mineurs.

Les peines pécuniaires sont l'amende ou la perte de quelques effets, perte
qui tient lieu d'amende.

La prison simple peut consister, pour les femmes honnêtes, les vieillards,
les valétudinaires et les hommes vivant de leur travail, à être confiné dans
sa propre maison. — Même disposition dans le Code pénal autrichien.

La presse n'est tenue à respecter que les institutions, la morale publique
et la vie privée.

de péril à faire passer au vainqueur les lois du vaincu, puisque
cet emprunt ne peut être fait qu'autant qu'il semble avanta-
geux, et qu'il n'y a point ici cette violence et cette humiliation
qui se font toujours plus ou moins sentir dans le cas contraire.

La législation criminelle qui régit aujourd'hui la Chine est
en grande partie une importation des Tartares Mantchoux,
mais appropriée au génie chinois. En ce point, comme dans le
reste, les Mantchoux ont été conquis à la civilisation chinoise
après avoir soumis la Chine au XVIIe siècle. Ce singulier pays
avait une législation criminelle antérieure qui devait, comme
toutes les institutions de ce peuple, remonter fort haut dans
l'antiquité. Cette législation ne nous est qu'imparfaitement
connue, et peut-être faut-il rabattre quelque chose de ce qui
nous est raconté par les écrivains chinois d'un temps postérieur. On connaît leur penchant à exalter l'antiquité.

Rome, déjà élevée dans les idées grecques avant d'avoir
conquis la Grèce, acheva d'en être subjuguée après l'avoir entièrement assujétie.

A son tour la civilisation gréco-romaine finit par triompher
des barbares à l'aide du christianisme, après avoir été sur le
point d'en être étouffée, malgré leur respect pour ses lois, pour
ses lois criminelles surtout.

Nous ne suivrons pas dans l'histoire tous les exemples des
changements survenus dans les lois des vaincus par suite de la
conquête; nous arriverons d'un seul trait aux nations modernes; encore ne parlerons-nous que d'un petit nombre. Nos
codes ont un instant régné, avec la fortune de nos armes, sur
plusieurs peuples voisins réunis par la victoire à la France,
en Italie, sur la rive droite du Rhin, en Belgique, en Hollande.
Une autre domination a fait place à d'autres lois, mais pas sans
qu'il soit resté beaucoup du Code criminel de l'Empire. Il
était naturel que la Haute-Italie, en passant de notre domination en 1815 sous celle de l'Autriche, ne restât pas entièrement
française par ses lois pénales. Mais la prudence, l'habitude, la
raison même ont maintenu beaucoup de dispositions du Code
français dans plusieurs pays. C'est ainsi qu'en 1820 le duché
de Parme et de Plaisance a promulgué un Code pénal où l'influence du Code français d'alors a eu la meilleure part; mais il
lui est supérieur en quelques points : on n'y retrouve plus la
marque ni le carcan, par exemple.

La Hollande, démembrement du grand empire germanique soumis d'abord à la maison de Bourgogne, puis indépendant dès le XVIᵉ siècle jusqu'à la conquête par les Français, a été remarquable par la sage tolérance de ses lois, particulièrement sous le rapport religieux. Cependant le Code français de 1810 modifia heureusement la législation pénale des Pays-Bas. Il est douteux que les changements qui y ont été apportés depuis soient tous des améliorations; ainsi : 1° faculté est laissée aux juges de prononcer la peine de la marque contre les faussaires, selon la gravité des circonstances; 2° la strangulation et la décapitation par le glaive ont remplacé la guillotine; 3° la peine des travaux forcés à perpétuité, abrogée et remplacée : 4° par une détention dans une maison de force pendant vingt ans au plus; le condamné, avant d'être renfermé, est attaché à un gibet, battu de verges et marqué; 5° par une détention de semblable durée, après que le glaive a passé au-dessus de la tête du condamné, ce qui s'exécute sur l'échafaud; 6° la peine du carcan est remplacée par la flagellation, l'exposition sur l'échafaud, ou la déclaration d'infamie; 7° les travaux forcés à temps remplacés par une détention de quinze ans au plus, avec flagellation, ou exposition, ou déclaration d'infamie préalable [1].

La Belgique, soumise à plus de vicissitudes encore que la Hollande, mais beaucoup moins originale, d'un esprit bien plus français que néerlandais, s'appartenant enfin depuis sa dernière révolution, a conservé notre Code légèrement modfié.

La Belgique est d'ailleurs au nombre de ces petits Etats qui ne s'appartiendront jamais moralement, c'est-à-dire qui ne sont

[1] Le système de pénalité adopté par la Hollande a beaucoup de rapport avec celui de Hesse. L'art. 9 du projet de Code pénal de ce dernier pays était ainsi conçu : « Les peines suivantes seront appliquées aux crimes et délits, savoir : 1° la mort; 2° la réclusion à vie ou à temps (pendant trois mois au moins et dix-huit ans au plus) dans une maison de force; 3° la destitution des fonctions publiques; 4° la détention dans une maison de correction, détention qui peut varier de trois mois à douze ans; 5° la démission forcée; 6° la privation de certains droits politiques, civils et de famille, en tant que cette privation n'est pas déjà encourue comme conséquence d'une autre peine; 7° la suspension des fonctions publiques et du traitement y attaché, pendant six mois au moins et un an au plus; 8° l'emprisonnement civil, de vingt-quatre heures jusqu'à trois mois; 9° l'amende de un florin jusqu'à trente florins, à moins que la loi ne fixe une amende plus forte; 10° la réprimande par justice. »

pas des foyers de civilisation, qui sont condamnés à ne vivre que par influence ou d'une vie d'emprunt, qui suivent en satellites les destinées morales des grands corps de nation à la destinée desquelles ils sont attachés, et dont ils ont autrefois fait partie.

La Suisse est dans le même cas; elle n'a point de physionomie propre. Seulement, elle subit plutôt trois influences qu'une seule : elle est, par ses mœurs, par ses institutions, comme par son langage, italienne, allemande et française; elle n'est pas suisse. Quelques traits particuliers la distinguent seulement [1].

Mais ce qui honore le plus les institutions d'un peuple, c'est de les voir copiées par d'autres peuples dont l'esprit est d'ailleurs très différent, et qui en sont politiquement très indépendants. Tel est le cas du royaume des Deux-Siciles à l'égard de la France.

Le Code des Deux-Siciles, promulgué en 1819, est une imitation du Code pénal français, mais appropriée au régime de la monarchie absolue. Tous les changements ne sont cependant pas des imperfections. Nous remarquons, en particulier, trois solutions sur la question de fait, suivant que le juge est certain que le délit a été ou n'a pas été commis, ou qu'il n'en est pas certain. Dans ce dernier cas, la grande-cour peut ordonner que l'accusé soit mis en liberté provisoire, ou seulement qu'une instruction supplémentaire soit faite. Mais si cette instruction dure plus d'une année, l'accusé a le droit de demander sa mise en liberté provisoire; et s'il n'était pas soumis à un second jugement dans le cours de deux ans à compter de la

---

[1] La législation criminelle des cantons les plus éclairés de la Suisse, tels que Genève, Vaud, Berne, Zurich, mériterait d'être consultée, même dans l'intérêt de pays qui se croient plus avancés parce qu'ils sont plus importants. Nous trouvons, par exemple, dans le Code de Zurich des dispositions pénales remarquables. En voici l'ensemble. Ce code établit d'abord quatre classes principales de peines : 1º la mort, 2º les peines privatives de la liberté, 3º celles qui affectent l'honneur, 4º les peines pécuniaires. — Les peines de la seconde classe sont : 1º les fers, 2º la détention dans une maison de correction, 3º l'emprisonnement, 4º le bannissement et le confinement. — Celles de la troisième sont : 1º l'interdiction absolue ou temporaire de l'exercice des droits de citoyen, 2º la destitution, 3º la suspension, 4º la défense de visiter les auberges et cabarets, 5º la réprimande. — La quatrième classe comprend : 1º les amendes, 2º la confiscation de certains objets, 3º la privation pour toujours ou à temps de l'exercice de certains droits, professions ou privilèges lucratifs.

première décision, sa libération devient définitive (art. 280-282 Proc. crim.). Ces délais sont trop longs, mais l'esprit de cette partie de la procédure est juste.

Mais l'influence toute-puissante de la civilisation n'a jamais été plus remarquable, sans doute, que dans son action sur la Russie depuis Pierre le Grand. Cet homme extraordinaire entreprit de faire arriver d'un bond ses barbares au niveau des peuples les plus civilisés. L'entreprise était gigantesque, imprudente peut-être. La distance qui séparait son peuple des nations les plus policées de l'Europe, au seul point de vue qui nous occupe, mérite de nous arrêter un instant.

La plus ancienne peine usitée en Russie semble avoir été le bannissement du coupable et de sa famille, le pillage et la destruction de sa maison et de ses propriétés. A Nowgorod on le noyait dans le Wolchow. Dans d'autres contrées on le laissait gagner la terre étrangère [1].

La raison d'Etat fit bientôt décréter d'autres peines : l'amende ne suffisait pas à assurer la paix publique. Le droit canonique grec et les mœurs et coutumes des Etats voisins, des Tartares en particulier, frayèrent la route à ces innovations. Etaient fréquemment en usage, outre les peines qui atteignaient la liberté et la confiscation : la mort, les peines corporelles, la mutilation [2].

Les dix-sept articles supplémentaires à la Prawda de Jaroslaw, promulgués par ses fils, tendent de plus en plus à remplacer les peines afflictives par les pécuniaires. (*Ibid.*, p. 305-310.) Il en est de même de la Prawda du XIIIe siècle [3]. (*Ibid.*, p. 314-335.)

Cette tendance ne gagna pas toutes les parties de ce qui porte aujourd'hui le nom d'empire russe. Ainsi, au XIVe siècle, les Zaparogues (espèce de Cosaques) n'avaient pas encore de lois écrites, l'usage leur en tenait lieu, et la justice, dit-on, n'en souffrait guère : les criminels étaient jugés avec impartialité, et punis avec une sévérité peu commune. Un Cosaque qui tuait un de ses camarades était enterré vif avec celui qu'il avait fait

[1] ALEX. VON REUTZ, *Versuch über die geschictliche Ausbildung der russischen Staats* etc., in-8°, Mittau, 1829, p. 202.

[2] *Ibid.*, p. 203.

[3] EWERS, J.-PHIL. GUST., *Das älteste Recht der Russen in seiner geschichtlichen* etc., in-8°, Dorpat, 1836, p. 314-335.

périr. Un voleur devait être pendant trois jours au carcan; ensuite il était battu, souvent jusqu'à mort [1].

Les peines redevinrent partout corporelles en Russie, mais sans que les peines pécuniaires fussent oubliées. Depuis la dynastie des Romanoff, le Code criminel de la Russie se rapproche de ceux des autres puissances européennes; mais il se ressent profondément aussi de la forme despotique du gouvernement. Les peines, de plus en plus sévères, ont pour but l'intimidation. Les idées du vieux droit règnent toujours en ce qui concerne les dommages-intérêts.

Les délits sont d'autant plus sévèrement réprimés qu'ils sont plus dangereux pour l'État. La gradation est assez bien marquée.

Les principes relatifs à la responsabilité morale, à l'aggravation ou à l'atténuation de la peine sont posés dans les nombreuses ordonnances pénales rendues pour des cas particuliers.

Les peines sont, en général: la mort infligée suivant les divers modes, la mutilation (perte de la main, du nez, de l'oreille, etc.), les peines corporelles (knout, baguettes), la prison, l'amende, la confiscation, les peines infamantes, et les peines arbitraires que décrète le czar.

L'autorité souveraine seule inflige les peines; le juge n'a plus le champ libre [2].

Le Code militaire même, rédigé par Pierre le Grand, fut en grande partie emprunté aux législations contemporaines de Suède, du Danemark, et à la Caroline. Il est beaucoup moins imparfait qu'on ne pourrait le croire. Il distingue la préméditation, la faute, l'accident. L'intention n'y est pas confondue avec la tentative et la perpétration. La culpabilité y est graduée en raison du degré de participation de l'agent. On y trouve, enfin, une indication assez détaillée des causes d'excuse, d'aggravation et d'atténuation [3].

Malgré ces emprunts, les lois pénales de la Russie portent à cette époque la double empreinte du despotisme et de la dureté propre à quelques-uns des czars de ce temps et de cette

[1] Malte-Brun, *Géogr. univ.*, t. III, p. 512.
[2] Alex. von Reutz, op. cit., p. 392.
[3] *Rev. de dr. français* etc., mars 1846, p. 250.

dynastie. Les apologistes les plus décidés de la chose russe sont obligés d'en convenir : « La rémunération (le talion et la composition), l'intimidation et la moralisation, dit l'un d'eux, ont successivement marqué la législation russe. Le premier de ces systèmes expire avec la publication du premier soudebnik central, dont la base est la composition pécuniaire. Le second est marqué par des peines purement afflictives, la mort, la mutilation, le tenaillement des narines, le knout, les tortures barbares, des atrocités révoltantes. Le Code pénal militaire renchérit encore sur le Code pénal civil. Ce système atteignit son point culminant sous Alexis et Pierre le Grand ; il tomba peu à peu devant l'influence adoucissante des mœurs. Déjà sous Elisabeth ce n'était presque qu'un épouvantail » [1].

On a vanté beaucoup la législation russe au XVIIIe siècle : le fait est qu'elle avait un mérite relatif ; mais ce mérite n'est pas à comparer à celui de la plupart des législations modernes de l'Europe. Que la Russie, sous Catherine II, ait apporté des améliorations à ses lois criminelles, rien de plus connu ; qu'inspirée par les philosophes français, dont elle recherchait les lumières et les éloges, cette souveraine ait même devancé le reste de l'Europe dans certaines mesures, on doit le reconnaître encore ; mais que ces réformes fussent mûres, qu'elles se soient maintenues sincèrement ; qu'il y ait eu en Russie l'esprit qui les soutient, les fait vivre et les développe, c'est ce dont il est permis de douter en lisant le Code pénal russe.

Il a subi depuis peu de nouvelles réformes, nous le savons ; mais les améliorations introduites sont-elles respectées dans l'application ? La Russie a des lois pénales tolérables, bonnes même en plusieurs points ; mais a-t-elle des juges ? a-t-elle des magistrats en général ? a-t-elle un peuple au niveau de ses institutions ? Sans prétendre accorder au livre de M. de Custine sur la Russie plus d'autorité qu'il n'en mérite, quoiqu'il se trouve d'accord sur les points essentiels avec d'autres ouvrages ni plus ni moins suspects, il faut convenir que le doute qui vient d'être élevé est bien voisin de la certitude. D'ailleurs, les qualités même qu'on nous vante dans le nouveau Code sont elles-mêmes un indice d'un reste de barbarie, ou d'une défiance qui serait injurieuse pour les juges s'ils ne la méritaient pas.

[1] *Revue de dr. fr., ib.,* p. 251.

Laissons parler M. de This lui-même : « La rédaction du nouveau Code russe, œuvre étonnante de précision, mais peut-être minutieuse à l'excès, a voulu déterminer avec exactitude la nature de chaque peine et sa corrélation avec les autres, établir dans chaque genre de répression plusieurs degrés, et dans chaque degré des gradations et modifications, afin d'avoir dans l'application toute la latitude désirable pour aggraver ou atténuer la peine selon l'infinie variété des circonstances qui modifient la criminalité de l'acte, et de ménager une transition presque insensible d'une peine précédente à une peine subséquente.... Avec les différentes variétés dans l'application, les divisions et les gradations, il se trouve que le législateur russe dispose de quarante et un modes de répression, arsenal assez riche pour satisfaire aux plus minutieuses exigences de l'incrimination » [1].

Il nous resterait, si nous voulions pousser plus loin l'étude de ce sujet, à déterminer les influences combinées que nous venons d'examiner isolément. Mais ce travail nous mènerait beaucoup trop loin. Il suffit d'avoir appelé l'attention du lecteur sur chacun de ces points de vue. Ces influences diverses sont comme autant de causes qui peuvent s'exercer simultanément dans des proportions très variables, mais dont les effets combinés sont généralement faciles à distinguer, et peuvent, dès lors, être rapportés à leurs causes respectives.

Nous terminerons donc ce long chapitre par une observation qui n'est pas sans importance, puisqu'elle est destinée à prévenir un scandale contre lequel la haute raison de Pascal elle-même est venue s'achopper d'une manière peu édifiante : c'est qu'on ne doit pas être étonné que la législation pénale varie suivant les temps et les lieux. Cette diversité ne fût-elle pas explicable par l'ignorance et les préjugés des législateurs, le serait encore par bien des circonstances, mais surtout par celles de la civilisation et du climat. Ces situations, souvent très diverses, font, en effet, qu'une action matériellement identique est préjudiciable, qu'elle l'est plus ou moins, ou qu'elle ne l'est pas.

Dans le premier cas elle est un délit, et ce délit peut varier

---

[1] Cf. sur l'histoire de l'ancienne législation pénale de la Russie, M. Du Boys, op. cit., p. 567-617, et pour la pénalité, voir en outre 617-635.

en degrés ; dans le second, c'est une action innocente. Elle
peut même être un bienfait.

Faut-il donc s'étonner qu'elle soit punie dans un lieu ou dans
un temps, qu'elle soit impunie ou même récompensée dans un
autre temps ou dans un autre lieu ? N'aperçoit-on pas, sous
cette diversité apparente, une identité réelle ? Qu'est-ce qu'on
punit dans tous les cas, si ce n'est le mal fait injustement à autrui ? Ne sont-ce pas, au contraire, les services qui sont recom-
pensés ?

Quand donc on aura trouvé un peuple qui punisse une action qu'il regarde comme utile aux autres, et qui récompense
une action qu'il répute une occasion de mal et de souffrances
injustes pour ceux qui l'endurent et qui, vivant sous les mêmes
lois, forment la même cité, alors on pourra se scandaliser à
bon droit, et crier à la contradiction ; mais jusque là toute dé-
clamation de ce genre contre la justice humaine n'est qu'ignorance, légèreté ou mauvaise foi.

Il n'y a pas plus lieu de s'étonner de la manière diverse,
tant pour la qualité que pour la quantité, dont les peines sont
décrétées suivant les temps et les pays : la raison de cette différence tient encore à la variabilité de la nature et au degré
du délit suivant les circonstances, au vague naturel qui existe
entre la peine et le délit sous le double point de vue encore de
la qualité et de la quantité ; à la différence des mœurs, des lumières, des croyances religieuses, etc.

Tout est donc proportionné, et une législation pénale *faite
par le peuple qui doit la subir* est toujours à peu près ce
qu'elle doit être. Mais comme les peuples changent de manière
de sentir et de penser, il est nécessaire qu'une législation ne
soit point considérée comme ayant une bonté absolue et
comme devant rester immuable à tout jamais ; elle doit, au
contraire, varier indéfiniment, pour se conformer à l'esprit et
aux besoins du temps [1].

---

[1] Cf. Bentham, *Traité de législation civile et pénale*, t. III, p. 115-179 ;
— *Essais historiques sur les lois*, p. 111 et 126.

CHAPITRE VI.

Qualités de la peine.

Les peines doivent, autant que possible, réunir certaines qualités qui les rende t d'autant plus parfaites qu'elles s'y rencontrent en plus grand nombre et à un plus haut degré.

Les deux grandes qualités des peines sont la justice et l'utilité ou l'efficacité, qualités externes sans doute, et qui tiennent plus à l'application qu'à l'essence de la peine, mais qualités indispensables, qui sont le but de toutes les autres, c'est-à-dire des qualités intrinsèques.

Il est d'autant plus facile de rendre juste un système de pénalité et de mettre en lumière ce caractère fondamental, qu'il réunit à un plus haut degré les propriétés suivantes : L'analogie, la proportion, la divisibilité, la commensurabilité, la révocabilité et l'impartialité.

D'un autre côté, si la justice est déjà une garantie de l'efficacité de la peine, on peut dire néanmoins que cette efficacité augmente encore si la peine est certraine, si elle est coactive, corrective, exemplaire, et matériellement utile à la société et au condamné.

Reprenons en peu de mots ces qualités diverses.

D'après ce que nous avons dit du principe de la réciprocité appliquée à la peine, il ne nous reste plus rien à dire ici de l'analogie désirable entre la peine et le délit; elle ne doit être sacrifiée qu'à des qualités supérieures.

La proportion de la peine au délit en constitue la justice rigoureuse ou stricte. La mansuétude de la société est rendue visible au coupable lui-même, si la peine reste au-dessous de cette mesure sans cesser d'être suffisante. Elle peut l'être surtout si celui qu'elle atteint demeure convaincu que ceux qui le punissent ont encore pour lui de la pitié, de l'indulgence, et ne cèdent qu'à une nécessité qu'ils déplorent [1].

Les délits de même nom pouvant varier considérablement quant au degré du préjudice et de la culpabilité, ce serait un mauvais genre de peine que celui qui ne serait pas susceptible d'autant de degrés qu'il peut y en avoir dans le délit même. Nous reviendrons sur ce point dans le chapitre suivant.

Il est bon aussi que le législateur, le juge, le coupable, le public, tout le monde enfin, puisse comparer les peines entre elles ainsi que les délits. Cette comparaison peut même être très utile à la société, à cause du choix possible des moyens criminels pour atteindre un même but [2].

C'est encore une qualité dans une peine que de pouvoir être remise, pour le cas où elle serait devenue ou superflue ou trop dure, ou pour celui où l'erreur d'un tribunal aurait été reconnue.

La peine pour les uns, l'impunité pour les autres, des peines différentes pour les mêmes délits suivant la condition des personnes, tel a toujours été, plus ou moins, l'état des sociétés, surtout des sociétés anciennes et du moyen âge, des sociétés asiatiques, en un mot, de toutes les sociétés constituées sur le principe de l'inégalité. Ce n'est pas que l'égalité matérielle ou apparente soit beaucoup plus juste en droit pénal qu'en droit civil ; mais si l'égalité proportionnelle est souvent la seule admissible, parce que c'est la seule qui approche de l'égalité absolue, véritable, elle a été trop souvent appliquée en sens inverse du vrai, puisqu'elle était plus dure pour le moins coupable, et plus légère pour le plus criminel. Mieux eût valu une égalité aveugle et brutale, une égalité absolue pour le même délit, sans aucune acception des personnes, qu'une égalité proportionnelle dont l'application était faite à rebours.

[1] Voir sur la proportion entre les délits et les peines, et sur l'arbitraire des châtiments : Romagnosi, *Genesi del dritto penale*, t. I, p. 128-178, et p. 244-293 ; t. II, p. 381-387 ; éd. Firenz., 1834 ; — Cibrario, *della Economia politico del medio evo*, t. II, p. 93-104 ; — Rossirt, *Geschichte der Deutschenstrafrecht*, t. I, p. 23 ; — *Essai histor. sur les lois*, p. 118 ; — Alb. Du Boys, op. cit., t. II, p. 379 etc.

[2] V. Bentham, *Théorie des peines*, I, p. 41 et 42.

Les peuplades sauvages ne sont pas à l'abri de cet abus; nulle part peut-être la justice n'y est plus vénale : c'est le prince, c'est le juge, c'est le prêtre qu'il faut gagner pour obtenir une ombre de justice, ou de qui le plus grand scélérat peut acheter l'impunité [1]. Nous en verrons plus d'un exemple.

On connait le mot de Solon sur les lois, sur leur force contre les petits, et leur impuissance contre les grands.

A Rome, les peines variaient suivant la condition de l'accusé, même sous le despotisme impérial [2], mais pour frapper d'autant plus fort sur le faible.

Les lois des barbares, celles des temps féodaux, la Caroline, les ordonnances des rois de France, les statuts des rois d'Angleterre, en général toutes les législations européennes, étaient empreintes de cette inique distinction. Les pays à esclaves, tels que la Russie, une grande partie de ceux du Nouveau-Monde, ont conservé dans leurs lois pénales des différences qui ne sont qu'une conséquence presque forcée de l'injustice des lois civiles sur l'état des personnes.

Les temps ne sont pas encore bien éloignés où les roturiers étaient condamnés à six ans de galères, par une ordonnance du plus populaire de nos rois [3], s'ils s'avisaient de tirer de l'arquebuse à une lieue à la ronde des forèts, parcs, bois, buissons et garennes de la couronne. Une autre ordonnance du même prince [4] va jusqu'à punir les récidives, en matière de chasse, du bannissement perpétuel et de la confiscation des biens, et même du dernier supplice.

Philippe-Auguste condamne le blasphémateur à payer quelques sous d'amende s'il est noble, et à être noyé s'il est roturier. Une ordonnance de Charles IX, donnée à Toulouse le 3 février 1566, après avoir défendu de vendre pendant le carême *aucunes espèces de chair, sinon aux Hôtels-Dieu et malades*, ajoute : « et ce sur peines aux contrevenants de 100 écus d'or sol, s'ils ont de quoi; sinon, d'être fouettés par les carrefours des lieux où ils seront demeurants » [5].

---

[1] *Hist. des voy.*, t. IV, p. 193.

[2] XII Tabl.; D., liv. 48, tit. 8, l. 3, § 5; l. 16; tit. 19, l. 15, 28 38, § 2 et s.; Cod., liv. 9, tit. 13; D., liv. 48, t. 50, l. 24; Cod., l. 9, t. 9, l. 4, 31. — *Novell.*, 77, 141. — V. aussi la *première épître* de SÉNÈQUE.

[3] *Ordonn.* de 1607.

[4] *Ord.* de 1601.

[5] PASTORET, *Lois pénales*, IV, p. 86.

Un domestique était convaincu d'avoir eu un commerce criminel avec sa maîtresse : on pardonnait à la maîtresse et l'on envoyait le domestique à la mort [1].

L'efficacité des châtiments, avons-nous dit, est assurée non seulement par la justice de la peine, mais encore par l'assurance qu'on n'y échappera point si l'on vient à être jugé, par la probabilité très grande que le délit sera connu et l'auteur utilement poursuivi. On a souvent remarqué que c'est moins la rigueur des peines que leur certitude qui retient les malfaiteurs.

De plus, on est à l'abri des entreprises d'un criminel, au moins pour le temps de sa peine, si cette peine consiste ou dans la privation de la liberté ou dans le bannissement. Sous le rapport de la sécurité, nulle peine n'est comparable à celle de la mort, mais il faut qu'elle soit juridiquement possible et socialement nécessaire. Elle n'est d'ailleurs ni divisible, ni commensurable, ni rémissible. Ce sont là de grands défauts, qui doivent rendre d'autant plus circonspect dans l'application. Nous en parlerons plus tard.

Si la peine était propre à faire rentrer le condamné en lui-même, à le corriger, elle atteindrait le plus haut degré d'efficacité possible en ce qui le regarde. Si la publicité de cette même peine pouvait intimider tous ceux qui seraient malheureusement tentés de l'encourir, l'efficacité en serait bien plus grande encore, quoique moins sensible peut-être. Il suffit, au reste, pour qu'elle soit efficace à cet égard, qu'elle soit de nature à faire une salutaire impression sur l'esprit du peuple, sans toutefois sortir des limites de la justice. Mais pour qu'il en soit ainsi, la peine ne doit en rien froisser les préjugés ni les mœurs du temps et du pays.

On peut encore rendre la peine utile en faisant travailler le détenu ; elle se trouvera par là même allégée ; elle sera plus facilement corrective, moins dangereuse pour la santé intellectuelle, morale et physique. L'individu et la société ne peuvent qu'y gagner. Nous le verrons lorsqu'il sera question du système pénitentiaire. Mais toute manière d'utiliser la peine n'est pas également juste ou honnête [2].

---

[1] PASTORET, *Lois pénales*, IV, p. 48. Cf. sur la partialité ou l'impartialité des lois pénales : M. DU BOYS, *Hist. du dr. crim.*, t. II, p. 535, 627, 642, 652, 653 ; — le général DAUMAS, *Mœurs et coutumes de l'Algérie*, p. 198.

[2] Un des moyens d'expier son crime, d'après Zoroastre, est de donner

Si, aux qualités précédentes nous ajoutons encore que la peine doit suivre promptement le délit, que le théâtre de l'un doit être aussi le théâtre de l'autre, qu'elle doit être infligée promptement après les débats publics de la condamnation, que la manière de la faire subir ne doit pas être séparée du respect dû à l'humanité et à l'infortune, nous aurons à peu près toutes les conditions nécessaires à l'efficacité de la peine.

Il en est du spectacle des peines comme de celui de la mort, des grandeurs, de toutes choses enfin : plus il est ordinaire, moins il frappe. Nouvelle raison de ne point multiplier les délits légaux sans nécessité.

CHAPITRE VII.

De la quantité ou du degré de la peine.

SOMMAIRE.

1. Deux sortes de degrés dans la peine.
2. Ce qu'ils ont de commun.
3. Echelle de la pénalité.
4. Degré absolu qui ne doit pas être dépassé, quelle que soit l'échelle.
5. Echelle unique.
6. Elasticité ou minimum et maximum dans la peine.
7. Divisibilité de la plupart des peines.
8. Inconvénient de l'élasticité des peines.
9. Autre inconvénient.
10. Contradiction apparente.
11. Plusieurs échelles de délits.
12. De la prestation des fautes.

Les degrés de la peine sont de deux sortes, suivant qu'il s'agit de la proportion des peines entre elles, proportion qui doit suivre celle des délits entre eux, ou qu'il s'agit de la proportion d'une peine donnée au degré de culpabilité légale d'un délit déterminé. La première espèce de quantité constitue ce qu'on appelle l'échelle de la pénalité ; la seconde est plutôt la justice proportionnelle d'une peine particulière.

une jeune vierge en mariage à un sectateur pieux. (*Vendidad-Sadé*, farg. 14, p. 391.)

D'autres fois la peine est utilisée par des amendes au profit de l'agriculture, du sacerdoce, de l'état militaire. (*Vend.*, farg. 14, p. 388, 390 et 391.)

L'une et l'autre espèce de quantité tient à une idée commune, l'intensité diverse des peines, que cette intensité se compare d'une espèce à une autre espèce de peines, ou d'un degré à un autre degré d'une peine de même nature.

L'échelle de la pénalité a une mesure naturelle qu'elle ne peut franchir sans violer le principe de la juste réciprocité; mais elle peut rester au-dessous. Seulement, si l'on veut garder une parfaite proportion entre une peine et une autre, il faut abaisser d'une même quantité chaque espèce de peine au-dessous de son niveau naturel le plus élevé. Le système de pénalité est alors d'une douceur uniforme.

Mais, outre que cette proportion n'est pas toujours facile à déterminer, il faut dire qu'elle n'est point nécessaire : des circonstances particulières peuvent permettre au législateur d'être plus ou moins retenu dans le châtiment qu'il inflige à tel ou tel délit.

La grande affaire dans un système pénal, c'est de ne point dépasser le principe de la réciprocité ou de la justice; le reste dépend des circonstances, surtout de l'intérêt public. Si le législateur choisit ses peines d'après le principe de l'analogie, et qu'il les mesure d'après celui de la réciprocité, son système pénal se trouvera distribué sur un certain nombre d'échelles diverses, et tous les degrés s'en trouveront marqués comme d'eux-mêmes. Avec ces deux principes, l'échelle de la pénalité se construit sans effort; elle s'obtient par voie de conséquence nécessaire.

Mais si l'on n'admet qu'un seul genre de peines, par exemple la privation de la liberté, on n'a qu'une échelle unique, dont le degré assignable à chaque délit est déterminé plus ou moins arbitrairement, faute d'une analogie assez visible entre la peine et le délit. C'est alors que la construction de l'échelle réclame une grande attention et présente de très sérieuses difficultés.

Nous n'avons pas encore à nous occuper du choix des peines, ni par conséquent de leurs rapports entre elles et avec les différentes espèces de délits. Notre objet, pour le moment, est d'établir la nécessité de laisser à chaque peine une certaine élasticité qui permette au juge de la proportionner, dans chaque espèce de délit, au juste degré de culpabilité légale.

On a toujours senti la nécessité de cette proportion dans la peine [1], mais on n'y est pas toujours resté fidèle. Tantôt on a puni très sévèrement des délits qui n'en étaient pas, tout en laissant impunis de véritables crimes; tantôt on a frappé de la même peine des délits qui n'avaient guère de commun que le nom; tantôt on n'a gardé qu'une demi-mesure, on s'est laissé emporter après s'être trop retenu peut-être [2].

La différence en plus ou en moins dans les délits de même nature est la raison du maximum et du minimum dans les peines.

Puisque l'essence des délits est toujours déterminée ou déterminable, qu'un délit est de telle espèce et non pas de telle autre, il faut bien lui infliger le genre de peine qui lui revient, mais il faut aussi que le degré de culpabilité serve de mesure au degré de la peine.

Ce sont donc de mauvaises sortes de peines que celles qui sont indivisibles, ou qui ne seraient susceptibles d'aucun allégement ou d'aucune aggravation par la manière dont elles peuvent être infligées.

Toutes les peines qui doivent être subies pendant un temps plus ou moins long, auxquelles on peut ajouter indéfiniment sans en changer la nature, comme celles de la privation de la liberté et de l'amende, se prêtent très bien à ces exigences.

---

[1] « Après s'être assuré des circonstances aggravantes (comme, par exemple, de la récidive) du lieu et du moment, après avoir examiné les facultés du coupable et le crime, que le roi fasse tomber le châtiment sur ceux qui le méritent. » (*Lois de Manou*, VIII, 126, 324; — *Vendidad-Sadé*, p. 193; — *Pœna debet commensurari delicto*, l. 11 et 13, D., *De pœnis*; l. 1, Cod. Théod., *De crimin. pecul.*)

Dans les lois de Manou, il y a une intention marquée de graduer les peines non seulement d'après la nature des délits, mais encore d'après la condition des coupables. Une sorte de paternité semble même vouloir qu'on les inflige avec un certain regret, dans la stricte mesure où elles seraient arrachées : ainsi, le juge commencera par la réprimande; il s'élèvera au reproche sévère s'il le faut; ensuite à l'amende, à la peine afflictive, et enfin aux quatre peines à la fois en cas de nouvelle récidive.

Les trois dernières castes peuvent êtres punies par dix endroits du corps : les organes génitaux, le ventre, la langue, les mains, les pieds, l'œil, le nez, les oreilles, par les biens et le corps tout entier (peine capitale).

[2] « Qu'il (le roi) punisse d'abord par une simple réprimande, ensuite par des reproches sévères, troisièmement par une amende, enfin par un châtiment corporel (VIII, 129). Mais lorsque, même par des punitions corporelles, il ne parvient pas à réprimer les coupables, qu'il leur applique les quatre peines à la fois. » (*Lois de Manou*, t. VIII, 129, 130.)

Certaines peines afflictives, celles du fouet, du knout, de la pleite ou du martinet s'y prêtent également. Mais cette espèce de peines est divisible aussi en intensité, et il n'est pas bon que l'exécuteur soit libre, comme il l'est dans certains pays, d'aggraver ou d'atténuer la peine par la manière de l'infliger. C'est un mal et un scandale qu'il puisse faire mentir les sentences des tribunaux par un calcul odieux. Un malheureux patient qui ne peut le fléchir en le payant ou qui n'a point d'amis plus riches que lui, qui ne trouve pas dans le public témoin de son supplice des sympathies assez efficaces pour le protéger contre la dureté de la peine, la subira dans une mesure d'autant plus rigoureuse que l'indulgence pourrait tarir les sources d'un revenu considérable [1]; l'humanité serait ici de mauvais exemple.

La peine de mort est celle qui se refuse le plus à la divisibilité, à moins qu'on ne voulût la convertir en supplice. Mais on peut, si l'esprit public n'y répugne pas, l'entourer d'un appareil qui, sans aggraver les souffrances, sans la convertir en supplice, en augmente l'effet moral. Elle doit, en tout cas, n'être qu'un minimum nécessaire. Nous l'avons déjà dit.

Les peines infamantes sont aussi susceptibles de plus et de moins.

Il n'y a donc pas de peines qui ne puissent être modifiées en sens contraire, et qui ne se prêtent à un minimum et à un maximum.

Il y a bien un inconvénient à cette élasticité de la peine, c'est de laisser plus ou moins à l'arbitraire du juge; mais cet inconvénient est incomparablement moins grand que celui de l'unité absolue de mesure dans la peine. Quel intérêt, d'ailleurs, le juge peut-il avoir à ne pas suivre sa conscience dans l'estimation du degré de la peine?

Il faudrait qu'il fût doublement vénal et corrompu pour frapper d'une peine imméritée celui qui n'aurait ni pu ni voulu acheter sa coupable clémence. Que dans certains pays le juge vende sa sentence d'absolution, cela se conçoit; mais il y a bien moins à craindre qu'il s'écarte de ses devoirs en dépassant la limite de la peine portée par la loi contre le délinquant qui ne cherche pas à le corrompre : il faudrait, pour qu'il en vînt là,

_____
[1] L'éventuel du bourreau.

qu'il fût dans l'habitude de vendre la justice criminelle, et qu'il n'eût à redouter, pour son coupable trafic, l'exemple d'une condamnation, c'est-à-dire d'une peine qui ne lui aurait pas été rachetée.

Dans les causes politiques même, un tribunal criminel ne doit-il pas mettre la justice avant l'intérêt d'un parti? Est-il généralement composé d'hommes de la même opinion? N'est-il pas soumis lui-même au jugement du public? Ne pourrait-il pas être partiellement écarté par l'accusé au moyen de la récusation?

Avec cette latitude, il peut arriver encore qu'un délit d'une nature en apparence plus grave, matériellement pris, soit puni d'une peine inférieure à celle d'un délit moins grave. En d'autres termes, de deux délits pris en eux-mêmes et dont l'un est plus grave que l'autre, le minimum du premier peut être au-dessous du maximum du second. En d'autres termes encore, et pour prendre un exemple, une tentative de meurtre, un meurtre même, peut être commis dans des circonstances tellement atténuantes, sans du reste qu'il y ait innocence, que celui qui s'en est rendu coupable soit bien moins sévèrement punissable que celui qui, de sang-froid, par férocité, mutile son semblable. Et cependant le meurtre est en soi un plus grand crime que la mutilation.

Cette contradiction n'est apparente que pour des délits analogues; car pour ceux qui n'ont rien de commun, lorsqu'on est obligé de les frapper cependant d'une même espèce de peine, par exemple le vol et l'outrage, la contradiction n'a plus rien de spécieux, parce qu'on ne compare plus les deux délits, et qu'on ne met pas l'un au-dessus de l'autre.

Je dis, au surplus, que la contradiction n'est qu'apparente; elle porte plus sur les mots que sur les choses; on ne devrait pas s'arrêter ainsi aux dénominations, mais s'attacher plutôt aux intentions, à la réflexion, et surtout au degré de préjudice occasionné volontairement; en un mot, voir les actions dans toutes leurs circonstances, parce que c'est là seulement qu'est la réalité, le fait, la vérité.

On a supposé faussement qu'il n'y a qu'une seule échelle de délits : il y en a autant qu'il y a de classes de délits, et ces échelles sont plutôt parallèles qu'unilinéaires ou consécutives. De plus, dans la même famille de délits les degrés ne sont réellement

distincts et progressifs qu'autant que les circonstances et les
délits sont différents; mais quand le délit seul est matériellement le même, ou que le délit étant matériellement différent
les circonstances essentielles viennent à varier, alors la progression n'a plus cette régularité qu'elle peut avoir dans le
cas où les faits analogues sont matériellement plus graves les
uns que les autres, et où les plus graves sont accompagnés de
circonstances ou également, ou plus ou moins répréhensibles
et au même degré.

Il s'agit, comme on voit, de la question de la prestation des
fautes en matière criminelle. Cette question, si délicate dans
l'application en matière civile, ne l'est guère moins en matière
criminelle.

On pourrait, ce semble, distinguer avec Filangieri [1] trois
degrés de culpabilité, suivant qu'il n'y aurait qu'imprudence,
ou qu'il y aurait volonté indélibérée, peu éclairée, peu libre,
ou bien, au contraire, volonté délibérée de faire le mal. Il y aurait ainsi dans chaque ordre de délits trois degrés de fautes. Et
comme il pourrait encore y avoir des différences importantes
dans chaque degré, il serait bon que le juge pût s'y mouvoir
sur une assez grande échelle de pénalité entre un minimum et
un maximum.

---

[1] Quelque chose d'analogue se pratiquait autrefois en Chine. V. le *Chou-
King*, édit. du Panth. litt., c. **xxii**, 15, 18 et 17.

CHAPITRE VIII.

Des différentes peines en général [1].

La différence des peines n'est pas plus arbitraire que la peine elle-même ; elle a sa raison dans la différence des délits. De même donc qu'un délit n'est pas simplement un délit, mais bien tel ou tel délit, de même une peine n'est pas non plus une peine en général, mais c'est nécessairement telle ou telle peine.

De même encore que le délit n'est tel que parce qu'il porte atteinte à la légitime sensibilité d'autrui, dans sa personne, dans son honneur, dans ses biens, dans sa condition, ou plus simplement dans sa personne et dans ses biens ; de même aussi la peine ne peut être telle qu'à la condition d'atteindre et de faire souffrir la sensibilité du coupable dans sa personne ou dans ce qu'il possède et qui lui est cher, d'autres personnes exceptées.

Si la peine ne devait pas changer de nature suivant la nature même du délit, on devrait renoncer à l'idée de proportionner avec quelque exactitude et d'une manière un peu certaine le châtiment à la faute ; proportion qui a cependant toujours

---

[1] Voir sur ce sujet : REMMEVICH et METZLER, *Dissertt. de pœnis naturalibus*; — BEEMANN, *Médit. polit.*, 15 ; — BOEHMER, *Introd. in jus publ. univ.*, p. 556 ; — HOCHSTELTER, *de Jure pœnarum*; — VICO, *de Uno universi juris principio et fine uno*, p. 141, édit. Ferr. Médiol., 1835 ; — MONTESQUIEU, *Esprit des Lois*, VI, 9 ; — ANCILLON, *de l'Esprit des Constitutions civiles, et de son influence sur la législation* (all.), Berlin, 1825, p. 231-276 ; — ROSSI, t. III, p. 119 ; — BOITARD, *Leçons sur le Code pénal*, p. 22-46, et p. 46-168.

été jugée nécessaire quand elle est physiquement et moralement possible. Il faudrait renoncer au principe de l'égalité juridique, de la réciprocité, seul principe cependant qui permette l'application de la notion de droit à la théorie de la
peine.

Quelle proportion exacte y a-t-il, en effet, entre l'outrage,
le meurtre et une peine purement pécuniaire, par exemple,
et quel moyen de punition resterait-il avec celui qui ne possède
rien? Quelle proportion nettement appréciable y a-t-il encore
entre le vol ou le dégât et une peine afflictive?

Dira-t-on que l'unité entre la souffrance occasionnée par le
délit et celle qui est occasionnée par la peine résulte de la
contrariété qu'éprouve le délinquant d'être atteint dans ses
biens? Cela est vrai sans doute; mais il faut convenir au
moins que c'est là une ressemblance très éloignée, dont les termes sont d'une comparaison difficile, et que dès lors la proportion devient vague et incertaine [1]. La nécessité seule peut
donc excuser de ne pas faire mieux.

On pourrait donc admettre en principe deux sortes de peines
au moins : les unes qui affectent le coupable dans sa personne
physique ou morale, les autres dans ses biens, suivant qu'il a
lui-même attenté à la personne ou aux biens de ses semblables.
S'il fallait, par des raisons d'humanité, de morale ou d'impossibilité physique, renoncer à cette proportionnalité, ne serait-
on pas alors à temps d'opérer entre ces deux genres naturels de
peines une sorte de compensation devenue légitime par la seule
impossibilité de faire autrement, et d'en venir à la maxime du
droit romain : que celui qui ne peut payer de sa bourse doit
payer de son corps [3]?

---

[1] Il y a une nature générique et une nature spécifique dans la peine
comme dans le délit. La proportion est moins visible, moins parfaite quand
on ne peut appliquer à une espèce de délit l'espèce de peine la plus propre,
la plus analogue. Mais il y a encore une proportion générique, éloignée,
entre une espèce quelconque de délit et une peine quelconque, par exemple
entre le meurtre et la peine pécuniaire. Cette proportion et cette analogie
du genre à l'espèce suffit donc pour qu'il y ait encore, à la rigueur, une
certaine application possible du grand principe de la réciprocité en matière
pénale; mais cette application est plus vague et sa justesse moins certaine.

[2] C'est-à-dire entre la nature et le degré du délit d'une part, et la nature et le degré de la peine d'autre part.

[3] « Qui non habet in œre, luat in corpore (l. 25, D., De in jus vocando).

Quelle difficulté, quelle source d'arbitraire dans l'estimation pécuniaire d'un délit pour outrages, blessures, meurtres, etc.! La même peine pécuniaire prononcée absolument par le législateur affectera-t-elle de même le pauvre et le riche, l'avare et le prodigue?

Aussi a-t-on presque toujours admis deux sortes de peines, les unes qui portent sur la personne, les autres sur les biens. Tous les peuples civilisés ont en outre reconnu des peines morales qui atteignent la considération. Dans les sociétés les moins policées il y a une opinion publique qui est déjà d'une grande puissance. Il n'est peut-être pas de passion plus universelle que celle de l'amour-propre, passion qui fait naître le besoin de l'estime d'autrui. Or ce besoin, quelle que soit la nature de son objet, se retrouve chez tous les hommes. Tous sont sensibles à l'honneur, à la gloire; tous sont portés à se faire valoir aux yeux de leurs semblables [1]. Partout donc il y a aussi des peines infamantes, qu'elles soient ou ne soient pas infligées à dessein comme telles.

Du reste, quand la vanité de l'homme ou la juste estime de lui-même font qu'il attache un prix plus ou moins grand à des distinctions extérieures, à des signes de supériorité ou de valeur, c'est une prise heureuse qui s'offre au législateur. Il peut alors atteindre l'amour-propre tout seul, et les peines infamantes peuvent prendre rang comme espèce distincte [2]. L'honneur, si frivole qu'en puisse être l'objet, est encore une espèce de bien, un très grand bien même; mais il est d'une nature très spéciale, en sorte que la division commune des peines est très admissible, mais à la condition que le législateur prenne conseil de l'opinion en ce qui regarde l'infamie.

Nous devons dire cependant que la manière dont notre Code pénal entend et applique la division des peines ne nous semble pas rationnelle. Il admet trois classes de peines : 1° les unes afflictives et infamantes, 2° d'autres infamantes seulement,

---

[1] On sait que les cannibales même se font un honneur de savoir mourir héroïquement au milieu des supplices; ils tiennent donc aussi à une bonne renommée après leur mort. — Les Germains, les Gaulois étaient très susceptibles sur l'article de l'honneur; ils se faisaient une sorte de mérite de combattre sans bouclier. V. TACITE, *Mœurs des Germ.*, c. XXIV.

[2] On peut juger de l'importance attachée par les hommes à des signes de convention par le prix qu'ils mettent à les obtenir : c'est ainsi, par exemple, que l'ordre de la Jarretière se paie au moins 96,000 fr.

3º une troisième espèce qu'il appelle correctionnelle. Cette division pèche à plus d'un titre. 1º Toute peine, excepté peut-être celles de police administrative, emporte un certain opprobre. Il ne peut rien y avoir d'honorable, en principe, à être puni. Cependant, comme l'opinion n'est pas toujours d'accord avec les lois, si elle fait des exceptions, la loi aura beau vouloir attacher l'infamie à ses peines, elle ne donnera que plus d'éclat au mérite de celui qui les endure. C'est l'opinion qui fait l'infamie, l'honneur et le déshonneur. La loi n'y peut rien. Mais ce qu'elle peut très bien faire, c'est de priver, à des degrés divers, des droits politiques, civils, de famille, des emplois, des privilèges, des titres et des distinctions honorifiques, etc. Que l'opinion soit ou ne soit pas de son avis, elle affecte l'individu en lui refusant le bénéfice ou l'usage de ces sortes de droits; elle peut faire plus en cela, puisqu'elle peut servir la chose publique. Voilà, selon nous, les limites dans lesquelles le législateur peut raisonnablement atteindre la sensibilité morale des citoyens. L'infamie proprement dite ne doit jamais être une peine légale, positive. Elle ne peut être qu'une peine morale, consécutive à d'autres peines, et fruit de l'opinion, qui l'inflige ou ne l'inflige pas, à son gré. 2º Toute peine ayant ou pouvant avoir pour but l'amendement du coupable, sans excepter la peine de mort, il s'ensuit que c'est mal diviser les peines que d'appeler les unes correctionnelles et les autres pas. Le Code a donc pris deux caractères de toutes les peines, la honte qu'elles entraînent et l'utilité morale qu'elles peuvent avoir à l'égard du coupable, pour des espèces particulières de peines : c'est plus qu'une faute de logique, puisque c'est, au moins en apparence, enlever le côté ignominieux et correctionnel au plus grand nombre des peines. 3º C'est une troisième faute d'avoir attaché l'infamie à des peines temporaires; l'infamie est de sa nature perpétuelle; on ne réhabilite pas un individu dans l'opinion publique aussi facilement qu'on lui ouvre les portes d'une prison. Ne serait-ce pas un quatrième tort d'avoir fait dépendre l'infamie de la sentence d'un tribunal plutôt que du délit, quoique à cause du délit [1]?

[1] Cf. sur les art. 6-11, ou sur le système général de pénalité du Code pénal français, la critique étendue qu'en a faite BOITARD dans ses *Leçons*, p. 46-56. Le Code pénal de Belgique, s'il a été réformé d'après le projet de 1849, supprimerait la distinction des peines en *infamantes* et *non infaman-*

§ I.

SOMMAIRE.

On appelle généralement afflictive toutes les peines qui consistent dans une sensation douloureuse qu'on fait éprouver. Telle est la peine capitale, celle de la mutilation, du fouet, de la marque, etc.

L'imagination des hommes a été féconde en inventions de ce genre. La vengeance porte déjà les sauvages à une certaine recherche dans les supplices, par exemple à faire périr lentement sous les coups de zagaie, à mutiler avant la décollation,

---

tes. « Cette détermination, dit le rapporteur, n'a pas besoin de justification. Il est inutile de rappeler ici tout ce qui a été dit et écrit contre les peines *infamantes de par la loi*. C'est une question désormais jugée définitivement. Que la société, qui vous donne des droits, vous prive de leur jouissance ou vous en déclare déchu lorsque vous faillez envers elle, rien de plus juste ; mais que *la loi fasse de l'infamie*, c'est aller au-delà de son pouvoir : comme le dit Bentham, elle ne sait pas si l'opinion publique fera honneur à cette lettre de change tirée sur elle. » (*Revue de dr. français et étranger*, 1850, p. 669.)

Ce projet propose également la suppression de la *déportation*, parce que

à brûler vif à petit feu, à faire périr par l'action prolongée de l'eau bouillante, à faire enterrer vif, etc.

Mais les honneurs de l'invention en ce genre appartiennent aux anciennes civilisations de l'Orient : l'Egypte avait la mutilation, la peine capitale [1], les mines, les travaux publics, le supplice de la cendre [2], connu aussi des Hébreux, des Assyriens et des Perses; la Perse avait de plus l'affreux supplice des auges, l'écorchement vif, le percement de la langue pour cause de mensonge [3]. Dans l'Inde, les hommes des trois dernières classes peuvent être punis de dix peines afflictives : par les organes de la génération, par le ventre, la langue, les deux mains, les deux pieds, l'œil, le nez, les oreilles, enfin par la perte de la tête [4]. La Chine avait anciennement ses cinq supplices, sur la nature desquels on n'est pas d'accord [5]. Les Juifs brûlaient,

---

la Belgique n'a pas de colonies ; — celle du *bannissement,* par respect pour les relations officieuses avec l'étranger, et au nom de la saine politique ; — celles du *carcan,* de la *marque,* généralement réprouvés ; — celle de la *dégradation civique* comme peine principale, parce qu'elle est indivisible, qu'elle frappe très inégalement, suivant la position sociale des coupables ; — celle de l'*exposition publique,* dont les résultats fâcheux sont suffisamment connus ; — celle, enfin, des *travaux forcés.* (*Rev. de dr. fr. et étr.,* p. 669-676.)

Le Code napolitain nous semble avoir raison également lorsqu'il déclare qu' « aucune *peine* n'est infamante, et que l'infamie résultant d'un *crime infamant* par sa nature ou par sa gravité ne s'étend qu'à la seule personne du coupable. » (*Lois pén. nap.,* art. 1.)

Dans l'Inde, ni le crime ni la peine n'emportent l'infamie. (Dubois, *Mœurs et cout. de l'Inde,* t. II, 455.)

[1] Amasis et Sabacon remplacèrent la peine capitale par la mutilation, par les travaux publics, et même par les travaux coloniaux. (Diod., I, 60, 65.)

[2] Herod., II, § 100.

[3] *Ib.,* Terpsich.; Val-Maxé, VI, 3.

[4] Pastor., *Histoire de la Législation.* — V. aussi les *Lois de* Manou.

[5] Les cinq supplices en usage du temps de Confucius, étaient, dit-on : 1o une marque noire qu'on imprimait sur le front ; 2o l'amputation de l'extrémité du nez ; 3o celle du pied ou du nerf du jaret ; 4o la castration ; 5o la mort. Ces cinq supplices servaient à punir trois mille (sortes ?) délits. Ils n'ont été en usage que longtemps après le commencement de la monarchie ; les dynasties de *Chang* et des *Tcheou* ajoutèrent beaucoup de lois criminelles à celles des *Hia.* Dans le commencement même de la dynastie des *Tcheou,* il était très rare qu'on eût recours aux supplices, et encore plus que l'on condamnât à mort. Au lieu que depuis Li-Ouang, qui monta sur le trône l'an 878 avant J.-C., les exécutions furent très fréquentes dans tout l'empire, sous le règne de quelques princes et empereurs cruels. (*Mém. concernant les Chin.,* IV, p. 56.)

pendaient, étranglaient, tranchaient la tête, sciaient en deux, crucifiaient, noyaient, écrasaient sous les pieds des animaux, sous les roues des chars, sous des traîneaux à battre le grain, sous des tas d'épines; ils lapidaient, précipitaient du haut des maisons, des tours, des rochers; ils emprisonnaient, enchaînaient par les mains, par le cou, par les pieds, mettaient sous le joug, etc. [1] Il est à présumer, du reste, qu'ils avaient emprunté une partie de leurs supplices à leurs voisins, comme aussi aux Egyptiens et aux Babyloniens, qui avaient le supplice du feu, celui des bêtes féroces, etc.

Les entraves, le collier, la roue, la peine capitale par le glaive, la corde, le poison, la massue, la croix, la lapidation, le bûcher, le *précipitement* d'un lieu élevé, etc., étaient les principales peines afflictives usitées chez les Grecs [2].

Celles des Romains étaient à peu près les mêmes [3]. Les plus ordinaires étaient la peine capitale, la condamnation aux mines, l'interdiction de l'eau et du feu, la déportation, la relégation ou l'exil.

Les barbares se distinguaient dans les leurs par la faculté de racheter toutes les peines afflictives au moyen de la composition; faculté qu'on retrouve dans beaucoup d'autres législations, mais à un moindre degré, par exemple, chez les Perses d'aujourd'hui [4].

Le moyen âge féodal renchérit sur la législation dite barbare, qui avait été en grande partie inspirée par le christianisme, et qui était plus douce et plus sensée, à beaucoup d'égards, que les législations anciennes [5]. Cette législation du moyen âge ou des temps féodaux, dont la sauvage expression se révèle particulièrement dans les tribunaux vehmiques [6], était celle de la violence et de la force. Cependant le clergé, qui avait conservé le droit romain en l'appropriant à son esprit [7], l'empereur

---

[1] Pastoret, *Moïse considéré comme législat.*, etc., p. 356-387.

[2] V. Robinson, *Antiq. grecq.*, trad. fr., t. I, p. 200-206. A Sparte on mordait le pouce aux enfants.

[3] Instit., § 2, *De publ. jud.*; D., l. 28. *De pœnis*; ib., l. 6, § 1 et 2; l. 7 et 8.

[4] Anquetil-Duperron, *Législat. orient.*, p. 209.

[5] Gioja, *Dell'injuria, dei danni*, etc., p. 2, Milan, éd. 1829.

[6] V. *Das Fehmgericht Westphalens*, par Wigaud, Hanau, 1825, in-8°. Nous y reviendrons.

[7] Le droit canon vient en partie du droit romain.

d'Allemagne et les autres princes européens, qui sentaient la nécessité de restaurer la justice, de soustraire les peuples à l'arbitraire des seigneurs, et qui entrevoyaient dans cette mesure un nouvel élément de puissance en leur faveur, se souvinrent aussi du droit romain. C'est de cette source, de celle du droit canonique et des codes barbares que sont sorties les législations modernes, sauf les changements que les temps et les circonstances y ont apportés, changements qui ne sont pas toujours des améliorations.

Les lois criminelles antérieures au XVIIIe siècle sont pleines encore de dispositions cruelles, de peines ridicules ou immorales. Faut-il rappeler l'estrapade, la bastonnade, le knout, le piquettement, le cheval de bois ou de fer, l'immersion dans l'eau froide (*ducking*), la suffocation par l'eau (*drenching*), la flagellation, la mutilation, les incisions du nez, des lèvres, des oreilles, le bâillonnement, le pilori, l'infibulation, la marque, etc. [1] ?

C'est peut-être moins encore par leur nature que ces lois sont injustes que par la manière dont elles étaient appliquées. C'est ce que nous verrons en nous occupant des différentes espèces de délits et de la manière de les punir. Constatons pour le moment les progrès considérables du droit criminel dans toutes les parties de l'Europe et du monde.

Il serait trop long, trop fastidieux, de rapprocher l'ancienne législation criminelle des différents peuples de celle qui les régit aujourd'hui.

Cependant de nouveaux progrès se préparent encore : parmi les peines afflictives, celles de la mort, de la flagellation ou de

---

[1] Au XVIIIe siècle, les peines en usage en France, d'après l'ordonnance de 1670, étaient le feu, l'écartèlement, la roue, la potence, la tête tranchée, la claie, la question avec ou sans réserve de preuve, les galères à temps ou à perpétuité, le bannissement perpétuel ou à temps, le poing coupé, la lèvre coupée, la langue coupée ou percée d'un fer chaud, le fouet, la flétrissure, l'amende honorable, le pilori, le carcan, la réclusion temporaire ou perpétuelle, le blâme, l'admonition, l'amende simple et l'aumône. A quoi il faut ajouter les peines accessoires, telles que la confiscation, la mort civile, etc. (Jousse, t. I, p. 38 et suiv.)

A une époque plus reculée, en France, en Allemagne, en Angleterre, dans presque tous les pays de l'Europe, on écorchait vif, on enterrait vif, on coupait en quatre quartiers, on faisait périr dans l'eau bouillante, on noyait, on crevait les yeux, on coupait les oreilles, le nez, les jarets, les parties sexuelles, etc. (Jousse, II, p. 131-135.)

la fustigation, celles des galères, de la marque, de l'exposition, les unes tendent à disparaître des codes nouveaux, et les autres se modifient.

Il est indispensable de nous y arrêter quelque peu.

I. Nous ne prendrons pas à tâche de reproduire tous les arguments contre la *peine de mort*, depuis Beccaria jusqu'à nos jours. Pour être équitable, il faudrait, d'ailleurs, rapporter aussi tous les arguments en faveur de cette peine [1].

Il nous paraît plus convenable de nous borner à quelques réflexions qui auront surtout pour objet le côté juridique de cette espèce de peine considérée de la manière la plus générale, c'est-à-dire comme simple privation légale de la vie.

Quant aux accessoires de la peine capitale, aux différentes formes qu'elle a revêtues chez les peuples divers, formes qui avaient pour but d'aggraver le principal de la peine par des souffrances physiques ou morales accidentelles, qui précédaient, accompagnaient ou même suivaient la mort, tout le monde aujourd'hui convient que ces recherches, ces raffinements, sont un hors-d'œuvre excessif.

Des cinq espèces de peines capitales qui existaient encore en France avant 1789, il n'y en a plus qu'une seule, la plus simple de toutes, à moins que les accessoires réservés à celle qui atteint le parricide ne doivent en faire admettre une seconde. Mais si l'on a supprimé la peine préalable de la résection du poing, on pourrait peut-être supprimer encore, sans grand in-

---

[1] Voir *contre* · J. Hering, Thomassius, J.-D. Michaelis, Beccaria, Pastoret, Bentham, MM. Carminiani, Lamartine, Lucas, Sellon, Livingston, de Broglie et Guizot (en matière politique)) ; *pour :* Montesquieu, Rousseau, Mably, Filangieri, Kant, Beck, Rotteck et la plupart des philosophes allemands et italiens ; Romagnosi, *Genesi de· dritto penale*, part. v et vi, p. 522, édit. Firenze, 1834. Voir encore la *Themis*, t. IX ; Portalis, *de l'Usage et de l'Abus de l'Esprit philos.*, II, p. 400 ; *Revue de législ. et de jurispr.*, t. II, 112, 201 ; III, p. 390 ; IV, 62 ; *Rev. étrangère et fr. de législ.*, etc., t. I, p. 308 ; II, p. 256, 271 ; III, p. 400 ; IV, p. 479, 639, 800, 859 ; VIII, p. 331 ; IX, p. 158 ; *Théorie du Code pénal*, t. I, p. 10 et suiv. On voit aussi dans ces différents articles l'état des législations modernes sur ce point. — Il faut savoir, au surplus, que la peine de mort peut être supprimée de droit, mais qu'elle peut exister de fait, comme conséquence physique d'une autre peine qui n'en porte pas le nom. C'est ainsi qu'en Russie la peine de mort est abolie ; ce qui n'empêche pas qu'au troisième coup de knout un bourreau qui sait son métier ou qui a reçu des ordres par voie de *retentum*, peut expédier son homme. — V. *La Russie en* 1839, par le marquis de Custine, et *La Russie sous Nicolas I*er, par Yvan Golovine.

convénient, le voile noir, et surtout laisser au condamné ses habits [1]. Toutefois, il n'y a rien dans cet appareil qui répugne aux mœurs, et toute circonstance propre à frapper l'esprit du peuple sans convertir la peine en supplice a bien sa raison d'être. On peut même dire que le voile est moins une aggravation de peine qu'un adoucissement, puisqu'il soustrait le patient aux regards de la foule, et qu'il dérobe à sa vue une partie des terribles apprêts qui l'attendent [2].

Une des plus puissantes raisons extrinsèques en faveur de la peine capitale, c'est, aux yeux d'un grand nombre, la conscience universelle, le sens commun, qui l'a toujours crue légitime alors même qu'elle n'était pas nécessaire. Mais elle n'a été nulle part plus commune que chez les peuples à théocratie, tels que les Egyptiens, les Juifs, les Indiens, les Perses, les Gaulois, les Etrusques, etc., par la raison sans doute que tous les délits deviennent, sous ce régime, comme autant d'offenses à la Divinité, et que le châtiment en est mesuré sur la dignité de l'offensé. Chez les Péruviens, peuple à caractère doux, mais soumis au régime théocratique, tous les délits étaient punis du dernier supplice [3]. Les Germains regardaient toute exécution à mort comme un sacrifice. La loi des Frisons s'en explique formellement, au moins pour les délits religieux : elle ordonne que celui qui a profané un temple « soit immolé aux divinités du pays. » Chez les Scandinaves le patient est une victime en l'honneur d'Odin : le dieu vient s'asseoir la nuit sous la potence pour converser avec le supplicié ; il aime qu'on l'invoque sous le nom de *Hanga Drottin*, le seigneur des pendus [4].

La peine capitale n'est pas aussi répandue parmi les sauvages qu'on le croirait bien. C'est là, du reste, une douceur de mœurs relative sur laquelle il ne faut pas s'abuser. Elle s'explique bien un peu par l'indifférence et par l'intérêt. La vie de l'homme y a moins de prix qu'ailleurs, et les choses y en ont peut-être davantage. On retrouve des dispositions analogues chez les peuples barbares, plus avancés en civilisation que les sauvages.

---

[1] Si c'est une femme à plus forte raison.

[2] V. sur d'autres accessoires cruels et barbares les *Origines du droit français*, par M. MICHELET, p. 367-376.

[3] ROBERTSON, *Histoire d'Amérique*, II, p. 705, édit. Panth. littér.

[4] *Les Germ. avant le christ.*, p. OZANAM, p. 122.

Il n'y a que deux crimes capitaux dans le royaume de Juida : le meurtre et l'adultère avec les femmes du roi [1].

A Issini, trois crimes seulement sont punis de mort : la fuite des esclaves, la trahison et la sorcellerie [2]. Les traîtres, ceux qui révèlent les secrets du conseil, sont décapités sans cérémonie ; leur condamnation est sans retour. Les esclaves fugitifs sont sacrifiés aux fétiches. Cette peine s'exécute par la submersion solennelle, avec marques diverses d'exécration publique. Ce genre de mort rappelle le sentiment religieux dans les profondeurs mystiques duquel les anciens avaient cru entrevoir que tout grand coupable appartient à la justice personnifiée, aux dieux.

Ce fait psycologique est retracé par Vico, en suivant le fil du langage, d'une manière fort ingénieuse, si toutefois elle n'est pas vraie. Les peines, dit-il, n'avaient d'abord aucun caractère humain à l'exception de la réprimande et de la contrainte (*animadversio* et *coercitio*), exercées par le père de famille. Entre égaux, il n'était question que de repentir (*pœnitentia*). C'est même de là qu'est venu le mot peine (*pœna*). Pour les délits graves, la peine était d'être voué, consacré (*devotio, consecratio*).

Pour des hommes pleins de respect envers leurs parents, il suffisait de la réprimande paternelle ; c'est-à-dire que le père mettait sous les yeux de son fils la faute dont celui-ci s'était rendu coupable, et la peine était réputée suffisante ; comme dit Térence, le père n'avait pas besoin d'exercer d'autre rigueur : *patri erat satis supplicii*. C'est pour cette raison qu'on disait connaître (*noscere*) pour punir, ne pas connaître (*non noscere*) pour pardonner (*ignoscere*), feindre de ne pas voir une faute (*connivere peccato*) pour la laisser impunie.

Entre égaux, pour les délits privés, comme pour le *vol*, on pouvait faire des arrangements, promettre sa grâce à celui qui faisait des offres pour obtenir son pardon (*pacta offerebantur pollicitationibus*). De là le mot paix (*pax*) pour pardon (*venia*). On appelle paix la fin de la guerre, en tant qu'elle est un pardon conditionnel d'une injure publique. C'est là aussi pourquoi le mot *paix* veut dire *rester en repos*.

[1] BOSMAN, *Voyages*, p. 357.
[2] SARIS, *Voyages*, t. II, p. 158.

Les grands crimes étaient punis par le vœu et la consécration (*devotione et consecratione*). La loi des Douze Tables consacre aux dieux des parents (*sacer divis parentum*) celui qui porterait une main coupable sur son père. Elle voue à Cérès (*sacer Cereri*) celui qui, pendant la nuit, volerait des fruits. Avant la loi des Douze Tables, la loi Junia vouait à Jupiter (*Jovi sacer*) celui qui oserait toucher un tribun du peuple [1].

Nous donnons ces inductions philologiques pour ce qu'elles peuvent valoir, et nous revenons à l'histoire.

Quoique on ne connaisse guère que trois sortes de peines sur toute la Côte-d'Or, la mort, l'esclavage et l'amende, la peine capitale y est très rare. La loi punit cependant l'homicide ; mais il n'arrive jamais qu'un meurtrier la subisse s'il a de quoi payer l'amende, ou s'il a des amis en état de la payer pour lui. C'est avec les parents du mort qu'il faut composer. L'amende dépend de la qualité du personnage tué, et peut s'élever très haut, afin d'ôter à des nègres riches la tentation de se venger sauf à payer l'amende.

Si le meurtrier n'est pas en état de payer, il est remis au pouvoir des parents de la victime, qui deviennent les maîtres absolus de sa vie. Ils peuvent exiger sang pour sang. Lorsque la vengeance les détermine à prendre ce parti, l'exécution est cruelle. Ils font souffrir mille morts au condamné, à moins que les facteurs hollandais ne le tirent d'entre leurs mains, et ne le fassent exécuter d'un seul coup [2].

Dans les pays gouvernés par un roi, le supplice est plus uniforme et moins barbare. Le criminel est livré à l'exécuteur, qui lui bande aussitôt les yeux et lui lie les mains derrière le dos. Il le conduit dans quelque champ, où il le fait mettre à genoux, lui fait baisser la tête et le perce d'un coup de zagaie. Il lui coupe ensuite la tête avec la hache, et mettant le corps en pièces, il en abandonne les parties aux oiseaux de proie [3].

Dans le royaume de Bénin, le meurtre et l'adultère sont les deux seuls crimes punis du dernier supplice, encore y a-t-il de nombreuses exceptions établies en principe. Tous les autres crimes s'expient avec de l'argent, et l'amende est proportionnée

[1] *De Constantia philologiæ*, C., *De pœnis*, p. 201.
[2] BOSMAN, p. 168.
[3] ARTHUS, IV, 64.

à la nature de l'offense. Si les criminels sont insolvables, ils sont condamnés à des peines corporelles [1].

La peine de mort n'a guère lieu dans les îles Tonga que pour offense envers les dieux, ou pour outrage au chef de la tribu [2].

Il y a peu de crimes capitaux parmi les nègres du Sénégal ; le meurtre et la trahison sont les seuls qui soient punis de mort. Le châtiment ordinaire est le bannissement ; c'est-à-dire que le roi vend les coupables à la Compagnie, et dispose à son gré de tout ce qui leur appartient. L'exécution suit immédiatement la sentence [3].

Il est fâcheux que la douceur relative de ces législations puisse s'expliquer par l'intérêt, et par l'intérêt du prince.

Les barbares aussi sont peu prodigues du dernier supplice, encore n'est-il infligé qu'autant que le coupable a été pris sur le fait ou qu'on a obtenu son aveu. Cette dernière condition a fait naître parmi les peuples l'usage de la torture [4].

La peine capitale n'est pas prodiguée non plus dans le Code pénal Chinois.

Dans la Perse moderne, la loi ne permet pas de condamner un homme à mort s'il n'est accablé par soixante-douze témoins, qui ne sont même pas pris au hasard. A Ispahan, c'est à peine si l'on voit une exécution capitale en douze ou quatorze ans [5]. Aucun arrêt de mort n'est mis à exécution sans que le roi ne l'ait ordonné trois fois, et les grands ont la faculté de demander grâce pour le condamné [6]. Même usage dans l'Inde [7].

Il est assez inutile de faire voir que les barbares et les peuples civilisés n'ont pas eu de scrupule sur la légitimité de la peine capitale, et que si la composition l'a très souvent remplacée, surtout chez les premiers, c'était une compensation où les deux parties, ainsi que le pouvoir public et la société elle-même, trouvaient leur avantage, mais nullement un aveu, ni même un abandon absolu de la peine de mort. Ce qui prouverait mieux que tout le reste combien peu les nations les plus civi-

---

[1] NYENDAL, dans Bosman, p. 448.
[2] DUMONT-D'URVILLE, *Voy. aut. du monde*, t. IV, p. 245.
[3] BRUE, *Premier Voy. au Sénégal*, 1697.
[4] RUBRUQUIS, *Voy. dans les parties orientales du monde*, t. VII, p. 304.
[5] ANQUETIL DU PERRON, *Législation orientale*, p. 68.
[6] *Ibid.*, p. 49.
[7] *Ibid.*, p. 30.

lisées mêmes ont été éloignées de concevoir la moindre inquiétude à cet égard, c'est la facilité avec laquelle était décernée
la peine de mort ; elle atteignait non seulement les plus grands
crimes, mais encore des fautes qui n'étaient que des péchés,
souvent même des péchés d'un ordre tout relatif. Les mille
accessoires qui diversifiaient et aggravaient la peine de mort
font assez voir que, loin de l'infliger à regret, le législateur
semblait se délecter dans les douleurs savamment accrues et
prolongées du malheureux patient [1]. C'est ainsi, par exemple,
que d'anciens peuples du Nord étaient dans l'habitude de faire
mourir les grands criminels en leur ouvrant le corps par les
côtés, pour ensuite arracher les poumons. Le prince ou chef
remplissait d'ordinaire l'office de bourreau. Ce supplice s'appelait le at-rista-orn [2]. Il fut infligé au chef de Northumbres en
866. Il serait impossible de décrire les mille sortes de tourments inventés par la soif du sang pour rendre la mort plus
douloureuse ; en lisant les descriptions qu'on en trouve dans
les lois des différents peuples, dans leurs coutumes, dans les
historiens et les voyageurs, on croirait que c'est le génie de
l'enfer, bien plutôt que celui de la justice, qui a inspiré ces
épouvantables conceptions.

A la vue de tant d'abus et d'horreurs, il n'est pas surprenant
que des hommes pleins d'humanité aient songé à couper le mal
à sa racine, et qu'au lieu de réglementer la peine capitale ils
aient entrepris de l'effacer des codes des nations.

Ce n'est pas, du reste, du XVIIIᵉ siècle que datent ces tentatives, et que des législateurs ont essayé de faire disparaître
de leurs codes criminels la peine capitale. En Egypte, où elle
atteignit d'abord tous les crimes, et plus tard le parricide, le
parjure, l'adultère, le mensonge même lorsqu'il avait pour
but de tromper le magistrat sur les moyens de subsistance
qu'on possédait, Sabacon la remplaça par la déportation et les
travaux publics : fut-ce par intérêt bien entendu ou par humanité, c'est ce que nous ignorons.

[1] Voir dans le *Dictionnaire de la pénalité*, par EDME, une multitude de
supplices qui entraînaient la mort.

[2] Ainsi nommé à cause de sa prétendue ressemblance avec les victimes
de l'aigle : « *Ad speciem aquilæ*, dit Snorre', dorsum et ¡ita laniebat ut
adacto ad pinam gladio, costisque omnibus ad lumbos usque à tergo divisis,
pulmones extraheret.* » (*Abrégé de l'Hist. d'Anglet.* du docteur LINGARD,
par M. de MARLES, t. I, p. 59.)

Mais c'est surtout chez les modernes, et depuis le siècle dernier, que la peine de mort a été mise en question, et qu'on a tenté de la faire disparaître de plusieurs codes. Les uns l'ont abolie seulement en matière de délits privés, d'autres en matière politique; il en est, enfin, qui l'ont proscrite à tous égards, mais ils ont été forcés la plupart de la rétablir. Elle fut rayée du Code russe par Elisabeth de Russie en 1753 et 1754, mais seulement en matière de délits privés. Fallait-il faire une exception pour les crimes politiques, lors surtout que le catalogue de ces crimes est presque aussi chargé que celui de la Chine? Il faut, il est vrai, pour qu'il y ait peine de mort possible, que l'accusation soit portée devant le tribunal suprême; mais qui est-ce qui en décide? n'est-ce pas l'empereur? Qui nomme les membres de la commission, n'est-ce pas l'empereur? Est-il bon aussi que le mode de la peine capitale soit laissé à l'arbitraire des juges? qu'ils puissent faire revivre l'écartèlement, la mort par le feu, et d'autres supplices encore?

N'était-il pas dérisoire, d'ailleurs, de supprimer la peine de mort et de conserver le knout pour la plupart des délits, lorsqu'on savait que le bourreau pouvait tuer un homme d'un seul coup, et qu'on lui en laissait la faculté? Faculté précieuse, j'en conviens; mais une pareille satisfaction devait-elle donc être sournoisement réservée à la vengeance? Combien de fois le patient n'a-t-il pas expiré sous les verges? Le supplice des baguettes n'était-il pas mille fois plus cruel que celui de l'échafaud? Un médecin, dira-t-on, était préposé à l'exécution de la peine; il devait veiller à ce qu'elle ne dépassât pas la mesure voulue par la sentence. Soit; mais ce médecin ne pouvait-il pas être déchargé secrètement de toute responsabilité?

Nous sommes heureux de pouvoir parler au passé, car le Code russe a été réformé en ce point comme en plusieurs autres [1]. La peine du knout a été remplacée par celle du fouet à lanières. Mais n'y a-t-il pas un art de manier cet instrument de supplice qui en fasse aussi un instrument de mutilation et de meurtre? Cet art n'allait-il déjà pas en Russie jusqu'à

[1] C'est ainsi, par exemple, que le nouveau Code criminel de ce pays (1845) rejette l'exposition et l'amende honorable. L'exposition, dit M. de This, est de tous les châtiments le moins appréciable : il frappe en aveugle, il frappe en raison inverse. Le scélérat endurci domine et écrase la foule qui l'entourre; il triomphe presque. Mais que dire de l'homme chez qui

enlever d'un seul coup un lambeau de chair au patient? Aurait-il été désappris? n'aurait-il pas, au contraire, été perfectionné? Nous aimons à penser qu'il n'en est rien, par la raison que les réformes dont nous parlons ont en général été dictées par un esprit de justice et de modération. C'est ainsi, par exemple, que la durée illimitée des peines à remplacé leur perpétuité. L'époque de la libération dépend, par le fait, de l'amendement moral du condamné. Quant à la peine de mort, elle a été maintenue comme un mal nécessaire, indispensable, dès qu'il est le seul moyen de détourner un mal plus funeste; mais elle n'est édictée que pour la violation des quarantaines et les délits militaires. Le parricide même n'est pas puni de mort. Si dans certaines parties de l'empire, en Pologne, par exemple, la peine de mort est appliquée, presque toujours il y a commutation.

Léopold, en réformateur plus hardi qu'Elisabeth et Catherine, fit complètement disparaître la peine de mort du Code toscan. Mais cette mesure ne put tenir. La Convention ne crut pas pouvoir aller jusque là. Et encore, au moment où elle venait de proclamer l'abolition de la peine capitale en matière politique, le lord-chancelier d'Angleterre soutenait la nécessité de la maintenir. L'homme qui se rend coupable de haute trahison, disait-il, doit continuer à être puni de mort, parce qu'il amène la guerre civile, trouble la paix publique, et inspire des sympathies coupables et presque du respect. Il faut convenir que si les attentats politiques supposent des passions d'un ordre plus élevé, lors surtout qu'elles ne sont pas celles de tout le monde, ils peuvent être beaucoup plus désastreux que les crimes privés. En tout cas, s'ils dégénèrent en assassinat, en guerre civile, pourquoi mériteraient-ils plus d'indulgence que des délits de même nature qui causent beaucoup moins de maux? S'il y a des cas où la révolte peut être un droit, est-ce le plus souvent? est-ce un principe qu'il faille proclamer dans la législation même? n'est-ce pas le contraire qui doit se présumer? Disons-le donc, si la suppression de la peine de mort

---

tout sentiment de délicatesse n'est pas mort au moment où on l'attache au poteau fatal? Dans cette heure de mortelle angoisse, toute une révolution a dû s'opérer en lui : l'homme qui montait était capable de repentir et d'amendement; l'homme qui descend a rompu en face avec la société, il lui déclare la guerre à outrance.

en matière politique est un bien, c'est moins parce qu'elle était injuste en principe, que parce qu'elle pouvait être aveuglément appliquée par les partis. L'abus était ici très voisin de l'usage, très périlleux, et mille fois plus déplorable que l'indulgence. Félicitons-nous donc plus que jamais qu'elle ait disparu de nos Codes.

Le système pénitentiaire n'a pas empêché de conserver la peine capitale dans la généralité des Etats de l'Union et dans chaque Etat en particulier, excepté dans la Louisiane.

Tous les peuples suivraient cet exemple, que la question de droit resterait entière. Cette question peut s'énoncer ainsi : La peine de mort est-elle légitime, et dans quel cas ?

Nous avons vu que l'exercice du droit de punir est réglé par un principe de justice, celui de la réciprocité en matière de mal fait à autrui ; que ce principe est le même que celui du droit civil, le principe de l'égalité. Nous en concluons deux choses : la première, que l'exercice du droit de punir étant juste en soi, la peine pourrait encore être justement infligée alors même que la société n'aurait rien à craindre ou ne serait pas intéressée à punir ; la seconde, que la peine de mort ne peut avoir lieu que pour le cas d'homicide volontaire direct ou indirect, autrement il n'y aurait plus réciprocité.

Mais la peine de mort n'est pas seulement légitime, elle est relativement nécessaire ; elle est plus douce, plus humaine que certaine : autres peines auxquelles on serait sans doute obligé de recourir si elle était abolie.

Nous disons d'abord qu'elle est relativement nécessaire :

1° En ce qu'il n'y a pas plus de proportion entre la nature de la peine capitale et celle des autres peines qu'entre l'homicide volontaire et les autres délits contre les personnes. Et cependant il faut qu'il y ait une certaine proportion dans la peine comme dans le délit, proportion qui disparaîtrait par la suppression de la peine capitale.

2° En ce que certains criminels ne sont effrayés que de la peine de mort. La preuve qu'en général ils la redoutent plus que toute autre, c'est qu'il y a très peu de suicides dans les bagnes.

3° En ce que la société n'est pas suffisamment défendue, protégée sans la peine capitale. Celui qui a tué de sang-froid l'un de ses semblables est un juste sujet de terreur pour tous les autres.

Personne n'ignore, au surplus, avec qu'elle facilité on s'é-
chappe du bagne et des prisons. Tant donc qu'on n'aura pas
trouvé le moyen de détenir les meurtriers à perpétuité s'il est
nécessaire, et sans aucune chance possible d'évasion, la société
ne sera pas suffisamment protégée. « Les Romains, dit Linguet,
n'admettaient point la peine de mort contre un citoyen. Qu'en
résultait-il? Les plus affreux forfaits dont l'histoire ait jamais
été souillée. L'exil était la seule peine infligée à un scélérat de
préteur convaincu lui-même d'avoir fait périr plusieurs citoyens avec autant d'injustice que de cruauté. Qu'est-ce qu'une
pareille mollesse, sinon un encouragement pour tous les Verrès
à venir, et une proscription prononcée contre tout malheureux
qui n'aura à opposer que la vaine réclamation de ses droits aux
ordres d'un homme puissant à qui les lois assurent l'impunité
quand il les aura violées » [1]?

D'un autre côté, les précautions à prendre pour s'assurer
parfaitement de la personne de ces malheureux paraissent devoir être si rigoureuses, que la détention ne serait qu'un long
supplice, et par conséquent la peine de mort sous une autre
forme et accompagnée de circonstances qui l'aggravent. C'est
pourquoi nous disons que la peine capitale est plus humaine
que celles qui pourraient la remplacer efficacement.

Nous ne pensons pas non plus qu'un meurtrier puisse être
relâché au sein de la société; il y aurait là une double imprudence, parce que le meurtrier doit inspirer une éternelle
horreur, parce que les parents ou amis de la vicetime (à plus
forte raison cette victime elle-même si l'on conservait la peine
de mort pour la tentative de meurtre, art. 2 C. pén.) seraient
tout particulièrement révoltés à la vue de l'assassin, et pourraient être tentés souvent d'achever l'œuvre de la justice sociale. En vain déciderait-on que le meurtrier ne pourrait plus
habiter le théâtre de son crime: cette précaution, qui d'ailleurs
n'est pas sans inconvénients graves pour la société et pour le
libéré lui-même, pourrait bien ne pas satisfaire la conscience
publique, singulièrement le besoin de vengeance de ceux qui
se croiraient intéressés à la peine [2]. Mais qu'arriverait-il alors?
c'est que si le meurtrier succombait à son tour par la ven-

---

[1] *Théorie des lois civiles*, t. III, nouv. éd., p. 170-171.
[2] Elle ne serait bonne, d'ailleurs, que pour les grands Etats.

geance, comme il pourrait sembler aux siens qu'il a été tué injustement, le besoin de le venger ferait commettre un nouveau crime, et sèmerait ainsi entre deux familles une haine de sang qui ne finirait qu'avec elles. On aurait la *vendetta* corse et les meurtres sans nombre dont elle est le principe, et, par suite, des mœurs féroces et sauvages.

La peine de mort est donc, sous ce rapport, plus économe du sang humain et moins contraire à la douceur des mœurs et à la sociabilité.

Cette peine a d'ailleurs, et au plus haut degré, la plupart des caractères d'une bonne peine : elle ne dépasse point les limites d'une juste réciprocité ; si elle n'est pas divisible, c'est que le crime même auquel elle s'applique ne l'est pas non plus ; elle est personnelle ; elle est éminemment appréciable, et cela pour chacun à proportion de la dégradation où l'on peut-être descendu. Ainsi, une âme qui n'a pas encore perdu toute élévation en sera moins affectée que celle qui a perdu tout sentiment noble et qui ne tient plus qu'à la vie animale. La plus grande perversité de celle-ci se trouvera donc aussi plus punie, par cela seul qu'elle est réellement plus punissable.

Heureusement qu'on ne peut plus dire en France, et dans beaucoup d'autres pays, ce que disait Linguet en 1767 : « Dans toute l'Europe, et en Angleterre plus qu'ailleurs, les châtiments sont infligés précisément en raison inverse de ce qu'exigeait une politique éclairée. On y punit le pauvre par la tête et le riche par la bourse. Le malheureux qui, n'ayant rien, cède à à un moment de faiblesse, on le pend. L'homme opulent qui, au milieu de toutes les jouissances, en cherche dans le crime une plus raffinée, plus faite pour flatter des cœurs dépravés, on lui vend son absolution. N'est-ce pas là agir d'une manière directement contraire au bon sens ? [1] »

La peine de mort a ce caractère d'utilité encore qu'elle est complétement rassurante et qu'elle est exemplaire.

Il faut cependant convenir que si la justice se trompe lorsqu'elle fait tomber la tête du condamné, son erreur est de toutes les erreurs de ce genre la plus irréparable. Mais ce n'est pas là une raison de contester la justice ni même l'utilité de

[1] LINGUET, *Théorie des lois civiles*, t. III, nouv. édit., p. 170-171.

cette peine ; cela prouve seulement la nécessité de ne l'infliger qu'avec parfaite connaissance de cause.

C'est un grand mal sans doute de faire mourir un innocent : mais, outre que ce mal est devenu fort rare depuis que la procédure criminelle a pris un caractère rationnel, le mal serait-il moindre si les meurtriers étaient impunis et s'ils pouvaient librement continuer leur homicide industrie au sein de la société [1]! Si, d'un autre côté, vous êtes assez convaincu de leur culpabilité pour les envoyer au bagne, pourquoi ne le seriez-vous pas assez pour les envoyer à l'échafaud?

Sur quoi donc se fonde-t-on pour rejeter la peine de mort comme illégitime et comme inutile? Sur plusieurs raisons; nous allons examiner les principales.

1° L'homme, dit-on, n'a pas droit de vie et de mort sur son semblable. A Dieu seul appartient ce droit suprême.

Si l'on veut dire par là que personne ne peut disposer sans raison, brutalement, violemment de la vie de qui que ce soit, on est dans le vrai ; mais ce n'est pas la question. Il s'agit de savoir s'il n'est pas juste de punir de mort le meurtrier. Or, nous avons établi la justice de cette peine, et de la manière la plus concise, la plus simple et la plus incontestable. Un seul raisonnement nous a suffi. Il faut nier le principe de réciprocité, démontrer qu'il ne peut se concilier avec la justice, avec le principe d'égalité; il faut nier la justice elle-même ou lui donner une base chimérique, si l'on veut contester notre démonstration.

Si le droit de vie et de mort était ravi à l'homme sur l'homme d'une manière aussi absolue, il ne serait d'ailleurs pas permis de défendre ses jours en tuant l'injuste agresseur. Le meurtrier jouirait alors, il faut en convenir, d'un privilège difficile à justifier.

2° On se reporte à l'origine fictive de la souveraineté, et l'on soutient que la société ou celui qui la représente ne peut avoir d'autre droit que ceux qui lui ont été conférés, et que personne n'ayant pu lui donner le droit de vie et de mort sur

---

[1] Je n'irais pas cependant jusqu'à dire avec Priestley que le danger de laisser échapper des coupables en appréhendant trop de frapper des innocents est si grand, qu'il peut compenser celui de frapper injustement un innocent. (*Cours d'histoire et de politique*, t. II, p. 169 et 170.)

soi, puisque personne ne le possède, ce droit n'appartient pas plus à la cité qu'à l'individu.

Il y a plusieurs réponses à faire à cet argument sophistique.

a) Filangieri fait remarquer qu'on ne cède par là que les droits qu'on a sur les autres et non ceux qu'on a sur soi-même, et que si par conséquent l'on a individuellement le droit de se défendre directement et indirectement dans la mesure du préjudice qu'on a déjà souffert et de ce qu'on peut raisonnablement avoir à redouter, l'exécution de ce droit peut être remise au souverain en entrant en société.

b) On peut dire aussi, avec Kant, qu'il faut distinguer ici du criminel le législateur ou le membre de la communauté sociale qui confère le pouvoir législatif au souverain par lui institué, et lui donne le droit de décerner la peine de mort contre tout citoyen coupable de meurtre volontaire. Le législateur ne fait que déclarer ce qui lui semble être la vérité en matière de justice pénale ; le criminel se met dans le cas de souffrir la peine qu'il a jugé comme législateur devoir frapper le délinquant quel qu'il fût. Ce n'est pas le législateur qui a tort ici, c'est le coupable. D'ailleurs, si un peuple ne devait décerner de peines que celles que ses membres pourraient s'infliger s'ils vivaient isolés de leurs semblables, il n'en pourrait porter aucune, puisque la peine (civile au moins) n'a de sens qu'autant qu'elle est infligée par une autre personne.

c) On peut dire, en troisième lieu, que le raisonnement des adversaires de la peine capitale n'aurait, dans tous les cas, qu'une valeur hypothétique, puisqu'ils supposent que le souverain n'a d'autres droits que ceux dont il est investi par le peuple et parce qu'ils lui sont ainsi conférés.

Nous pensons, au contraire, que le droit de punir suivant la mesure de la justice et de l'utilité est une attribution nécessaire de la souveraineté ; que c'est plus qu'un droit, que c'est un devoir. Un peuple qui fait un souverain lui donne par là même, et sans qu'il s'en explique, le droit de punir dans toute son étendue. Il faudrait donc prouver par de tout autres raisons que celles alléguées, que la peine de mort ne peut faire partie de ce droit.

Qui ne voit, d'ailleurs, l'énorme différence qu'il y a entre se suicider par désespoir ou pour se punir d'un grand crime et tomber sous le glaive de la justice? Dans le premier cas on ajoute un crime inutile (je dis inutile, puisqu'il y a repentir) à un autre; dans le deuxième, on subit une peine qui peut avoir son prix moral dans le système de l'expiation et dans celui de la réciprocité.

d) Nous n'admettons pas, d'ailleurs, que l'homme n'ait pas le droit juridique ou social de se détruire; on confond ici la morale avec le droit. Ce qui est défendu au nom de l'une ne l'est pas toujours au nom de l'autre; et c'est le cas pour le suicide. On ne prouve donc rien encore en arguant de l'immoralité du suicide réfléchi et libre, s'il y en a de tels cependant, contre la légitimité de la peine de mort.

3° Ce n'est pas l'homme, dit-on encore, qui donne la vie, il n'a donc pas le droit de la ravir. Réponse :

a) Il n'y a aucune liaison entre ce principe et cette conséquence; ce n'est donc pas un raisonnement.

b) Si c'en était un, il s'ensuivrait que l'homme n'a le droit d'user de rien, parce qu'il ne crée rien. Et si l'on restreint son action destructive aux êtres animés, crée-t-il plutôt les animaux qu'il ne se crée lui-même? Lui contestera-t-on cependant le droit de les faire périr pour son usage?

c) Il y a plus, si le devoir de respecter la vie de son semblable était absolu, il serait défendu de sauver la sienne propre par la mort de l'assassin.

d) Cette apparence de raisonnement n'est d'ailleurs qu'une pétition de principe, car il s'agirait d'abord de savoir si de ce que l'homme ne donne pas la vie à son semblable il n'aurait pas réellement le droit de la lui ôter dans certains cas.

Mais ce n'est plus une question pour nous : le principe de la juste réciprocité ne permet aucun doute sur l'existence de ce droit.

Il n'est pas vrai, au surplus, que l'homme n'ait pas un certain empire de fait sur l'existence de son semblable, puisqu'il le procrée. En cela il possède une action immédiate qu'il n'a point en ce qui regarde la multiplication des animaux et des plantes.

4° On se rejette sur la non nécessité de la peine de mort, et l'on dit que la société peut protéger autrement les citoyens.

a) Mais telle n'est pas la question, pas toute entière du moins : l'État pourrait protéger suffisamment les citoyens sans recourir à la peine capitale, qu'il resterait encore à savoir si cette peine est injuste en soi; car je n'admets point qu'une peine non nécessaire, pour être inhumaine, barbare, soit nécessairement injuste. Elle n'a ce dernier caractère qu'autant qu'elle dépasse l'intensité du délit.

b) Il est faux que dans l'état actuel de nos moyens de détention la société ait une garantie suffisante contre les récidives criminelles. — Il est faux que pour la majorité des hommes la peine capitale ne soit pas plus exemplaire, plus répressive et plus utile, quand du reste elle est appliquée comme le demande la justice, que les autres peines par lesquelles on pourrait la remplacer. Le souverain n'a pas le droit d'exposer la société aux entreprises coupables des méchants. On a vu, au surplus, que la tentative en avait été faite et qu'elle avait échoué.

5° La peine de mort n'empêche pas, dit-on, les assassinats; on va presque jusqu'à soutenir qu'elle les engendre.

a) On sait très bien, à la vérité, qu'elle ne prévient pas ceux qui se commettent; mais qui oserait soutenir qu'il ne s'en commet pas qui auraient cependant lieu sans elle? La recrudescence des meurtres et des assassinats a épouvanté la plupart des législateurs qui avaient voulu bannir la peine de mort de leurs lois criminelles, et les a forcés de l'y maintenir. Elle ne semble pouvoir disparaître qu'à la condition de mœurs beaucoup plus douces que celles des peuples les plus civilisés d'aujourd'hui, à moins de la remplacer par des peines terribles où le patient laisse souvent sa vie.

Un autre genre d'expérience nous autorise encore à conclure en faveur de la nécessité de la peine de mort. On a vu en France, il y a quelques années, des vieillards attendre leur quatre-vingtième année pour se venger par le meurtre, persuadés qu'ils étaient qu'à cet âge on ne pouvait plus être condamné à monter sur l'échafaud. On a vu des assassins avouer que s'ils n'avaient pas cru que la peine de mort avait été abolie ils n'auraient pas trempé leurs mains dans le sang. Supprimez donc la peine de mort avec de pareils principes et de pareilles mœurs!

b) S'il fallait faire disparaître de nos codes criminels toutes les peines qui ne retiennent pas tous ceux qui sont tentés de les enfreindre, quelles sont celles qui subsisteraient?

c) Nous allons plus loin, et nous disons qu'un scélérat qui, n'étant plus retenu par aucun sentiment moral, par aucune idée de droit et de devoir, et qui méprise la mort à laquelle ses crimes peuvent l'exposer, est un homme si dangereux qu'il y a presque nécessité morale à le retrancher complétement de la société; c'est celui-là surtout qui mérite de tomber sous le glaive de la justice.

6° C'est encore en vain qu'on allègue ici les erreurs de la justice humaine et tout ce qu'elles ont d'irréparable.

a) Répare-t-on complétement les injustices attachées aux erreurs inséparables des actions humaines, et des autres jugements des tribunaux criminels en particulier? Si vous ne voulez d'une justice pénale qu'à la condition qu'elle soit infaillible ou que ses erreurs puissent être complétement réparées, dites plutôt que vous n'en voulez pas du tout.

b) Ce n'est pas, d'ailleurs, la question, encore une fois. Il ne s'agit pas de savoir si l'on peut se tromper en envoyant un homme au supplice, mais bien si l'on a le droit d'y envoyer un grand coupable, un assassin.

c) Qu'on réforme les lois concernant l'administration de la justice criminelle si l'on trouve qu'elles présentent trop peu de garanties à l'innocence, mais qu'on se souvienne aussi que la société doit être protégée, que les choses humaines sont toutes entachées d'une certaine imperfection, et que les maux qu'on se préparerait par trop d'indulgence pourraient bien surpasser ceux qui sont inséparables d'une juste sévérité. Qu'on établisse si l'on veut, ainsi que des auteurs l'ont déjà proposé, qu'aucun jugement prononçant la peine capitale, ne sera exécuté sans avoir été revu par un tribunal supérieur; mais ce tribunal ne manquerait-il pas toujours d'un élément de la procédure, la physionomie vivante des débats du procès?

Vaudrait-il mieux mettre en principe que nul ne subira la peine capitale qu'autant qu'il sera convaincu du crime qui entraîne cette peine et qu'il l'avouera? que si l'une de ces deux conditions (*convictus et confessus*) vient à manquer, cette peine ne pourrait être appliquée? — On ne peut condamner un accusé sur son simple aveu, car cet aveu peut être dicté par le dévoûment ou par quelque autre raison, telle que le désir d'expier un ancien crime, ou de mourir sans se suicider, en sorte que la justice serait ainsi doublement égarée. Mais dès

qu'un accusé est dûment convaincu par la déposition de plusieurs témoins graves et dignes de confiance, ou par d'autres
faits qui laissent infiniment peu de place à la supposition de
la possibilité de son innocence, ne serait-ce pas se montrer trop
scrupuleux que de ne vouloir pas asseoir sa conviction sur de
telles bases?

Et puisque l'on convient qu'il pourrait alors y avoir lieu à
détenir le coupable indéfiniment jusqu'à ce qu'il eût avoué
son crime ou que son innocence eût été reconnue, n'est-ce
pas admettre qu'on est assuré de son crime ou qu'on l'a puni
trop légèrement? Cette détention ne ressemblerait-elle pas d'ailleurs, à une espèce de torture, et ne courrait-on pas ainsi la
double chance de ne pas punir suffisamment de grands coupables
qui se refuseraient opiniâtrement à l'aveu de leur crime, ou
de punir trop sévèrement des hommes qui, justement impa-
tientés de cette vie de souffrances et de privations qui les attend, s'avoueraient coupables d'un crime dont ils seraient innocents pour mettre un terme à leurs maux?

Nous ne croyons donc pas devoir partager l'avis de Krug
sur cette question; il nous semble qu'il suffit qu'un accusé soit
convaincu pour que la peine attachée à son crime, quelle
qu'elle soit, puisse être exécutée. S'il y a erreur ou mensonge
dans les témoignages, ce n'est pas le juge qui est responsable
du sang innocent, ce sont les témoins.

7° La peine de mort est, dit-on encore, contraire aux principes du christianisme. A quoi nous répondons:

a) S'il en était ainsi, cela ne prouverait nullement qu'elle fût
injuste et qu'il fallût l'abolir: 1° parce que le christianisme n'a
pas eu pour but de faire de la législation civile ou criminelle,
mais uniquement de régler les relations de justice et surtout de
bienveillance de particulier à particulier, abstraction faite de toute
autorité sociale; 2° parce qu'une bonne législation ne s'inspire
que de la raison, et ne se met point sans nécessité à la suite des
religions positives, qui doivent être sans autorité, pour elle, malgré les justes égards qu'elles méritent, attendu qu'elle ne peut
les apprécier ni les juger, et que si elle s'abandonne aveuglément à leur direction, elle abdique la sienne pour ne plus
reconnaître que celle des sacerdoces.

On sait de plus ce qu'ont été les législations théocratiques.
Le prêtre est bien plutôt un homme de foi, de poésie, d'immo-

bilité, comme son dogme (et tout dogme a naturellement ce caractère), qu'un homme de science, de raison et de progrès. Il
importe donc que la législation, qui doit avoir quelque chose
de la flexibilité des mœurs et du progrès des idées, soit en des
mains un peu plus libres.

Je ne parle pas d'un autre danger non moins grave, celui
qui résulte de la tendance de tout corps sacerdotal à sanctionner civilement tous les actes de l'homme, à mettre au rang
des crimes capitaux des fautes qui ne sont pas même des délits ou des contraventions, bien qu'elles puissent être des énor-
mités morales, des péchés très graves, mais enfin des fautes
qui ne se rapportent qu'à la vie privée et religieuse. Cette confusion déplorable est non seulement contraire à la juste liberté
dont tous les hommes doivent jouir, mais elle engendre encore
une telle perturbation dans les idées morales, qu'elle est une
cause féconde de préjugés fanatiques chez les uns, comme de
de scepticisme moral et religieux chez les autres.

b) Remarquons encore que si l'on prenait la lettre de l'E-
vangile pour principe en matière de législation criminelle, ce
ne serait pas seulement la peine de mort qui devrait être supprimée, mais toutes les peines possibles.

8° On reproche, enfin, à cette peine de ne pas laisser au coupable le temps du repentir; d'être contraire au principe de
l'amélioration du coupable par la peine, et de rendre les
mœurs publiques plus dures et plus féroces.

a) Le premier de ces reproches se rapporte à une croyance
religieuse avec laquelle la législation criminelle n'a rien à voir,
à moins qu'on ne veuille la puiser ailleurs qu'à la notion sa-
crée de la justice telle qu'elle est manifestée par la raison
seule.

Il a le tort plus grave encore d'être dans le faux : en fait, la
très grande partie des condamnés à mort expirent dans des
sentiments religieux, et ceux qu'une fin aussi terrible est impuissante à ramener à des sentiments de moralité peuvent
être légitimement présumés incorrigibles, et seraient vraisemblablement restés criminels toute leur vie, sans mourir enfin
dans des sentiments meilleurs. Ainsi, la peine de mort, plus
que toute autre, est propre à provoquer le repentir et à porter le condamné à se réconcilier avec le ciel.

b) Encore qu'on admît cette croyance religieuse dans le lé-

gislateur, on ne prouverait point par là que la peine de mort
ne soit pas juste en soi.

D'ailleurs cet argument, s'il prouvait quelque chose, n'aurait évidemment aucune valeur pour le cas du repentir; il n'y
aurait plus alors de raison suffisante de suspendre les coups
de la justice. Mais qu'arriverait-il? c'est qu'un condamné qui
commencerait à intéresser par son retour à des sentiments
meilleurs pourrait être frappé de mort, tandis que la perversité d'un autre lui servirait de protection contre la peine capitale. Ce résultat, qui blesse la conscience, serait encore contraire à la morale, en ce qu'il y aurait un certain avantage à
ne point se repentir, ou bien à ne point paraître repentant
quand même on le serait véritablement.

Et puis, est-ce la faute de la société si le condamné ne se repent
point? est-ce sa faute, et une faute qu'on puisse juridiquement
lui imputer, si ce même coupable s'est rendu criminel et s'est
tellement familiarisé avec le mal qu'il le chérisse et s'y attache? Laissons donc à l'individu sa responsabilité, si nous
voulons qu'il fasse des efforts pour se retenir dans la voie de
l'honnêteté ou pour y rentrer dès qu'une fois il a eu le malheur
d'en sortir.

b) Est-il bien vrai que la société soit responsable, à ses ris-
ques et périls, de l'amélioration morale de tout coupable?
N'est-ce pas là trancher la question par la question même?
Qu'ai-je besoin, pour reconnaître si la peine de mort est juste
en soi, de songer à l'avenir moral du coupable? La peine,
considérée au point de vue de la justice, et comme on l'entend
ordinairement [1], n'est qu'une question de passé et de droit. Ce
qui ne veut point dire cependant que lorsqu'on inflige une
peine autre que celle de la mort il ne soit pas mieux de chercher l'amélioration du coupable que de le laisser se pervertir encore davantage dans les fers ou dans les maisons de
force.

En résumé, l'objection tirée des considérations religieuses,
singulièrement de la probabilité ou de l'espérance du repentir
chez les condamnés à mort dans le cas où on leur laisserait la
vie, a le tort :

---

[1] C'est aussi, à notre sens, une question d'avenir; mais nous réfutons,
et nous devons nous mettre sur le terrain de nos adversaires.

D'être en dehors de la question, la question de justice ;

D'être une raison d'ordre et d'intérêt publics moins forte que celle qu'on donne à l'appui de la peine capitale ;

· D'être une raison théologique ;

D'être même une mauvaise raison de ce dernier genre : car si le condamné pouvait se convertir dans le cas où il ne serait pas mis à mort, il serait possible aussi qu'il ne se convertît pas, qu'il aggravât ses crimes du tort de l'opiniâtreté et de la persévérance dans le mal. De plus, il faut manquer d'intelligence théologique, faire de Dieu je ne sais quelle aveugle machine à jugement, pour penser que si les hommes ont tort de faire jamais mourir quelqu'un de leurs semblables par la raison qu'il aurait pu, avec le temps, se réconcilier avec Dieu et avec la société, Dieu ne lui tient pas compte de cette possibilité, possibilité qui est une certitude pour celui qui prévoit jusqu'aux actions libres des hommes. En deux mots : Dieu ne serait pas juste, ne serait pas Dieu, s'il subordonnait sa justice, sa miséricorde même à nos torts, à notre ignorance, aux nécessités que nous subissons dans notre manière d'agir à l'égard des coupables.

Il ne subordonnera donc point le sort éternel d'un malheureux condamné à une circonstance extérieure qui a pu prévenir en lui un repentir efficace qu'il eût infailliblement connu s'il eût vécu sa vie d'homme, même dans les fers, comme on suppose qu'il en avait le droit.

Quant à cette autre objection, qu'il est dit sans distinction, *non occides*, outre que les conséquences en iraient loin, elle se trouve suffisamment réfutée par les cas nombreux où la peine capitale est prononcée par la loi mosaïque. L'argument théologique est donc aussi faible que déplacé [1].

c) Est-il bien vrai, maintenant, que la peine de mort rende les mœurs d'un peuple plus dures et plus féroces ? Cela peut être lorsque cette peine est prodiguée, lorsque les tribunaux criminels ne présentent pas les garanties nécessaires, et que l'exécution est accompagnée de circonstances qui rendent la peine odieuse et la société presque haïssable. Mais il n'en peut être ainsi dans les cas contraires, si la peine de mort est restreinte à l'assassinat direct ou indirect, et qu'elle soit infligée avec la décence et le respect nécessaire de l'humanité.

[1] Cf. saint Thomas, *C. Gentil.*, III, 146.

Il faut surtout se garder de punir le vol de la peine capitale, parce que le voleur se trouve alors avoir un intérêt tout particulier à cumuler le vol et l'assassinat.

S'il est nécessaire de donner à la simple peine de mort un aspect plus frappant et plus exemplaire, parce que l'assassinat aura été un régicide, un parricide, ou qu'il aura été accompagné de circonstances atroces, on peut alors y ajouter des accessoires extérieurs plus lugubres, plus infamants, qui la distinguent de la simple peine capitale, sans augmenter la douleur physique, sans convertir la peine en supplice.

Tout supplice proprement dit est barbare, respire la passion, et déshonore celui qui le fait subir. Il empêche une partie de l'effet salutaire que l'exemple de la peine doit exercer. On commence par plaindre le supplicié, on peut finir par l'admirer.

Un autre inconvénient qui doit faire abolir les supplices et restreindre la peine de mort autant que possible, et en général abaisser la peine au niveau du délit et des mœurs, c'est que les juges, surtout si ce sont des jurés, se laissent facilement effrayer d'une peine trop forte et, plutôt que de la faire infliger, déclarent un coupable innocent, ou bien déclarent des circonstances atténuantes où il n'y en a pas.

De là une impunité totale ou partielle qui est souvent un malheur, et presque toujours un scandale. La loi doit être toute puissante : il vaudrait beaucoup mieux qu'elle fût abolie que d'être violée.

Toutefois, lorsque le nombre des coupables qui auraient encouru la peine capitale serait très grand, s'il n'y avait pas lieu d'infliger une peine plus sévère aux uns qu'aux autres, et que la société n'eût rien à redouter d'une commutation de peine, alors le souverain devrait l'accorder plutôt que de faire tomber un très grand nombre de têtes.

Nous pensons aussi que l'infanticide commis par une femme pour se soustraire à la flétrissure de l'opinion ne mérite pas la peine de mort.

D'autres considérations d'un ordre psychologique et social élevé viendraient à l'appui de cette opinion.

Il en est de même du meurtre en duel, surtout entre militaires. Il faut, en tous cas, distinguer entre l'offensé et l'offensant, et tenir compte de la manière dont le combat s'est passé [1]. La pudeur et l'honneur sont deux sentiments si précieux et en eux-mêmes si respectables, qu'ils doivent être pris en considération jusque dans leur excès de délicatesse. Nous sommes loin de penser, cependant, que ces deux délits doivent rester impunis. Mais ils seront dignes de beaucoup d'indulgence d'un côté, tant que, d'une part, la femme pauvre n'aura pas plus de moyens d'existence par elle-même, tant que la séduction ne sera pas sévèrement réprimée, tant que l'opinion flétrira sans pitié les suites d'une faiblesse qu'elle se fait un jeu de provoquer ; tant que, d'un autre côté, la loi ne protégera pas plus efficacement l'honneur des citoyens, et que l'opinion publique sera si peu sensée que de prétendre qu'il suffit de tuer un homme qu'on a outragé pour mériter l'estime et presque l'admiration des honnêtes gens.

II. Les peines afflictives proprement dites autres que celle de mort, et qui pourraient être destinées à punir des délits, tels que la *mutilation,* les *blessures,* les *coups,* pourraient, sans injustice, être prises de la nature du mal physique occasionné par le délinquant. Mais la réciprocité, même réduite, serait souvent une barbarie que nos mœurs ne comportent pas. Ainsi la mutilation, les blessures et la fustigation ne peuvent plus être utilement administrées par la main du bourreau, parce que les deux premières espèces de peines nous répugnent réellement, et que la troisième est très avilissante, très démoralisante, surtout chez un peuple où le mobile de l'honneur, de l'inviolabilité de la personne physique est encore très puissant.

D'autres fois la nature et la morale s'opposent à la réciprocité, même proportionnelle et réduite, par exemple pour tous les attentats à la pudeur. On a bien parlé d'une peine analogue, telle que la castration : mais si nous rejetons la mutilation en général, non comme injuste sans doute, mais comme inhumaine ou non nécessaire, nous ne pouvons pas non plus admettre ce dernier genre de peines. Il faut prendre l'analogie de plus haut, ne voir dans ces sortes de crimes que des attentats contre la personne physique, et les punir de peines physiques encore, mais sans mutilation.

La mutilation est surtout inadmissible lorsqu'elle rend inca-

---

[1] V. à ce sujet FILANGIERI, t. V, p. 17, trad. GALLOIS.

pable de travail et qu'elle affecte des parties visibles du corps. Elle joint, dans ce dernier cas, les inconvénients de la flétrissure à ceux de la mutilation.

L'avantage de la société doit encore être pris en considération dans le choix des peines. Or, il y a une véritable perte pour elle à mettre un homme dans l'impuissance de travailler. Il y en a un autre à le rendre incapable de se reproduire. Sans cette circonstance, le viol, crime si odieux et si révoltant, pourrait être réprimé par la peine énergique dont nous parlons.

La mutilation pénale a été pratiquée en France, comme dans tous les autres pays du monde, depuis les premiers temps de la monarchie jusqu'à nos jours. Elle affectait ordinairement les oreilles, les yeux, le nez, les mains, les pieds, la langue, les lèvres [1].

Dans la Malaisie, chez les Achémois (*apud Achienses*), la mutlatiion est une des peines les plus ordinaires des grands crimes : on coupe quelquefois au même individu les deux mains et les deux pieds. A d'autres on coupe les oreilles, le nez ou les lèvres, ou toutes ces parties à la fois [2].

A Siam on coupe la cuisse, on brûle le bras, on arrache les dents pour le moindre délit. L'ancien législateur de la Perse, Zoroastre, voulait qu'on coupât les oreilles au voleur. Mahomet, plus-fort sur l'analogie, mais moins intelligent en économie politique, entend qu'on lui coupe les mains [3]. La mutilation figurait aussi largement dans les cinq supplices ordonnés par le Chou-King [4].

Les empereurs romains n'épargnaient pas plus la mutilation que la mort [5]. Les Egyptiens [6], les Grecs [7], les Barbares [8]; les

---

[1] GRÉG. DE TOURS, V, VI; — *Capitul.*, V, § 196, 206, 247, 252; III, § 4, 10; VI, § 277; quatr. addit., § 129 et 142; — Ord. de 1272, 1343, 1460, 1510, 1546, 1608, et déclarat. de 1651 et 30 juillet 1666.

[2] G. ARTHUS, *Ind. orient. descript.*, VIIᵉ part., grav., Francf., 1607.

[3] PASTORET, *Parall. de Zor., Conf. et Mahom.*, 1ʳᵉ part., art. 5; 3ᵉ part., art. 4.

[4] *Ibid.*, 2ᵉ part., art. 2.

[5] SUÉTONE, *Vies d'Auguste, de Tibère, de Caligula, de Néron, de Domitien.*

[6] DIOD., I; HÉROD., II.

[7] ÆLIEN, *Hist. div.*, XIII, 24.

[8] *Lois des Wisig.*, III, t. 4, l. 1 et 3.

anciennes lois anglaises, polonaises, espagnoles, siciliennes en sont également déshonorées [1].

III. C'était une peine afflictive d'une singulière espèce que celle infligée parfois au soldat romain : on lui faisait une saignée [2]. C'était une punition par *blessure* ou plutôt par plaie. Rarement on voit ce genre de peines employées pour elles-mêmes. Les blessures n'ont été, en général, que la conséquence de la mutilation et de la fustigation. Ce n'est pas de nos jours qu'on pourrait trouver dans ce genre de souffrances un nouveau mode de punition. Nous avons cherché ailleurs la raison de cette peine singulière.

IV. L'emploi du *bâton* et du *fouet* [3] est bien plus naturel déjà que celui de la lancette ou du scalpel. Et cependant cet usage tend à disparaître des codes criminels.

Ce qui le rend si odieux chez les peuples libres, c'est son origine présumable : à la peine du fouet s'attache l'idée de servitude : c'est la peine généralement infligée, dans les temps anciens et moyens, aux esclaves et aux vilains. Il est d'ailleurs si facile d'en abuser, qu'on ne pourrait équitablement la faire revivre qu'en recourant à des machines à fustigation, suivant l'idée de Bentham ; machines qui seraient mues par des ressorts d'une force connue, à laquelle n'ajouterait rien celle du bourreau. Mais il est plus simple d'abandonner complétement ces derniers vestiges de la servitude.

La peine du fouet était toujours infligée chez les Juifs quand la loi n'avait pas désigné le genre de supplice, et si elle n'avait pas dit qu'il serait capital. Le nombre des coups était de quarante au plus ; en cas de récidive, soixante-dix-neuf. Celui qui avait été condamné trois fois à la flagellation pour délit grave, ou quatre fois pour des fautes légères, n'avait plus de

---

[1] Particulièrement à propos de l'adultère.

[2] A.-GILL., X, 8. Il y avait plusieurs autres peines, notamment la bastonnade, le joug, la retenue de la paie, etc.

[3] Je ne distingue pas ici entre la fustigation et la flagellation, à plus forte raison entre la fustigation avec un instrument ou avec un autre ; et cependant le même peuple a presque tenu à honneur d'être frappé, battu avec un morceau de bois de vigne, tandis qu'il se serait cru déshonoré s'il avait été frappé avec un bâton d'une autre essence ! Ailleurs, le bâton déshonore, tandis que le fouet n'a rien de flétrissant ! Je ne distingue pas davantage, enfin, entre la flagellation avec des verges, ou des lanières de cuir, ou des cordes.

pardon à espérer pour une quatrième ou cinquième chute : un cachot qui n'avait pas six pieds de hauteur, et tellement étroit qu'on ne pouvait s'y étendre, devenait le dernier asile du criminel obstiné. Là, pour tout breuvage, de l'eau ; du pain pour toute nourriture, et de l'orge, enfin, quand l'affaiblissement annonçait une mort prochaine [1].

La flagellation et la fustigation ont pour ainsi dire régi l'univers ; on les rencontre partout : en Egypte [2], en Perse [3], dans l'Inde [4], en Chine [5], à Rome [6], à Athènes [7], à Sparte [8] ; chez les Barbares du moyen âge [9] ; chez les Musulmans [10]; dans le droit canon comme dans le droit civil [11] ; dans les communautés religieuses comme dans les prisons [12]. En France, saint Louis faisait donner le fouet aux blasphémateurs impubères. La bastonnade fut, dit-on, introduite dans les armées par François Ier. Elle figure, du moins, dans les ordonnances forestières de Henri IV [13] et dans celles de Louis XIV [14]. Les souverains eux-mêmes se sont humblement soumis à cette peine

---

[1] *Deuter.*, xxv, 1-3; *Misna*, iv, p. 289; *Proverb.*, x, 13; xxvi, 3; *Ps.* cxxviii, 3; *Eccle.*, xlii, 5; michée, iv, 14; schickard, p. 143; selden, *de Synedr.*, II, 13, § 6; *Misna*, iv, p. 252. — V. aussi salvador, *Lois de Moïse*, p. 208, et les commentaires de l'*Epître de saint* paul *aux Hébreux*.

[2] *Descript. de l'Egyp. antiq.*, t. IV, pl. 66, fig. 10; *Descript.*, ch. vi, p. 31 ; *Descript. des hypogées*, ch. x, p. 351. La bastonnade s'administre aujourd'hui au Caire exactement de la même manière qu'au temps des Pharaons.

[3] plut., *Apopht. des rois*, etc.; strab., ch. cxlii.

[4] *Lois de Manou*, VIII, 299, 315.

[5] La peine du fouet ne figure pas dans les cinq supplices anciens; mais la bastonnade est la peine principale du Code actuel. La peine du bâton, comme celle du fouet, pourrait bien être d'origine mantschoue, ou du moins ne pas remonter jusqu'au VIe siècle avant notre ère.

[6] Lois des XII Tabl.; tabl. IIe, l. 1 ; l. 16, Cod., *Ex quibus causis infam. irrogatur;* l. 28, § 3, D., *De pœnis.* val.-nax., I, 74 ; juvénal, VIII, 247; tit.-liv., V, 6; cic., *Philipp.*, III, 6; polyb., VI, 7; horat., ép. 4; sallust., *Cat.*, 51; tacit., *Ann.*, I, 17, 18, 23, 31 et 32.

[7] aristoph., *Pax;* térence, *Andr.;* poll., III, 8.

[8] plut., *Vies d'Arist.*, *de Lycurgue.*

[9] *Wisigothor. leges*, l. II, tit. 1, l. 18, 38; III, tit. 4, l. 15; IV, t. 5, l. 1.

[10] montesq., *Lettres pers.*, 157 et 158 ; les Voyag.

[11] L. *Capitalium*, 28, § in princip. et § 1, D., *capital. pœn.*.

[12] On connaît l'histoire des flagellants, et l'usage de la discipline dans un grand nombre de couvents d'hommes et de femmes.

[13] *Ord.* de 1272, 1601 ; une loi de Childeb., 554, inflige le fouet aux esclaves. — V. baluze, t. I, p. 8. 16, 1266.

[14] *Ord.* de 1669, 1680.

lorsqu'elle leur était infligée par le pape ou par ses représentants [1]. Il est vrai qu'ils ont fini par la recevoir sur les épaules des chapelains et des cardinaux. Mais les Romains, les Espagnols, les Portugais, les Napolitains, les Anglais, les Allemands, les Russes la reçoivent encore sur leurs propres épaules, et des mains du bourreau ou de ceux qui sont obligés d'en remplir les tristes fonctions. En 1823 parut une loi de Pie VII pour forcer les juifs domiciliés à Rome d'entendre chaque semaine un sermon qu'ils croient plein de blasphèmes, et pour faire condamner au fouet les chrétiens ou autres qui oseraient rire d'un spectacle si bizarre. En 1824, dans l'Espagne rendue par le succès de nos armes au pouvoir absolu, des hommes furent juridiquement condamnés à recevoir chacun plusieurs volées de coups de bâton, ou promenés dans les rues sur un âne et fouettés en même temps par la main du bourreau. Les jésuites gouvernaient les naturels du Paraguay comme autrefois leurs élèves dans les collèges, fouettant hommes et femmes, grands et petits.

Au reste, avant que les jésuites eussent des collèges à diriger, on fouettait déjà dans les établissements d'instruction publique ; et saint Ignace lui-même reçut les verges au collège de Sainte-Barbe à l'âge de plus de trente-trois ans. On fouettait les pages à la cour de France, même après qu'ils avaient combattu dans les armées. Des rois n'ont pas dédaigné de manier la férule : don Pèdre Ier, roi de Portugal, donna lui-même la question de cette manière à l'évêque de Porto, et le père de Frédéric II prenait personnellement la peine de bâtonner les dames et les ministres du culte tout comme ses officiers, et lui-même encore bâtonnait les soldats.

En 1822, on rétablit cette peine à Naples par forme d'essai. Dans le royaume de la Grande-Bretagne on la conserve dans les régiments, tout en parlant de la supprimer dans les armées. L'Allemagne et la Russie ne croient pas plus pouvoir s'en passer que les Koh-Kong (dans le Cambodje siamois), les Chinois, l'empereur du Maroc et le Grand-Sultan. En France, elle n'existe plus qu'au bagne et, dit-on, dans les écoles des Frères [2].

[1] Raymond VI, comte de Toulouse ; Henri II, roi d'Angleterre ; Louis VIII, roi de France ; notre Henri IV, en 1595.
[2] LANJUINAIS, Œuvres, t. IV, p. 631 et s.

Il y a toutefois cette grande différence entre la bastonnade par le bambou chez les Chinois et la bastonnade par le coudrier chez les Sarmates modernes ou Russes, que la première s'administre suivant des règles bien plus humaines que la seconde, qu'il est possible de s'en racheter moyennant une légère somme d'argent, et qu'enfin si le châtiment doit être mortel on recourt franchement à une peine capitale beaucoup plus simple et plus humaine, parce qu'elle est plus expéditive. Du reste, le bambou doit avoir une longueur déterminée ; l'une des extrémités est plus petite que l'autre ; la largeur de chacune d'elles est fixée par les règlements, ainsi que le poids total de cet instrument de supplice. On frappe tantôt d'un bout tantôt de l'autre, suivant les cas, et jamais plus de quarante coups. C'est une remise de soixante pour cent sur le nombre légal [1]. En Russie, on ne regarde pas de si près à la confection du knout, de la pleite ou des verges. On en prodigue les coups par centaines. Les militaires condamnés aux verges peuvent rarement y résister : au bout de quatre à cinq cents coups, il faut emporter le patient à l'hospice, d'où il ne sort que pour y rentrer après avoir reçu son contingent [2]. Le sexe n'en dispense pas, tandis qu'en Chine la prison remplace la fustigation pour les femmes [3].

V. La *flétrissure* est une des peines qu'il faut le moins s'étonner de rencontrer universellement : elle est afflictive et infamante tout à la fois. Elle est éminemment propre, lorsqu'elle s'attache à quelque partie visible du corps, à inspirer une salutaire défiance. Malheureusement si cette note est perpétuelle, si elle ne peut disparaître avec le temps (comme il arrive lorsqu'elle consiste à raser les cheveux, la barbe d'une certaine façon, etc.), elle peut faire durer la peine outre mesure, rendre la condition du condamné très difficile dans la société, lui ôter tout espoir de regagner jamais l'estime des hommes, par conséquent lui inspirer le dangereux amour-propre de s'en faire craindre, et remplir son cœur de haine ou de désespoir.

La marque qui affecte les parties cachées du corps, les épau-

---

[1] *Code pénal de la Chine*, t. I, p. 11-16.
[2] Voir la *Russie sous Nicolas Ier*.
[3] Cf. *Dictionnaire de la pénalité*, art. *Fouet*.

les, les fesses, est déjà moins dangereuse à cet égard [1] ; mais celle-là encore ne devrait atteindre, en tout cas, que les condamnés à des peines perpétuelles, à moins que la flétrissure elle-même ne dût être considérée comme peine principale, ce qu'il n'est pas impossible d'admettre.

Il est surprenant qu'on n'ait pas eu l'idée de marquer de couleurs passagères, mais d'une certaine durée, le visage des détenus dont la fuite pourrait être à craindre. Bentham en a déjà fait la réflexion [2]. Il est probable qu'au bout de sept ans, s'il est vrai que le corps humain se renouvelle complètement dans cet intervalle, la couleur la plus solide aurait disparu.

Quoi qu'il en soit, la marque, admise chez tous les peuples un peu civilisés, a varié beaucoup par la nature des signes qui la composaient, par la partie du corps qui la recevait, etc. Ici, c'est la figure de l'instrument du délit [3] ou d'un supplice [4] qui est empreinte ; là, c'est un signe sans rapport avec la nature du crime ou de la peine [5] ; ailleurs, ce sont de simples lettres alphabétiques, mais des lettres accusatrices [6]. Tantôt ces stigmates s'impriment sur le front, sur les joues, sur la main ; d'autres fois sur l'épaule, sur les fesses ou sur d'autres parties cachées du corps.

Dans notre ancienne législation pénale, la marque était un signe qui pouvait avoir les plus graves conséquences : la peine de mort était comminée, en cas de récidive, contre celui qui la portait [7].

La marque, même cachée, a eu souvent les suites les plus funestes pour ceux qui avaient eu le malheur d'en être flétris ou pour ceux qui leur étaient indissolublement unis. On en a vu, par exemple, qui ont mieux aimé se laisser périr sans secours dans les dangers les plus pressants ou se donner la mort

---

[1] La Russie en est encore à la marque sur le front et les joues du voleur et du meurtrier, après avoir infligé le knout.

[2] La marque par une empreinte noire figurait dans les peines chez les anciens Chinois.

[3] Par exemple, les parties sexuelles de la femme ou de l'homme dans le cas d'adultère. (*Lois de Manou.*)

[4] Une potence en Pologne.

[5] Une fleur de lis en France autrefois ; les deux clefs à Rome.

[6] Comme K. (calomnie, chez les Romains) ; G. A. L. en France, et plus tard T. P., T. P. F., etc.

[7] *Déclarat.* du 4 mars 1724.

que de mettre à découvert les signes de leur déshonneur.
Preuve qu'ils ne méritaient plus de les porter, si jamais ils
avaient été assez coupables réellement pour mériter de les recevoir [1].

C'est une espèce de marque aussi, mais de toutes la moins
dangereuse, que celle qui consiste dans la coupe, la couleur, la
nature, etc., des vêtements [2].

VI. Les galères, les travaux publics en général [3] sont une
peine afflictive; ils atteignent la sensibilité physique par la
nature pénible des occupations, par celle de l'habitation, des
vêtements et des aliments. Ils l'atteignent indirectement encore
par les peines afflictives que le manquement à la discipline
peut attirer aux détenus.

Cependant les travaux publics n'ont déjà plus le même caractère de douleur physique immédiatement occasionnée par
la main de l'homme, qui distingue les peines afflictives proprement dites. C'est une sorte de transition des peines afflictives
aux peines dont l'essence consiste principalement dans la privation de la liberté, peines qu'on peut appeler afflictives encore dans le sens large du mot.

On a tout dit sur les bagnes envisagés comme écoles du
crime [4]; il n'y a qu'une opinion possible sur ce point; ils sont
condamnés par la raison et la morale. Mais ce qu'il y a de juste
et de bon dans la peine des galères, et qu'il faut conserver autant que possible, c'est l'éloignement de la société, le travail
utile et pénible. L'Etat n'est pas obligé de supporter les conséquences pécuniaires qu'entraîne la nécessité d'isoler les coupables du reste de la communauté sociale. Ces conséquences doivent donc, autant que possible, peser sur eux [5]. L'esclavage
de la peine, dans cette mesure imposée par la nécessité et limitée par la justice, n'a donc rien que de parfaitement naturel
et d'équitable. Laissons de côté le mot d'esclavage si l'on veut,

---

[1] V. BENTHAM, *Théorie des peines*, t. I, p. 122.

[2] V. aussi notre article *Flétrissure*, dans l'*Encyclopédie du XIXe siècle*.

[3] Cf. *Dict. de la pénalité* et *Répertoire du droit criminel*, par M. MORIN,
aux mots : *Bagne, Forçat, Galères, Travaux publics*.

[4] V., par exemple, BENTHAM, *Théorie des peines*, t. I, p. 144-168;
202-214.

[5] Mais sur eux seuls : de là un autre problème à résoudre, celui de ne
point faire une concurrence désastreuse aux travailleurs honnêtes, en em-
ployant les condamnés.

et ne voyons que les choses, la position que se fait le criminel
dans la société, celle qu'il fait à la société même à son égard,
et nous comprendrons sans peine que les travaux durs ou ré-
pugnants peuvent être justement réservés aux grands coupables.

En abolissant les bagnes, en les convertissant en systèmes
pénitentiaires, il ne s'agit donc point d'affranchir les détenus
de tout travail utile à la chose publique, et de mettre chacun
d'eux pour ainsi dire en garni, d'en faire un pensionnaire de
l'État. Un pareil système de répression ne paraîtrait que ridicule à ceux-là mêmes qui devraient le subir. Le difficile est sans
doute d'obtenir un travail sincère, et le silence dans le cas où
le travail exige le concours des forces. Eh bien ! il faut le reconnaître, les infractions à ce genre de discipline doivent être punies d'une peine disciplinaire, telle que le complet isolement
temporaire, l'abstinence, l'obscurité, surtout la peine terrible
et si redoutable de l'inaction absolue [1]. Il faut que le détenu
apprenne à aimer, à estimer le travail, même le travail pénible, comme un bienfait [2].

C'est ici le lieu de dire un mot des deux systèmes pénitentiaires en présence : celui d'Auburn, qui admet le travail en
commun, mais en silence pendant le jour et l'isolement pendant
la nuit; celui de Philadelphie, ou de l'isolement du jour et de
la nuit. Ce dernier prend aussi le nom de système cellulaire.

Puisqu'un des plus grands inconvénients des bagnes c'est
l'enseignement mutuel du vice et du crime, il est clair que si
l'on veut l'éviter il faut isoler les condamnés. Il est impossible
d'empêcher des hommes qui travaillent en commun, qui se
voient, de se parler, de se connaître, et de se lier très facilement pour recommencer leur vie criminelle lorsqu'ils viennent
à se rencontrer après leur mise en liberté. Il faut une vigilance
extrême pour n'obtenir que des résultats imparfaits [3]; il faut

---

[1] C'est ce que propose Edward Livingston, *Introductory report to the
cod of reform. and prison discipline.*

[2] N'est-il pas étrange aussi que le service militaire soit infligé dans
certains pays, comme en Russie, à titre de peine? Est-ce un moyen bien
sûr de rendre la profession honorable?

[3] M. Fregier, *des Classes dangereuses dans les grandes villes,* fait très
bien voir l'impossibilité presque absolue d'empêcher toute communication :
plutôt que de s'abstenir, ces malheureux s'écrivent avec leur propre sang,
à défaut d'encre.

des peines disciplinaires fréquentes et plus ou moins dures
pour faire respecter des règlements qu'ils sont si violemment
tentés de transgresser à chaque instant, et que l'amour-propre
du mal porte encore à braver.

Les objections les plus sérieuses contre le système cellulaire
c'est : 1° la dépense de construction ; 2° la santé intellectuelle et
physique des détenus ; 3° l'impossibilité de leur faire exécuter
un grand nombre de travaux qui ne peuvent s'effectuer qu'en
commun. Mais on peut dire :

1° Qu'il y a économie dans le nombre des hommes employés
à la surveillance, dans le moindre nombre des détenus, s'il est
prouvé d'ailleurs que ce système est moralement plus efficace
que l'autre ;

2° Que les détenus ne sont privés de communication qu'avec
les hommes dont l'influence pourrait être pernicieuse ; mais
qu'ils sont visités, instruits, remontrés, exhortés par des
hommes de bien, et qu'ils peuvent lire et écrire ; par conséquent, que leur intelligence a tous les aliments propres à la
fortifier, à la redresser, loin d'être exposée à dépérir ;

3° Qu'il est regrettable, à la vérité, qu'ils ne puissent être
occupés en plein air et chargés de travaux de toute nature,
particulièrement des plus pénibles. Mais, d'une part, la prison
doit être saine, et la peine plus morale encore que physique [1].
D'un autre côté, il ne serait pas impossible de faire passer les
condamnés qui sembleraient donner des garanties suffisantes
d'un régime à l'autre, comme premier adoucissement mérité.
Enfin, le système de Philadelphie pourrait n'être réservé que
pour les criminels les plus désespérants.

Ce système a d'ailleurs de nombreux et incontestables avantages qui lui sont propres : les détenus ne s'endoctrinent point,
ne se corrompent point ; ils ne peuvent former aucun complot
pour le présent ni pour l'avenir. Leur amour-propre de malfaiteur n'est plus mis en jeu ; ils ne sont plus les uns aux autres
des occasions de distraction, des modèles qu'il faut suivre, des
émules qu'il s'agit d'égaler, des rivaux à surpasser en forfan-
terie, en mauvais sentiments, en propos audacieux ou cyni-
ques, en opiniâtreté dans le mal, en mépris de tout bien. Au

[1] On sait combien les anciennes prisons étaient malpropres et meurtrières.
— V. GORANI, *Recherches sur la science du gouvernement*, t. I, p. 75-90.

contraire, les rëflexions sont plus sérieuses, les instructions plus efficaces; le travail est la seule distraction, il devient un besoin très impérieux; le goût, l'habitude en est contractée; la lecture, des entretiens utiles sont un bienfait à défaut d'autres occupations.

Ajoutons que l'expérience semble s'être prononcée d'une manière frappante pour ce système. Les hommes éclairés et impartiaux qui ont étudié longuement les résultats se sont rendus à l'évidence, quoiqu'un certain nombre d'entre eux eussent d'abord conçu des préventions contraires [1]. En Amérique, en Angleterre, où le système d'Auburn avait d'abord eu la préférence, on revient à celui de Philadelphie, malgré les dépenses considérables que doit entraîner un pareil changement. Enfin, une grande réunion d'hommes graves, qui ont réfléchi, qui ont lu, expérimenté, après s'être communiqué leurs observations et leurs rëflexions, sont unanimement convenus de la supériorité du système cellulaire. Un congrès tout entier, composé d'hommes distingués venus de toutes les parties de l'Europe, est un argument qui en vaut un autre [2].

Quoi qu'il en soit, la détention, lorsqu'elle est possible, c'est-à-dire lorsqu'un peuple possède les ressources nécessaires pour l'employer sans inhumanité, est une des peines les plus naturelles; mais le travail doit en être inséparable. Il faut de plus que ce travail ne soit pas une concurrence funeste à l'honnête ouvrier. Or, pour étendre ce double progrès, déjà réalisé dans quelques pays, à Berne, par exemple, il conviendrait peut-être

[1] Tels que MM. DE TOCQUEVILLE, DE BEAUMONT, CRAWFORD, JULIUS, de Metz.

[2] Le Congrès scientifique de Francfort, en 1846. — Au surplus, on peut lire, sur la question, les nombreux ouvrages spéciaux où elle est traitée, entre autres le *Système pénal* de M. CH. LUCAS. La plupart de ces ouvrages sont analysés et examinés dans les nombreux articles consacrés par deux recueils estimable: la *Revue* de FOELIX, t. I, p. 7, 129, 688; II, 471; VI, 237, 394, 583; VIII, 991; IX, 569; celle de M. WOLOWSKI, t. IV, p. 219, 294, 332, 420; V, 41, 57, 449; VII, 111, 161, 201, 363, 441; XIX, 269; et t. I, p. 235 de la nouvelle collection. — V. encore BENTHAM, *Théorie des peines*, t. I, p. 242-268; *Traité de législation civile et pénale*, t. III, p. 7-94. — La réforme des prisons tient étroitement à celle du système pénitencier; on peut voir à ce sujet les deux revues que je viens de citer: celle de FOELIX, t. IV, p. 481, 584, 641, 650, 801; VI, 161, 321, 426, 520, 530, 596, 786; VII, 59, 366; celle de M. WOLOWSKI, t. VI, p. 237, 394; VII, 1; VIII, 202, 222; XI, 161; ALAUZET, *Essai sur les peines et le système pénitentiaire*.

de choisir le siège des établissements pénitentiers plus à la portée des besoins de l'agriculture ; cette industrie est celle où il y a le moins de concurrence, et où elle est le moins à craindre.

La détention a été quelquefois regardée comme une peine trop douce pour le peuple. Les Slaves la regardaient comme une peine pour les gens d'église et les personnes d'un rang supérieur ; pour les personnes d'une condition inférieure elle n'était qu'un moyen de s'assurer d'elles [1].

Ailleurs on savait et l'on sait encore mettre l'incarcération au niveau de tous les délits et de toutes les sensibilités. Le Code autrichien, par exemple, en prenant la prison pour base de la pénalité, a su en aggraver indéfiniment le régime par la main du geôlier et dans l'ombre ; la prison a trois degrés : elle est simple, dure ou très dure. Elle peut durer de six mois à vingt ans, si elle est temporaire. Elle peut être perpétuelle. Elle est aggravée également par le jeûne, les travaux durs, les châtiments corporels, l'exposition publique, le bannissement après la peine subie. Ces moyens divers d'aggraver ou d'alléger le sort des détenus seraient très utiles entre des mains humaines ou justes seulement [2].

Le châtiment corporel est souvent appliqué comme peine principale.

On trouve dans le Code russe, à l'égard de l'emprisonnement, des dispositions dignes d'éloges. Telles sont celles qui interdisent de confondre dans les prisons les accusés et les condamnés ; les simples inculpés et ceux dont la culpabilité est plus probable ; les grands criminels avec ceux qui le sont moins ; les détenus pour dettes avec ceux qui sont renfermés pour des méfaits d'une nature plus grave ; celle qui veut la séparation des coaccusés pour un même délit ; celle qui défend de faire subir la peine à une femme en couches avant la quarantaine de relevailles ; et quelques autres encore qui ne pouvaient guères n'être pas empruntées à la plupart des autres législations de l'Europe.

Le système pénitentiaire se trouve en germe dans la con-

---

[1] MACIEIOWSKI, op. cit., II, p. 91.

[2] Ce n'est pas toujours ce qui arrive sous le régime autrichien ; il faut voir à ce sujet les *Mémoires* d'ANDRIENNE et les *Prisons* de SILVIO PELLICO.

damnation à l'exil sans sortir du territoire russe, et avec obligation de prendre part aux travaux de colonisation [1].

VII. Tous les délits contre la liberté individuelle demandent naturellement à être punis par la détention [2]. Ce genre de peine est nécessairement très étendu, par la double raison que tous les délits ne sont en dernière analyse que des abus de la liberté, et surtout parce que la sûreté publique exige que le malfaiteur soit mis dans l'impuissance de retomber dans sa faute, pour un temps du moins qui n'excède pas celui de la peine méritée.

Ne pourrait-on pas même, sauf les formes nécessaires à la garantie d'une bonne justice, regarder le détenu qui n'aurait point changé de sentiments comme un ennemi de la société, et ne le rendre à la liberté qu'autant qu'il serait dans la disposition probable de n'en plus abuser, sauf à tempérer les rigueurs de sa captivité ? Nous n'ignorons point qu'on ne peut punir un délit possible, ni même un délit probable; mais il est certainement permis d'enfermer un furieux. Cette prolongation de captivité serait donc moins une peine qu'une mesure de précaution trop justifiée par le nombre excessif des récidives, pour garantir la société contre de nouveaux attentats. S'il fallait, d'ailleurs, que cette précaution, si fondée qu'elle fût en réalité, eût un caractère pénal pour être légitime, c'est-à-dire qu'elle fût précédée d'un délit, je trouverais ce délit dans des dispositions menaçantes pour la sécurité publique; elles ne seraient que trop propres à répandre l'alarme au sein de la population, si elles en étaient connues. La justice naturelle ne s'oppose donc point à ce qu'une cour d'équité, par exemple, prononçât, lorsque la peine est arrivée à son terme, s'il y a lieu de rendre le détenu à la liberté. La composition de cette cour, les

_____

[1] Ce système va, dit-on, recevoir une exécution plus précise et plus complète. Deux maisons de ce genre doivent être prochainement construites à Moscou et à Saint-Pétersbourg sur les plans publiés par M. Cerfberr de Medelsheim, qui sera chargé de la direction des travaux. — En attendant cette amélioration, un nouveau mode de transporter les exilés en Sibérie vient d'être mis à exécution; il est plus rapide, mais beaucoup plus fatigant que l'ancien; les hommes de l'art le regardent comme funeste à la santé: on perd dans ce trajet deux condamnés sur dix. (La Semaine, cah. du 19 septembre 1847, p. 634, 1re col., et 636, 2e col.)

[2] Ce terme est employé par nous dans un sens générique, pour indiquer la privation de la liberté.

preuves d'après lesquelles ses sentences devraient être portées, sont une question de procédure qui n'a rien d'insoluble et qui ne doit pas nous arrêter ici. Nous ne voyons à cette théorie que quatre objections quelque peu sérieuses : 1° le danger de mettre l'arbitraire à la place de la justice ; 2° un encouragement donné à l'hypocrisie ; 3° une charge excessive pour le trésor public ; une 4° aggravation de peine.

1. Il y aurait d'autant moins de danger de retenir injustement en captivité un détenu incorrigible, qu'il ne le serait que d'après sentence portée par un tribunal dont les membres auraient aussi pour mission obligée la visite régulière des condamnés, l'inspection et la haute surveillance des prisons ; que le condamné serait parfaitement libre de se comporter de manière à n'être pas retenu au-delà du temps fixé pour la peine principale ; que par cela seul qu'il ne pourrait ou ne voudrait point mériter son élargissement au bout de ce laps de temps, c'est qu'en réalité il serait dans des dispositions hostiles à l'égard de la société : c'est donc lui, lui seul, qui se ferait sa position nouvelle, et qui contraindrait la société à l'y maintenir.

2. Sans doute l'hypocrisie pourrait surprendre la religion du tribunal d'équité chargé de prononcer sur l'opportunité de l'élargissement. Mais notons bien plusieurs choses : la première, c'est qu'un tribunal n'est pas obligé d'être infaillible ; la seconde, que cette erreur serait sans doute assez rare ; la troisième, que, fût-elle fréquente, la société en souffrirait encore moins que de l'état actuel des choses ; la quatrième, que plus elle le serait, moins on aurait à se plaindre d'une mesure qu'au premier abord on croirait injuste ; la cinquième, qui est très importante, c'est qu'un rôle joué longtemps finit très souvent par se convertir en habitude et en sentiments. Qu'un homme ait simulé d'abord la docilité, la douceur, le respect de la règle, l'amour du travail, il ne jouera pas ce jeu pendant huit ou dix ans sans devenir à la fin ce qu'il a voulu paraître. Ceux qui connaissent bien l'esprit et le cœur humain ne me démentiront pas.

3. La dépense qu'entraînerait la mesure proposée serait amplement rachetée par la possibilité de remettre plus fréquemment une partie de la peine à des détenus dont la conduite aurait été irréprochable pendant un certain temps ; par le nombre bien moins considérable des récidives ; par une

surveillance devenue plus facile et moins coûteuse, à cause de la perspective assurée de voir la peine abrégée à la suite d'une bonne conduite soutenue.

4. Nous disons aussi qu'il n'y aurait pas aggravation de peine, puisque cette prolongation de captivité serait prévue par la loi, et que, d'autre part, il serait possible d'abréger la durée légale de la détention, soit en réduisant le nombre maximum aujourd'hui fixé par la loi, soit en accordant au tribunal de surveillance et d'administration des maisons de ce genre la faculté d'abréger eux-mêmes le temps fixé par la loi et la sentence de condamnation, mais dans une mesure et dans des conditions qui seraient fixées. On pourrait aussi réduire et adoucir la surveillance de la haute police. Enfin, par le fait que les anciens condamnés retombent en si grand nombre dans leurs premières fautes, et voient ainsi leur peine se renouveler avec aggravation, il n'est pas douteux qu'en moyenne il ne valût mieux pour la société et pour eux-mêmes rester une première fois plus longtemps privés de la liberté que d'être mis prématurément dans le cas d'en abuser de nouveau. Il n'est pas moins certain non plus que s'ils devaient être absolument incorrigibles, mieux vaudrait encore pour eux et pour les autres qu'ils fussent indéfiniment réduits à l'impuissance de redevenir coupables.

Il y a, du reste, deux grandes manières de mettre la société à l'abri des atteintes d'un coupable au moyen de l'isolement, suivant qu'on l'y enferme ou qu'on l'en chasse.

Il peut y être renfermé plus ou moins étroitement, par la *prison*, par l'*exil* ou la *relégation*.

Il en est chassé par la *déportation* et le *bannissement*.

La *prison* peut être plus ou moins dure, et il est facile d'en distinguer au moins quatre degrés : 1° la prison solitaire sans travail, et avec un régime alimentaire grossier et peu abondant ; 2° la prison solitaire avec travail, et régime alimentaire très suffisant ; 3° la prison solitaire avec travail facultatif, et régime alimentaire d'une qualité supérieure ; 4° enfin, la prison non solitaire avec occupation facultative au choix du détenu, et un régime qu'il peut améliorer suivant ses moyens et ses goûts. Ce dernier degré de prison n'est plus que la privation de la liberté.

L'*exil* ou la relégation consisterait à désigner un lieu, un rayon déterminé sur le territoire du pays, où le condamné serait obligé de vivre sans encourir une peine plus sévère s'il venait à le quitter. Cette condition est naturellement celle de toute rupture de ban.

La *déportation* n'est encore que l'exil, puisque le déporté ne l'est que dans les possessions nationales, mais avec cette circonstance plus dure que c'est dans les colonies [1].

Le *bannissement* est l'expulsion pure et simple du territoire national, de celui des colonies tout aussi bien que de celui de la métropole.

Nous avons déjà parlé des divers systèmes pénitentiaires. Nous n'ajouterons qu'une seule réflexion : c'est qu'en graduant les peines, on se réserve la facilité de les proportionner aux délits indépendamment de la durée, et de ne pas punir préventivement des individus qui ne sont encore qu'inculpés, si d'ailleurs il est nécessaire de s'assurer de leur personne. Un autre avantage, c'est qu'on peut faire passer un détenu d'un degré à un autre quand il en a été jugé digne; circonstance qui permet un adoucissement à la détention perpétuelle, et qui pourrait servir à mieux s'assurer du véritable changement moral qu'on croit avoir obtenu. Ces mitigations successives bien ménagées nous semblent de la plus haute importance dans un bon système pénal. On pourrait espérer alors qu'aucune peine ne serait perpétuelle de fait; l'espérance serait toujours mise au prix d'un repentir suffisamment éprouvé. Si le détenu ne devait jamais recouvrer la liberté, il ne pourrait s'en prendre qu'à lui-même. Ce système serait peut-être le seul propre à concilier les opinions contraires sur la perpétuité des peines. Quant aux formes à suivre pour relever successivement le condamné d'un état inférieur à un état supérieur, c'est une autre question. Pour notre part nous aurions peu de répugnance pour la *cour d'équité* proposée par M. Ch. Lucas [2].

La *relégation* ne convient que pour les délits qui menacent des personnes déterminées. Elle peut être plus dure par ses conséquences pécuniaires ou de fortune qu'un emprisonnement dans la localité, mais d'une moindre durée.

---

[1] Voir sur la déportation les débats intéressants qui eurent lieu à l'Académie des siences morales et politiques, en 1853, à l'occasion des *Mémoires* de MM. LÉLUT et Léon FAUCHER sur ce sujet.

[2] *Du système pénal*, p. 306.

La déportation convient surtout pour les délits qui troublent gravement l'ordre social, lorsqu'ils ne sont pas de nature à se renouveler aussi facilement dans les colonies, et qu'il n'y a pas trop à craindre la rupture du ban ou de nouvelles machinations avec d'anciens ou de nouveaux complices.

La déportation, d'ailleurs, est moins l'extirpation du mal que son déplacement. C'est purger la métropole en empoisonnant les colonies. D'un autre côté, pour n'établir sur un sol donné que des *convicts*, pour espérer d'y fonder une colonie avec les seuls éléments de cette espèce, il faut d'abord avoir un lieu convenable, c'est-à-dire désert, cultivable cependant, suffisamment vaste, assez éloigné de la métropole pour n'avoir pas trop à redouter une rupture de ban de la part des déportés, pas assez toutefois pour que leur transport soit très coûteux, ou très dangereux pour leur santé. Or, ces conditions ne sont pas faciles à réunir. Et cependant peut-on, sans manquer grièvement à la justice et à l'humanité, verser toute une immonde population de malfaiteurs au milieu d'indigènes propriétaires d'un sol qui suffit à peine pour les nourrir et qui n'en veulent rien céder, ou qui, s'ils consentent à nos établissements, ignorent les conséquences terribles pour eux de cette concession ?

Admettons néanmoins que ces premières difficultés soient levées : quelle société formeront entre eux seuls ces déportés ? De quel œil ceux qui pourraient s'amender verront-ils envahir incessamment leur colonie par des flots de criminels ? Quelle sécurité pour eux-mêmes ! Quelle sécurité pour leurs enfants surtout ! Quel présent et quel avenir, en un mot ! Je m'arrête, car les faits ont parlé. Il faut voir dans les écrits de ceux qui les ont observées la triste condition et la morale plus triste encore des déportés de Botany-Bay [1].

---

[1] V. Bentham, *Théorie des peines*, I, p. 215-242. — V. aussi *Revue étrang. et franç. de législat.* etc., t. I, p. 193; II, 705; IV, 433; VI, 704. Suivant M. Hantule (*Rev. de dr. fr. et étrang.*, 1849, p. 678-706), les colonies anglaises destinées à recevoir les condamnés seraient très florissantes, la prospérité y serait en progrès, et quelques Anglais n'en auraient dit tant de mal que par esprit d'égoïsme et de rivalité, afin que les autres pays ne fussent pas tentés d'imiter une institution dont l'Angleterre se trouve parfaitement.

On peut voir dans Boitard, p. 70-87, op. cit., les difficultés particulières attachées à la déportation. La loi de 1850 (16 juin) a pu en aplanir quelques-unes, mais il en est qui paraissent insurmontables.

Le bannissement pour délits contre les personnes et les propriétés est un attentat aux droits des autres nations, à moins qu'il ne frappe un étranger qu'on renvoie dans sa patrie. Mais le bannissement est une peine à conserver cependant pour les délits politiques, qui supposent plus d'exaltation que de perversité. Tel qui ne peut supporter de voir sa patrie soumise à un régime qu'il croit illégal ou tyrannique, peut devenir ailleurs un homme fort paisible, plein d'honneur, et utile à ceux qui l'ont accueilli.

Le bannissement est si naturel, d'ailleurs, qu'il faudrait s'étonner s'il n'avait pas été pratiqué chez presque tous les peuples. Les Athéniens permettaient à l'accusé de s'expatrier, et avaient l'ostracisme ; à Rome, on mettait un condamné dans la nécessité de quitter le sol de la patrie en lui interdisant le feu et l'eau ; en Chine, la relégation est très fréquente.

Celui qui, chez les Chipeonays (tribu sauvage de l'Amérique du nord), a versé le sang de son compatriote, est abandonné de ses parents et de ses amis ; il est réduit à une vie errante, et dès qu'il sort de sa retraite chacun s'écrie : « Voilà le meurtrier ! » [1].

Quelque chose d'analogue s'observe parmi les Groënlandais. Presque dépourvus d'idées religieuses et de lois, et bien qu'ils ne voient dans le culte qu'une cérémonie sans but et dans les cérémonies qu'un abus de la force, ils sont d'un caractère assez doux pour que le malfaiteur leur semble assez puni lorsque, dans une assemblée publique, il a été accablé de reproches [2].

Cette douceur de mœurs, sans le secours de la religion surtout, est très remarquable. Elle semble être beaucoup plus grande dans le Nord que dans le Midi : cette différence devient de plus en plus sensible à mesure que les peuples comparés s'éloignent davantage de la zone équatoriale.

L'*excommunication* religieuse conduisait naturellement à l'*extermination*. Cette peine fut prononcée par les Athéniens contre plusieurs philosophes. Les empereurs chrétiens la décernèrent d'abord contre l'hérésie. Arcadius la remplaça par celle de mort. Elle tenait une grande place dans les Capitulaires de Charlemagne, et Grégoire de Tours en mentionne de

---

[1] Mackensie et Hearne, *Voy. à l'Océan du Nord*, t. II, p. 23, 28 et 29.
[2] *Gazette ministérielle danoise*, 1803, nᵒˢ 15 et 16.

nombreux exemples. Les peuples qui ont senti la disette de la population, qui ont possédé de vastes territoires, comme les Romains, les Chinois et les Russes, ou qui ont craint de voir leurs compatriotes porter ailleurs des éléments de richesse et de prospérité, ou qui ont redouté pour eux-mêmes la contamination des erreurs religieuses, ont été plus réservés dans l'application de la peine du bannissement. Aujourd'hui encore la Chine et la Russie ne bannissent point, elles déportent [1].

---

[1] Il paraîtrait même qu'à une certaine époque la déportation, sous le nom d'exil, était la peine ordinaire en Chine.

« Cinq espèces d'exils furent imaginés par Chun; ils correspondaient aux cinq espèces de supplices admis avant lui. Ces cinq sortes d'exils avaient lieu dans cinq districts différents.

« Le fouet était la punition des mandarins; mais ils pouvaient s'en libérer avec de l'argent.

« Sous le règne de Yao, dit-on, il n'y avait plus de supplices, et ils n'étaient pas nécessaires.

« L'exil avait lieu quand le délit ne pouvait pas être parfaitement prouvé, ou quand les circonstances en diminuaient la malice ou la gravité. » (*Mém. concernant les Chinois*, t. I, p. 179.)

§ II.

Des peines pécuniaires.

SOMMAIRE.

1. Avantages et inconvénients de ces sortes de peines.
2. Distinction entre les peines pécuniaires et les réparations civiles.
3. Autre distinction usitée dans notre ancien droit.
4. Motif de charité donné autrefois à la confiscation.
5. Peines pécuniaires usitées dans l'antiquité, dans l'Inde, en Perse, en
   Égypte, en Grèce, à Rome, chez les Germains, chez les autres barbares, dans les temps modernes, partout.
6. Confusion de la composition et de la peine.
7. Encore un mot sur la composition.
8. Usitée chez les Chinois.
9. Sorts divers de la composition chez les Francs.
10. Abus des justices seigneuriales à cet égard.
11. Caractère odieux de la confiscation.
12. Son abolition.
13. Les peines pécuniaires elles-mêmes doivent être personnelles autant
    que possible.
14. Réflexion à ce sujet.
15. *Quid* si le coupable n'est pas en état de payer?

Ces sortes de peines ont plusieurs avantages : elles sont divisibles à volonté, se convertissent immédiatement en profit,
sont rémissibles, susceptibles d'une certaine égalité proportionnée à la fortune du condamné, et analogues pour les cas de
délits contre les propriétés. Mais elles ont l'inconvénient de
n'être analogues que pour les délits de cette nature, d'atteindre les membres innocents de la famille du condamné, sa
femme, ses enfants, ses héritiers, et, par-dessus tout, d'être
absolument inapplicables aux malfaiteurs qui ne possèdent
rien.

Il faut bien distinguer, d'ailleurs, les peines pécuniaires proprement dites d'avec les indemnités et les dommages-intérêts,
qui sont des réparations civiles. Les peines seules peuvent être
proportionnées à la fortune présumée du coupable [1], en même

---

[1] Ou mieux à son revenu. Cette base est d'une application difficile; mais
on pense bien qu'elle ne peut être qu'un point de départ approximatif. Il
ne serait pas plus facile de régler les amendes sur la fortune des coupa-

temps qu'à la gravité du délit ; les dommages-intérêts et les indemnités ou dépens (comme on disait anciennement) ont une mesure absolue : c'est le bénéfice légitime que le délit a empêché de faire, et la lésion positive ou la perte qu'il a occasionnée (*lucrum cessans, damnum emergens*).

En France, on distinguait encore autrefois, et avec raison, entre la réparation civile et les intérêts civils : la condamnation à la réparation civile, conséquence d'un crime, entraînait toujours l'infamie de fait ; les intérêts civils auxquels on peut être tenu sans qu'il y ait dol, mais quand il y a faute seulement, n'emportaient pas l'infamie.

La confiscation, l'amende [1], l'aumône à titre de peine [2] étaient réputées infamantes de droit.

Aujourd'hui la confiscation générale, l'aumône à titre de peine ne sont plus admises par le Code pénal français [3]. L'amende et les frais sont les seules peines pécuniaires qu'il reconnaisse, car les restitutions civiles ne sont pas des peines, à proprement parler, puisqu'elles ne consistent que dans la réparation du préjudice matériel occasionné.

Les peines pécuniaires ont été en vigueur chez les Indiens,

---

bles ; on ne la connaît pas mieux qu'on ne connaît les revenus. Et puis on atteindrait plus fortement par là les membres innocents de leurs familles. Il faut en pareille matière laisser beaucoup au pouvoir discrétionnaire du juge ; il y a moins à craindre de l'arbitraire de sa part que de l'inflexibilité d'une loi trop précise.

[1] Toutes les fois, du moins, qu'elle provenait d'une cause infamante de sa nature, qu'elle était prononcée à la suite d'une instruction extraordinaire, et au profit du roi. On suivait, en lui donnant plus d'extension quant aux espèces, le droit romain dans les deux premières conditions : « Non mulcta, sed causa infamiam irrogat... Non alia autem notatur quam de qua pronuntiatum est. » (L. 4, § 4, D., *De his qui not. inf.; ibid.*, l. 19.)

[2] Ou à titre de restitution indéterminée pour le cas d'usure, de malversation, etc.

[3] D'après une ordonnance de 1364, la confiscation était de droit commun toutes les fois qu'il y avait condamnation à mort, à la mutilation ou à l'exil. La ville de Carcassonne fut exemptée de la mesure, excepté pour les cas de lèse-majesté.

Plusieurs ordonnances successives (1411, 10 octobre, 17 févr.; 1413, 2 mars ; 1418, 18 août ; 1420, 9 avril ; 1477, 14 mars) décidèrent que les créanciers du condamné seraient d'abord payés sur ses biens, et que le surplus seulement serait confisqué : en effet, il n'y a de biens propres *nisi deducto œre alieno*. On oubliait seulement que les enfants sont aussi des créanciers. — Les biens des criminels de lèse-majesté furent confisqués par l'ordonnance de Villers-Cotterets, 1531, art. 1.

les Egyptiens, les Perses, les Juifs, les Grecs, les Romains, les Germains, les Barbares, les Chinois, partout, en un mot.

L'amende joue un très grand rôle dans le système pénal indien ; on fait même au roi, au pouvoir exécutif, une sorte d'obligation de n'y point renoncer : « En prenant ce qu'il ne doit « pas prendre, en refusant ce qui lui revient de droit, le roi « fait preuve de faiblesse, et il est perdu dans ce monde et dans « l'autre » [1].

En Egypte, l'amende expiait le meurtre involontaire d'un animal. La confiscation fut souvent prononcée par Amasis [2].

Les lois de Zoroastre ne prononçaient pas la confiscation, mais elles décernaient des amendes qui pouvaient absorber les facultés du condamné [3]. C'est, du reste, ce qui peut arriver partout ; mais le législateur doit prendre en considération les fortunes moyennes lorsqu'il détermine un chiffre de cette nature. Le mieux serait peut-être, comme l'a proposé un publiciste distingué de nos jours, de poser un maximum dans la loi, en laissant au juge la faculté de s'y élever ou de s'en éloigner en descendant jusqu'au niveau du plus faible dommage et des plus modestes facultés du délinquant [4].

L'excommunication majeure entraînait chez les Juifs la perte des biens [5]. On brûlait quelquefois les meubles du condamné ; le plus souvent on confisquait ses biens au profit des prêtres [6]. La confiscation était aussi une conséquence de la peine de mort, lorsqu'elle était prononcée par le roi [7]. Il pouvait encore l'ordonner comme peine principale [8]. Cette peine semble cependant peu d'accord avec la loi mosaïque, qui veut la fixité des héritages dans les familles.

La condamnation pécuniaire prononcée en faveur des ministres du culte, ou plutôt des besoins du temple et de ses prêtres, peut être envisagée comme un rachat de la peine im-

---

[1] *Lois de Manou,* VIII, 171.

[2] Diod. de Sicile et Hérod., II.

[3] *Vendidad-Sadé,* farg. 4, p. 295. Cf. Pastoret, *Zor., Conf. et Mah.* etc., p. 181.

[4] V. *Système pénal,* par M. Lucas, p. 394.

[5] *Nombr.,* xxi, 2 ; I *Reg.,* xv, 3.

[6] *Levit.,* xxvii, 21, 28 ; *Nomb.,* xviii, 14 ; *Esdr.,* x, 7, 8.

[7] Maimon., *de Regib.,* IV, 9 ; Mikotzi, *Præcept. affirm.,* CXIV.

[8] II *Reg.,* ix, xix

posée à la faute commise; toutes les fois qu'il n'y avait pas lieu à un supplice capital, on se rachetait par un sacrifice, un travail dans le temple, des offrandes au Seigneur [1].

Les lois d'Athènes voulaient qu'avant tout débat l'accusateur et l'accusé consignassent une somme destinée à celui des deux qui obtiendrait gain de cause. Elles condamnaient en outre l'accusateur à une amende de mille drachmes s'il n'avait pas eu pour lui au moins la cinquième partie des voix [2]. Sous la république, et peut-être déjà sous la royauté, les lois romaines décernaient des peines pécuniaires contre celui qui coupait méchamment les arbres de son voisin, qui conservait infidèlement la chose par lui reçue en dépôt, qui volait en plein jour, qui prêtait à de trop forts intérêts, qui avait mal administré les biens d'un mineur.

On sait de quelle manière un empereur romain se flattait de battre monnaie. Avant les empereurs, la confiscation était déjà un moyen d'enrichir ses amis politiques en affaiblissant le parti contraire [3]. Mais Justinien comprit que les familles des condamnés ne doivent pas être dépouillées au profit du trésor public; il ne réserva la confiscation que pour les crimes de lèse-majesté [4]. C'était trop encore, et ce trop devait cependant durer jusqu'au XIXe siècle dans presque tous les pays civilisés. Le droit canon ne devait pas faire exception à cet odieux système de pénalité [5]. Bien entendu que l'amende ne pouvait être omise par une législation qui s'appropriait des mesures encore plus violentes [6]. Peu importe qu'on déguise les peines pécuniaires sous le titre d'aumône, d'œuvres pies, etc. [7]; elles n'en sont pas moins en dehors d'une juridiction purement spirituelle.

En France, depuis le XVIe siècle (août 1539, août 1670, avril 1695), on ne permet plus aux officialités de condamner à l'a-

---

[1] *Levitiq.*, IV, V.

[2] DÉMOSTH. *in Mid.* L'amende pouvait être doublée si elle n'était pas payée intégralement dans un certain délai.

[3] V. D. (XLIX, 14) et Cod. (X, 1), *De jure fisci.*

[4] Nov. 134, c. 13.

[5] C. *Cum secundum leges* 19, *De hæret.*, in 6; C. *Excommunicamus, De sentent. Excommunicat.*; C. *Ita quorumdam*; C. *Ad liberandam, De Judæis.*

[6] C. *In Archiepiscopatu, De raptor*; C. *2, De maledic.*; C. *Postulasti, De Judæis.* Etc.

[7] *Institut. au dr. ecclés.*, par FLEURY, t. I, p. 171.

mende en leur propre nom, ni à la confiscation sans aucun prétexte [1].

L'amende peut-elle être regardée comme ayant son origine
dans l'usage de la composition? Cette origine paraît d'autant
plus incertaine que l'amende profite au prince, tandis que la
composition profitait à la partie civile. Il est plus naturel d'y
voir une peince établie par le prince par suite de la perturbation de l'ordre public, même dans tout délit privé. Le prince,
est chargé de veiller à la conservation de cet ordre : le troubler, c'est donc offenser l'autorité chargée de le maintenir ;
c'est, de plus, la constituer en dépens de moyens préventifs,
d'établissements de pénalité, de frais judiciaires. C'est donc
lui donner le droit de réclamer une indemnité à titre de
peine [2]. Cette origine n'en exclut pas une autre, celle de l'avi-
dité du prince. La justice coûte peu à rendre chez les sauvages : il y a cependant des peuplades où le chef se fait payer
une amende par le délinquant, alors même qu'il n'adjuge aucune indemnité au plaignant.

D'ailleurs, la composition en usage chez les Germains et les
Barbares, chez les Juifs, les Perses, les Mahométans, les Chinois, chez tous les peuples pauvres et peu civilisés, où l'autorité publique n'est point assez forte ou assez pénétrée de l'é-
tendue de ses devoirs pour se charger de punir le coupable ; la
composition, disons-nous, était moins une peine qu'une réparation civile ; et alors même qu'elle eût été une peine, elle ne
pourrait pas davantage représenter l'amende, puisque la peine
a d'abord appartenu exclusivement à l'offensé ou à sa famille.
Peut-être dira-t-on que l'autorité civile, en se réservant la
peine, s'est par là même emparée de la composition. Mais

---

[1] Muy. DE Vougl., *Institut. au dr. crim.*, et d'Héricourt, *Lois ecclés.*,
p. 36. Mais l'official pouvait encore condamner à la prison perpétuelle ou
à temps. Anciennement, il condamnait aux galères, au bannissement, à la
torture ou question, au pilori, à l'échelle, au carcan, au fouet, à la marque
par le fer chaud, à l'amende honorable *in figuris*, etc.

[2] Grimm, op. cit., paraît croire que l'amende a sa raison dans le trouble
de la paix publique. Il l'oppose à l'amende *privée*, ou satisfaction, qui
met fin à la *fehde* (vendetta), et l'appelle amende *publique*, p. 648. Ewers
regarde l'amende publique elle-même comme une satisfaction encore, en
cas de meurtre, attendu que la grande famille, la nation, se trouve privée
d'un de ses membres. C'est la réparation faite au chef de la famille sociale.

l'observation serait inexacte, puisque du moment où l'action publique a été conçue et appliquée, l'action primitive, unique d'abord, est restée sous le nom d'action civile. La composition n'a donc fait que changer de nom; elle est devenue la réparation civile.

C'est l'action publique qui est nouvelle, et avec elle l'amende. Jusque là il n'y avait donc pas de peine, à proprement parler : si l'offensé ou sa famille ne pouvaient ou ne voulaient point composer avec le coupable, c'est alors seulement qu'ils le punissaient ou le faisaient punir par l'autorité. Cette peine, en satisfaisant leur besoin de vengeance, les indemnisait assez : ils ne demandaient point de réparations civiles. Le mal qu'ils souffraient de l'injure était censé pleinement guéri. C'est précisément parce qu'ils ne pouvaient cumuler la satisfaction de la vengeance et les avantages de l'indemnité, qu'ils finirent par donner la préférence à cette dernière, par la raison sans doute qu'ils étaient plus sensibles encore au mal physique ou matériel qu'au mal moral; à la perte de leurs biens, ou au plaisir de l'augmenter, qu'au besoin de venger l'offense.

Ce sentiment a tout à la fois un bon et un mauvais côté : il tendait à l'adoucissement des mœurs, à l'extinction des haines; mais il mettait l'argent au-dessus de l'honneur, de la vie, d'une sorte de devoir même. A tout prendre, cependant, il était plus favorable aux mœurs qu'il ne leur était contraire. Si l'amour du gain en était excité, il devenait par là même d'autant plus répressif.

Ceux qui n'acceptaient pas la composition cumulaient souvent la vengeance et les réparations civiles : de là des inimitiés individuelles, des guerres de familles, ou des guerres seigneuriales qui n'avaient pas de fin. C'était donc un très grand bien que les parties composassent d'elles-mêmes ou qu'elles y fussent contraintes par un pouvoir supérieur.

Au reste, cet usage des peuples primitifs [1] est encore en pleine vigueur chez les Chinois, où toutes les peines, excepté

---

[1] HOMÈRE, *Iliad.*, XVIII, 497, en décrivant le bouclier d'Achille, représente deux personnages qui se disputent devant le juge pour le *Weregeld* ou prix du sang.

Les Arabes ont encore leur *Taïr* ou vengeur du sang, comme les Hébreux avaient leur *Goïl*. Même usage chez les Kourdes.

celles du bannissement [1] et de la mort, sont rachetables à prix d'argent ; encore les femmes sont-elles admises à se libérer pécuniairement de ces deux dernières [2].

Ce n'est là qu'une commutation de peines, à laquelle le trésor impérial et l'humanité trouvent peut-être plus leur compte que la justice et la bonne police : car il faut dire que les fonctionnaires publics, les gradués, de simples particuliers peuvent aussi échapper au bannissement et même à la mort dans plusieurs cas particuliers [3].

Chez les Francs, la composition a été tantôt contrariée, tantôt favorisée par le pouvoir supérieur. Childebert voulut la restreindre [4] ; Dagobert renouvela les anciennes dispositions [5] ; Louis le Débonnaire la prescrivit, à la demande du clergé, en 822, et cet exemple fut suivi par Charles le Chauve [6]. L'homme libre qui ne pouvait se racheter se mettait aux gages de l'offensé jusqu'à ce qu'il se fût entièrement acquitté envers lui [7]. Les compositions, dit Pastoret, se retrouvent encore dans plusieurs coutumes locales sous les premiers règnes de la troisième race [8].

Il semblerait, d'après certaines mesures législatives, que la composition n'avait pas seulement lieu de partie à partie, à raison des intérêts civils, mais encore entre le coupable et le magistrat chargé de la vindicte publique.

Mais il est à croire que ce n'était là qu'un grave abus. Quoi qu'il en soit, défense avait été faite aux procureurs du roi, aux procureurs fiscaux des justices seigneuriales, aux seigneurs de ces mêmes justices, à qui les amendes et confiscations profitaient, de ne faire aucune composition à raison des crimes qu'ils étaient chargés de poursuivre, à peine, contre les seigneurs, d'être privés de leurs justices ; contre les juges,

---

[1] Moins accommodants en cela que les anciennes lois de France, qui accordaient aux magistrats de l'Ecluse la faculté de le remplacer par des amendes. (*Ord.* du 15 juillet 1456.)

[2] *Code pénal de la Chine*, t. 1, p. 13.

[3] *Ibid.*, p. 14.

[4] BALUZE, t. I, p. 30.

[5] *Ibid.*, p. 18.

[6] *Ibid.*, p. 627, 628 et 766.

[7] *Ibid.*, p. 349.

[8] *Lois pénales*, 2ᵉ part., p. 142.

d'être privés de leur charge [1]. Un arrêt du Parlement de Besançon, en date du 6 septembre 1718, défend expressément à tous officiers des bailliages de son ressort d'entrer directement ni indirectement dans les transactions qui seraient faites sur une accusation, à peine de punition exemplaire [2]. La confiscation, peine pécuniaire la plus abusive, était en général inconnue dans les pays de droit écrit. Elle n'était pas admise par les Coutumes du Berri, du Boulenais, de la Touraine, du Laudunois, de La Rochelle, de l'Angoumois, de Calais, de Lille, de Tournay, de Cambrai, de Bayonne, de Saint-Sever ; les Coutumes de Normandie, de Bretagne, d'Anjou, du Maine, du Poitou, de Ponthieu et du Perche ne l'admettaient que pour les meubles [3]. La confiscation pour crime de lèse-majesté et quelques autres s'exerçait au profit du roi sur les meubles et les immeubles [4], au préjudice même des créanciers du condamné. Dans les autres cas le roi ne profitait de la confiscation que pour les meubles ; le seigneur haut-justicier s'emparait des immeubles, sauf les droits des créanciers [5].

La confiscation n'est si odieuse que parce qu'elle atteint les innocents plus encore que le coupable, parce qu'elle déplace les richesses avec préjudice pour le pays, et par un motif toujours suspect de cupidité. Le fisc se déconsidère en donnant à penser qu'il exploite l'infortune des particuliers, et qu'il s'enrichit en raison de la multiplicité des crimes. Les souverains les plus absolus en ont quelquefois rougi [6].

On ne peut donc trop s'applaudir de l'abolition de ce genre de peine. Restent l'amende et les frais, puisque les indemnités et les dommages-intérêts ne sont pas, à proprement dire,

---

[1] *Ordonn.* de 1356, art. 2 ; *Déclarat.* du 13 août 1371 ; *Ord.* de 1535, ch. 13, art. 51 ; *Déclar.* de nov. 1554, art. 26.

[2] *Recueil des édits et ordonn.* de ce Parlement. — V. aussi la Coutume de Senlis.

[3] BRETONNIER, en ses *Quest. de dr.*, v° *Confiscation.*

[4] Le roi prend tout, dit LOYSEL, *Institut. coutum.*, liv. VI, tit. II, max. 20 et 21.

[5] La loi romaine réservait déjà ces droits : *Pœnis fiscalibus creditores præponuntur.* (L. 7, D., *De jure fisci.*)

[6] La confiscation au profit de la couronne, en Russie, avait été abolie en 1785 et en 1802 ; mais les décrets de 1809, 1810 et 1820 l'ont rétablie pour les immeubles contre les nobles des provinces limitrophes qui, pendant une insurrection, se retireraient sans autorisation à l'étranger.

des peines. Nous avons déjà parlé de l'amende. Les frais devraient, autant que possible, être convertis en amende; ils seraient ainsi plus complétement supportés par la partie qui suc-
comberait. C'est un grand mal que la justice criminelle et
civile soit si coûteuse : d'une part, la peine s'en trouve considérablement aggravée; de l'autre, il devient impossible au
pauvre de se faire rendre justice sans s'exposer à une ruine
presque certaine. Si la justice doit être payée en partie par
ceux qui réclament ses services ou qui les rendent nécessaires,
il faudrait du moins rendre aussi peu onéreuse que possible une
charge si contraire à l'esprit de libéralité et de désintéressement avec lequel la société doit remplir l'un de ses premiers
devoirs envers ses membres. Que dire donc d'une législation ou
d'une jurisprudence faisant peser les frais de procédure sur la
partie civile qui obtiendrait gain de cause, ou sur le prévenu
qui serait acquitté ! [1]. Mais je n'ai point à m'occuper de cette
question.

Les peines pécuniaires, les réparations et intérêts civils
mêmes doivent, autant que possible, être personnels [2]. Quand
donc le condamné ne s'est point enrichi par son délit, la peine
pécuniaire qui l'atteint semblerait devoir être remise à ses
héritiers, à ses héritiers directs surtout. On peut dire cependant que s'il avait vécu la condamnation aurait eu ses suites, et
que la succession future qu'elle frapperait s'en trouverait toujours diminuée d'autant. Mais cette raison n'a qu'une force
apparente : le condamné père de famille qui survit à sa condamnation reste encore à sa femme et à ses enfants; il peut le
plus souvent leur être utile encore. Lorsqu'au contraire il suc-
combe, sa famille perd son soutien. J'oserais donc être d'un
autre avis que Merlin et Cambacérès lors de l'examen de cette
question [3].

Quand il s'agit de la réparation d'un dommage causé, alors

---

[1] *Procès-verbaux du Conseil d'Etat*, séance du 31 mai 1808; LOCRÉ,
t. XXV, p. 118.

[2] La solidarité existait à plus forte raison pour l'amende chez les peuples qui l'admettaient pour l'imputabilité et les peines afflictives, par
exemple chez les Anglo-Saxons et autres barbares divisés en groupes ou
unités domestiques ou civiles propres à faciliter l'action de la police et de
la justice. Nous avons déjà reconnu cette solidarité. Cf. M. DU BOYS, op.
cit., p. 157-182.

[3] V. *Théorie du Code pénal*, t. I, p. 225 et s.

même que le délinquant ne s'est pas enrichi par là, il se trouve avoir contracté une obligation par le fait de son délit ou quasi-délit ; et cette obligation est une vraie créance sur ses biens : sa succession n'a donc de valeur nette que dans la proportion de ce qui reste après paiement intégral des charges, *deducto œre alieno*.

Il faut dire, toutefois, qu'il y aurait de la sévérité, de la dureté à faire peser minutieusement sur un homme pauvre toutes les conséquences pécuniaires résultant d'un quasi-délit survenu par son fait au préjudice d'un particulier opulent. Le juge doit ici chercher la conciliation de la justice avec l'humanité, conciliation qui n'est encore que de la justice, de l'équité.

Si la peine pécuniaire n'est point subie, c'est ou par impuissance ou par mauvais vouloir de la part du condamné. Si la loi manquait de moyens pour vaincre cette résistance ou pour remplacer une peine par une autre, il y aurait impunité. Ces moyens sont naturellement un travail forcé qui profite à l'État ou à la partie civile, jusqu'à concurrence du paiement intégral de l'amende ou des dommages-intérêts. Mais il pourrait arriver qu'un condamné ou un débiteur devînt ainsi l'esclave de la peine, que son travail et sa liberté fussent indéfiniment aliénés. Il n'y aurait rien là qu'un fait strictement juste, surtout à l'égard du condamné ou du débiteur de mauvaise foi. Mais comme l'esclavage est antipathique à nos idées et à nos mœurs, les lois modernes, la loi française singulièrement, sont doublement indulgentes en pareil cas, puisqu'elles ne forcent point au travail le détenu pour dettes, et qu'en général elles limitent le temps de l'incarcération. Passé ce temps, le détenu est élargi, qu'il ait ou n'ait pas acquitté l'amende ou la dette, qu'il soit ou ne soit pas insolvable, qu'il ait ou non donné caution. Le créancier pauvre ne peut d'ailleurs nourrir son débiteur dans une maison d'arrêt. De sorte que la peine, pour ne pas être trop dure, devient souvent nulle.

§ III.

Des peines infamantes et morales. — De la mort civile.

SOMMAIRE.

1. Peines infamantes proprement dites.
2. L'infamie ne peut atteindre l'homme sans honneur.
3. Nécessité d'attacher à l'infamie des effets qui seuls pourraient constituer une pénalité, même sans flétrissure morale.
4. Ces principaux effets. — Leur divisibilité.
5. La mort civile. — Examen de quelques-uns de ses effets généralement admis.
6. Autres peines morales.
7. Plusieurs ont été abolies. — De l'exposition.
8. Difficulté d'appliquer les peines purement morales.
9. Ont été infligées chez presque tous les peuples. — Chez les Juifs, — en Grèce, — etc.
10. Peines morales tenant à la religion.

Toute peine, avons-nous dit, entraîne en général un certain degré de mésestime publique pour celui qui l'endure. Sous ce rapport donc les peines infamantes ne forment pas une classe à part.

Mais il faut distinguer la perte de l'estime publique de la perte de certains droits de l'ordre moral : toute peine est essentiellement une réduction de nos droits. Or, les droits de la cité, ceux de la société en général, ceux qui tiennent aux liens de famille peuvent être enlevés toutes les fois que leur exercice deviendrait périlleux pour la cité, pour les relations sociales, pour la famille, et dans la mesure même de ce péril. Ils peuvent encore être ravis par le législateur toutes les fois que cette peine, sans être de nature à nuire à personne, est propre à faire souffrir l'amour-propre de celui qui l'endure, en réduisant au niveau de ses mérites la considération publique.

Celui qui ne jouit d'aucune estime ne peut, à la vérité, rien perdre à cet égard, surtout s'il le sait. Ceux, au contraire, qui sont très considérés et qui tiennent à l'être peuvent perdre plus que la vie. Mais celui qui s'estime, qui tient à la bonne renommée, est beaucoup moins en danger de faillir que celui qui n'en connaît pas le prix ou qui la méprise. Les peines infamantes, inutiles pour celui-ci, seraient souvent trop sévères pour celui-là. Elles agiraient en raison précisément inverse de ce qu'elles devraient faire : plus il y aurait d'abjection, moins il y aurait de douleur dans la flétrissure légale; moins, au contraire, il y aurait de dégradation, plus l'opprobre serait sensible. Et comme le législateur, le juge lui-même, ne peut apprécier le degré de bassesse auquel est réellement descendu un coupable, c'est une raison pour en laisser l'estimation vague à cet autre tribunal dont les sentences sont vagues elles-mêmes, celui de l'opinion publique.

Le législateur et le juge doivent donc se prendre à quelque bien moral, à quelque droit plus certain, plus positif ou plus fixe, lors surtout qu'en privant de l'exercice de ce droit on en prévient un nouvel abus. Alors la peine aura au moins le mérite de l'analogie, et pourra plus facilement en avoir un autre encore, celui de la mesure. Il peut se faire, sans doute, que l'exercice de ces droits soit peu cher à celui qui en a mal usé ; mais si à l'abus qui en est fait se joint un autre délit positif, il est clair qu'une peine particulière et principale doit atteindre ce délit, et que l'interdiction dont il s'agit n'est plus qu'accessoire et une juste garantie pour l'avenir, garantie suffisamment motivée, du reste, par l'abus du droit dont l'exercice est retiré.

Les principales peines de ce genre pourraient être la destitution ou l'exclusion de toute fonction publique; la privation du droit de vote, d'élection, d'éligibilité, du droit de porter aucune décoration; l'incapacité d'être juré-expert, d'être témoin dans des actes authentiques, de déposer en justice avec les formes solennelles qui supposent l'honneur et la véracité [1]; de n'être point admissible de droit, mais exceptionnellement et s'il y a utilité présumable, dans un conseil de famille, et aux fonctions de tuteur, curateur et subrogé-tuteur; la privation du droit de port d'armes ; l'exclusion facultative du droit de faire partie de la garde nationale, de servir dans les armées, mais à charge alors ou de s'y faire remplacer à ses frais, et, en cas d'impossibilité, d'être employé à des travaux d'utilité publique représentant le service honorable que le condamné s'est mis dans l'impuissance morale de remplir.

Ces différentes peines peuvent être prononcées séparément

---

[1] BENTHAM a fait ressortir, dans sa *Théorie des peines*, etc., p. 440-454, le grave inconvénient attaché à l'incapacité légale de déposer en justice ou de servir de témoin dans les actes solennels.

ou cumulativement, principalement ou accessoirement, selon les circonstances. La privation des droits politiques n'entraîne point nécessairement celle des droits civils, celle des droits civils n'entraîne point celle des droits de famille, et réciproquement.

La mort civile est une autre espèce de peine du même genre, qui prive en outre le condamné d'un grand nombre d'autres droits civils [1] : elle entraîne, dans le droit français, la perte des biens possédés, l'incapacité de recueillir aucune successsion, de transmettre à ce titre les biens que le condamné aurait acquis depuis sa condamnation; l'incapacité de disposer de ses biens en totalité ou en partie, soit par donation entre vifs, soit par testament; l'incapacité de recevoir à ce titre, excepté pour cause d'aliments; celle de procéder en justice en son nom, celle de se marier ou de continuer civilement à jouir des effets d'un mariage antérieur. (Art. 25 du Code civil.)

La mort civile, qui nous vient du droit romain, *mors civilis æquiparatur naturali* [2], est jugée. On lui reproche, entre autres défauts, de manquer de justice, de moralité et d'humanité, en brisant les liens regardés comme indissolubles d'ailleurs par le Code, les liens du mariage. Le conjoint devrait, si l'art. 25 était conséquent, avoir la faculté de convoler. Il ne l'a pas. S'il vit avec le condamné, les fruits de leur union ne sont pas légitimes; et, de plus, ils ne peuvent hériter de leur parent mort civilement. La confiscation existe donc à leur préjudice; ils sont donc plus maltraités, ces enfants très légitimes, que les enfants naturels ordinaires, qui peuvent être ou légitimés par mariage subséquent, ou adoptés, ou recevoir par donation entre vifs ou testamentaire les biens de leur père ou mère. Il faut dire plus, le mariage est de droit naturel : le législateur a donc entrepris au-delà de ses droits en prétendant soit l'anéantir, soit l'empêcher. L'ordonnance de 1670 avait été plus sage; elle avait reconnu au mort civil la faculté de se marier, attendu que l'union de l'homme et de la femme est plutôt du droit des gens que du droit civil [3]; mais ces sortes de mariages n'avaient pas d'effets civils [4].

---

[1] Ceci était écrit avant la suppression de la mort civile dans nos lois. Nous le laissons subsister comme l'expression de notre opinion à l'appui d'une réforme si nécessaire.

[2] L. *Relegati*, D., *De pœnis*.

[3] MUYART DE VOUGL., p. 76 et suiv.

[4] Les enfants ne pouvaient pas succéder à leurs parents. (*Déclaration* du

Etre promené par les rues sur un âne, avec un chapeau de paille; assister à la potence; être blâmé ou réprimandé solennellement; être condamné à l'amende; être privé d'un office, d'un bénéfice, de privilèges; la condamnation à vider les fosses d'aisances, sous peine d'avoir ses meubles jetés par les fenêtres; la suppression des libelles et ouvrages, leur lacération ou mise au feu par la main du bourreau : telles étaient les peines infamantes proprement dites autrefois usitées en France [1].

L'admonition, l'interdiction des officiers, leur suspension; la condamnation à faire brûler un cierge devant un autel, à ne pas fréquenter certains lieux; l'aumône, la peine du double, du triple, la saisie du temporel des ecclésiastiques; la prison, la peine du talion pour avoir calomnié; le décret d'ajournement personnel, celui de prise de corps; le plus ample informé, n'étaient pas réputées peines infamantes [2].

Le bannissement à perpétuité hors du royaume, la condamnation de la mémoire, être traîné sur la claie après sa mort, faisaient partie des peines capitales. Le carcan, le pilori étaient rangés parmi les peines afflictives corporelles, tandis que les galères à temps, la réclusion dans une maison de force, la réclusion dans un monastère après avoir été authentiquée (fouettée) pour cause d'adultère, l'amende honorable, le bannissement à temps, l'exil, les œuvres serviles, la dégradation de la noblesse, appartenaient aux peines afflictives non corporelles [3].

De toutes les peines infamantes ayant pour but propre de couvrir de confusion celui qui les endure publiquement, l'exposition a été la dernière à disparaître de notre Code pénal [4]. Déjà le carcan, cette autre peine barbare qui consistait à tenir

---

26 novembre 1639, art. 5 et 6.) La *Coutume de Normandie,* art. 277, renferme une disposition contraire. — Cf., pour les vices inhérents à la mort civile, BOITARD, p. 87-96. Cette peine a été justement abolie par le législateur français en 1855. La Belgique a rayé de son Code la mort civile en 1849. M. MOLINIER a publié en 1850, dans la *Revue du droit franç. et étrang.,* p. 370-391, 480-503, deux excellents articles sur la question. On peut voir un article de M. CAUVET dans la *Revue de législation et de jurispr.,* 1849.

[1] JOUSSE, 1, p. 68-76.

[2] *Ibid.,* p. 76-84.

[3] *Ibid.,* p. 42-68.

[4] Un décret du 12-14 avril 1848 et la loi du 2 janvier 1850 ont effacé les derniers vestiges de l'exposition. — Cf. BOITARD, p. 101-105.

un homme enchaîné comme un animal féroce, et à le montrer au public dans cet état d'humiliation, avait disparu de notre législation à la suite du pilori, de la claie, de l'authentique [1], etc., etc. L'exposition publique tenait encore, et cependant les malfaiteurs effrontés en étaient peu touchés, ceux qui ne l'étaient pas le devenaient ou en étaient trop affectés. Le public s'habituait à ces spectacles, et ceux qui pouvaient en profiter n'y trouvaient trop souvent que des leçons d'impudence et de cynisme qu'ils se proposaient bien de répéter un jour avec aisance si la fortune les y contraignait. La populace, que ces sortes de spectacles intéressait, y montrait en général des dispositions peu favorables : elle insultait à la position des condamnés avec une joie inhumaine, ou avec une curiosité injurieuse et plus propre à révolter le patient, à provoquer son effronterie ou ses sarcasmes, qu'à l'humilier en le faisant rentrer en lui-même.

Rien de plus délicat à manier que les peines purement infamantes : il faudrait humilier le coupable sans le révolter et le pervertir, sans le déshonorer à jamais, sans en faire le jouet de la populace. Il faudrait que le peuple y trouvât un sujet de réflexion pour lui-même plutôt qu'une occasion de s'amuser cruellement, ou de s'indigner contre un malheureux, ou de le plaindre au point de regretter presque la peine qui le frappe.

Et cependant des peines de ce genre ont été infligées presque partout : l'honneur de convention est aussi ancien que la vanité. Chez les Juifs on ne privait pas ordinairement les condamnés de la sépulture [2], mais on ne les déposait pas non plus dans le sépulcre de leurs pères ; deux tombeaux particuliers leur furent même destinés : on enfermait dans l'un ceux qui étaient morts par le feu ou la lapidation ; ceux qui mouraient par le glaive ou la corde étaient déposés dans l'autre. L'exclusion de la sépulture paternelle fut absolue pour les coupables lapidés ; pour les autres on abandonnait le corps à la famille lorsqu'elle le réclamait [3]. On suspendait quelquefois dans un lieu apparent les mains de l'homicide [4].

[1] Ainsi appelée de l'authentique *sed hodie adultera*, etc. (L. 30, Cod., *Ad leg. jul. de adult.*)
[2] *Levit.*, x, 4; *Nombr.*, xi, 34; IV *Reg.*, ix, 35.
[3] *Misna*, IV, p. 236; SELDEN, *de Synedr.*, II, 13, § 4; LEIDEKKER, XII, 10, p. 694.
[4] II *Reg.*, iv, 12.

Cette mutilation ne se pratiquait qu'envers les coupables déjà morts, excepté dans le cas du talion [1]. Adonibezec, auquel on coupa les mains et les pieds, n'est pas un coupable condamné, c'est un ennemi vaincu [2]. Lui-même avait ainsi traité soixante-dix rois [3].

En Grèce, l'infamie, ἀτιμία, avait trois degrés. Dans le premier, le condamné, sans perdre la jouissance de ses biens, était privé de quelques-uns de ses droits de citoyen ; le second emportait l'interdiction temporaire des droits de cité, la confiscation des biens ; l'absolue interdiction des droits civils et religieux frappait le condamné et atteignait toute sa posterité [4]. Le manquement à l'honneur militaire était particulièrement atteint par l'infamie [5].

Indépendamment de l'ignominie attachée à certaines sentences des censeurs, les Romains avaient aussi l'infamie résultant du vœu de la loi ou de la sentence du préteur : les condamnés pouvaient perdre jusqu'à la liberté, comme dans la grande *diminution de tête* [6]. Il y avait, de plus, des notes d'infamie attachées à certains états ou à certains délits [7]. L'infamie n'était inhérente qu'aux délits publics et à ceux des délits privés qui étaient à cet égard assimilés aux délits publics [8]. La fustigation n'emportait point par elle-même la flétrissure [9].

Les peines infamantes, ou plutôt grotesques, étaient nombreuses et variées au moyen âge ; la discipline religieuse et la discipline civile y recouraient également [10].

Les peuples modernes, plus soucieux de la dignité humaine,

---

[1] *Exod.*, xxi, 24 et 25 ; *Lévitiq.*, xxix, 19, 20 ; *Deutér.*, xix, 21 ; Josèphe, IV, 8, § 33-35.

[2] *Jug.*, i, 1-7.

[3] Cf., relativement à tout ce qui précède, *Deutér.*, xxxii, 24 ; III *Reg.*, xiii, 22 ; xiv, 11 ; Jérem., xxii, 19 ; viii, 6 ; xxxiv, 20 ; xxxvi, 30 ; II Mach., v, 10 ; Nicolaï, *de Sepulcr. hebr.*, p. 107 ; II *Paralip.*, xxi, 19 ; xxiv, 25 ; xxviii, 27 ; Josèphe, IX, 5, § 5 ; 8, § 2.

[4] Andocid., *de Myster.* ; *Schol. in Aristoph. Ran.* ; Plutarch., *in Lysand.*

[5] Herm. Schelling, *de Solonis legibus apud orat. attic.*, Berol., 1842, p. 57-59.

[6] L. 6, § 2 ; l. 8, D., *De pœnis.*

[7] D., *De his qui infam. notantur.*

[8] L. 7, D., *De public. jud.*

[9] L. 22, D., *De his qui not. inf.*

[10] Michelet, *Orig. du dr. franç.*, p. 377-391.

ont été moins prodigues des peines qui ne sont propres qu'à
divertir la populace.

Un genre de peines morales qu'on trouve dans quelques
théocraties ou chez les peuples qui ont des religions d'Etat,
ce sont celles qui ont un caractère religieux, ou même de simples menaces des peines réservées aux méchants dans la vie
future. Les amendes honorables dans les églises appartiennent
à la première espèce. On trouve des traces de la seconde dans
les lois de Zoroastre et de Manou. C'est même, pour le législateur persan, la durée des châtiments de la vie future qui sert
de base pour déterminer la durée des peines temporelles. Ainsi,
un coupable reçoit autant de coups de fouet qu'il doit passer
d'années en enfer. Sept cents ans d'enfer, sept cents coups de
fouet par conséquent, pour quiconque manque à sa promesse à
l'égard d'animaux domestiques qui ont rendu des services;
huit cents pour cause de négligence grave à leur égard; neuf
cents pour manquement envers un précepteur.

Un autre système de pénalité plus utile, c'est de donner au
laboureur des ustensiles aratoires, des grains, des terres; au
soldat des armes; au prêtre, de quoi faire des sacrifices [1].

Les peines spirituelles étant généralement plus douces que
les temporelles, et grâce à la confusion des deux ordres de juridiction, la pénitence supplanta quelquefois la peine : nous en
avons déjà vu des exemples.

L'ancien usage de recourir aux pénitences pour se soustraire
à la peine méritée se retrouve dans les droits russe, lithuanien et monténégrin. Les parents qui avaient tué leur enfant
à dessein devaient, après avoir subi une année et demie de
prison, se présenter en outre quatre fois dans l'année devant
l'église, confesser leurs péchés en présence du peuple réuni, et
promettre de s'amender.

Celui qui, monté à cheval, avait sans le vouloir renversé
une femme enceinte et occasionné un avortement était tenu à
une cérémonie analogue. Il ne restait pas debout à la porte de
l'église, mais dans l'église même, sur un lieu élevé et préparé
à cet effet. Il payait de plus des dommages-intérêts si, par sa
faute, la mère ou l'enfant venait à mourir. Le même cas,
prévu par la loi russe, est puni autrement [2].

[1] PASTORET, *Zoroastre, Conf. et Mah.*, etc.
[2] MACIEIOWSKI, op. cit., t. IV.

CHAPITRE IX.

Du cumul des peines.

SOMMAIRE.

1. Double signification de ces mots.
2. En général on doit éviter le cumul, lors surtout que le délit n'a pas un caractère complexe.
3. Peine principale et peines accessoires souvent inséparables.
4. Ce que sont en général les peines accessoires.
5. Difficulté à cet égard.

Les peines peuvent être cumulées de deux manières : ou lorsque étant de même nature, par exemple l'emprisonnement ou l'amende, l'une est ajoutée à l'autre et forme avec elle un tout dont les parties sont continues ou simultanées ; ou lorsque étant de différentes natures, l'une est adjointe à l'autre.

Deux peines peuvent être réunies sans distinction de principale et d'accessoire, ou bien, au contraire, en donnant l'une comme conséquence de l'autre.

De plus, deux peines peuvent être infligées ou pour le même délit, ou pour plusieurs délits simultanés ou consécutifs [1].

En général, on se borne autant que faire se peut, lorsque le délit n'est pas complexe, à un genre particulier de peine : elle est physique, ou morale, ou pécuniaire seulement. Mais, outre qu'il n'est pas toujours possible d'infliger la peine qui conviendrait le mieux, le délit est souvent de nature à demander une peine principale et une peine accessoire. Le moyen de laisser à un condamné aux travaux forcés à perpétuité ou à la déportation la jouissance de ses droits politiques, civils et famille ? La chose fût-elle physiquement possible, elle ne le serait pas moralement.

---

[1] Le cumul de ce genre était prescrit par la loi romaine : « Nonnunquam plura delicta concurrentia faciunt ut illius impunitas detur ; neque enim delictum ob aliud delictum minuit pœnam. Qui igitur hominem subripuit et occidit, quia subripuit, furti, quia occidit, aquilia tenetur. Etc. » (L. 2, D., *De privat. delict.*)

Les peines accessoires sont en général des incapacités légales résultant des peines principales. Telles sont la mort civile, l'interdiction d'une certaine catégorie de droits, la surveillance de la haute police. Mais précisément parce que les peines accessoires résultent de la nature des choses et s'imposent comme d'elles-mêmes, c'est une raison pour rendre les peines principales moins sévères, et pour n'admettre comme accessoires que les peines qui le sont réellement, je veux dire indissolublement.

Dans le cas où plusieurs peines distinctes concourent pour frapper une même tête, la plupart des peuples se bornent à la peine la plus forte; remise est faite de la peine moindre. Il faut considérer comme peine plus forte celle qui, par rapport à une autre peine de même nature, est plus grave quant à la durée ou à l'intensité, en l'envisageant dans toute son étendue légale, sans du reste que le juge soit obligé d'en appliquer le *maximum*.

Toutefois cette réduction des peines méritées par plusieurs délits distincts, séparés ou connexes, est une affaire d'humanité et non de stricte justice; il n'y aurait pas impossibilité juridique de faire subir à un individu coupable à plusieurs chefs toutes les peines dues à ses forfaits, soit simultanément si la nature des choses le permettait, soit successivement.

Il est certaines peines cependant dont la connexion pourrait avoir son danger, alors même qu'elle serait juste. Ainsi, c'était une mauvaise pénalité que celle des anciennes lois qui joignaient l'amende ou la confiscation aux peines afflictives. On ne se contentait pas de faire mourir un homme, on prenait encore ses biens à ses héritiers; heureux quand on n'assassinait pas judiciairement pour dépouiller de même. On conçoit encore que la possession la plus honnête d'une grande fortune soit le plus grand des crimes aux yeux d'un tyran cupide; mais que dire de l'absurde et inutile barbarie qui voulait que la maison du coupable fût rasée? N'était-ce pas le meilleur moyen d'attacher son souvenir aux lieux qu'il avait habités? Dans certains endroits même, comme à Saint-Amand en Puèle (Flandre), on ne démolissait pas l'habitation du condamné, on y mettait le feu. Cette sauvage coutume fut abolie par une ordonnance de juin 1336.

CHAPITRE X.

De la légalité des peines.

Une peine est légale aux conditions suivantes :

1º Elle doit être portée par la loi [1], au moins quant à l'intention et à l'esprit.

Un grand défaut dans les lois pénales d'Athènes, c'est que souvent la peine qui devait atteindre un délit n'était pas déterminée par la loi. Il fallait alors deux jugements, l'un qui avait pour objet la question de culpabilité, l'autre celle de la peine méritée. Dans l'intervalle du premier au second jugement on demandait à l'accusé quelle peine il croyait mériter. Cette peine était ensuite discutée comparativement à celle qui avait été proposée par l'accusation ; les juges prononçaient ensuite.

Qui croirait que le canton de Zurich, l'un des plus industrieux, des plus populeux, des plus éclairés de la Suisse, ne possédait pas encore un code de lois pénales, *aucune loi pénale,* dit Rossi [2], en 1835 ? Depuis cette époque, ce canton a réparé une omission peu digne du rang distingué qu'il occupe dans la Confédération helvétique.

2º La deuxième condition requise pour qu'il y ait légalité dans la peine, c'est que le degré en soit déterminé par la loi, sans préjudice pour le pouvoir discrétionnaire à laisser au

---

[1] L. 131, D., *De verbor. oblig.* Exception en fait de discipline correctionnelle. Encore faut-il, autant que possible, qu'elle soit fixée par des règlements ou des avertissements préalables. (L. 10, D., *De legibus.*)

[2] *Traité de droit pénal,* t. I, p. 60.

juge ; le degré lui-même est alors divisible ; il a seulement un maximum et un minimum.

3° La peine doit être appliquée au délit qu'elle est destinée à réprimer [1].

4° Elle ne doit être prononcée que sur des preuves légales, et non sur des preuves qui pourraient être personnelles au juge [2]. Moralement, la sentence qui se fonderait sur la connaissance que le juge aurait personnellement du fait serait irréprochable ; mais elle ne serait pas juridiquement régulière.

5° Les preuves juridiques doivent être suffisantes, c'est-à-dire propres à produire la certitude morale [3] ; si elles ne le sont pas, l'accusé doit être acquitté ou renvoyé avec la restriction d'un plus ample informé. Mais ce plus ample informé ne doit avoir lieu que sur des probabilités d'une certaine force et pour un temps défini. Le plus ample informé indéfini serait déjà une peine, une peine morale grave.

6° La peine doit être appliquée judiciairement, ou selon les formes voulues, et après les opérations préalables prescrites par la loi.

7° Elle doit l'être par le juge compétent [4].

8° Elle doit l'être d'après les lois pénales existantes à l'époque du délit, à moins que l'accusé n'ait un intérêt à être jugé d'après une loi plus récente, car la rétroactivité en matière criminelle peut être admise en faveur de l'accusé si l'intérêt public ne s'y oppose point [5]. Il n'y a donc pas injustice à juger un délit d'après une loi plus sévère sous l'empire de laquelle il aurait été commis ; mais il y aurait injustice à lui appliquer une loi nouvelle plus dure que celle qui existait au moment où le délit a eu lieu.

9° La peine ne doit atteindre que les coupables [6]. Notre an-

---

[1] L. 10, D., *De legibus.*

[2] L. ult., Cod., *De probat.; Capit.* CAR. MAGN., l. 156, lib. v.

[3] L. 5, § 1, D., *De pœnis.*

[4] L. 131, D., *De verbor. obligat.*

[5] Il ne serait pas plus juste d'exhumer d'anciennes lois plus sévères que les lois actuelles, que d'appliquer aux cas présents des lois postérieures plus défavorables aux accusés. Il paraît cependant que cela se pratiquait chez les Romains. (CIC., *de Amic.*, II ; *Catil.*, IV, 4 ; — SALLUST, *Jug.*, 31 ; — APPIEN, I, 17 ; — VALER. MAXIM., IV, 7, 1.

[6] L. 18, Cod. Théod., *De pœnis.*

cienne jurisprudence exceptait mal à propos le crime de lèse-
majesté; c'était un fâcheux emprunt au droit romain [1]. Certaines lois barbares avaient été plus sages. La loi des Wisigoths
est formelle à l'égard de la personnalité des peines : elle n'y
met point d'exception [2]. La loi saxonne était moins équitable [3].
Mais dans l'antiquité, où le principe de la solidarité était en
général facilement admis, on était moins scrupuleux sur l'é-
tendue de l'imputabilité quant aux personnes. C'est ainsi qu'en
Macédoine et en Perse les parents du coupable de lèse-majesté
étaient condamnés à mourir [4].

Ailleurs, la même responsabilité atteignait les innocents
pour délits publics d'une autre nature ou pour délits privés.
Toute la parenté d'Aman fut pendue avec lui [5]. Une empoison-
neuse athénienne, Théoris, fut condamnée à mort avec tous
les siens [6]. Tous les proches d'Hannon partagèrent sa fin tra-
gique. A Rome même, lorsqu'un maître était tué par ses esclaves, ceux d'entre eux qui n'avaient pris aucune part au crime,
les affranchis demeurant sous le même toit, étaient également
punis du dernier supplice [7]. Au Pérou, si une fille consacrée
au soleil manquait à ses obligations de continence, elle était
enterrée vive, son séducteur pendu, et la ville où cet homme
était né détruite, l'emplacement maudit et désert [8]. Au Japon,
la peine atteint tous les proches parents du coupable [9]. Une loi
semblable existait autrefois en Russie. En Chine, lorsqu'il se
commet quelque grand crime, les mandarins de la circonscrip-
tion administrative sont révoqués, et les parents punis [10]. La
loi de l'empire du Milieu permet aussi que l'innocent partage

---

[1] L. 15, § 3, D., *Ad senat. Turpil.*

[2] « Omnia crimina sequantur auctores. Nec pater pro filio, nec filius pro
patre, nec uxor pro marito, nec maritus pro uxore, nec frater pro fratre,
nec vicinus pro vicino, nec propinquus pro propinquo ullam calumniam
pertismescat. Sed illo solus judicetur culpabilis qui culpanda commisit, et
crimen cum illo qui fecerit, moriatur : nec successores aut hæredes pro
factis parentum ullum periculum pertimescant.» (*Leg. Wisig.*, l. VI, t. 1,
l. 48.

[3] Tit. 2, l. 5.

[4] CLAUD., *ad Horat.*; AM.-MARCEL., XXIII; Q.-CURT., VI-VIII; JUSTIN, X.

[5] DANIEL, VI, 24.

[6] DÉMOSTH., *in Aristog.*

[7] TACIT., *Annal.*, XIV.

[8] *Hist. des Incas*, IV, 3.

[9] *Atlas hist.*, t. V, *Disc. sur le Jap.*, p. 168.

[10] Le P. LE COMTE, *Lettre IX*.

le sort du coupable ou soit puni en sa place. Les fils et les petits-fils, les épouses et les frères sont autorisés à suivre les condamnés dans leur exil, quelque éloigné qu'il soit ; et tous les
proches parents ont la faculté de recevoir des soufflets, des
coups de fouet, et autres légers châtiments, à la place de leurs
anciens [1].

Que l'on considère la peine ou comme une rétribution du
mal physique pour un mal physique, ou comme une rétribution du mal physique pour un mal moral, ou comme un exemple propre à intimider, ou comme un moyen d'améliorer le
coupable, ou comme une sorte de satisfaction donnée à la justice, une réparation du désordre moral (ce qui rentre dans le
second point de vue), elle doit être supportée par le coupable, et par le coupable seul. Elle ne peut l'être utilement par
l'innocent. S'offrît-il à l'endurer, sa réparation ne réparerait
rien au fond, ne devrait rien réparer. S'il ne s'offrait pas de
lui-même en expiation, il y aurait un crime de plus.

Il suffit, pour mieux comprendre encore la vérité de cette
proposition, d'expliquer l'illusion qui a vraisemblablement
donné naissance à l'opinion contraire. Deux peuplades sont en
guerre ; elles ne se connaissent point de personnes à personnes, d'individus à individus. Elles sont l'une pour l'autre deux
personnes morales comme deux corps de nation. Il s'agit de tirer vengeance d'un meurtre commis par l'un des membres de
l'un de ces deux corps sur un des membres de l'autre. La peuplade à venger demande le meurtrier ; on lui propose un innocent qui veut bien payer pour le coupable, et l'innocent est
accepté. Pourquoi ? parce que le peuple offensé ne voit dans le
peuple d'où l'injustice est partie qu'un tout, un corps, une personne, laquelle est coupable dans l'un de ses membres ; et c'est
cette personne coupable qu'elle veut châtier dans l'un de ses
membres encore, sans rechercher autrement celui d'entre eux
qui a commis le crime. La peine est censée ressentie de cette
manière au même degré que suivant l'autre mode dans la
personne collective qu'on punit, puisqu'elle est supposée secrètement avoir conscience de tous ses membres.

On assimile encore, sans qu'on s'en doute, la dette criminelle à une dette civile. L'essentiel, au civil, c'est que le

<hr/>

[1] *Mém. concern. les Chin.*, IV, p. 158.

créancier soit désintéressé. Un tiers peut donc libérer le débiteur ; c'est tout simplement une générosité faite par celui qui paie à celui qui doit, chose très permise assurément.

Mais en matière criminelle, si le dévoûment est permis, s'il est excusable au moins à certains égards, il n'est pas acceptable par la justice : ce n'est pas une victime quelconque qu'il lui faut, comme il faut un certain nombre d'écus à un créancier [1]; il s'agit, au contraire, d'une équation à rétablir : il y a un mal physique mérité par un mal moral dans un agent déterminé, agent qui est par conséquent la seule personne dans laquelle puisse être rétabli l'équilibre de la justice, parce que c'est là qu'il pèche, et pas ailleurs. C'est là qu'est la dette active, qu'est la créance; c'est là qu'il faut combler le vide en payant.

Le vrai créancier en matière criminelle c'est donc la justice, qui veut être satisfaite dans la personne et par la personne du coupable, et qui ne peut l'être que de cette manière. Ce n'est pas une *souffrance*, une douleur en général qu'il lui faut, comme il faut une certaine quantité d'écus à un créancier, mais bien une *peine*, c'est-à-dire une souffrance dans un sujet coupable et parce qu'il est coupable : sans quoi il n'y a plus de peine, plus de dette payée. Tous les tiers possibles ne sont et ne peuvent être que des *agents* de la justice, mais nullement des *débiteurs* par elle acceptables.

C'est donc un genre de justice digne des temps les plus gros-

---

[1] Les écus sont essentiellement de nature à représenter d'autres écus ; ils sont, à cet égard, du nombre des choses où l'espèce est tout et l'individu rien : si bien que ce sont les mêmes écus qui sont censés rendus dans un prêt, quoiqu'il n'en soit rien du tout. Mais en droit criminel, ce n'est pas une douleur *abstraite* à souffrir par une personne *quelconque*, qui est méritée, qui est due : c'est une douleur déterminée par le caractère de *pénalité*, et qui dès lors ne peut être subie que par le *coupable*. Si elle est endurée par un autre, que cet autre le veuille ou non, elle perd son caractère de peine ; elle n'est plus qu'une douleur sans raison, ou même contre toute raison juridique. Ce n'est plus qu'un paralogisme absurde ou horrible en matière pénale. C'est à peu près comme si, en matière civile, on payait à un autre qu'à celui auquel on doit. Il y a toutefois cette différence qu'en matière criminelle le créancier c'est la justice absolue, qui ne peut souffrir que ce qui lui est dû soit remis à un autre. Il ne suffit donc pas que le coupable consente à n'être pas puni, à voir un innocent souffrir en son lieu et place. Cette prétendue substitution est aussi impossible qu'il est impossible qu'un coupable soit innocent, qu'un innocent soit coupable, ou que l'un soit l'autre.

siers que celle où l'innocent est admis à la peine pour le coupable. Aussi le retrouvons-nous chez les sauvages. Un meurtre ayant été commis sur un membre de la tribu des Chactas par un jeune sauvage d'une peuplade voisine, les Chactas demandèrent le coupable. Il allait être livré, lorsque le père du meurtrier, reconnaissant que la réclamation était juste, mais que le coupable serait plus utile à sa femme et à ses jeunes enfants que lui, faible vieillard, offrit sa tête à la place de celle de son fils. Son dévoûment fut accepté [1]. La conduite de ce père infortuné se conçoit, c'est du dévoûment; mais celle des Chactas ne se comprend qu'à l'aide des illusions dont nous avons parlé.

J'ai dit que le dévoûment ne serait pas toujours juste : il serait très répréhensible s'il était accompagné de la croyance que le coupable épargné aujourd'hui reprendra demain sa vie criminelle.

10. Une dixième et dernière condition pour que la peine soit légale, c'est qu'elle soit infligée dans le temps, le lieu, et de la manière voulue par la loi ou par l'usage [2].

CHAPITRE XI.

Comment finit la peine.

SOMMAIRE.

1. La peine prend fin de huit manières.
2. Réflexions sur chacune d'elles : la mort, — la prescription, — la grâce, — la peine subie, — les asiles, — le bénéfice d'une loi nouvelle, — la transaction, — la commutation. Ces deux derniers modes n'en éteignent qu'une partie.
3. Compensation de la peine.

La peine finit : 1° par la mort du condamné; 2° par la prescription; 3° par la grâce; 4° par l'exécution de la sentence; 5° en mettant sous la protection des asiles réservés aux condamnés qui parviennent à s'y abriter, ce qui est une sorte de

---

[1] NOUGARET, *Beautés de l'hist. des Etats-Unis de l'Amér. sept.*, 2ᵉ éd., p. 260.

[2] L. 18, § 15, D., *De pœnis*.

grâce ou de prescription ; 6° par le bénéfice d'une loi applicable aux condamnés. Elle finit encore, mais d'une manière relative ou partielle seulement : 7° par la transaction ; 8° par la commutation.

La mort n'a cependant pas toujours suffi pour apaiser le ressentiment des offensés ou de la société ; on a plus d'une fois exercé une sorte de vengeance sur les dépouilles inanimées d'un accusé ou d'un condamné. Mais c'est oublier ce que l'humanité se doit à elle-même :

> « Mortel, ne garde pas une haine immortelle. »

La prescription de la peine par le bannissement volontaire est justement regardée comme un moyen de mettre fin à la peine, puisque le bannissement est une peine réelle. Ce n'est peut-être pas toute la peine méritée ; mais, on le sait, l'humanité n'est pas déplacée dans les lois pénales ; elle n'est pas, non plus, dangereuse ou inutile quand elle ne va pas jusqu'à l'impunité.

La grâce est une faveur du prince qui doit être dispensée avec sagesse et réserve, sans porter atteinte ni aux droits privés ni à l'ordre public. Aux Etats-Unis, elle est exercée au nom du peuple par le gouvernement de chaque Etat, et par le président de la république quant aux peines prononcées par les cours de l'Union.

Le droit d'asile était bon pour protéger l'accusé à une époque où la justice était sans force, et où le peuple et les particuliers sévissaient sans information et sans mesure contre ceux qu'ils croyaient coupables ; mais le droit d'asile accordé aux condamnés dans une société où la justice est régulièrement administrée est un grave abus : il provenait en général de la rivalité des pouvoirs ou des juridictions, de certaines prérogatives inconsidérément accordées ou arrachées par l'orgueil à un pouvoir faible ou aveugle. Il pouvait résulter encore d'un sentiment d'humanité mal conçu : telle fut sans doute l'origine de la prérogative des évêques d'Orléans, qui avaient la faculté, en prenant possession de leur siège, de mettre en liberté un certain nombre de détenus.

Il faut distinguer, du reste, entre le droit d'asile qui met à l'abri des poursuites ou les retarde pour les rendre plus régulières, et le droit d'asile qui tend à éluder la condamnation.

Nous n'avons pas à parler ici du premier de ces droits; il appartient à la procédure criminelle.

La transaction qui a lieu, de l'agrément de l'autorité, entre-le condamné et la partie lésée à laquelle la peine physique est censée profiter, est un arrangement en vertu duquel une première peine prend fin, en totalité ou en partie, suivant qu'elle est entièrement remplacée par une peine différente, ou qu'elle est simplement réduite.

La réparation civile devient ainsi toute la satisfaction donnée à la société. La loi des Bourguignons avait réuni le droit d'asile et celui de la transaction : elle forçait le criminel réfugié dans un temple à se racheter par une amende pour les fautes légères, et pour les crimes capitaux par une composition que réglait elle-même la personne offensée [1]. Nous avons parlé ailleurs de la transaction dans la poursuite des délits ou du désistement [2], qu'il ne faut pas confondre avec la composition, dont il est ici question.

C'est encore une transaction sur la nature et la durée de la peine lorsque le condamné à mort, par exemple, consent à se prêter à certaines expériences ou opérations périlleuses, ou à courir tel ou tel danger plus ou moins grand, à rendre à la société ou à des particuliers des services déterminés, à la condition d'être déchargé d'une peine prononcée contre lui. Mais, en supposant qu'il n'y ait rien d'immoral dans ces sortes d'arrangements entre le pouvoir public et le condamné, il faut encore, pour qu'il soit irréprehensible du côté de la justice, que le condamné consente librement à cette espèce de commutation.

Une peine ne serait irrémissible qu'autant, avons-nous dit, qu'en la remettant on nuirait à des tiers qui ne seraient pas eux-mêmes disposés à pardonner.

C'est dire que le pouvoir exécutif n'a pas le droit d'être généreux si l'impunité devait tourner au préjudice de particuliers déterminés ou de la société ; mais qu'il peut faire grâce, qu'il le doit même au point de vue de l'intérêt social, si cet *intérêt* a plus à gagner par le pardon que par l'exécution de la sentence de condamnation, sans du reste que les *droits* d'aucun particulier puissent en souffrir.

---

[1] Tit. 70, l. 2, 3, 4.

[2] Voir, sur cette question, AYRAULT, *Ordr. formal. et instruct. judic.*, II, art. 4, § 83 et 84.

La peine peut encore être commuée en une peine inférieure, si le condamné semble l'avoir été trop sévèrement, ou s'il s'est concilié l'intérêt de ceux qui l'approchent et qui sont en état de le bien connaître.

Si la peine est diminuée pour la première de ces raisons, ce n'est que justice ; si elle l'est pour la seconde, c'est une faveur, il est vrai, mais cette faveur est moralement méritée, et, par hypothèse, elle ne coûte rien à personne.

Ajoutons que l'implacabilité va mal à l'homme, à la société, au souverain ; qu'elle est doublement onéreuse par le travail moins productif auquel se livre le détenu, et par les frais qu'il coûte à la société. Elle lui est onéreuse à d'autres égards encore, puisque l'homme privé de sa liberté, privé de relations avec les gens de bien, isolé, ou en rapport avec les méchants, peut avoir tellement à souffrir de cet état qu'il en perde la santé du corps et de l'esprit, l'intelligence, la moralité et même la vie.

On ne peut donc être arrêté sur cette voie de la clémence que par une juste considération d'intérêt public ou privé, c'est-à-dire par les dispositions mêmes du condamné, lorsqu'il ne présente point les garanties nécessaires pour qu'on puisse au moins impunément user de cette bonté envers lui [1].

Mais puisque c'est là le grand obstacle à l'adoucissement de la peine ou à la rémission complète de ce qui en reste à subir, il faut en conclure que la société fait une œuvre sage, utile et morale en s'efforçant, par la manière dont elle traite le condamné, de ramener en lui des dispositions qui permettent d'user de clémence à son égard. C'est là une tendance très prononcée aujourd'hui chez les nations les plus civilisées.

Quant à la compensation de la peine par les services rendus ou qu'on peut raisonnablement attendre de la part du délinquant, elle ne peut en général être entendue en ce sens qu'il doive échapper à l'action de la justice, qu'il ne doive pas être

---

[1] La commission nommée pour procéder à la révision du Code pénal de la Belgique proposait également la suppression des *peines perpétuelles*, par cette considération surtout qui avait déjà frappé le Congrès de Francfort, c'est que l'emprisonnement individuel étant plus dur que l'emprisonnement en commun, il est juste qu'il soit moins long ; et, s'il est moins long, il cesse d'être perpétuel.

mis en accusation. Cela ressemblerait trop à l'impunité et à un privilège odieux.

Mais on peut avoir égard à ces circonstances, soit pour infliger une peine moins sévère, soit pour adoucir la peine prononcée, soit pour la commuer ou la remettre entièrement. De cette manière la justice a son cours, et la reconnaissance publique son effet.

APPENDICE.

TABLEAU DES DÉLITS.

I. Délits contre les personnes.
  1° Contre la personne physique.
    A. Contre l'existence.
      a) Homicide.
        α) Homicide proprement dit.
        6) Meurtre.
        γ) Assassinat.
    B. Contre la personne physique.
      a) Mauvais traitements.
        α) Coups.
        6) Blessures.
        γ) Mutilation.
      b) Contrainte, violence.
        α) Négative, empèchement.
        6) Positive.
          αα) Contrainte proprement dite.
          66) Détention arbitraire (charte privée).
    C. Contre la tranquillité physique et morale.
      a) Menaces.
      b) Sûreté compromise.
      c) Violation du domicile.
  2° Contre la personne intellectuelle, morale et religieuse.
    A. Contre la personne intellectuelle.
      a) Tromperie juridiquement préjudiciable.
      b) Persécution de la pensée exprimée, ou empè-
        chement de l'exprimer.
      c) Atteinte portée aux facultés intellectuelles,
        par breuvages ou autrement.
    B. Contre la personne morale et religieuse.
      a) Diffamation, calomnie, médisance, injures,
        faux témoignage.

b) Violence exercée contre la conscience d'autrui
pour l'empêcher de faire ce qu'il croit bon
et qui ne nuit à personne, ou pour l'obliger
à faire ce qu'il croit mauvais, sans que le
droit d'autrui l'exige.

c) Empêcher quelqu'un de vaquer au culte socialement innocent de son choix.

d) Forcer quelqu'un à l'exercice d'un culte
(même innocent, même salutaire) qu'il
n'affectionne point.

II. Délits contre les choses, comme moyens physiques à l'usage
des personnes, — et contre les associations ou institutions.

1° Contre les choses.

A. Empêcher injustement :

a) L'acquisition des choses utiles.

b) La conservation.

c) L'usage.

d) La transmission.

B. Tromper dans les contrats : dol, fraude.

2° Contre les associations.

A. Contre les associations à but spécial.

a) Association agricole, industrielle, commerciale.

b) Lésions faites par :

α) Des administrateurs ;

ϐ) De simples associés ;

γ) Des tiers.

Le préjudice porté à une société peut
être matériel ou moral.

B. Contre les associations à but général.

a) Domestique :

α) Par des membres de cette espèce de société.

αα) Infidélité, abandon entre mari et
femme.

ϐϐ) Abandon des enfants, mauvais traitements exercés contre eux par
les parents. — Infanticide.

γγ) Parents outragés, maltraités par les enfants. — Parricide.

δδ) Injustice des maîtres envers les serviteurs.

εε) Infidélité des serviteurs envers les maîtres.

ε) Par des tiers.

αα) Séduction, rapt, adultère.

εε) Corruption d'un enfant.

γγ) Viol, suppression d'état, etc.

δδ) Supposition de part, etc.

b) Association communale — comme la suivante, *mutatis mutandis.*

c) Association civile :

α) Par les membres de cette société. — Exercice illégal du pouvoir ou des fonctions publiques.

αα) Lèse-nation.

εε) Atteinte à la constitution.

γγ) Haute trahison.

δδ) Malversation, forfaiture, etc.

ε) Par les simples citoyens.

αα) Lèse-majesté, régicide.

εε) Atteinte à l'ordre, à la sûreté, à la sécurité publique.

γγ) Complot, conspiration, conjuration, révolte.

δδ) Emeute, insubordination, rébellion.

εε) Refus des services exigibles : militaire, civil, pécuniaire.

ξξ) Contre les biens de l'Etat ou du public : fausse monnaie, altération des monnaies, falsification du papier-monnaie ; vol des biens de l'Etat, dégâts exercés contre eux.

γ) Par des tiers. — Délits internationaux.

d) Association internationale. — Délits contre le droit des gens naturel et les traités.

e) Association cosmopolitique, humanitaire. — Droit des gens encore, mais surtout moral. Droits de l'homme mis sous la protection du genre humain. — Délits contre ces droits.

Sans attacher une très grande importance à des synthèses du genre de celle-ci, nous les croyons cependant assez utiles pour en donner encore un autre tableau. Celui qui précède est plus général, plus approprié à notre ouvrage. Celui qui suit est plus détaillé, plus convenable peut-être comme plan et comme table méthodique d'un code pénal. C'est un des plus complets et des mieux exécutés que nous connaissions. Nous l'extrayons de la *Philosophie du droit* (Philosophische Rechtslehre) de ZA- CHARLÆ (Théod. Maximil.).

I. Délits contre les droits des particuliers, délits privés.
 1° Ceux qui violent les droits primitifs internes de l'homme.
  A. Délits contre la vie et la jouissance de la vie.
   a) *Homicide.*
    aa) Homicide simple.
    bb) Homicide qualifié.
     α) *Homicide accompagné de vol (latro- cinium).*
     ϐ) *Assassinat* (homicide que l'on fait commettre par un autre pour de l'argent).
     γ) *Parricide,* trois espèces.
      αα) Commis sur ascendants, sur ses parents, *parricide* pro- prement dit.
      ϐϐ) *Infanticide,* parricide commis sur ses enfants ou ascen- dants.
      γγ) Homicide commis sur des proches en général.
   b) Délits contre la liberté personnelle, pour toute la vie ou pour une partie de la vie (*pla- gium*). — Le *stuprum violentum* et le *cri- men raptus* en sont des modes particuliers.
  B. Délits contre les droits de conserver, d'exercer et

de perfectionner ses facultés spirituelles et corporelles.

a) Délits contre les facultés spirituelles (*delicta in vires mentis humanæ*).

b) Délits contre les facultés corporelles.

2° Délits contre les droits naturels extérieurs de l'homme.

A. Contre le droit d'être en rapport organique avec ses semblables (particulièrement la *castration; occasionner volontairement la stérilité*).

— L'*adultère*, la *bigamie* et l'*inceste* sont plutôt de simples délits de police (*mehr blosse Polizeyvergehen*), dans l'acception la plus stricte qui sera indiquée plus bas, que des crimes proprement dits.

B. Contre la possession (*jus possidendi*).

a) Le *vol.* — Il faut y joindre le *sacrilège* et le *péculat.*

b) La *rapine,* vol à main armée.

c) L'incendie.

C. Contre le droit de commercer avec ses semblables : *tromperie* (*falsum*). Il y en a de plusieurs sortes.

D. Contre le droit de vivre en société avec ses semblables (de jouir auprès d'eux d'une *bonne réputation; — injures*).

II. Délits contre les droits publics, délits publics.

1° Contre la constitution de l'Etat.

A. Contre toutes les parties de la constitution, sans distinction.

a) *Haute trahison* (*crimen perduellionis*).

b) *Lèse-majesté* (*crimen læsæ majestatis*). — La constitution est ici *indirectement* attaquée tout entière.

B. Contre quelques parties de la constitution.

a) Associations illicites destinées à paralyser ou à entraver le pouvoir.

b) Résistance à l'autorité publique (*tumultus*), qu'il ne faut pas confondre avec la rébellion.

c) Manœuvres coupables pour obtenir un emploi ou parvenir à une fonction publique (*crimen ambitus*).

d) Délits commis dans l'exercice des fonctions, malversation.

    aa) Contre un jugement judiciaire.

    bb) Abus du pouvoir public qu'on a entre les mains (*vis publica*).

    cc) Concussion, exaction, extorsion (*crimen repetundarum*).

2° Contre le pouvoir public, le gouvernement proprement dit.

A. Contre le pouvoir criminel (*criminal Gewalt*).

    a) En s'arrogeant le droit de punir soi-même.

        aa) Violation de la forme de la juridiction criminelle qu'on a indûment exercée.

        bb) Abus du droit de défense nécessaire (*Nothwehr*).

    b) Mise en liberté d'un individu légalement détenu.

B. Contre le pouvoir civil.

    a) Exercice illégitime du pouvoir judiciaire.

    b) Illégale défense de soi-même (*Selbsthülfe, vis privata*).

C. Contre la police publique. — Les principaux délits de ce genre sont :

    a) Le blasphème, qui ne doit être puni que comme scandale ;

    b) Le faux-monnayage, la contrefaçon du papier-monnaie.

D. Contre l'administration financière.

    a) En levant des impôts de son chef ;

    b) En détournant les fonds publics dont on a la garde (*crimen residui*).

E. Contre le pouvoir de faire la guerre et la paix.

    a) En se soustrayant frauduleusement au service militaire.

    b) Insubordination, désertion, etc.

Le livre de Zachariæ renferme de très bonnes choses, et distribuées d'une manière parfaitement logique, ainsi que tout le reste de l'ouvrage, sur l'appréciation des différents degrés de culpabilité, etc., p. 155-166. Nous ne rapporterons ici que les principes qu'il établit à ce sujet, et dont il tire de nombreuses conséquences.

I. Estimation de la gravité objective des délits.

Un délit est d'autant plus punissable :

1° Que la violence du droit est plus grande en soi ;

2° Qu'elle est une occasion plus prochaine de commettre de nouveaux délits ;

3° Qu'il est plus difficile de s'en garantir.

II. Estimation de la gravité subjective des délits.

Un délit est d'autant plus punissable sous ce rapport :

1° Qu'il décèle plus de dépravation dans le coupable ;

2° Qu'il y a plus de liberté dans sa perpétration, et que l'agent en est la cause plus essentielle.

Ici se présentent les questions des degrés d'*intention*, de *lumières*, de *perpétration*, de *cause morale* ou *physique*, de *complicité*, etc.

Relativement à la procédure criminelle, l'auteur pose les principes suivants :

I. Les débats criminels doivent être publics, et avoir lieu de vive voix plutôt que par écrit.

II. L'État doit admettre, en ce qui concerne la recherche et la poursuite des délits, la maxime : « Pas de plaignant, pas de juge, » mais dans les cas seulement où il y a des accusateurs publics préposés à la recherche des délits.

III. La législation sur la procédure criminelle ne doit être ni trop surchargée de formalités, ni trop expéditive.

IV. Les formes à suivre doivent avoir pour but l'examen et la décision de ces deux questions :

1° A quelle catégorie de délits appartient provisoirement le fait incriminé, et quels sont les faits qui tendent à prouver qu'il a été commis, et dans quelles circonstances objectives ;

2° Qui est l'auteur, ou quels sont les auteurs de ce fait, et quelle en a été l'intention, la disposition (circonstances subjectives).

V. La peine ne peut être prononcée par le juge contre un accusé qu'autant qu'il y a preuve *complète* et *directe* de l'existence du délit et de son imputabilité déterminée.

VI. Une fois la sentence portée, plus de recherche possible en cas d'absolution, plus d'instruction nouvelle en cas de condamnation : — ce qui n'est point exclusif du droit de grâce, qui ne doit être exercé qu'avec beaucoup de mesure.

Zachariæ, partant du principe que tout droit revient à celui de la liberté, réduit aussi toutes les peines à la privation directe ou indirecte, pour toujours ou pour un temps, de la liberté. Les peines pécuniaires portent elles-mêmes sur la liberté, en ce sens qu'elles en atteignent les fruits, etc. Il rejette la confiscation, n'admet la peine capitale que comme une sorte de *jus necessitatis*, et repousse la marque, la torture, etc., p. 151-155.

ERRATA.

P. 8, lig. 19, l'argent, *lisez :* l'agent.
  32, lig. 24, manquer aux uns et aux autres, *lisez :* leur manquer.
  41, lig. 14 et 15, possibles commis, *lisez :* qu'il est possible de commettre.
  51, lig. 9, qu'y, *lisez :* que d'y.
  52, lig. 20, de loi, *lisez :* de la loi.

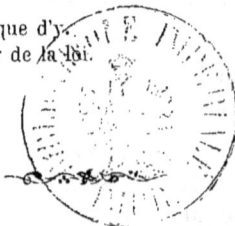

TABLE DES CHAPITRES[1].

PREMIÈRE PARTIE.

LIVRE I.

Des Délits en général.

LIVRE II.

Des Peines en général.

[1] Cette table rectifie une erreur qui s'est glissée dans le numérotage des chapitres du livre 1er, depuis le IXe jusqu'à la fin.

Dijon, imp. J.-E. Rabutôt, place Saint-Jean, 1 et 3.

* 9 7 8 2 0 1 3 7 5 2 7 3 2 *